节目主持人概论

Jiemu zhuchiren gailun（第三版）

陆锡初　付京香——著

中国广播影视出版社

图书在版编目（CIP）数据

节目主持人概论 / 陆锡初，付京香著 .--3 版 .--
北京：中国广播影视出版社，2021.5
ISBN 978-7-5043-8540-6

Ⅰ. ①节… Ⅱ. ①陆… ②付 Ⅲ. ①节目主持人—概论 Ⅳ. G222.2

中国版本图书馆CIP数据核字（2020）第 241319 号

节目主持人概论（第三版）
陆锡初　付京香　**著**

责任编辑　杨　扬
封面设计　阮全勇
责任校对　龚　晨

出版发行　中国广播影视出版社
电　　话　010-86093580　010-86093583
社　　址　北京市西城区真武庙二条 9 号
邮　　编　100045
网　　址　www. crtp. com. cn
电子信箱　crtp8@sina.com

经　　销　全国各地新华书店
印　　刷　河北鑫兆源印刷有限公司

开　　本　787 毫米 ×1092 毫米　1/16
字　　数　335（千）字
印　　张　24.75
版　　次　2021 年 5 月第 1 版　2021 年 5 月第 1 次印刷

书　　号　ISBN 978-7-5043-8540-6
定　　价　79. 00 元

前　言

我的首部主持人理论著作《节目主持人概论》是1991年在中国广播电视出版社出版的，因当时这方面的论著稀少而备受关注，曾一度作为北京广播学院（现中国传媒大学）等高校教材和各地主持人培训教材使用，5000册书很快销售一空。其间，出版社曾多次要我修订重印。

这次修订再版的《节目主持人概论》合著本，是我和付京香副教授通力合作的结晶，体现了深厚的师生情谊。合著再版的《节目主持人概论》，较14年前出版的《节目主持人概论》（修订版）有较大的改动和变化，不少章节是新撰写的，由14章增加到18章，26万字增加到35万字，不仅内容更加丰富充实，而且融入了新理念、新思路。诸如，付京香老师撰写的第十七章融媒体时代对节目主持人的思考，第十八章国际传播节目主持人的全景化概述，不仅立意深远，视野开阔，而且与时俱进，观念前瞻，为该书增色不少。

为使《节目主持人概论》这门学科的理论体系日趋完善，为使全书结构更趋科学合理，内容更充实，本书增加了第七章节目主持人类型，第八章节目主持人风格，第十三章第三节主持人的讲、演讲艺术，并在该章第四节主持人的编写技巧中增加了如何撰写开场语。同时还对其他章节进行了增补和修订，力求增强实用性，提高学术品位。

当前，我们已经进入以主持人传播为核心的媒介传播新时代。"主持词""主持语言""主持演讲""主持朗读"已潜移默化逐渐融入人们的生活中，并在社会上产生广泛影响。全书结合新时期节目、节目主持人的内涵发生了巨大而深刻的变化，力图理论上与时俱进，反映主持界的新成果、新观念、新理论、新思考。

我的教学与研究始终伴随着我国广播电视节目主持人的诞生、发展进行，回顾40年走过的探索历程是十分有意义的。1979年年初，我从新华通讯社来到北京广播学院任教，正值我国节目主持人诞生之际，令我兴奋不已。凭借自身的新闻敏感，我意识到主持人这一新生事物的出现蕴含着深刻意义。我以特殊的情感关注它，并选定主攻方向。1985年我在新闻系开设了节目主持人专题讲座，1990年北京广播学院硕士研究生招生中首次设立主持人节目方向，由我任研究生导师。当时遇到的最大难题是缺乏教材，它迫使我去钻研、着手编写教材。后来撰写出版的《主持人节目学教程》《节目主持艺术通论》两本教材就是在压力下“逼”出来的。

在长期从事主持人教学和研究的过程中，我深切体会到要想真正推动我国节目主持人的发展，仅靠写几篇文章、写几本书是远远不够的，个人的力量是十分有限的，必须借助社会和集体的力量。1985年，我和吉林市广播电台台长李玉复共同发起成立了全国城市电台主持人节目研究会，由李玉复任会长，我任副会长兼秘书长。我们每年召开一次会议，交流办好主持人节目的经验体会，举办节目和论文的评奖研讨等活动。这期间，我从实践中感受到，城市电台的研究会，有一定局限性，影响力小，很难推动全国范围内节目主持人的发展。1989年，我和赵忠祥、沈力、宋世雄、徐曼、陈铎、雅坤、虹云等著名主持人以及白谦诚、朱砚、李玉复等同志联合发起成立中国广播电视学会主持人节目研究会，1990年12月9日获中国广播电视学会批准正式成立。由赵忠祥任会长，白谦诚任理事长，我任副理事长，朱砚任秘书长。

中国广播电视学会主持人节目研究会（2003年更名为节目主持人委员会）成立15年期间开展了一系列颇具社会影响的评奖活动和学术研究，如广播电视主持人“开拓奖”“金话筒奖”和优秀主持人节目论文“金笔奖”评选等，有力地推动和促进了我国广播电视主持人实践的发展和理论研究。我在组织、参与上述活动中不仅开阔了视野，拓展了思路，为理论研究注入了生机和活力，而且培育了我对主持人研究的浓厚兴趣，增强了理论研究的信心。

2008年结束了退休后南京林业大学南方摄影学院（现更名为民办本科艺术学院）5年聘任期后，又因位于无锡的江南影视艺术职业学院董事长、书记卢国忠先生冒着酷暑登门盛邀，聘我为主管科研的副院长，从此又开启了夕阳红路上的新征途。

充满生机活力的江影，让时年古稀的我有机会继续燃放余热，书写主持艺术研究新篇章，完成了高校教材《中国主持人节目学》的撰写、修订、再版并获奖，圆了创建主持艺术新学科之梦。

几年后，因“领航教学和科研工作方面取得重要成就”，被学院聘任为唯一终身教授。借本书出版之际，我要真诚感谢卢国忠书记的关心、支持，衷心祝愿奋进的江南影视艺术职业学院不断腾飞！

借本书出版之际，我也要感谢中国广播影视出版社的支持、关心，感谢杨扬为之付出的辛劳。

陆锡初

2020 年 7 月 18 日

目　录

第一章　节目主持人的产生与发展

第一节　西方节目主持人产生的社会背景

20 世纪中叶，随着西方广播电视业的发展，节目主持人应运而生。西方广播电视机构中的节目主持人是在怎样的社会背景下产生的呢?

首先，西方传播学的兴起，为节目主持人的产生提供了理论根据。西方传播学始于 20 世纪 20 年代，兴盛于 40 年代。20 年代以来，西方的政治学家、社会学家、心理学家和教育学家等社会科学家，从各自研究的领域对大众传播进行了开拓性的研究，奠定传播学的发展基础。例如，1922 年著名记者、政治家沃尔特·李普曼出版的《舆论》一书，就是从理论出发研究传播现象的，这被认为是美国传播学最早的研究专著之一。

被西方誉为“传播学的开山祖”和奠基人的四位学者，也来自不同的学科，他们围绕传播学进行了角度各异的分析和研究。政治家哈罗德·拉斯威尔（1902—1977）通过内容分析方法，研究了战争的宣传问题；社会学家保罗·拉扎斯菲尔特（1901—1976）从受传者的角度出发，研究了传播媒介的影响；实验心理学家卡尔·霍夫兰（ 1912—1961）专门研究了人的心理对人行为的影响；社会心理学家康尔特·卢因（1908—1947）致力于人类行为的研究。

学者们多侧面、多方位地开展对大众传播学的研究，丰富了这门学科的内涵和外延。这些研究在不同程度上影响到主持人的产生，并为节目主持人借鉴和利用。

其次，“三论”（信息论、系统论和控制论）的理论和思想方法，推动了传播学的发展，奠定了节目主持人发展的理论基础。

“三论”在西方被认为是传播研究的三大支柱。20 世纪 40 年代，在“三论”思想方法的指导下，传播学者把信息、控制、反馈和系统等要领引入传播研究，从而深化了人们对传播过程、控制内容的渠道以及受者效果方面的认识。在传播过程中，特别注重信息的双向传播，即通过信息交流活动，把自己的思想感受、消息和知识等传给对方，同时又能及时地把对方的反馈传回来，再随时根据反馈来调节、补充自己的东西，借以达到共同享受和利用信息以及互相影响的目的。

“三论”和传播学的有机结合，互相渗透，推动了大众传播理论的发展，给广播电视节目主持人以一定影响，为主持人的传播、交流、反馈增添魅力，奠定了理论基础。

最后，资本主义诞生以来数百年间所经历的三次科学技术革命，对西方传播学产生了重大影响，同时也为以电子声像为传播手段的大众传播媒介——广播电视的发展开辟了广阔的前景。19 世纪末 20 世纪初，以电动机为主要标志的第二次科技革命，促成了 20 年代无线电网的建立。第二次世界大战后出现的以原子能（包括计算机）为主要标志的第三次科学技术革命，为大众传播提供了精密的仪器设备，又推动了电视的发展。广播电视节目主持人的出现，应该说与当时的科学技术革命，尤其是电子音像技术革命有着一定的关系，不能截然分开。

另外，各种新闻媒介之间激烈竞争，也是节目主持人产生的一个重要条件。主持人的出现，无疑也增加了广播电视与报纸竞争的能力。

第二节　西方节目主持人发展历程与特点

节目主持人出现在西方广播电视机构已有 70 多年的历史，前文说过，它的出现同西方传播学的兴起、三次科学技术革命、“三论”（信息论、系统论、控制论）的理论指导以及各种新闻媒介之间的激烈竞争，有着密切的内在联系。尤其是 20 世纪 20 年代无线电网的建立和广播事业的兴起，为节目主持人的发展创造了条件，提供了可能。

西方节目主持人产生和发展的历史大致可分为三个时期，即萌发时期、兴起时期、兴盛时期。

一、萌发时期（20世纪20年代末到40年代）

据谷月撰文介绍，早在1928年荷兰对外广播就举办过一个名为《快乐的电台》的节目。节目主持人艾迪·勒达兹“可算得上是历史最为悠久、最富有个人独特风格的国际广播节目主持人了。他主持的这个节目除在第二次世界大战中停播以外，一直播出到1969年他退休时为止”。[①]

中国国际广播电台研究室编印的《荷兰对外广播概况》一书谈道：“《快乐的电台》节目，实际上是杂志式节目，它的内容包罗万象，重点是介绍荷兰各方面的情况。比如，关于荷兰的旅游事业，由若干专题组成，中间用音乐连起来。”[②] 目前这个节目由一位青年负责主持，还有一名助手，它用英语、荷兰语和西班牙语广播。

《快乐的电台》节目不涉及政治问题，主要是介绍荷兰的各方面生活情况。比如，每年12月5日是荷兰圣诞老人节，他们就在这一天的《快乐的电台》节目中播送节日的盛况，并说明这个节日是怎么来的，荷兰人怎么庆祝这个节日。冬天荷兰人喜欢游泳，他们就介绍游泳运动在荷兰的开展情况。这个节目内容、有人情味，节目中间穿插许多音乐。

应该说以上这些具体情况，为我们提供了这样的事实：主持人诞生伊始就富有生活味、人情味，充满着感情色彩，比较接近生活实际，所以受到人们的喜爱。

20世纪20年代末到30年代初，美国广播中开始出现由电台新闻广播员、记者主持的节目。其中比较突出的有汉斯·冯·卡尔登邦、爱德华·默罗等。在历时20天的慕尼黑危机期间，“卡尔登邦一直待在纽约市他的‘第九播音室’里，为哥伦比亚广播公司的欧洲记者张罗支撑，分析新闻报道，并且主持分析和评论节目。他把希特勒激烈的讲话，翻译给美国听众听，并且预测针对事态发展政府会采取什么外交措施。在这三个星期中，人们听他讲了85次，

① 谷月：《国际广播节目形式的演变》，《新闻广播研究》1986年第3期。
② 中国国际广播电台研究室编《英国、荷兰对外广播概况》，1988年，第104页。

工作间隙他蜷缩在一张帆布床上打个盹。”[①] 卡尔登邦的播讲简洁明快，抑扬顿挫。后来他作为全国广播公司的首席政治评论员主持并分析新闻20年。

爱德华·默罗早在1938年就开始报道第二次世界大战期间欧洲战场的战况。不久，他主持了《现在请听》节目。这个节目对美国人的思想产生很大影响，促进了当时中立的美国人领悟这场战争的性质。

他在主持《现在请听》节目期间，养成了客观、平静、庄严、准确的播报风格。他的声音富有感染力，叙述问题时显得沉着，深思熟虑，态度克制。

直到20世纪50年代初，由于电视的迅速发展，默罗从广播转向电视，同时把他《现在请听》的主持方式移植到电视中来。1951年他在电视中主持《现在请看》节目。1953年他还开始主持另一个著名的访问节目《面对面》，成为美国收视率最高的十大节目之一。该节目于1959年停办。

第二次世界大战中，一些国家的对外广播也尝试用主持人的方式宣传，并尝到了“甜头”。如当时日本对美国广播的一位有“东京玫瑰”之称的主持人（旅美日侨小姐），她以充满喜悦、温馨、热情洋溢的语调和迷人的嗓音与美国兵交谈各种事情，话语中带有浓厚的人情味，极易激发人们的思乡之情。据说当时对瓦解敌军起了不小的作用。还有美国对日广播，由当时的海军少将艾里斯·沙查里丘负责。他主持的特点是态度坦率，充满真挚亲切的感情，因而赢得日本人的好感。英国广播公司对德国的广播，也采用主持人形式，由林德里·法瑟主持。他的特点是谈吐中富有智慧、幽默和权威性。[②]

由此看来，从20年代末到40年代，已有一些远见卓识的广播工作者，利用无线电广播的优势，在尝试摸索着广播的新形式，如卡尔登邦和默罗这些广播界的元老，尤其是像荷兰、日本、美国等的对外广播，曾举办过类似今天的主持人节目。如用现在的条件和标准去衡量，可能有一定的差距，但我们研究任何问题都不能离开当时当地的具体情况，更何况事物的发展总是有个渐变的过程。

---

① 《美国新闻史》，新华出版社，1982，第537页。

② 谷月：《国际广播节目形式的演变》，《新闻广播研究》1986年第3期。

萌发时期的特点：（1）出现了主持人雏形。广播中的早期主持人从采访、编辑、节目编排直至播出，没有严格的分工，由一两人专门负责，相对固定。（2）早期主持人大都是由记者现场解说广播脱胎发展起来的，主持形式自由。默罗早在40年代时在主持《现在请听》节目之前，就开始搞了《这里是伦敦》的现场广播。他和埃尔默·戴维斯是40年代解释性广播的优秀代表。（3）早期的主持人大都由电台新闻广播员担任，在作新闻报道的同时，还伴以简洁明快的分析评论。

二、兴起时期（20世纪50年代至60年代）

节目主持人经过萌发阶段较长时间的摸索，由广播到电视，进入兴起阶段，这阶段的特点是：

1. 电视节目主持人逐渐兴起，并获得较大成功，其影响和效果超过广播

美国无线电广播的“黄金时代”是在30年代和40年代。这是因为：一是广播刚出现不久，对听众具有很强的吸引力；二是三大广播网组织节目使电台成为全国性的广播工具，所以它的影响非常大。“40年代后期电视出现以后，广播的黄金时代即宣告结束。三家大广播网虽未放弃广播，但都把注意力转向了电视。广播明星连同他们所受到广泛欢迎的节目，都被移到电视上去了。比如，默罗从广播电台被调去搞电视，他的《现在请听》节目变成了《现在请看》节目（1951年开播的）。电台广播被挤到了后台，变为第二小提琴手。”①

20世纪50年代初，美国电视节目大胆采用主持人形式并获得较大成功。60年代开始，美国三大电视网的新闻节目主持人形式基本定型，主持人开始进入西欧和亚洲广播电视界。这期间电视节目主持人逐渐趋向成熟，主持人的作用和影响初步显示出来了。

2. 60年代电视新闻节目由主持人代替播音员以后，变以往的单调枯燥为生动活泼

美国三大电视网的早间新闻、午间新闻和晚间新闻节目的播音员全部换成

① 刘有源：《美国新闻事业概况》，人民日报出版社，第93页。

了主持人。这样做的结果是“电视网新闻节目主持人开始飘逸出道德权威和智慧权威的芳香”，使整个电视网“增加收看率和广告收入”,[①] 并从赔钱转入收支平衡。

3. 出现了一些有影响的电视明星主持人，电视新闻影响扩大并趋向成熟

一个重要标志是克朗凯特、亨特利和布林克利等明星主持人为人们熟悉、喜欢和崇拜。《美国电视明星》一书作者称这阶段为克朗凯特阶段。

1962 年 CBS 广播公司任命沃尔特·克朗凯特为《晚间新闻》节目主持人。这是该公司为挽救不断下降的声誉所采取的一项重大措施。

1963 年 11 月 23 日东部标准时间下午 1 点 40 分，克朗凯特在《世界在转移》节目中，以颤抖的声音成功地报道了约翰·肯尼迪总统身负重伤的消息，人们“视其为克朗凯特传奇不可缺少的一部分”。

克朗凯特一丝不苟，奋发工作，追求尽善尽美，使他主持的《晚间新闻》节目形成了这样的特色：客观快速、紧凑而基本准确地综合一天的时事。《晚间新闻》节目的社会地位日益提高，成为人们重视的主要节目。

亨利·基辛格曾这样说过：“当我想表达一个观点时，我打电话通知的第一批人中就有克朗凯特。”这一点，足以说明克朗凯特的影响和地位。

兴起时期的几个主要主持人：

（1）爱德华·默罗（1908—1965）

默罗早年就读于华盛顿州立大学，半工半读修完大学专业。他沉着稳健、热情正直、一表人才。他曾担任过全国学联主席，发起组织过美国大学与欧洲大学间的辩论活动。这些社会活动对他日后成为节目主持人起了一定作用。

默罗一生创办和主持过三个广播电视节目：《现在请听》《现在请看》《面对面》。他主办的节目“不落俗套，使美国人许多次领略了货真价实的新闻”。[②] 默罗认为信息本身比它的传播手段更加重要。他对精心写作和仔细剪接片子所倾注的热情是很感人的。当时是电视实况时代，而他正善于把自己的正直感和准确感付诸美国家庭的起居室。“他那为人熟悉的深沉而又富于说服力

---

① 芭芭拉·马图索：《美国电视明星》，中国广播电视出版社，1987，第 3 页。

② 《美国新闻史》，新华出版社，1982，第 546 页。

的声音，像他严肃的表情和庄重的举止一样，增强了节目的感染力。”① 在主持《面对面》节目中，他渐渐地喜欢不拘礼仪的方式，跟各种人讨论生活中一些轻松的事情，取得了更好的效果。

（2）沃尔特·克朗凯特

克朗凯特 1916 年 1 月 14 日出生于密苏里州的圣·约瑟夫城。1937 年进入美联社，供职 11 年。第二次世界大战期间，他投身战地报道，为期两年。1946 年，他担任美联社驻莫斯科的首席记者两年多。1950 年，他进入 CBS，成为 CBS《晚间新闻》的节目主持人。他以庄重稳重、沉着冷静的报道风格著称。早在 60 年代，他就成为哥伦比亚广播公司新闻广播的头号人物。克朗凯特从 1952 年起，一直是历届党代表大会的新闻报道主持人。他采访过杜鲁门以来的历任美国总统和国际上的许多政界首脑人物。他曾就总统选举、越南战争、种族冲突、暗杀事件、水门事件以及多次空中飞行主持过几十次专题广播。由于成绩斐然，他多次获得包括美国总统自由勋章在内的各种大奖，曾五次被公众选为“美国十大最有影响的决策人物”之一。

克朗凯特是西方节目主持人的“鼻祖”，他是节目主持人的开拓者、实践者。直到 1981 年退休前，在长达 30 年的主持节目的历程中，他那和蔼可亲、可以信赖的“沃尔特大叔”的形象，他那富有魅力和权威性的口才，给电视观众留下了极其深刻的印象。他不愧为美国最有影响最有威望的超级明星之一。

（3）亨特利和布林克利

亨特利和布林克利自 1956 年报道两党大会起，一直共同主持 NBC 的电视新闻节目，直到 1970 年亨特利退休时止，整整 14 年。这期间 NBC 的夜间新闻吸引了全国 51%的电视观众，收看率居领先地位。他们成为一对影响颇大的“超级明星”。

亨特利和布林克利的“魅力”何在？成功的“奥秘”何在？归纳成一句话，主持人需要有很高的业务素质和默契配合的艺术。亨特利才华出众，嗓音深沉、洪亮，播报冷静、准确，有吸引力。他经常为现场图像配解说词、作报道。人们

① 《美国新闻史》，新华出版社，1982，第 546 页。

对他的评价是：“他绝对镇静，能把你写出的东西播出最高水平”。

布林克利精通广播稿的写作技巧，他的新闻稿写得简洁明快，清晰、质朴，具有独特的播报风格，成为不少播音员模仿的对象。他们主持的新闻节目敢于突破固有的模式，在新闻节目中随时巧妙地插入现场报道、人物专访、突发事件的材料等，使电视新闻节目形式多变，观众有耳目一新感。《美国电视明星》一书中称“在整个20世纪60年代前半期，他们始终把他们在晚间新闻方面的对手抛在后面”。

三、兴盛时期（20世纪70年代至90年代）

这一时期节目主持人呈上升、发展的趋势，好似群星灿烂，有人称之为“大好时光”。20世纪80年代，电视以其独有的优势，居于新闻媒介之首，成为人们获取新闻的主要渠道。1985年，美国全国独立调查公司——“罗珀调查组织”的调查结果表明：在美国，以电视作为新闻来源的人数达64%。这说明作为电视网新闻象征的节目主持人的主导作用和社会影响明显扩大，社会地位显著提高，甚至达到空前高度。

这一时期的主要特点是：

1. 电视新闻节目主持人，尤其是《晚间新闻》节目主持人的权力和收入迅速上升，地位空前加强，影响迅速增长

晚间新闻节目主持人“生活在暴发致富和瞬间成名”的另一个天地中，他们“非常强大而有威力，能够导致记者们的走红或失宠，能够颠覆他们名义上的上司一生的事业”。[①] 他们成为拥有某种特权的人物，令人瞩目。

仅举两例足以说明。其一，在与外界打交道时，《晚间节目》明星主持人丹·拉瑟和汤姆·布罗考等人发现，他们会受到政治家们的关照和重视。在重要的白宫记者招待会上，三大电视网新闻节目主持人一般都安排在最前排中间，并且可优先提问，然后才轮到通讯社、报纸、广播及外国记者提问。

其二，1982年8月17日晚，丹·拉瑟在CBS广播公司电视网《晚间新

① ［美］芭芭拉·马图索：《美国电视明星》，中国广播电视出版社，1987，第3页。

闻》节目中，批评里根政府的军售决定和提议增税构成“倒行逆施的政策”，激怒了正在白宫私室中收看电视新闻的里根总统。7 点 2 分第二次《晚间新闻》正在播出时，总统接通了丹·拉瑟办公室的电话，直接与拉瑟讨论此事；解释自己的政策，要求更正内容。这在美国历史上也是“罕见的事”。“为数极少的既非‘显要，也非名流的男女，主持三大广播公司电视网的《晚间新闻》节目数十年来一直默默无闻，迄今已跻身于那些左右着我们这个世界的少数几个人的万神殿之中了。没有被邀请，没有被选举，公众也不曾争议，他们在那些总统、国会议员、劳工领袖以及其他决定公众政策和影响个人态度的人物旁边，取得了一席之地”。①

2. 对主持人的素质要求提高，主持人的入选条件相当严格

美国三大电视网经过 20 多年的探索和实践，一致认为一般播音员是无法胜任主持人这项工作的，必须由名记者来担任。尤其是新闻节目主持人的人选必须从名记者中产生。这是因为主持人常常要在演播室或到现场进行各种采访活动，他要掌握采访技巧，善于提问，善于发现新闻，反应灵敏，并且有独立分析和解决问题的能力。主持人还要有较强的编写稿件、编排和组织串联节目的能力。从 70 年代开始，美国三大电视网一律从记者队伍中挑选各档新闻节目主持人，改变了以前从播音员中挑选主持人的做法。

这期间 CBS 新闻部前经理威·伦纳德提出的新闻节目主持人入选的四个条件中，就涉及采访、编辑、播音和人品等方面的要求，可谓相当严格。

3. 在媒介激烈竞争中，出现了又一批新闻节目明星主持人，从而有效地提高了新闻节目的收视率，扩大了电视新闻的影响

以 70 年代闻名的巴巴拉·沃尔特斯为例，她 1976 年由全国广播公司应聘到美国广播公司，负责主持《今日》晚间新闻节目，一举成为美国电视网业出现的第一个固定的女性节目主持人。她的出名，引起了美国电视网的“震惊”。她曾在美国最大的广播电视 NBC 工作过 12 年，1976 年被 ABC 高薪聘请当主持人，获得 1976 年度全美播音奖。她的名字被《时代》周刊列入了“一百名最有

① 芭芭拉·马图索：《美国电视明星》，中国广播电视出版社，1987，第 1 页。

影响的人物”的名单。在以男性为中心的社会中，她的奋斗和成名，受到了许多人的“挑衅”和“攻击”。反对者们认为新闻节目中出现女性形象，就会使新闻节目失去严肃性，这等于使新闻事业蜕变为“娱乐性行业”，变为“演戏”了。

沃尔特斯并不过多地理会反对者们的“攻击”，而是以自己勤奋的工作和出色的成绩作出回答。她以高超的采访技巧著称，善于提问，反应机敏，以其庄重、文雅、深刻的面部表情和风度受到观众的赞扬，赢得了人们的好评。美国《时代》周刊称她进入《今日》成为节目主持人是“智慧战胜美女模特儿的表现”。

巴巴拉·沃尔特斯成功的秘诀是什么呢？她有一段话说得非常深刻、精彩，她说：“有些人认为女性可以吸引观众，尤其是漂亮的女性。因此，他们从艺术团体聘用女性来主持专题节目和电视专访等。可是我长得不美，也不怎么漂亮，我不知该作什么样的姿态为好，我不会总是面带微笑。我，我不是一个演员，人们相信我，因为我开诚布公地向观众报道消息。我出去采访，总要带回实实在在的东西。”① 沃尔特斯的这一见解，对如何提高我国节目主持人的素质，尤其是怎样挑选主持人，也是有启发的。

进入80年代，美国电视界出现了引人注目的“三大明星”。他们是：1982年接替克朗凯特成为CBS晚间新闻节目主持人的丹·拉瑟；1982年担任NBC《晚间新闻》节目主持人的汤姆·布罗考；1983年担任ABC晚间新闻节目主持人的彼得·詹宁斯。这三大明星的共同特点是：具有丰富经验的老记者、主持“黄金时间”的晚间新闻节目，所主持的节目收看率都很高。据美国《广播》杂志报道，从1985年12月31日到1986年6月9日，在傍晚播出的新闻节目中，收看率最高的哥伦比亚广播公司丹·拉瑟主持的《晚间新闻》为13%，市场占有率为24%。全国广播公司汤姆·布罗考主持的《晚间新闻》位居第二，收看率和市场占有率分别为11.1%和20%。美国广播公司彼得·詹宁斯主持的《今晚世界新闻》位居第三，收看率和市场占有率分别为10.6%和39%。

丹·拉瑟被誉为80年代美国电视新闻节目主持人的代表人物。他是当时

① 《上海广播电视业务》1985年第4期。

美国公认的口才最好、风度最佳的主持人，被《华盛顿新闻月刊》评选为1986年美国新闻界“十佳”之一。拉瑟50年代从事广播电视工作，以现场即席报道著称。在长达30多年的电视记者生涯中，他的足迹遍布世界五大洲，曾报道过西欧事务、民权运动、总统选举、两党大会、水门事件、越南战争和苏军侵略阿富汗等。他曾以报道肯尼迪总统遇刺出名。1986年，他先后主持报道了冰岛美苏首脑会晤、挑战者号爆炸等重要新闻。他的座右铭是：哪里有危险，哪里就有新闻。丹·拉瑟作为克朗凯特的继承人，虽个性不同，但基本上还是继承了克朗凯特报道的风格：沉着稳健。观众从屏幕上看到的是一个坚定、镇静、自有一番风度的主持人。在2003年竞选美国总统中，丹·拉瑟因播出了“未经证实的材料来批评美国总统布什”的新闻，违背了美国新闻界“要抢新闻，更重抢正确的新闻”的古训，于2004年11月23日提出了辞职。①

汤姆·布罗考是美国家喻户晓的新闻节目主持人。他报道新闻以干净利落、见解深刻、擅长即席发挥而著称，属美国电视新闻界的“后起之秀”。他既是新闻主持人，又是NBC的首席记者、节目编辑部主任。他对整个电视网的新闻采集、编排、报道、播报拥有很大的权力。过去这些权力都掌握在总编导的手里。

布罗考博览群书，他有句口头禅：不读书，睡不着觉！他仪表堂堂，口才出众，沉着冷静，作风顽强，因此能在强手如林的NBC记者群中脱颖而出。

彼得·詹宁斯（ABC）以主持《今晚国际新闻》节目著名。他也是美国家喻户晓的节目主持人。他被《华盛顿新闻月刊》推选为1986年美国新闻界“十佳”之一，与丹·拉瑟一起成为最佳电视节目主持人。詹宁斯长期从事外国事务报道，曾到世界上许多国家进行过采访。由于报道成绩斐然，他曾获得皮博迪奖和外国新闻俱乐部奖。

作为高级编辑的詹宁斯，对工作非常认真。他长年累月写新闻稿，“主要是从风格着手，但也经常改写内容、变换角度。因为他非常熟悉新闻稿的编排，以致他能以自己的方式在整个节目中即席发挥，报告每一条消息”②。

---

① 《从丹·拉瑟的辞职看美国媒体的公信度》，《山东视听》2004年第12期。

② 王英：《ABC（今晚国际新闻主持人詹宁斯的一天）》，《新闻写作》1986年第5期。

詹宁斯出生于加拿大，他 10 岁时就办了自己的广播节目——《彼得的节目》。该节目由加拿大广播公司定期广播。他父亲是加拿大广播公司的一个节目主持人，后晋升为经理。60 年代中期，詹宁斯进入美国广播公司开办的《彼得·詹宁斯与新闻》节目。经过多年的磨炼，他终于以自己独立的报道风格——机智、尖刻——确立了自己的主持人地位。

作为兴盛时期，除了拉瑟、布罗考、詹宁斯三大明星主持人外，影响大的还有著名的《60 分钟》节目的六位明星主持人。1968 年哥伦比亚广播公司主办的“杂志型”电视新闻节目《60 分钟》，在每星期日晚 7 点到 8 点的“黄金时间”播出，观众达到 4000 万，这个节目已成为美国收视率最高的节目。节目总编导唐·休伊特认为节目成功的关键是主持人具有很高的素质和才能。《60 分钟》当时的六位主持人都是全国闻名的记者、电视明星。他们虽然共同主持这个节目，但每个人的个性和播报风格又不尽相同。

《60 分钟》节目最著名的主持人是该组的元老麦克·华莱士，他曾于 1986 年 9 月在中南海采访过邓小平，在他年过 80 岁又在中南海采访过江泽民，为我国同行所熟悉。

华莱士 1918 年出生于美国马萨诸塞州一个新闻工作者的家庭，早年毕业于密执安大学。1968 年担任《60 分钟》节目主持人以来，曾先后采访过许多国家的领导人。他得过“电视名人奖”“杰出记者奖”等。

华莱士主持节目达 20 年之久，他的“伏击式”采访为电视新闻界和观众所赞赏；他的采访作风影响了一代电视记者。丹·拉瑟在评价华莱士时说：他影响了许许多多年轻记者，其中也包括丹·拉瑟自己。拉瑟说：“华莱士是天生的电视记者，而我与之相比，则是微不足道。我曾经仔细研究过华莱士的采访风格：他提问的方式、措辞的特征；他的语气、手势、表情以及迅速跳过一个问题转而自然地提出新问题的本领。像推选作家一样，我在这类记者中首推华莱士作为榜样加以学习。”①

谈到 80 年代兴盛时期西方的明星主持人，中美两国人民不会忘记“架设

① 虞家复：《我想再次采访邓小平——记美国著名电视记者华莱士》，《中国记者》1987 年第1 期。

东西方文化之桥”的靳羽西女士。她被评为美国电视界六强人之一，先后获“杰出妇女奖”“杰出人才奖”“友好大使奖”等荣誉。她主持的《看东方》，被评为全美20个最受欢迎的电视节目之一。她主持的《看世界》节目，在中国人民中引起了强烈的反响，获得高度的评价。

靳羽西1947年生于桂林，3岁随父母去中国香港定居，16岁到美国纽约，先后就读于夏威夷和杨伯翰大学。她父亲是位有名的国画家，她从小在家受到中国文化的熏陶。在纽约这样一个人才济济的地方，现实给她留下了深刻的印象：必须有才干，要勤奋，才能获得成功。她曾经商，并获成功。靳羽西深感美国人对亚洲和中国太不了解，为了“跨越无知与误解”，能为介绍中国出点力、做点事，她于1982年放弃经商而从事电视制片工作。她克服重重困难，搞出了一套《看东方》的电视系列片，获得很大成功。

靳羽西在谈及事业成功的秘诀时说，她靠的是自信心、事业心、勇气、奋斗和牺牲精神。在天津答记者问时，她又说：“肯干。90%是汗水，10%是运气。我一天工作14小时，七年来没歇过一天。我常常在同一时间里不止干一件事情。比如一边化妆一边打电话；一边化妆一边向秘书口授稿子。我认为多姿多彩的生活是靠自己创造出来的。今年，到年底，每天我在什么地方，干什么事情，都已安排得满满的。”①

第三节　我国节目主持人探源

我国广播电视节目主持人究竟诞生于何时？理论研究者们所持的说法不一，始终未取得共识，主要是缺乏深入调查研究所致。归纳起来大致有三种说法：

其一，我国节目主持人最早诞生于1981年1月1日《空中之友》节目，认定徐曼是我国最早的主持人。很多报刊书籍都持这一观点。

其二，1981年7月中央电视台《北京中学生智力竞赛》节目首次使用主持

① 《美国电视节目主持人靳羽西在天津答记者问》，《光明日报》1987年8月5日。

人这一称谓，认定赵忠祥是我国最早的主持人。

其三，认为中国节目主持人于 1980 年 7 月 12 日在中央电视台《观察与思考》栏目中正式挂牌亮相，首次在屏幕上打出“主持人”这一称谓，认定庞啸是我国首位记者型主持人。

在我国节目主持人诞生前夕，中国广播电视学会节目主持人委员会学术委员、郑州电视编委袁沫同志受中国广播电视学会节目主持人委员会委托，围绕这个问题作了深入的调查研究，掌握了大量的第一手资料，写出了《节目主持人探源——关于〈观察与思考〉的调查报告》，现将其中的第二、三部分抄录如下：

一、探源：三个节目与三种说法

从理论上讲，节目主持人是现代电视媒介的产物，广播电视的近亲，一个国家的节目主持人无论是广播也好，电视也好，应该只有一个主持人是最早出现的。至于我国节目主持人研究出现的三种关于主持人推出时间的说法，应该肯定其中的一些提法在当时、在一定范围内是有积极意义的，但是如果放在一个国家广播电视发展的大背景下，局部的结论就可能有失偏颇。

首先，我们来看看主持人最早诞生于《空中之友》节目的这种说法，在很多论文、论著中这种观点被无数次援引。笔者无意考证这种观点最早出自哪一次研讨会或哪一篇文章，从现在资料看，持这种说法的文章和论著绝大多数发表、出版于 1990—1992 年，并被后来文章不断引述。90 年代早期的这些文章对《空中之友》节目及主持人现象作了大量有益的探索，从主持人节目的特性、类型到主持人的素养、风格，从主持人的演播特点到心理区别，对主持人理论研究打下了良好的基础。《空中之友》作为广播节目中最早创办、富有特色的成功的主持人节目，受到了研究者的如此青睐应该说是当之无愧的，尤其是放在当时的背景下，即从普遍意义上说广播 80 年代中期完成了主持人栏目化的改进并已完成了先期经验积淀，而电视在同时期里虽有成功的主持人栏目涌现但并未达到栏目的普遍化，加之电视主持人早期研究的力量薄弱，虽有 1991 年郭镇之《中国电视史》的振臂一呼，但是，一个比《空中之友》更早的“首次出现在中国电视屏幕上的节目主持人”的诞生日期，被对一个影响较大的主持人节目的研究者们所忽略，是不难理解的。

关于《北京中学生智力竞赛》首次使用主持人称谓这一说法，在 1993 年出版的《中央电视台简史》等书里出现了这种观点。但在 1998 年 8 月出版的《中央电视台发展史》里撰稿者原稿中的“第一次”已经被改正，说明编者已注意到了这个问题。《北京中学生智力竞赛》的创始人寿沅君在谈到当时与国外交流少，但是也知道国外节目中有新形式，具体说到借鉴，也就是看到这三张照片而已，照片上有一个男人与三个小孩，知道美国有个节目叫《考考你》，美国小朋友特别喜欢看，常常要家长开车带去参加。至于在《竞赛》中设立主持人，当时就想做一个受欢迎的节目，想搞点新东西。很多受欢迎的新东西都是引进的，受启发的，加上我主观上总想创新，总想搞点与众不同的东西，搞《竞赛》节目就觉得应该有一个类似老师这样的人，像课堂，又不要太死板，有竞争，又强调趣味和节奏，这个人是节目的一部分。考虑主持人人选时首先想到赵忠祥，当时一些科学节目就是找他出来解说的，赵忠祥知识面广，机智灵活，功底好，节目中一些数理化判断要现场判定，他很有信心，也给我们壮了胆。在谈到首次冠名这个问题时，寿沅君说，因为我们没看到过别人的，也没有听别人议论过，只是按自己的理解写进文章里，这个事情原本是写竞赛节目经验总结的，做过的事也只是想把节目做得更好，有些创新，并没有想到争个“第一”，所以看得很淡，也没有去核实。

至此，我们已经可以明白为什么会有三种说法了，毕竟主持人的研究在主持人节目出现以后才开始，并且在早期的研究过程中，由于节目的出现陆陆续续，且都以有特色的新形态引人注目，加上 1980 年、1981 年电视并未普及，有许多人甚至是电视工作者也难以看到，加上少有沟通，尤其是广播和电视各有自己的技术特点和节目形态，二者之间也不如现在这样融通，大家各自得出不同结论，也就情有可原了。

二、《观察与思考》：中国节目主持人史上的里程碑

“关于节目主持人出现的日期前两种说法已经明了，那么，《观察与思考》

又是何种情况呢？笔者受主持人研究会的委托，经过为期两个月的调查研究，得出结论：我国经正式批准的，首次以‘主持人’作为工作身份冠名的节目应当是1980年7月12日播出的《观察与思考》。这个节目无论在播出时间上、节目的创意上、节目实践中都对主持人这种形式作了早期的较全面的有益尝试，堪称中国节目主持史上的里程碑。”

《观察与思考》的实践意义：

《观察与思考》是中央电视台第一个言论节目，这个节目站在新闻改革的前沿，对电视节目的形式和内容都作了有益的探索。《观察与思考》推出了一批较有影响的节目，如《包干到户以后》《师徒之间》《谁是失主》《冯大兴的下场》《全优工号为什么住不进人》，等等。这些节目对活生生的事件进行分析和评论，在社会上引起很大反响。也正是从这些节目里，早期的《观察与思考》初步建立起了中国电视节目的评论格局。可以这样说，《观察与思考》的三起三落显示了评论节目的生命力，每个阶段的优秀节目铸造了评论之骨，从1980年到1994年3月底最后一次节目的推出，《观察与思考》积十几年之艰难探寻，终于为中国电视评论节目奠定了一个展示功力的平台，催生了中央电视台新闻评论部，新机制和新观念下的《焦点访谈》成为中国电视评论之魂。

《观察与思考》也是中央电视台第一个正式推出主持人的电视节目。在这个经批准设主持人的节目推出之日，即1980年7月12日，首次在屏幕上打出了“主持人”这一称谓。它证明中国电视节目主持人在80年代已经出现。从现在资料来看，《观察与思考》设置的节目主持人是新闻主持人，它说明在中国电视节目里，新闻主持人是早于其他节目主持人的，与国外电视主持人最早在新闻节目里挂牌亮相的殊途同归。《观察与思考》的节目主持人在诞生伊始就是记者式的主持人，从演播室到现场，从主持串联到采访，都能拿得起放得下。《观察与思考》的主持人衣着朴素、态度平易，节目开始有问候，节目结束道感谢，努力与普通观众接近，尽力保持与观众平等，这些不都是20年后我们对主持人节目的基本要求吗？①

---

① 袁沫：《节目主持人探源——关于〈观察与思考〉的调查报告》，《主持人》系列丛书，中国国际广播出版社，2001。

袁沫同志关于《观察与思考》“主持人”正式冠名播出日期的调查是认真严肃的，文中讲述的调查情况和提供的翔实资料也是真实可信的、令人信服的。这次调查结果解决了中国节目主持史上一个长期争论而未曾解决的重要问题，意义非同寻常。事实上，经正式批准，首次以“主持人”冠名的《观察与思考》，真正成为我国第一个主持人节目，成为“中国节目主持史上的里程碑”，1980 年 7 月 12 日这一天，对广播电视来说无疑是具有特殊意义的日子，将正式载入中国节目主持史。

第四节　我国与西方节目主持人比较

在迄今为止的传播史上，每一位严肃的研究者恐怕都无法回避这样两个事实：作为电子时代的大众传媒——广播电视的出现以及最能够体现这种崭新的传媒之特性与优势的主持人节目形式的出现。如果说 20 世纪是电视的世纪的话，那么当今的电视发展则进入到了一个“主持人时代”。自从 20 世纪 20 年代末主持人的节目形式在西方（荷兰）产生以来，在目前的西方特别是美国，几乎所有的电视节目都设置了主持人，主持人节目形式已经不能作为划分节目类型的一个因素了。80 年代初这一形式传到中国，也很快得到了迅猛的发展。主持人节目这种传播方式最主要的特性和优势就在于突出主持人的个性色彩，融大众传播的信息来源优势、媒介优势和人际传播的情感优势、心理优势于一体，使得受众在心理上产生亲切感、信任感，从而收到最佳的传播效果。

正是这种特性和优势的充分利用和发挥，世界各国的广播电视媒介不仅获得了巨大的经济收益和良好的传播效果，而且还涌现了一批魅力独具而深入人心的明星主持人。他们不仅成为媒介的“象征”，而且也是大众的“偶像”，对整个社会发展和人民生活产生了深刻的影响。在美国，像爱德华·默罗、沃尔特，克朗凯特这样的超级明星主持人被许多人认为比总统更具有影响力。与西方同行相比，必须看到的是，由于制度、国情不同，我国的节目主持人不可能有那样大的影响力。但就其作用的发挥以及在大众心目中的形象来看，应该说还是存在着一定距离，有些则是“花瓶”、摆设，仅仅停留在让受众“熟悉和喜爱”上，对受众心理、认知和行为上的影响还较为微弱。产生这种差异的原因可以从多方面进行分析：一方面是整个社会的文化传统和民族心理等，这样一些媒介不可控因素；另一方面则是主持人工作的内外环境中影响主持人节目特性和优势的发挥，以至影响传播效果的相关因素，这些属于媒介可控因素。这也是下面我们将拿来与西方节目主持人相比较的项目。他山之石，可以攻玉。我们想通过比较，探索中外节目主持人发展历程中带共性的规律，并立足于中国的现状，思考我们应该从西方节目主持人发展中借鉴些什么，如何走出一条有中国特色的主持人发展道路。

考虑到可比性和行为的方便，我们把影响主持人个性发展的相关因素（媒介可控部分）分为主持人工作的内环境和外环境，前者主要包括涉及个性心理特征方面的主持人知识结构、职业经历和业务能力以及涉及自我意识方面的主持人业务观念；后者则主要是主持人节目运行机制和主持人管理。下面我们就这几个方面分别进行比较和论述。

一、职业经历

职业经历对一个人形成稳定的思想观念、思维方式和能力素质等方面的个性心理特征是极为重要的因素。我们先来看看美国电视新闻节目六大超级明星主持人的职业经历：克朗凯特在担任主持人以前从事过 29 年新闻工作，拉瑟 20 年，亨特利 24 年，布林克利 16 年，布罗考 20 年，詹宁斯 20 年，平均 21. 3 年。正是长期的新闻工作实践，使这些主持人具备了良好的新闻素质，对新闻事件有敏锐的感觉和独到的分析、深刻的见解。在电视综艺节目中，节目主持人又有不同的职业经历。美国第一位综艺主持人米尔顿·伯尔勒 5 岁时就开始登台演出，青年时代又演出 50 多部无声电影。他主持的《明星剧场》节目是夜总会和剧场等其他娱乐场所的“克星”。在美国享有“一代娱乐节目主持人之王”美称的埃德沙利文以他对娱乐艺术的独具慧眼成为这一行当的楷模。虽然他本人不会唱歌跳舞，但他曾做过近 20 年的《纽约时报》百老汇专栏作家，“他知道用什么内容和形式引起观众的兴趣，更懂得找什么样的人登台表演才对观众有更大的吸引力”。

再来看看中国的明星主持人。新闻类节目主持人中，高丽萍很早就从单纯的播音工作中跳出来投入到新闻采编第一线，她采制的《金秋十月访农家》和《重访大寨录》等节目屡获全国电视新闻评选大奖。水均益曾多年担任新华社驻外记者，他在《焦点时刻》《焦点访谈》《高端访问》节目中又以出色的外交及国际报道著称。白岩松到央视担任新闻主持人之前，曾在《中国广播报》当过多年记者、编辑，积累了不少新闻实践经验，他主持的多个电视新闻节目和多次重大新闻事件报道，彰显了深厚的新闻功夫和良好的新闻素质。综艺性节目主持人倪萍以前一直是话剧员，曾参演过《山菊花》《雪城》《中国姑娘》等多部电影、电视剧并获奖。正是多年积累下来的表演才能和艺术素质使她主持的《综艺大观》成为当时最受欢迎的娱乐节目。上海电视台《今夜星辰》节目主持人叶惠贤曾在文工团当过多年的创作员和相声演员，这使他在后来的节目主持工作中表现出极佳的口才，妙语连珠，风趣幽默。

二、业务能力

作为一名优秀的节目主持人要具备多方面的能力，而且不同类型的节目对主持人的能力要求也不尽相同。但作为语言工作者的节目主持人，最基本、最重要，也是共同的要求，即语言表达能力。主持人的学识、才智、文化素养和风度气质等方面的个性魅力都必须通过语言这个媒介表现出来，受众也是通过语言来“认识”主持人的。

在西方，语言表达能力，特别是现场即席的口头语言表达被看作是节目主持人的看家本领。美国著名电视批评家吉米·斯瓦格特说：“丹·拉瑟或许是美国最能打动听众的演说家。”美国著名的《ABC 夜间新闻》节目主持人特德·科佩尔甚至还拿过讲演学的学位。

在中国，由于早期节目主持人主要来自从事单纯念稿工作的播音员，过于注重声音的悦耳动听而缺乏脱稿“说”的训练，也由于长期以来“重文轻言”的传统，口头表达能力虽然已得到重视，但现状与西方同行相比还存在着较大的差距。主要表现为拿腔拿调的概念化、模式化，缺乏个性色彩；语流呆滞刻板，不够自然活泼。这些毛病在主持人脱稿直播节目大量涌现中表现尤为突出。加强语言训练，提高口头表达能力是目前我国节目主持人发展中面临的一项紧迫任务。

三、业务观念

这里主要是指节目主持人在长期的专业学习和实践过程中形成的对节目主持人的认识和评价，是其个性心理特征的自我意识方面。成熟、健康的自我意识对节目主持人形成独特风格和个性魅力至关重要。对“主持人是干什么的？如何当好主持人？我的主持人工作干得怎么样？”这样一些基本观念问题的回答每一位节目主持人都无法回避，也是不应回避的。

有人问美国 ABC 公司著名新闻节目主持人约翰·钱塞勒：“你在电视新闻报道过程中的作用是什么？”他说：“我把自己看作一个向导，和观众一起正在看新闻，并帮助他们理解它。”应该说这样的角色意识是清醒的和科学的。中国的同行们“英雄所见略同”，叶惠贤曾说过节目主持人的作用就在于“把不同节目汇集成一个和谐、统一的整体”。

如何干好主持人工作，关键在于自身形象与风格的定位和塑造。拉瑟被认为在他身上“第一件引人注目的事情是他十分注意塑造自己的形象……他从不幻想自己是什么学者，也从不冒充”。而在中国的少儿节目主持人鞠萍看来，孩子们喜欢叫姐姐，“我就努力在屏幕上当好这个大姐姐了。说话要温和、亲切……还要用儿童化的语言，像‘是否’咱就得改成‘是不是啊’”。

由此可见，这些中外明星节目主持人的成功背后有一点是共同的，那就是成熟的业务观念和角色意识，明确的形象定位和风格形成。

四、主持人节目运行机制

这主要是指主持人在节目中的地位、职责、权利、工作方式以及与其他工作人员之间的关系等，它涉及主持人管理的各个方面。这是影响主持人个性发挥的外部环境，它与涉及主持人自身的内环境一样意义重大。

在西方，随着主持人节目的普及和发展，主持人在节目中，地位和作用也日益变得重要。主持人全面负责节目的策划与选题、指导记者采访、编改记者稿件直至最后播出全部过程，实际上就是节目的“主编”。节目主持人逐渐成为决定一家电视网成败的唯一关键性人物。无疑，这种节目运行机制对充分发挥主持人个性魅力、吸引受众、提高收视率能起很好的作用。但是“一个意想不到的后果是原有的节制和平衡制度受到破坏”，同时带来的主持人自我膨胀也将贻害无穷。

在中国，主持人节目运行机制呈现出多样化、发展不平衡的态势。从主持人在节目中的工作方式和地位、作用来看，可划分为单一型、参与型和独立型三种。单一型主持人只负责“声音上的主持”，仍限于稿件声音形式的体现，难以充分展现个人风采，将日渐被淘汰。参与型主持人与采编人员既分工又合作，参与部分采编工作，能够发挥一定程度的个性特色。这一类型比较适合多数电台电视台编播分工体制和多数主持人的业务素质状况，将会继续存在和发展下去。独立型主持人在节目中是“准主编”，在内容与形式的统一方面可以有创造性的发挥，最有利于主持人个性的展现。这种类型在目前已日显增多，是一个发展方向。

比较不是目的而是手段。我们从上述几个方面的比较中能够看出中外节目主持人发展历程中一些共性的东西，这就是主持人节目本身所具有的内在规律。

（1）从节目主持人的选拔上讲究专业知识和社会阅历相结合的综合素质，而不应偏重年龄、外貌、语音等单项素质。今天主持人的选拔标准不应是“俊男靓女”，而应该注重个性和特色。

主持人的素质要求是多方面的，任何一个单项素质都无法形成主持人的整体形象。而就多种素质相比较而言，内在的熔铸于主持人个性之中的知识与阅历比外在的年龄上的青春、容貌上的漂亮和声音上的动听更重要，更能长期保持吸引力。

在 2005 年 7 月“金话筒论坛”上，敬一丹说得好：“如今主持人的来源已经到了英雄不问来路”“不要问我从哪里来，我从哪儿来都行，只要我在话筒前，屏幕能够选择我，观众能够容忍我”，她认为“这是一个特别好的现象”“非常好的势头”。①

（2）从主持人的业务观念上注重主持意识的培养和加强，而避免被表演意识等其他非主持意识取代。

节目主持工作虽然与采访、编辑、播音、表演等相关职业有着某些类似的业务活动内容，但是它也是一种独立形态的职业，有其相对独立的节目主持意识。主要表现为主持人要在节目中起组织、协调、支撑者的作用，成为节目“灵魂”。主持人采访不是为报道而报道，主持人编辑更注重节目的整体策划与串联，主持人的播音更讲究交流，主持人的表演也绝不是单纯的“自我表演”。

培养主持意识的一个重要方面是对人的洞察和一种交流的欲望，能够表达自己的有效性，有效地表达自己。

（3）从使用上着眼于独特的个性形象塑造，突破“千人一面”“千人一调”的固定模式。

主持人节目的特性与优势就在于树立主持人的个性形象，使受众收看（听）节目不仅仅因为节目内容而同时也因为是“这个”或“那个”主持人主持的缘故。构成主持人个性的要素包括节目的特色内容、特色构思和独到见解以及与众不同的语言表达（包括体态语言）和独具匠心的临场应变等方面。要追求有文化的个性，须知个性的彰显要靠文化的支撑。树立主持人的个性形象，不求“面面俱到”，但求“一鸣惊人”。模仿出不了个性，要靠突破和创新。

（4）从管理上围绕主持人逐步建立和完善“主持人中心制”，为树立主持人个性形象，发挥节目整体效应创造条件。

“主持人中心制”是一种以节目组为单位，以主持人为中心、为主导的节目运行制度，它最有利于主持人个性的发挥和形象的塑造，为主持人提供了广阔的创造天地。它是建立在充分认识和估价主持人在节目中的地位和作用的基础之上的。变“以稿件（或编辑）为中心”的报纸模式和“编播分离”的传统模式为“主持人中心制”是当今世界广播电视事业发展的共同趋势和规律。

---

① 中国电视艺术家协会主持人专业委员会编《主持人月刊》总第11、12期。

当然，“主持人中心制”的建立和完善还有赖于主持人素质的全面提高，同时也不能、不必强求主持人对节目制作过程的全面负责和全面参与。“主持人中心制”不是一人包揽，而要形成节目制作群体的互相协调配合。

以上我们是从媒介自身角度探讨主持人节目的内在规律，这些规律是带有普遍性的共通原则。但是从媒介发展的外部环境来看，中国又有自己的国情。首先表现在政治方面，党性原则和社会效益原则是我国广播电视事业的根本特征，既不允许主持人完全按照自己的意志办事，各吹各调，也不允许单纯追求经济效益和一味注重收视率的提高。纯商业化的“明星制度”在中国是行不通的。其次表现在受众心理方面。中国的传统文化和民族心理一向不讲究突出个人，然而随着时代的发展，社会的进步，我们已经进入了一个个性张扬的时代，受众对主持人的个性要求也日益提高。因此，我们在主持人节目发展过程中要结合中国的国情，走自己的路，不能照搬照抄西方的模式；在借鉴西方的经验时也应看到垄断集团的意志对主持人的制约，电视网商业化性质对主持人的影响以及主持人的自我膨胀等弊端。

我们应该从实际出发，解放思想，更新观念，拓展视野，多渠道、不拘一格地选拔和培养节目主持人，打破原有的单一、封闭体制。引入优胜劣汰的激励竞争机制，努力提高主持人素质，尤其是提升主持人的创新精神和不断超越自我的创新精神。多方面创造条件，加强宣传和引导，树立中国老百姓“喜闻乐见”、尊重民族特点的主持风格和主持人个性形象，推出中国自己的明星主持人，走出一条具有中国特色的主持人发展道路。

第二章　节目主持人概述

在前章探讨了节目主持人渊源、现状与走向的基础上，本章将重点论述有关主持人的界定、意义、职责与分类等几个基础性问题。

第一节　节目主持人的界定

节目主持人这一名称最早是由哥伦比亚广播公司（CBS）制片人唐·休伊特在1952年有关美国总统竞选的报道中正式提出的。旨在用主持人代替广播员，以改变当时电视新闻节目形式单调、呆板的局面。“主持人”一词的英文Anchor，原意是指体育运动接力赛中最后一棒的运动员，也就是跑得最快、最有冲刺力的人。Anchor这个词引申到电视节目后，其含义为最优秀的、最有组织能力的电视新闻主持人。也就是说，这个人必须有能力把各种新闻片及现场新闻报道组成一个完整的新闻节目，并在整个节目中起到主导、组织和串联的作用。

中文的“节目主持人”，在英文中有两个不同的对应词：一是Anchor，即新闻节目主持人或新闻主播；另一个是Host，即专栏节目的串联人、协调人，其含义是“主人”（相对于客人而言）。如果按Anchor来界定我国的节目主持人，则我国目前还只有少数这类主持人；如果按Host来界定，则我国有大量的这类主持人。目前我国除新闻节目外，在新闻性专题、社教类和文艺类等专题栏目中已普遍设立主持人，主持方式、主持手段多样化，个性风格各异，生动活泼，深受群众欢迎。

自20世纪80年代初我国节目主持人诞生的30多年来，理论界有关主持人界定的说法和表述可谓众说纷纭、莫衷一是，研究者从各自的认知理解和多种视角进行理论阐述，提出思考，多种观点竞相争鸣。1999年11月，中国广播电视学会节目主持人学术委员会曾在珠海召开学术年会，专门讨论了“节目主持人的定义”。尽管未能达成共识，但这样的专题研讨、学术争鸣给研究者提供了诸多有益的思考与启示。

现将国内具有代表性的几种主要观点摘录如下：

(1) 广播节目主持人：广播中直接面对听众的节目主持者、播讲者。

电视节目主持人：在电视节目中出场为观众主持各种节目的人。主持人不是表演者，也有别于稿件的播报者，主持人是以他自己的身份、自己的语言借助屏幕面向观众直接进行传播活动。

——赵玉明、王福顺主编：《广播电视辞典》，中国广播电视出版社，1989。

(2) 广播节目主持人：广播电台（站）中以某一个人的身份在话筒前主持某个固定节目的播讲者，是一台节目中的相关人，处于节目的主导地位，是某个节目制作群体的中心人物。

电视节目主持人：电视台中以某一个人的身份站在摄像机前主持某个固定节目的播讲者，一般特征与“广播节目主持人”同，但荧幕上的形象表现是其独具的特点。

——甘惜分主编：《新闻学大词典》，河南人民出版社，1993。

(3) 主持人作为电视节目直接出面向观众进行传情达意的特定角色，总括一点就是节目的支撑人物。

主持人在节目中所处的支撑地位，决定主持人在节目中起着主导作用，具体讲，其主导作用主要是：组织、串联、引导、沟通、交流、传达、吸引。

——朱羽君、王纪言、钟大年主编：《中国应用电视学》，北京师范大学出版社，1993。

(4) 节目主持人：在广播电视中，出场为听众或观众主持各种节目的人，叫节目主持人。

主持人不光是表演者，也有别于新闻通讯和文章的播报者。

主持人是以他自己的身份、自己的个性，直接面对听众或观众的人。主持人在节目中处于主导地位，他的主要职责是组织串联一次节目的各个部分，也可以直接向观众和听众传播信息或解答问题或介绍知识，或提供娱乐，总是以第一人称“我”的口气，与听众或观众交流。

——本书编委会：《新闻工作手册》，新华出版社，1995。

（5）在广播电视新闻节目中，用自己的语言直接为听众服务的专业人员。他们在节目以个人的身份向听众介绍新闻节目的内容，主导节目进展，给听众以节目主持人的同感。由于新闻节目主持人最主要的工作是播音，因此中国目前节目主持人的专业职责归播音员序列。

主持人以口语播音为主要传播形式。

——冯健总主编：《中国新闻实用大词典》，新华出版社，1996。

（6）节目主持人是在广播电视中，以个体行为出现，代表着群体观念，用有声语言、形态来操作和把握节目进程，直接进行大众传播活动的人。

——俞虹：《节目主持人通论》，杭州大学出版社，1996。

（7）节目主持人是指以“我”的身份在广播电视中组织、驾驭、掌握节目过程，与受众平等交流的大众传播者。

——陆锡初：《主持人节目学教程》，中国广播电视出版社，2001。

以上有关节目主持人的界定（定义）均出现于具有一定社会影响和权威的辞典或书籍中，应该说具有较大的代表性。笔者不准备逐条分析其优点与不足，也不去比较彼此间的异同。尽管各自的认知、理解和文字表达有差异，但对我们如何正确理解节目主持人的内涵，为节目主持人做出科学的界定，均有启发和帮助，为理论研究拓展了思路，提供了重要的理论依据和有益的借鉴。归纳起来，有三个共同之点更应重视：

其一，真实性：主持人是一个直接面向受众的真实的人，以“自己的身份”“我”的口吻说话，非表演者。

其二，主导性：主持人在节目中处于“主导”地位，是主导、支撑把握节目的“中心人物”“支撑人物”。

其三，交流、传播性：主持人必须与受众直接交流、交谈、沟通、传情达意，是广播电视媒体中进行直接传播活动的人。

笔者参照以上种种学术观点，并结合自己多年的研究与思考，尤其是最近的认识与理解，对节目主持人概念的界定提出本人的观点，即：节目主持人是广播电视中，以真实个人身份出现，通过交谈性语言主导节目进程，直接与受众平等交流的大众传播者，这里有必要对这个节目主持人概念的界定做一些说明。

——突出了主持人应该“以真实个人身份”主持节目，同时他又是大众传播者；明确了主持人具有双重身份，作为真实个人的他要用自己的口吻和语言说话，表达自己的思想情感、认知和感情。作为“大众传播者”的媒体代表，他的观点、言行乃至情感都要符合党的方针、政策和宣传意图，要体现出良好的职业道德，起到正确引导舆论的作用。为此主持人要做好从“真我”到“非我”（媒体代表）角色的互动转换，以实现“真我”到“非我”的统一。

——突出了主持人的语言特点是“交谈性语言”。主持人是语言工作者，是语言大师，他主持节目时所用的语言不是书面语言而是采用说、谈、聊等方式，是具有一定品味的交谈性语言。交谈性语言不仅指有声语言，还包括体态语言，丰富的体态语言同样能起到彼此间沟通、交流和传情达意的效果。

——突出了“主导节目进程”。主导节目进程强调“主导”二字，较之驾驭节目进程更贴切、更全面，它包含驾驭话题、控制节目进程、体现节目意图，实现最佳传播效果等，这不仅可以确保主持人成为节目的中心人物，而且可以充分发挥其作为节目核心人物的主观能动性、积极性，使节目效果达到或超过预期的目标。

——突出了“平等交流”。这里的“平等”体现了传受之间的关系，“交流”体现了彼此间的互动传播关系。平等交流和沟通是构成节目主持人概念的重要内涵，也是主持人尊重受众的具体表现以及博得受众喜爱的重要因素。

尽管上面对节目主持人界定（定义）做了诸多说明、解释，但疏漏和缺憾是必然的。笔者只是想通过不同观点的碰撞、学术上的争鸣抛砖引玉，以期尽快形成一个被大家一致认可的答案。

第二节　节目主持人的意义与作用

一、节目主持人的意义

30年的广播电视改革实践证明，节目主持人的出现成了广播电视改革的突破口。节目主持人的出现，使广播电视呈现出一派多姿多彩的繁荣兴旺景象，给广播电视注入了活力，带来了勃勃生机，使之面貌焕然一新，现在我们已由播音员时代跨入了主持人时代，意义深远。

——节目主持人的出现，突破了我国广播电视沿袭了几十年的播音腔，促进了播音风格的多样化，使新时期广播电视节目形态各异、生动活泼、更具魅力。

——节目主持人的出现，突破了广播电视固有的宣传模式和格局，为创建采编播一体化的新的运作机制创造了条件，造就了大批采编播结合的新型人才，提高了广播电视媒体的综合素质。

——节目主持人的出现，使广播电视媒体人格化，缩短了与受众间的距离，增强了与受众的交流，由于大众传播与人际传播的融合，从而使广播电视增强了开放性、参与性，搞活了节目，扩大了社会影响，提高了收听（视）率。

——节目主持人的出现，使广播电视界增加了一个新工种，出现了新的人才。独具优势的主持人为新时期的广播电视增添了魅力，产生了“明星效应”。

——节目主持人的出现，促进了广播电视系统人事制度的改革和人才交流。电台、电视台面向社会广泛招聘主持人，吸引了社会上大批人才。电台、电视台除了专职主持人，还有各种业余兼职主持人，嘉宾主持、客座主持也不再是新鲜的事。

——节目主持人的出现，促进了广播电视系统教育制度与人才培训的改革。为了给广播电视事业输送急需的合格的新型人才，广播电视类院校相应地在招生制度、专业设置、课程调整等方面进行了一系列改革，为了给主持人及时“充电”，还开办了各种类型的“主持人培训班”。

总之，节目主持人的出现，是我国政治上改革开放的结果，是大众传播领域里的一次深刻改革，引起了广播电视界一系列的改革，给广播电视带来了深刻变化。主持人的出现具有重要的现实意义和深远的历史意义，是中国广播史上的一件大事。

二、节目主持人的作用

节目主持人发展如此迅速，自然同其具有的优势和作用是分不开的。

1. 有利于安排丰富多样的内容，提高节目质量

主持人形式的节目，包含多方面的内容，如新闻性、知识性、文艺性、服务性内容，等等。尤其是版块结构的节目，包含着广泛、丰富的内容，彼此间又缺乏联系，如果任其自然，势必成为一盘散沙，成为“大杂烩”，这就需要有根“线”，把若干内容精心地组织，巧妙地串联起来，使之成为一个新的整体。节目主持人起到这样的作用。主持人通过对内容的精心组合和衔接转换，实现各单元之间的过渡，使整档节目层次分明，层层深入，环环相扣。主持人还要根据受众接受心理和收听收视习惯，将各类不同性质的内容交叉安排，有机结合，融为一体，使整个节目和谐统一、浑然一体。

节目主持人的组织串联既保证了节目的完整性，又适应了多种内容合理安排的需要，对丰富节目内容和提高节目质量起到了很好的作用。江苏电台新春大联欢节目中主持人就起了很好的作用，在长达 7 小时的节目采用“大版块”的主持形式，以祝愿—歌颂—展望为红线，以歌曲、戏曲、乐曲、曲艺等文艺节目为主，融“新闻”“经济生活”“文化与生活”“你知道吗”以及广告等内容于一体。主持人通过串联，使 29 个内容各异的小栏目都服从于整个“版块”节目的构思和编排的需要，统一在确定的主题下，整个节目热烈、欢快、浑然一体。

2. 有利于节目风格多样化，使节目形式更加生动活泼

主持人不同于播音员，播音员的主要职责是通过声音感情，忠实地传达节目的思想内容；主持人则要根据不同的节目类型的需要，从自身的播音特点出发，努力创造多种主持风格，在保持节目总风格的前提下，充分发挥个人的播讲特点，以促进节目风格的多样化，使节目形式更加生动活泼。

以中央人民广播电台《空中之友》节目中两个主持人为例，如果说徐曼主持节目更多的是以“甜美”为特色的话，那么冬艳主持的节目则更多的是以“清雅”为特色。

美国著名的《60 分钟》节目的总编导允许主持人保持各自的声调，不要求按一种模式、一种基调来播报新闻，这就自然促进了节目风格的多样化。《60 分钟》节目的六个主持人虽然共同主持一个节目，但每个人的个性、播报风格却不尽相同。

“迈克·华莱士和哈里·里纳森以高明的锲而不舍的采访作风著称；埃德·布雷德利和莫利·塞弗以深刻、激烈、妙趣横生而闻名；安迪·鲁尼以作家特有的观察力、分析力为观众所熟悉；黛安·索耶则以女性的热情奔放、彬彬有礼的面孔同观众见面。”① 由于主持人采用谈话方式播讲，语言生动活泼、亲切自然，加之主持人有较大的随意性和灵活性，这样就可以使节目富于变化、形式生动。

3. 有利于采编播各个环节之间紧密合作，增强节目整体性

节目主持人最大的长处是打破采编播长期分割的状况，为采编播的紧密结合创造有利条件。

我国著名节目主持人徐曼说得好，节目主持人和编辑是一个不可分割的整体。主持人参加节目生产的全过程——从节目主题的确定，到节目的合成制作，于是成了节目真正的主人，而不是像过去那样念稿子就完事。由于主持人了解、熟悉、掌握节目的各个环节，随时了解节目的意图，随时与编辑交换意见，因而可以在制作节目的过程中充分发挥自我的主动性。

主持人参加编辑制作，由于他们熟悉和理解稿件内容，因而更容易在播讲中以情带声、以声传情，更好地体现和传达出编辑的意图。

从编辑方面来说，由于编辑非常熟悉节目和主持人，就能从节目效果出

① 王银桩：《美国新闻节目主持人的个性风格》，《新闻广播电视研究》1985 年第 5 期。

发，把节目内容、表现形式编排得更适合主持人的特点，使主持人能更好地发挥个性，更适合主持人串联组织，便于主持人发挥主动性，或穿插过渡，或铺垫呼应，使整个节目结构严谨。

编辑和主持人同属于一个节目组，在选题、选材、编写稿件和节目制作的过程中，可随时同主持人商量，征求意见，改进工作。双方配合密切，紧密合作，因而有助于增强节目的整体性。

4. 有利于实行主持人责任制，增强主持人责任感

目前我国的节目主持人基本上分为两大类：采编播合一和采编播合作。前者集采编播于一身，有人称为“全能主持人”，既是节目主持人又是节目负责人，有审稿权；后者主要负责主持节目，有人称为“明星主持人”，这类主持人部分参与或基本不参与采编工作，稿件由编辑负责，主持人不是节目负责人，没有审稿权。

相比之下，采编合一的主持人有利于实行主持人责任制、节目制作责任制。但要防止为了追求主持人责任制，盲目地把“合作”形式全部变成“合一”形式，一定要实事求是。实际情况是复杂的，有些主持人可以做一名优秀的节目主持人，但却不适合做负责人。主持人是否要兼任负责人，也要因人而定。

实行节目主持人责任制，可以使主持人自始至终意识到自己在节目中所占的地位和应起的作用，自我意识明显增强，主动性得到充分发挥，从而始终不忘节目的总意图，不忘受众，增强工作的责任感，千方百计地驾驭好节目。

5. 有利于加强与受众心理和感情上的联系，密切与受众的关系

播音员是媒介的代表，是党和政府的代言人，无形中会产生一种庄重感、距离感；而主持人是一个真实具体的人，听众不仅在广播电视中能闻其声，到台里也能见其人。主持人是作为受众的朋友，同受众“一对一”“面对面”地近距离交谈，这在无形中可以缩短与受众之间的距离，增强亲切感。

主持人总是以第一人称“我”的身份向受众传递信息，介绍知识，排忧解难，提供服务和娱乐，从而可以增强受众的参与意见。受众可以直接向主持人倾吐肺腑之言，提出要求和希望，久而久之，主持人同受众之间便可以形成直接的、密切的、比较固定的联系，这就在心理上、感情上逐渐加强了受众与主持人的亲近感和信任感。主持人在受众心目中占有的位置也越来越重要，甚至会形成一定的“权威性”，从而使受众在不知不觉中自然地接受主持人的观点和主张，进而扩大群体的社会影响，增强宣传的效果。

第三节　节目主持人的基本特征

一、节目主持人与播音员的区别

何谓“特征”?《辞海》解释，“特征”是指“一事物区别于他事物的特别显著的征象、标志”①。

节目主持人不同于播音员。自1980年7月12日我国节目主持人诞生以来，社会上常有把两者混为一谈甚至等同起来的误解。殊不知，主持人和播音员之间虽有许多共同点，如他们作为新闻工作者肩负着共同的任务与使命，又都是媒介的“门面”和形象标志，但他们却属于两个不同的工种、不同的范畴。

主持人是节目的组织者、主导者、播出者，是整个节目的灵魂，支撑着节目，是节目思想和观念的载体，即主持人体现了节目的宗旨。主持人是以第一人称“我”的身份出现在节目中，直接与受众平等交流的。

播音员是广播电视台的代表，也是党和政府的代言人，他们是以第三人称的身份出现在节目中的，其任务是忠实地表达作者在稿件中所包含的主题思想及感情色彩。

美国学者海德在《广播电视概论》一书中说得好：“作为一名播音员，最难对付的工作之一是以有效的方式朗读他人撰写的稿件，在以撰写为起点、听众为终点的传播纽带中，你起的是桥梁作用，你的职责是把作者的思想忠实传递给听众。”他认为播音员是“解说艺术家”。

那么主持人和播音员究竟有哪些不同之处呢？笔者认为主要有以下五点②：

① 《辞海》，上海辞书出版社，1982，第1447页。

② 陆锡初：《节目主持人概论》，中国广播电视出版社，1991，第88—92页。

1. 工作职责不同

播行员是“代读者”，其工作职责是在了解熟悉稿件、充分理解作者主旨意图的基础上，用标准的普通话认真播好稿件；主持人的工作职责则比较广泛，包括报道策划、节目构思、确定选题、现场采访、编写稿件、组织串联、主持播出、受众反馈调研等一系列工作。

2. 身份不同

主持人以个人身份、第一人称“我”面向受众，讲述新闻，阐述观点，谈论体会感受，具有鲜明的个性特征；播音员则以电台、电视台的名义播报新闻稿件，他的工作职责是准确地表达新闻稿的主题思想，把作者蕴含在稿件中的思想情感忠实地传递给受众。

3. 对象感不同

主持人的对象比较具体，他把对象设想成“一对一”或“一对几”，从而使受众产生“主持人在对我说话”的感觉。正如有位主持人所说：“一个好的主持人，当他坐到话筒前时，内心是相当充实的，意念的运动促使他完全靠感觉捕捉对方的反应，触摸对方的心灵。似乎他不是坐在话筒前，而是面对着一个实实在在、有血有肉的人在交流，于是情感的闸门打开了，就像那深深的泉水流淌在语言表达之中。”

播音员的对象感一般是按照“一对众”的设想与受众交流的，作为转述者，他设想的对象比较广泛。

4. 与节目关系不同

主持人总是固定主持某个节目，主持人要参与整个节目制播的全过程，成为节目的支撑者、节目的“灵魂”，他与节目关系极其密切，彼此不能分开。

播音员一般不固定某个节目，他主要对播出稿件负责。

5. 播讲方式不同

主持人采用“交谈式”播讲，他以谈话的方式、商量的口吻，与听众娓娓谈心，语气亲切自然；播音员则采用“宣读式”的播音，以有效的方式朗读他人撰写的稿件，准确地表达原稿的主旨和神韵、气势。

二、节目主持人的基本特征

透过上述主持人和播音员的差异之处，我们不难发现节目主持人有四个基本特征：

1. 融大众传播与人际传播优势于一体

（1）人格化传播

沈力认为，主持人节目最大的特点是宣传者以个人身份出现，不像播音员代表官方发布政令、报告新闻、宣传政策，而是以个人身份与观众面对面交流。这种交流更好地表现了主持人个人的意向、认识、感受和语言。主持人在传播中说自己的话、谈自己的思考、感受和见解，这种将媒体人格化的“一对一”传播，更易于被受众接受，效果好，是一种讲究宣传艺术的高明的传播艺术。

人格化传播具有诸多优越性，它融进了人际传播真实可信、对象感强、交流直接的优势，又具有大众传播覆盖面广、影响大的长处。如谈话节目、热线电话节目，犹如面对面交流，真实迅速，使传受者之间得到心灵沟通，缩短了媒体与受众之间的距离。人格化传播贴近生活，富有人情味，增加了节目的亲切感和亲和力。

中央电视台节目主持人董卿自2002年进台后，先后主持过《魅力12》《欢乐中国行》等栏目，连续主持了2005年以来的历年中央电视台春节晚会，连续主持了三届全国青年歌手电视大奖赛、全国舞蹈大赛、全国小品大赛。在几百场的直播赛事中，由于她的敬业，她的每次主持传播不仅给观众传递了大量的信息，而且深深地注入了她独有的情感，体现了人格化传播的魅力。

这里试举一例。总政歌舞团男高音歌唱演员王宏伟在北京音乐厅曾举办过一场个人独唱音乐会，由董卿主持。她认真看台本，又面约王宏伟，整整聊了三个多小时，详细了解有关情况。

（2）对象化传播

我们生活在一个大众化→小众化→个性化的传播新时代。根据特定节目、特定对象传播的节目主持人，由于对象明确、有的放矢、针对性强，又有亲和力，所以传播效果好，有效地拉近了与受众的距离。主持人对象化传播的显著特征，是主持人受信任、成为值得信赖的朋友的重要原因，也是主持人的生命力所在。

中央电视台《乡约》和《乡村大世界》是两个深受农民群众喜爱的对农节目，主持人肖东坡和毕铭鑫是荣获金话筒奖的农村节目主持人。他们的成名离不开对象化传播、个性化特色化传播及其独特的符号、个性化成分。

肖东坡说："《乡约》是央视唯一的以约会具有'三农'背景的新闻人物为基本内容的大型访谈节目。大部分的访谈节目都没有离开演播室，而《乡约》真正把农业归还给自然，把农村归还给天地，把农民归还给乡土，实行春夏秋冬、地北天南、原生态的约会与交流。《乡约》的语言风格重在体现轻松调侃细节。为在确保农村群众的基础上争取到更多的城市群众，栏目通过对语言的推敲与打造，将窝棚瓜架下的乡村意境体现出来，生产出一档口味清新、富有人情味的'农家小菜'。"①

毕铭鑫说："作为中国独一无二的一档乡村综艺节目，《乡村大世界》的主持人成长之路也是一个打造乡土特色，增强与观众的贴近性和亲和力，被观众接纳并喜爱的过程。"②

（3）双向传播

主持人节目的传播是一种双向传播。传播过程中"符号是共享的，尽管对于任何两位参加者来说，这些符号不可能刚好意味着同一事情，但这种关系的结果是，随着交流的继续进行，理解很可能变得越来越接近"③。

这种双向性质的传播有一个显著特征，即共同分享信息符号，同娱同乐，彼此易得到沟通理解，易取得共鸣、共识。

主持人节目中的双向传播是互动的。传播者渴望随时得到信息反馈，以便

---

① 肖东坡：《定位立本，差异制胜——〈乡约〉的栏目定位和品质构建》，《2007年全国主持人优秀论文选集》，中国广播电视出版社，2007。

② 毕铭鑫：《〈乡村大世界〉的实践——谈综艺节目的主持节目化》，《2008年全国主持人优秀论文选集》，中国广播电视出版社，2008。

③ 威尔伯·施拉姆、威廉·波特：《传播学概论》，栋亮、周立方、李启译，新华出版社，1984，第49页。

在互动中及时调整传播行为，寻找最佳传播方式与传播效果。传播过程中，“传播者、受传者总是处在互动中。因此，传播者、受传者的角色是互相转换的。传播者中的受传者，在反馈信息时则是传播者。同理，传播中的传播者在反馈信息时则是受传者”①。

平等是双向互动传播的前提。传播者与受传者始终处于平等地位，不是“我播你听”，而是“我说你也说”，一起商量讨论，交换意见，彼此尊重，互相信任。这种传播易产生“自己人”的效应。所以态度诚恳、语气亲切，总是带着商量的口吻，不用“必须”“应该”“一定”之类的指令性词语，传播效果好。

节目主持人的传播又是一种多向的复合型传播，诸如主持人与搭档的交流，与嘉宾的交流，与节目参与者的交流，与受众的交流等，在多视角、多方位的交流中，随时注意信息反馈，调整主持行为。

主持人节目为受众广泛参与提供了广阔平台，又为复合型传播创造了条件。

2. 以主持人为主导的节目结构

围绕主持人，以主持人为主线谋篇布局，采用第一人称表现手法，是主持人节目结构上的又一个显著特征。

主持人节目，顾名思义是由主持人与节目两部分组成的：节目托起主持人，主持人为节目增色，二者相辅相成，互为依托。这种内在的互相依存关系是主持人节目的谋篇布局必须遵循的规律特点。

首先，节目托起主持人。节目设计者不仅要熟悉节目，还要熟悉主持人，在构思策划节目时应充分考虑节目个性与主持人个性的一致性。定位准确的节目，能使主持人找到理想的坐标。

其次，主持人为节目增色。节目是主持人施展才华的舞台，又是主持人赖以生存发展及成名的土壤。主持人定位准确，便可以充分发挥主观能动性，调动一切积极因素，更好地为节目增光添彩，起到支撑节目的作用。

---

① 戴元光、邵培仁、龚炜：《传播学原理与应用》，兰州大学出版社，1988，第6页。

3. 风格多样化的播音与表达

广播电视节目是一门十分讲究声音的艺术，没有声音也就没有节目，主持人节目自然也不例外。如果说播音员以其外部特征为整体上的“统一性”“相似性”“标准化”及其字正腔圆的播音风格为特征，那么主持人节目则“是以鲜明的个性色彩出现的，一开始就与传统风格大异其趣，形成强烈反差”“个性是它的生命”“传统风格反映了‘从属型’……‘新风格’所反映的是‘自我实现型、自尊型’人格……播音的依据不仅是稿件，更重要的是要用自我的独特生活体验、独特美感、独特说话方式表达出来”。①

必须指出，两种不同的播音风格都是时代的产物，都具有鲜明的时代特色，两者是一种互补的关系，不是对立的相悖关系，应共同促进发展。俗话说，一花独放不是春，百花齐放才是春。

20 世纪 80 年代初伴随着主持人节目出现的以亲切自然为特征的交谈式播音风格具有平等感、亲切感、生活化、交流感强的优点，注重个性化、多样化。在广播电视节目普遍采用直播的时代，交谈式的播音新风格日显其优越性。诸如在谈话类、情感交流型节目中主持人娓娓动听和声情并茂的话语，有位听众给主持人来信中说：“每天的午夜，从电话里传出您那深情而亲切的声音，传出善解人意的话语，使我彻夜难眠，多少夜晚听着您的节目直到天明，带着真诚走过一天又一天，使我认识了人生的价值、事业和爱情的轻重、为人处世的道理。”

交谈式播音风格因节目而异，呈个性化、多样化趋势。即使主持同一类型节目，因主持人不同，播音风格也各有个性。追求个性化的播音风格就要善于发挥自身声音优势用自己的语言说自己的话，切忌用自己的嘴说别人的话，或习惯于背诵别人写的稿子。总之，个性化的交谈式播音风格是构成主持人节目不可忽视的一个基本特征。

4. 个性风格

主持人节目贵在有鲜明的“主持”特点，有浓郁的“主持味”，形成与节

---

① 曹海鹰：《我国播音风格初探》，《北京广播学院学报》1987 年第 4 期。

目特点相吻合的主持风格，这一特征集中表现在以下三个方面：

（1）追求富有个性的主持特色与主持风格

大凡成功的主持人节目，在设计策划节目总体风格的同时，就要考虑到与之相吻合的主持风格。主持人杨澜曾说，一个成熟的主持人在屏幕中应当追求个性，不要今天特别活泼，明天又特别庄重，后天又幽默了，观众最后也弄不清主持人是怎样一个人，主持人的屏幕形象就会混乱不统一。她还说，追求个性不等于说以不变应万变，而是说要以自己的个性特征把整台节目带动起来。节目是怎样一种气氛，主持人也就应当是怎样一种情绪，靠自己对节目的具体感受来沟通观众与屏幕的情感联系。所以她在主持《正大综艺》时，形成了清新、活泼、机灵、略带书卷气的主持风格。杨澜的这一风格与搭档赵忠祥的沉稳、老练、略带幽默的主持风格相互辉映，起到了相得益彰的效果，给观众留下了深刻印象。

追求富有个性的主持风格，应注重语言的个性，追求文化的个性。每个主持人都应根据节目特点，根据各自的文化修养、习惯爱好与思维方式，说自己的话，倾吐心中真挚情感，“嘴里要想有，脑里要先有；要想会说，必须会写”。个性化语言是形成有特色主持风格不可缺少的组成部分。

可以这样说，凡听众、观众喜爱的主持人节目，其魅力来自富有个性的主持特色和主持风格，来自主持人善于巧妙地将“自我”融于节目之中。

（2）要有鲜明的主持意识

无论是主持人或是主持人节目，贵在具有主持意识。笔者曾在一篇文章中这样写道：“所谓主持意识，就是指主持人参与节目的程度，驾驭和主宰节目的能力，就是在主持节目过程中表现出来的一种职业意识。现在不少观众对有些主持人并不承认，抑或意见较多，原因之一就是某些主持人缺乏主持意识，或主持意识淡薄所致。他们用其他意识，诸如播音意识、编辑意识、演员意识等代替了主持意识，所以观众对其主持表示不满。”①

主持人不论以何种方式参与节目，都是在主持意识下的调控行为。主持意

① 陆锡初：《节目主持人与新闻》，北京广播学院出版社，1992，第 80 页。

识决定了主持人在话筒前、屏幕前的工作状态、职业意识以及思维活动、表达方式。缺乏主持意识的节目，是不成功的主持人节目；没有主持意识的节目，也就不成其为主持人节目。

（3）主持人个性与主持人节目个性格有机统一

节目个性要通过主持人的个性来实现，主持人的个性也离不开节目的个性。

主持人节目个性对主持人的个性形成起着规定和制约的作用。主持人不能超越节目的宗旨、特点，否则便会游离于节目之外。因此，在挑选主持人时就要考虑到他适合主持哪一类节目，不能搞“万能式”。作为主持人，也要以节目的个性来要求自己、制约自己。

主持人是主持人节目的支撑者和主心骨，节目则是主持人施展个性的舞台。如果主持人能深刻理解和把握节目的个性，那么他就可能在不违背节目总体形象的总前提下，充分发挥主动性、创造性，发挥自身的优势，努力展示自我个性，以收到相得益彰的效果。反之，如果主持人对节目个性特点理解不深，把握不准，那么主持人就无从发挥自身优势。偏离节目个性的任何盲目做法，只会导致主持人个性形象的失败。

第四节　节目主持人的工作职责

众所周知，从事各项专业的人都有其明确的工作职责范围，就广播电视节目部门来说，记者、编辑（导）播音员和主持人当然也应各司其职。前三者工作职责明确，后者节目主持人由于类型多样化，加之电台和电视台、中央台与地方台、省台与市、县台的节目主持人情况各异，工作职责也就会有所不同，有的差异甚大。

从中央台和省级台的节目主持人的工作来看，其背后都有一个节目“制作群体”或“策划班子”（又称智囊团）协助主持人做大量的具体工作。所有这些，主持人都应该熟悉了解，也属于主持人参与的工作职责范围。

关于节目主持人的工作职责，笔者曾在由中国广播电视出版社 1991 年出版的《节目主持人概论》一书中将其概括为八项内容。

现在主持人已发生了很大变化，节目主持人的类型、主持人节目的形态又有了许多新的发展，节目主持人的工作职责自然也发生了新的变化，现归纳总结如下：

一、策划创意

策划需要创意，创意离不开策划。对主持人来说，策划创意主要有两项任务：主持人节目设置，定位策划和选题策划。前一个策划重在受众市场调查，明确目标受众的职业、年龄、文化、兴趣和收听（视）习惯等，以此来确定节目的方针、宗旨、内容、形式和风格。策划方案要力避雷同、一般化，策划节目要做到定位准确，针对性强，有特点，有新意。正如崔永元所说：“策划方案很精细，找什么样的人，这些人是什么背景？大概有什么样的观点？这些都由策划提供给我。”

选题策划是在节目策划后具体运作的关键。不同类型的主持人节目必然会有不同的选题，选题不能偏离节目的定位、方针，且要注重针对性。新闻节目选题还要注重指导性、现实意义，文艺节目选题则要注重娱乐性、趣味性，注重是否能激发受众收听（看）的兴趣。

二、案头准备

策划选题一经确定，主持人就要全力以赴投入围绕选题的方方面面的案头准备工作，如熟悉选题内容、人物、事件、收集有关的素材、背景资料等，随后制定出具体的工作计划和采访提纲。

在案头准备阶段，主持人要紧紧地围绕着“说什么”“怎样说”两个具体问题进行准备。大凡优秀的主持人都很重视案头工作，这样才能在主持节目中做到游刃有余。美国著名主持人沃尔特·克朗凯特每天都用一整个下午的时间做节目前的准备工作，包括与助手交流情况、探讨内容、查询相关资料、动手撰稿等。

对案头准备工作的重视程度，反映了主持人的敬业精神；坚持做案头准备，也是对主持人很好的锻炼和提高。

三、节目设计

这里主要指日常播出节目的设计构思，确定节目的基本框架和运作思路。如：话题如何切入展开、采用何种表现形式以及节目的总体布局设计和节目整体效果的把握等。在实际操作中，不同类型的节目，设计也就各不相同。崔永元说："一个没有设计的节目肯定不是好节目；但是你的设计不科学、太人为化，那肯定会失败，那不正常。你的设计要符合谈话的逻辑、脉络。我们的节目特别之处就在于，把组织正常谈话的权力交给主持人。我们的谈话虽然有设计，但谈话时完全可以脱离开它。它设计的是一、二、三，我们可以谈成一、三、二或三、二、一，也可以谈成三、二，没有一，节目把权力都交给主持人自己去调整。"①

一位从事广播夜间谈话节目的主持人在谈到节目设计时这样说："对常规性节目，通常做一个提纲式的案头准备，把关键性的引导语、总结语、节目的主题、自己的论点及论述的层次等，以提纲形式写下来，包括引用资料的大概出处。这样一档节目的大致框架，便清晰可见了。有了这样的准备，节目主持起来就可以从容不迫，有条不紊。"②

四、现场采访

无论是新闻节目主持人、专题节目主持人还是文艺节目主持人，都要熟悉或直接参与采访，并掌握提问技巧。所不同的是，有的主持人需要到新闻现场去采访，有的在播室或演播室采访，有的需要组织力量请记者、摄像师到现场进行采访、拍摄。

主持人的现场采访可以增强节目的真实感、亲切感和可信度，同时也是主持人基本素质和基本能力的体现。不少名记者出身的主持人，他们既熟悉新闻采访艺术，又有独特的采访风格。需要指出的是，节目主持人的采访和报刊记者的采访，除了基本原则、方法、技巧等有许多共同点外，还有其自身的一些

① 白谦诚、胡妙德主编《主持人》（第9辑），中国国际广播出版社，2001，第19—20页。

② 施陶：《主持人的案头功夫》，韩泽主编《节目主持学新论》，南京大学出版社，1996，第146页。

特点和要求：主持人的采访带有鲜明的节目特点，在选择采访对象、安排采访内容、确定采访时间与拍摄地点等方面均受节目方针、宗旨的制约。主持人的现场采访应展示独特的风格，凸显个性魅力，采访中要自我意识鲜明，既要注重真实的“我”的感情流露，又要适时发表观点，陈述对新闻事件、新闻人物的感受与看法，表明个人的态度。主持人的现场采访不同于报刊记者的“问卷式”采访，而是“交谈式”的采访。主持人不但要善于提问，还要注意与采访对象沟通交流。相互交谈是一种融提问、交谈、评论和抒情于一体的采访艺术。

五、编辑制作

了解、熟悉或参与节目的编辑、制作也是主持人的基本职责。众所周知，广播节目是由文字、音乐和音响三要素构成的，电视节目还有画面。那么如何根据记者、编辑、摄像提供的各种文字材料和声像资料，按节目要求进行剪接、编辑、组合串联，使之成为一个有机的节目整体呢？

在编辑制作过程中，有的节目主持人还要根据节目需要，自己动手撰写串联词，配置音乐、歌曲和有关背景资料。尤其是广播节目主持人，节目编辑、制作全过程都由自己独立完成；有的则由主持人和节目制作群体共同完成。

主持人直接参与节目的编辑过程，有利于深入了解、熟悉节目运作的过程，也是提高节目质量和主持水平的有效途径。

六、主持播出

这是节目主持人最重要的日常基本工作。具体地说，包括以下几项工作：

——驾驭话题。如果说节目主持要着重解决“说什么”“怎样说”，那么，在确定选题之后，主持播出便要着重解决“怎样说”的问题。这就要求主持人在充分熟悉话题的基础上，紧紧围绕话题，组织引导受众参与讨论，把握好话题的进程，层层展开并开掘深度，提升话题的意义。

——控制现场。主持现场瞬息万变，面对意外突发情况，主持人要做到反应灵敏、机智应对，善于用幽默语言去化解矛盾、化解尴尬，主持人还要善于控制现场氛围，随时把握好受众的情绪和现场的动态，为节目运行创造良好的氛围。

——实现互动。在“我要说”“我想参与”的今天，主持节目的成功很大程度上取决于受众参与的力度。主持人要始终以强烈的互动意识激活受众参与的热情满足他们“我想说”的心理要求。通过主持人的即时互动和引导，使受众进入节目语境，推进情节发展，实现互动传播效应。对主持人来说，这是一项难度较大的工作，它不仅要求做到“目中有人、心中有情”，而且还要求具备强烈的互动意识。

——深化节目。主持人主持节目的过程，也是对节目再创造的过程。主持人不能依样画葫芦般地展开节目的大纲，而是要充分调动自己的主观能动性，发挥聪明才智，创造性地运作节目，努力提升节目品位。

——交流反馈。这是在节目播出前后主持人要做的一项经常性工作。主持人与受众的交流、反馈是多方面的；节目播出前要做有关节目的策划、选题，考虑访谈人选、运作方式等；节目播出时要考虑受众的参与方式等；节目播出后，要通过各种渠道广泛听取受众意见，不断改进节目。

与受众交流、沟通的方式也是多样的：既可以通过受众的来信、电话，也可以设置网站，从网上获得众多信息反馈，还可以召开各种形式的专题座谈会或受众座谈会，面对面地听取意见。

总之，交流、沟通、互动、反馈既是主持人不可缺少的一项重要工作，主持人要认真对待、积极主动、倍加重视；同时也是新时期办活办好主持人节目的一剂“灵丹妙药”。

第三章　主持人与节目的关系

前两章我们对节目主持人的产生与发展有了较全面的了解，节目主持人与主持人节目总是相伴而生的，彼此间存在着不可分的依存关系，谈到主持人就不能离开他赖以生存发展的节目，因此在这一章里我们将谈谈主持人节目的界定以及与主持人的关系。

第一节　主持人节目界定与特点

主持人节目由主持人与节目两部分构成。节目是主持人的基础，是主持人展示才华的舞台，主持人则是节目的灵魂，为节目增光添色。节目主持人，离不开主持人节目这块丰沃的“土壤”，否则他就成为“无本之木”而丧失生命力；同样，主持人节目的土壤上，如果不是盛开着千姿百态的“花朵”——节目主持人，那么它也就不成为引人入胜的“百花园”了。

主持人必须了解节目，熟悉节目，方能更好地驾驭节目，真正成为节目的主人。

所谓主持人节目是指由主持人引导、运用交谈方式进行双向传播的节目结构形态。它是由主持人与节目两部分构成。

主持人节目是相对播音节目而言的，它具有以下五个基本特点：

（1）在节目中必须以主持人身份直接出现

主持人节目中的“我”具有双重身份，既是生活中真实的本人，又是大众传媒的代表和标志；作为大众传媒中的节目主持人，既有真实的个人所特有的气质、个性，又有媒体或栏目所赋予的特定内涵的规范，两者相融合且和谐一致。

（2）在节目中体现组织驾驭话题的能力，作为节目的核心，主持人的作用自始至终贯串节目全过程。

从节目的构思、策划到现场运作主持，从提出话题到讨论、解决论题的过程中，体现出主持人驾驭节目是否自如，控制是否有度的能力。最后播出的节目是否能达到预期设定的效果，是衡量主持人能力的标尺。

（3）交谈式播音，谈话体播音

播音员是“宣读式”播音，要求字正腔圆，主持人是“交谈式”播音，要求亲切自然。“交谈式”播音是新出现的一种播音方式，注重“谈”“说”，它源于生活，高于生活，其特点是平等交谈，富有亲和力，对象感强。

“交谈式”播音要求谈话体语言。唯有谈话体语言方能谈得起来，书面语言是无法交谈的。谈话体语言既通俗又简洁明了，既有人情味又有个性。总之，主持人节目中的语言是交流味很浓的谈话体语言，以增强节目的亲和力。

（4）具有直接交流情态，交流感强，富有亲和力

这是主持人节目又一鲜明特点，何以如此？这是因为：首先，主持人在节目中是“一对一”“面对面”地犹如朋友间的交谈，或向受众传播信息，提供服务，或回答受众的问题，帮助排忧解难，或就某个话题展开讨论，彼此交流看法，以求得共识。其次，主持人在驾驭话题，主持节目过程中始终“目中有人，心中有情”，真诚待人，以情感人，有浓浓的人情味，以特有的亲和力吸引受众朋友，成为他们的良师益友。

（5）具有鲜明的个性形象和主持风格

主持人长期主持某个栏目（节目），逐渐形成了与该节目相吻合的个性特点。通过主持人的思维方式、个性、语言、主持艺术和风度，形成了独具魅力的个性化形象和主持风格。

个性形象和主持风格是在长期的主持实践中逐渐形成的，它是主持人成熟的重要标志。凡明星主持人无不具有鲜明的个性和独特的风格，也唯有如此，方能得到受众的认可和喜爱。

上面我们从理论层面对主持人节目作了阐述，下面列举一次典型的主持人节目，通过对节目播出稿的具体分析，让我们从中深刻了解主持人节目的规律、特点，从实践层面明白什么是主持人节目。

绿色农业火了农家肥

（主持人）观众朋友你们好，欢迎收看《乡村季风》。俗话说：低头拉车还得抬头看路！如今这市场上的瓜果蔬菜是品质好、无公害的俏销，这往后种地啊，就得瞅准市场需求搞绿色农业，大伙知道，搞绿色农业可不能再像以前那样一个劲地光用化肥了，这不，莱阳市中荆镇的鸡粪专业市场就火了起来。

（播　音）莱阳市中荆镇东马家泊村有这么块空地，一年四季当地农民不停地在这里晒鸡粪、卖鸡粪，您别说，捣鼓这不起眼的鸡粪还真能发大财。

（记者现场）1997年，中荊镇的万世洲与另外两位农民合伙最早开始四处收鸡粪、晒鸡粪，随着晒好的鸡粪越堆越高，那两个合伙的农民是越看越怕，怕什么？怕赔本！后来他们都相继退出了，可谁想到了秋天，他们存的鸡粪还不够卖呢。万世洲就在这儿，咱们让他说说，当时多少钱收的？

（同　期）万世洲

（播　音）中荆镇是个养鸡大镇，听镇上领导说今年年底这里蛋鸡的存栏量将达到300多万只，这么多鸡，鸡粪的处理曾经是个叫人头疼的事儿。

（同　期）

（播　音）万世洲卖鸡粪挣大钱就像一石激起千层浪，一时间很多农民跟着搞起了卖鸡粪的营生，过去乱堆乱放的鸡粪一下子有了用武之地，专门辟出来的晾晒场地慢慢地成了专业市场，越来越多的客户来这儿拉鸡粪，还有不少外地农民也把鸡粪运到这儿来销售呢！

（同　期）“两口子，不耽误农活。”

（同　期）“随晒随卖。”

（同　期）“一开始一户，现在40多户，平均一户3000袋，一年近千万斤。”

（记者现场）说起来挺有意思，万世洲当时拿着莱阳农学院的化验报告四处销他的鸡粪时，很多人都不感兴趣，现在却成了抢手货，为啥？就是因为大家都看好了施用农家肥的好处。您是来收鸡粪的吧？

（同　期）

（播　音）中荆镇西留格庄村有400多亩苹果园，作为省级样板园，这两年它们一直是鸡粪市场大客户，据说，这里每亩果园每年就得使用鸡粪2000多公斤。

（同　期）支书赵学成

（记者现场）赵书记，是不是一开始就注意施用农家肥啊？

（同　期）农民

（播　音）多用农家肥，农作物品质好，无公害，当然卖价高。高效益带动高需求，越来越规范的农家肥市场必定生意兴隆。看来，这“庄稼一枝花，全靠肥当家”的话，往后怕是要改成“好果卖好价，农家肥当家”了。

王学文的绿色梦

（主持人）出道题，考考你！买菜怎么买？有人跟我说啊，这买菜要买带虫眼的，虫子敢吃咱也没事，再就是得闻闻看有没有农药味，买韭菜啊不能买太绿的，得买发蔫发黄的。瞧！如今这农药残留都把人吓成什么样了。有没有一种好办法能方便快捷地检测农药残留呢？阳谷县农民王学文告诉你：有！

（现　场）握手特写

（同　期）谢谢你了，你为社会做了一件大好事，我要是早有这样的仪器，我就不会中毒了。

（播　音）阳谷县金斗营乡的王雪玲大娘，今年4月在集上买了几斤豆角，这一顿饭下肚后就住进了医院，农药中毒让她前后一个多星期花销两千多块，至今还有后遗症呢。今儿个她大老远地跑到素不相识的高庙王乡王学文这儿，就是想说声谢谢！

（记者现场）这就是王学文的家，来咱们进来瞧瞧，这屋里连灯都没有。你好，大嫂、学文，结婚这么多年我看你这屋怎么连电视都没有？一直没买。观众朋友，学文的家看上去十分简陋，不过最显眼的就是这些书和桌上的瓶瓶罐罐，这些年王学文把大部分时间和金钱都用在搞发明上了，瞧，这就是让刚才王雪玲大娘前来道谢的发明成果，学文，你介绍介绍这是干什么用的？

（同　期）检测农药残留的，一分钟，有提示音。

（播　音）农民王学文头脑灵光，还在中央农业广播电视大学学过化学呢，按说只要跟周围的乡亲一样踏踏实实种菜，日子肯定差不了，可几年前他却跟中了邪一样迷上了搞发明，说啥也得搞出个检测农药残留的仪器来。

（同　期）为啥？以前用什么？缺点？

（播　音）虽说上过两天学，可他一个普通农民，凭啥搞发明呢？

（同　期）妻子：家里活不管。

（同　期）同学：整天疯疯癫癫的，父亲死了他都没去。

（同　期）农民：科学家都搞不成，你能搞成？我当时就不信。

（播　音）没钱买农药他就到农药店说好话要样品，攒下点钱就跑到省农科院、建材学院进行化学分析，多少个日日夜夜说不清了，王学文就在这桌上算他的方程式，搞试验。结婚十几年没置办一件像样的家什，可他的发明却渐渐有了眉目。

（同　期）记者：现在农药分杀虫剂、杀菌剂、杀螨剂上百个品种，你这个仪器怎么能检测出哪种是对人体有害的呢？原理是……

（播　音）1995 年至今多年的心血付出换来学文的药残留检测仪器批量生产，不久前还获得了专利发明的大奖呢，听说阳谷工商部门已拿出检测仪在市场上清理了很多药残超标的生产经营者。如今天南海北的客户纷纷前来定购，学文的前面是一片广阔的市场。

（同　期）要是蔬菜生产基地、管理部门等都用上它，有毒的蔬菜就没有市场，下一步加入 WTO 更多的蔬菜将打入国际市场。现在看以前吃的苦值不值？值！

（播　音）也许哪一天，您家附近喧闹的市场上，会增添一种新的声音，不断清脆地提示您：您可以放心食用！是啊，这一天不会太远——让有残留农药的果菜远离我们的生活！

架遍果园的方便梯

（主持人）果树太高，管理采收时少不了要用梯子，问题是用梯子有人也觉得不方便，那可咋办？果农桑运宏想出了一招，这一招说简单那可真叫简单，一看呐你就明白，说难呢也真难，为捅破这层窗户纸啊人家老桑想了两年。

（播　音）今年51岁的莱芜市钢城区黄庄镇南通香峪村的桑运宏老汉，木工活干了20多年，可对自家果园用的木梯子没了辙，为啥？他家的果树太高太密，梯子在这儿根本挪不开。

（记者现场）老桑这果园树枝纵横，您瞧，要在这里走上一走，躬着腰都挺费事，别说放梯子，哎，就是放上梯子也够不着几个果，是这样吧老桑？

（同　期）对，就是有高梯也拿不进来，套袋就是有几个套几个，也就是套百分之四十，落着就落着，落不着就有断枝现象。

（播　音）为这事老桑犯开了琢磨，闲着没事时就拿出于木工活的看家本事：画图设计！听他说，就这样憋了两年呢。

（记者现场）：你们看这儿有两个梯子，这梯子有三个腿——轻快。可以折叠携带方便。你可能会问，高的地方、密的地方还架不上梯子呀？您别急，咱让老桑给演示演示。

（播　音）单腿一横，穿过密密的树枝间隙，结结实实地架在树干上，嘿！三腿梯立刻变成一道空中走廊，偌大个果园走哪儿支哪儿，再高再密就是在山坡上也是照架不误。老桑说：这叫跨越功能。再瞧这单腿上有均匀的木楔，竖的时候能踩看上下，横的时候可当横梁，中间轴是用十毫米的钢筋，比用螺丝上折页可保险多了。

（记者现场）你们瞧，还非常结实。老桑，有了这梯子管理采收是不是方便多了？

（同　期）是相当方便，有了高梯以后，采收方便，春天修剪用高梯，疏花用高梯，疏果也用高梯，套袋少不了它，摘袋采果，采果以后又到修剪了，几乎树的管理全部用它，一年四季都能用，只要是果子在树上我就能摘下来，没有破损率。

（播　音）要说这梯子的设计真的是不复杂，但却很实用，老桑说还可以再改进呢，我们大伙都劝他申请专利，老桑是个聪明人，想想有那么多果园，那么大的市场，还真动了心，忙着向区里来的人打听，看那架势，还真怕别人抢了先呢！

苹果化妆寻婆家

（主持人）果农桑运宏的梯子好使，可再好使的梯子也解决不了卖果难的问题。离开莱芜的时候，老桑就问我：肖记者，我今年的苹果不太好卖，你有没有什么好办法？哎，做梯子我不行，要说卖果现成的主意倒有一个，不过这主意不是我想出来的，咱们去找沂源果农秦元辉。

（同　期）小秦，我听说你这苹果还没下树就已经全部卖出去了。是啊，一个月之前吧就给签合同了，一元八角，一元一角吧，现在，订了一万二千斤。

（记者现场）观众朋友，小秦所在的中庄乡莱峪村呢，地处深山，这里交通不便、信息闭塞，手机在这里连信号都没有，可他的苹果却销得这么好，你们知道为什么吗？来，瞧瞧这儿，他把所有的苹果都印上了字。

（播　音）福禄寿喜，恭喜发财，新春快乐，还有各种图案和双星集团的标志呢，原来呀，这些苹果是为人家双星集团定制的。说起来这几年秦元辉的苹果销得一直不错，可他总觉得卖给贩子或进市场太被动，说不定，啥时候市场行情不好，只能干瞪眼，身处深山的小秦寻思着要找一条销果的好办法。

（同　期）我觉得现在一些比较知名的企业，比较注重企业形象和品牌的建立，我觉得这是一个机会，给他们寄过去照片以后，他们很感兴趣，不长时间他们过来看了看，就跟我签订合同了。

（记者现场）苹果贴字说起来简单，做起来可挺有门道，我在这儿现学现卖，首先要选好果，个头不大、品质不高、果型不好的不行，再就是精细管理，要套袋，在摘袋后两到三天内贴字，这字要贴正贴实，如果贴不实光照不进来，字就看不清了，这样晒上半个月就成了。

（播　音）贴在苹果上的字是小秦到县里定做的，成本在一毛钱左右，可贴字和不贴字卖价却要差上三分之一，少说也有个三五毛。尝到甜头的小秦如今思路大开，想着把这苹果增值的法儿玩出更多的花样来，像针对个人消费的纪念日苹果，印有诗句的苹果，为旅游部门生产的特色旅游苹果，等等。当然，前提是一定要为这些工艺果先找好婆家。

（同　期）人无远虑必有近忧，要解决卖果难，关键在于另辟蹊径。

（主持人）好了观众朋友，感谢收看《乡村季风》，咱们下周同一时间再见。

这是一篇由多个话题组成的节目播出稿，它多方位、多侧面体现了主持人节目的基本特征，清楚地说明主持人作为节目设计者、策划者、内容组织和方针体现者，在节目运作过程中，起着支撑节目的核心作用。

（1）主持人精心选择驾驭话题，准确体现节目定位和节目个性。如今农村变化万千，新话题层出不穷，俯拾即是。主持人要根据节目定位，宗旨的需要，严格筛选，精心选择与之相符的最具新闻价值的话题，以更好地体现节目的个性。

《乡村季风》是一档对象性、针对性很强的农村专题节目。本次节目选择的新话题，旨在反映新时代我国农民的新形象、新风貌，倡导新观念，提供致富新思路，引导农民致富奔小康。要做到这一点，并非易事。贵在要了解、熟悉传播对象，知道他们在想什么，做什么，回答他们最关心的问题。主持人肖东坡常年下乡，和农民建立了深厚感情，彼此交上了朋友。正如他在《我下乡，我主持》① 一文中所说："乡村里的能人是我的老师，乡村里的贫困户是我的好朋友。我真的很喜欢充当这样的一个热心的角色——在他们当中去发现和传播。每每这个时候，我不觉得自己是一个主持人，咱还是众多老百姓中的一员呢！""无论是在家里还是在乡下，无论是在演播室还是在旅途中，不知为什么，好像总能感受到有一道道炽热、期待的目光在注视着我们。乡村是一片广阔的天地，农村节目多像是一座座架在其间的桥梁啊！在这座桥梁上，庄稼人的致富高招在迅速地传递。如今，农民致富的渴望与梦想不仅需要埋头苦干来完成，更需要与现代市场相对接。当一个节目主持人的心中有了这样一种责任与关怀的时候，一种大的情感必然会在他心中油然而生。"②

正是这种可贵的责任与关怀的情感，促使主持人以敏锐的眼光捕捉到了新农村新变化、新亮点："绿色农业火了农家肥""王学文的绿色梦""架遍果园

---

①② 肖东坡：《我下乡，我主持》，《主持人》系列丛书，中国国际广播出版社，2003。

的方便梯”“苹果化妆寻婆家”，是在众多新变化中挑选出的最具代表性的新话题，贴近性、实用性强，不仅体现了节目宗旨定位，而且体现了《乡村季风》鲜明的个性特点。

（2）主持人精心组合话题，优化节目结构，提升主题，体现了鲜明的编辑思想和导向意识。

一个优秀的节目，一篇优秀的节目稿，贵在通过话题的选择组合优化，成功地体现编辑意图，注入一种时代需要的新理念。四个话题集中体现了编辑意图和本节目宗旨，跨入市场经济时代的中国农民有着强烈的市场意识和可贵的创业探索精神，他们的思想观念和生产经营方式随着国家体制的转变发生了可喜变化。

整个节目凸显了农民的市场意识，并以此作为一条主线贯穿节目始终，成功地将四个话题串联组合成整体，使每个话题既有相对独立性，又相互依存，密不可分，有着一种内在的逻辑联系。

四个话题处处反映农民的市场意识这个编辑思想。

——鸡粪专业市场的生意兴隆，让农民意识到农家肥的商品性。

——王学文发明药残留检测仪并获得专利发明大奖，如今山南海北的客户纷纷前来定购，学文的前面是一片广阔的市场。

——桑运宏成功设计“方便梯”，“我们大伙劝他申请个专利，老桑是个聪明人，想想有那么多果园，那么大的市场，还真动了心，忙着向区里来的人打听，看那架势，还真怕别人抢了先呢！”

——《苹果化妆寻婆家》中的一个“寻”字，就十分形象地概括了果农秦元辉的市场意识。

当前，农民想得最多的问题是如何致富，农村节目办好的秘诀就是要用典型事例，去回答农民的心理要求。他们爱看对生产生活有用的东西，爱听农村致富的故事。“终日下乡，提炼主题是头等重要的大事儿。”“一个主持人的生命力在于能不能回答观众心里最真切的要求，能不能回答社会对我们的呼唤。”[①] 主持

① 肖东坡：《我下乡，我主持》，《主持人》系列丛书，中国国际广播出版社，2003。

人从农民的市场意识出发，去采访去挖掘，并以此选择、组合、优化话题，既满足了观众的需求，又体现了鲜明的节目编辑思想和导向意识。

(3)“我在场”“我主持”的意识，加之谈话语言的成功运用，彰显了主持人节目个性。主持人是节目的支撑者，强调主持意识就是在节目运作，编制过程中，编导要给主持人留下足够空间，让其有发挥作用和展示才华的平台，或叙述，或交谈，或编串，或点评，主持意识既可展示主持人个性，又可不断推进话题进程，最终实现预定的目标。

“我在场”的主持意识均要用第一人称“我”的口吻，通过“我”与“他”，“我”与“你”的直接对话，运用谈话体语言说话，现场交流感强，显得分外亲切。例如：

“这就是王学文的家。来咱们进来瞧瞧，这屋里连灯都没有。学文，结婚这么多年，我看你这屋怎么连电视都没有？(指着桌上的瓶瓶罐罐)，学文，你给介绍介绍这是干什么用的？”

“离开莱芜的时候，老桑就问我：肖记者，我今年的苹果不太好卖，你有没有什么好办法？哎，做梯子我不行；要说卖苹果现成的生意倒是有一个，不过这主意，不是我想出来的，咱们去找沂源果农秦元辉。”

如果说前一例是对现场环境的描写，后例则是话题间的过渡、衔接，其共同点是采用谈话体语言，具有很强的交流感、对象感。

通过“我在场”“我主持”的充满泥土气息的鲜活语言，为《乡村季风》的个性增添了色彩。作为农村节目主持人，肖东坡的语言质朴平实，形象生动，通俗化，处处散发着特有的泥土芳香，为节目增色。我们仅从四个小栏目中主持人的开篇语，就不难发现主持用语的如下特色：

善于运用农民要说的俗语、口头语、习惯用语等。体现了乡村语言朴实、简洁、通俗的特点。

开篇语不拘一格，表达形式多样别致，引人入胜，体现了乡村语言的生动活泼。

主持人以第一人称“我”说话，说自己的认识、思考，并注重多方交谈，拉近了与观众的距离，增加了乡村节目的亲切感。

总之，与节目个性风格相吻合的富有特色的主持语言，构成了《乡村季风》的一大亮点，彰显了节目个性特征。

第二节　主持人节目基本特征

特征是指“一事物区别于他事物的特别显著的征象、标志”。①

主持人节目是广播电视特有的一种新的节目形式，相对于非主持人节目，即播音员节目而言。为了深入探讨主持人节目的特征，贵在明确主持人节目与播音员节目的界限。前者是以个人身份直接与听众、观众作平等交流的广播电视节目。“主持人是以第一人称‘我’的身份出现在这类节目形式中，主持人起着主导作用。节目以主持人为中心，受主持人支配。”② 后者是由播音员代作者播读他人稿件的节目。播音员是广播电视台的代表，也是党和政府的代言人，他是以第三人称的身份出现在节目中的。播音员的任务是忠实地表达作者在稿件中所包含的主题思想及感情色彩。

美国学者海德在《广播电视概论》一书中说得好：“作为一名播音员，最难对付的工作之一是以有效的方式朗读他人撰写的稿件。在以撰写为起点、听众为终点的传播纽带中，你起的是桥梁作用，你的职责是把作者的思想忠实传递给听众。”他认为播音员是“解说艺术家”。

那么，主持人节目较之传统的播音员节目究竟有哪些“显著的征象、标志”呢？

一、融大众传播与人际传播优势于一体的独具魅力的传播特征

1. 人格化传播

沈力认为，主持人节目“最大的特点是宣传者以个人身份出现。不像播音

① 《辞海》，上海辞书出版社，1982，第1447页。

② 于礼厚：《主持人节目的特征》，《全国广播电视获奖论文》，中国广播电视出版社，1988，第216—231页。

员代表官方发布政令、报告新闻、宣传政策，而是以个人身份与观众面对面交流。这种交流更好地表现主持人个人的意向、认识、感受和语言”①。主持人在传播中说自己的话，谈自己的思考、感受和见解，这种将媒体人格化的“一对一”传播，易于被受众接受，效果好，是一种颇讲究宣传艺术的高明的传播艺术。

人格化传播具有诸多优越性：它融进了人际传播真实可信、对象感强、交流直接的优势，又具有大众传播覆盖面广、影响大的长处。如谈话节目、热线电话节目，犹如面对面交流，真实迅速，使传授者之间得到心灵沟通，缩短了媒体与受众间的距离。人格化传播贴近生活，富有人情味，增加了节目的亲切感和亲和力。

2. 双向传播

主持人节目的传播是一种双向传播。传播过程中“符号是共享的，尽管对于任何两位参加者来说，这些符号不可能刚好意味着同一事情，但这种关系的结果是，随着交流的继续进行，理解很可能变得越来越接近”②。这种双向性质的传播一个显著特征是共同分享信息符号，同娱同乐，彼此易得到沟通理解，易取得共鸣、共识。

主持人节目中的双向传播是互动的。传播者渴望随时得到信息反馈，以便在互动中及时调整传播行为，寻找最佳传播方式与传播效果。传播过程中，“传播者、受传者总是处在互动中。因此，传播者、受传者的角色是互相转换的。传播者中的受传者，在反馈信息时是传播者。同理，传播中的传播者在反馈信息时则是受传者。”③

平等感是双向互动传播的前提。传播者与受传者始终处于平等地位，不是“我播你听”，而是“我说你也说”，一起商量讨论，交换意见，彼此尊重，互相信任。这种传播易产生“自己人”的效应。所以态度诚恳，语气亲切，总是带着商量的口吻，不用“必须”“应该”“一定”之类的指令性词语，传播效果好。

---

① 沈力：《主持人谈主持人》，《内蒙古广播电视》1994年第4期。

② 威尔伯·施拉姆、威廉·波特：《传播学概论》，新华出版社，1984，第49页。

③ 《传播学原理与应用》，兰州大学出版社，1988。

3. 复合型传播

节目主持人的传播又是一种多向的复合型传播，诸如主持人与搭档的交流、与嘉宾的交流、与参与节目者的交流、与受众的交流等，在多视角、多方位的交流中，随时注意信息反馈，调整主持行为。

主持人节目为受众广泛参与提供了广阔平台，又为复合型传播创造了条件。

二、以主持人为主导的节目结构特征

围绕主持人，以主持人为主线谋篇布局，采用第一人称表现手法，是主持人节目结构上的又一个显著特征。

主持人节目，顾名思义是由主持人与节目两部分组成的。节目托起主持人，主持人为节目增色，二者相辅相成，互为依托。这种内在的互相依存关系是主持人节目的谋篇布局必须遵循的规律特点。

节目托起主持人。节目设计者不仅要熟悉节目，还要熟悉主持人，在构思策划节目时应充分考虑到节目个性与主持人个性的一致性。定位准确的节目，能使主持人找到理想的坐标。

主持人为节目增色。节目是主持人施展才华的舞台，又是主持人赖以生存发展成名的土壤。主持人定位准确，可以充分发挥主观能动性，调动一切积极因素，更好地为节目增光添色，起到支撑节目的作用。

三、风格多样化的播音与表达特征

广播电视节目是一门十分讲究声音的艺术，没有声音也就没有节目，主持人节目自然也不例外。如果说播音员节目以其外部特征为整体上的“统一性”“相似性”“标准化”及其字正腔圆的播音风格为特征，那么主持人节目则“是以鲜明的个性色彩出现的，一开始就与传统风格大异其趣，形成强烈反差”“个性是它的生命”“传统风格反映了‘从属型’……‘新风格’所反映的是‘自我实现型、自尊型’人格……播音的依据不仅仅是稿件，更重要的是要用我的独特生活体验、独特美感、独特说话方式表达出来”。[①]

---

① 曹海鹰：《我国播音风格初探》，《北京广播学院学报》1997 年第 4 期。

必须指出，两种不同的播音风格都是时代的产物，具有鲜明的时代特色，两者是一种互补的关系，不是对立的相悖关系，应促进共同发展。俗话说，一花独放不是春，百花齐放才是春。

20 世纪 80 年代初伴随着主持人节目出现的以亲切自然为特征的交谈式播音风格，具有平等感、亲切感、生活化、交流感强的优点，注重个性化、多样化。在广播电视节目普遍采用直播的时代，交谈式的播音新风格日显其优越性，诸如在谈话类、情感交流型节目中主持人娓娓动听的话语、多姿多彩的声音。有位听众给主持人来信中说："每天的午夜，从电话里传出的您那深情而亲切的声音、善解人意的话语，使我彻夜难眠，多少夜晚听着您的节目直到天明，带着真诚走过一天又一天；使我认识了人生的价值，事业和爱情的轻重，认识了为人处世的道理。"

交谈式播音风格因节目而异，呈个性化、多样化趋势。即使主持同一类型节目，因主持人不同，播音风格也各有个性。追求个性化的播音风格就要善于发挥自身声音优势，用自己的语言说自己的话，切忌用自己的嘴说别人的话，或习惯于背诵别人写的稿子。总之，个性化的交谈式播音风格是构成主持人节目不可忽视的一个基本特征。

四、具有个性风格的主持特征

主持人节目贵在有鲜明的"主持"特点，有浓郁的"主持味"，形成与节目特点相吻合的主持风格，这一特征集中表现在以下三方面：

其一，追求富有个性的主持特色与主持风格。大凡成功的主持人节目，在设计策划节目总体风格的同时，就要考虑到与之相吻合的主持风格。正如主持人杨澜所说："一个成熟的主持人在屏幕中应当追求个性，不要今天特别活泼，明天又特别庄重，后天又幽默了，观众最后也弄不清你是怎样一个人，你的屏幕形象就会混乱不统一。"又说："追求个性不等于说以不变应万变，而是说要以自己的个性特征把整台节目带动起来。节目是怎样一种气氛，你也就应当是怎样一种情绪，靠自己对节目的具体感受来沟通观众与荧屏的情感联系。"

追求富有个性的主持风格，应注重语言的个性，追求文化的个性。每位主持人应根据节目特点，各自的文化修养、习惯爱好与思维方式，说自己的话，倾吐心中的真挚情感，“嘴里要想有，脑里要先有；要想会说，必须会写”。个性化语言是形成有特色主持风格不可缺少的组成部分。

可以这样说，凡听众观众喜爱的主持人节目，其魅力来自富有个性的主持特色和主持风格，来自主持人善于巧妙地将“自我”融于节目之中。

其二，要有鲜明的主持意识。无论是主持人或是主持人节目，贵在具有主持意识。笔者曾在一篇文章中这样写道：“所谓主持意识，就是指主持人参与节目的程度，驾驭和主宰节目的能力，就是在主持节目过程中表现出来的一种职业意识。现在不少观众对有些主持人并不承认，抑或意见较多，原因之一就是某些主持人缺乏主持意识，或主持意识淡薄所致。他们用其他意识，诸如播音意识、编辑意识、演员意识等代替了主持意识，所以观众对其主持表示不满。”①

主持人不论以何种方式参与节目，都是在主持意识下的调控行为。主持意识决定了主持人在话筒前、屏幕前的工作状态、职业意识以及思维活动、表达方式。缺乏主持意识的节目，是不成功的主持人节目；没有主持意识的节目，也就不称其为主持人节目。

其三，主持人的个性与主持人节目的个性是个有机的统一体。节目个性要通过主持人的个性来实现，主持人的个性也离不开节目的个性。

主持人节目个性对主持人的个性形成起着规定和制约的作用。主持人不能超越节目的宗旨、特点。否则会游离于节目。因此，在挑选主持人时就要考虑到是适合主持哪一类节目的，不能搞“万能式”。作为主持人也要以节目的个性来要求自己，制约自己。

主持人是主持人节目的支撑者和主心骨。节目是主持人施展个性的舞台。如果主持人能深刻理解和把握节目的个性，那么主持人就可能在不违背节目总体形象的总前提下，充分发挥主动性、创造性，发挥自身的优势，努力展示自我个性，以起到相得益彰的效果。反之，如果主持人对节目个性特点理解不

① 陆锡初：《节目主持人与新闻》，北京广播学院出版社，1992，第80页。

深，把握不准，那么主持人就无从发挥自身优势。偏离节目个性的任何盲目做法，只会导致主持人个性形象的失败。

第三节　优化主持人与节目的途径

1982年，在第一届全国优秀广播节目中，主持人节目还只是凤毛麟角。今天，如何优化主持人与节目，已成为深化广播电视改革的一项重要课题。本节拟从素质、信息、结构、参与四个方面探讨优化的途径。

一、优化主持人的素质

主持人与节目之间的关系是密不可分的。节目是主持人的代表，是主持人赖以生存的土壤，是节目主持人素质、修养、水平的全面反映。节目又是主持人施展才华的园地，节目从选题、构思、采访、编辑直到制作播出，无不融进主持人的思想感情、认识见解、气质修养和编播技巧。主持人离不开节目，节目也离不开主持人。对一个节目主持人的评价，若离开了他所主持的节目，将无从谈起。同样道理，主持人节目的水平主要取决于主持人的水平，主持人素质的高低直接影响甚至决定节目的质量。

近几年来，由于主持人节目发展迅猛，急需大批主持人，因而社会上一大批未经专业培训又缺乏新闻实践的年轻人涌进了主持人队伍，他们缺乏思想准备，仓促上阵；不少人面对的又是难度很大的直播板块节目，工作量大、任务重、压力大，一下子很难胜任和适应工作的需要。主持人的素质跟不上，已成为一个突出的矛盾。人们认识到，要提高主持人节目的质量，关键是要提高主持人队伍的整体素质。

优化主持人的素质，应着重增强主持人五个方面的观念：

（1）政策观念

主持人要具有较高的理论政策水平和新闻敏感，能正确深刻地理解党的路线、方针、政策，并善于通过自己的独特思维方式和精辟见解表达出来，以此影响受众。

（2）受众观念

主持人要树立牢固的受众意识，做到“目中有人、心中有情”，善于寻找最佳的交流点，以诚待人、以情感人，随时与受众进行思想感情上的交流，热忱为受众服务。

（3）竞争观念

主持人要有不断进取、勇于开拓和创新的强烈的竞争意识，要常常给人以新鲜感和吸引力。主持人要确立竞争创新观念。

（4）信息观念

主持人要思维敏捷，嗅觉灵敏，具有很强的识别、判断、捕捉、选择以及有效处理信息的能力，要把传递各种新的有效信息放在首要位置。

（5）知识观念

主持人要尽量拓宽文化知识面，广泛涉猎多方面的文化知识，尤其要多掌握一些受众需要的新知识以及同节目有关的专业知识，以满足新时期人们求知的欲望和文化的追求。在频道、频率专业化趋势下，主持人还要掌握相关的专业知识。

二、优化信息质量

目前我国主持人节目在传递信息上反映出了一些值得注意的问题：节目所含信息量少，信息缺乏浓缩，尤其是一些直播节目，水分太多；节目老化，质量不高；日常生活类——尤其是有关家庭、婚姻的信息居多，传递时代特点和经济改革等方面的信息偏少。这是当前提高主持人节目质量所需要注意的问题。

作为社会活动家和“大众情人”的节目主持人，要树立起强烈的时代责任感和听众观念，关心社会变革，关心人民命运。新闻主持人在广泛关心社会生活、传递各种信息中，要突出传递群众所关心和感兴趣的“热点”（即热门话题、社会矛盾的焦点）、“亮点”（改革中涌现出来的闪光的人和事）、“兴趣点”（群众喜闻乐见的东西）。主持人的话筒和镜头对准了这三点，信息的质量就会提高，节目就会受人欢迎。

理论也是信息，而且是重要的信息。优化信息质量，除了优化事实部分的信息外，还要优化说理部分的信息，即理论信息，增强节目的理论色彩。任何一个主持人节目都是事实和议论说理（包括抒情）构成的。主持人节目中的议论不同于广播评论，它是由主持人根据节目内容、情节需要以第一人称的口吻直接说出来的。要求有感而发，切忌人云亦云；要情真意切，忌讳政治说教。其特点是具有较大的随意性和片断性，篇幅可长可短，手法自由灵活，形式不拘一格；采用交谈式的商量的口气，带有鲜明的个人感情色彩；融党性、个性于一体，情理交融，感染力强。

三、优化节目结构

优化节目结构就是要按照系统论的方法处理好构成系统的各要素、层次之间的相互关系，处理好部分与整体之间的相互关系，以期达到整体大于各部分之和的效果。

所谓系统方法，“就是把对象放在系统的形式中加以考察的一种方法。具体来说，就是从系统论的观点出发，始终着重从整体与部分之间、整体与外部环境的相互联系、相互作用、相互制约的关系中综合地、精确地考察对象，以达到最佳处理问题的目的”。① 也就是要运用整体观点、联系和制约的观点、有序观点、动态观点（系统是个“活”的肌体）、最佳观点（即最优化观点）之间存在的有机联系、有机结合来研究主持人节目的结构，尤其是版块节目的结构，使版块节目结构新颖、富于变化，给人以常新的感觉，改变目前节目结构简单化和老化等种种现象。

优化主持人节目结构，尤其是版块节目的结构，可以从两方面入手：

一方面，一个版块节目具有庞大复杂的系统特征，大段时间、多种内容、多种体裁、多种表现手法，要求精心组合、合理布局，交错运用，做到大而不乱、杂而有序，以获得最好的听觉效果。如，珠江经济电台的节目结构是“以新闻、信息为骨架，以大时段（大版块节目）为肌体”，每逢半点播出新闻，每逢整点播出经济信息、科技信息和其他实用性信息，从而形成节目的骨架。

---

① 《自然辩证法》，人民教育出版社，1979，第399页。

这是珠江台的创新。八大版块节目成为珠江台的肌体，其特点是时间长（短的1小时，长的3—4小时）；内容综合（多种话题交替出现）；主持人直播，采用谈心式的播音。体裁多种多样，有新闻、评论、口头报道、录音报道等，需经统一汇编，采取有机的混编手法和混播形式，不断转换话题，而不是“专题+歌曲+播音”的生硬拼凑。混编混播的好处是借助兴奋点的不断转移，不断给听众新鲜的东西，使听众的听觉神经不断产生新的兴趣点。这样既可以起到有效地延缓听觉疲劳的效果，又可以防止产生关机意识，还可以让听众在赏心悦耳的娱乐中不知不觉地增长知识，接受教育，得到服务。

另一方面可通过主持人巧妙的编串，将多种栏目、多种话题、资料、音乐、音响素材等有机结合，组成一个结构完善的整体。主持人的编串过程也是个再创造的过程，它不仅把上下话题衔接起来，而且可以更好地实现节目的创作意图，充分挖掘并发挥节目的主题所蕴藏的意义。主持人成功的编串最终能起到整体大于部分之和的效果，常常使节目大为增色。珠江台主持人直播编串的效果更为明显，主持人的即兴串联是真情实感的流露，减少了传播过程中的梗阻和节目的断裂感，有效地增强了节目的整体感和感染力。所以，珠江台的版块节目自然流畅、洒脱飘逸。

主持人节目尤其是版块节目的结构优化，贵在注重整体有序性。要求多种话题、多种内容、众多栏目，凭借主持人灵活巧妙的串联，以及声音语言的巧妙运用穿插，做到过渡自然流畅、层次分明、杂而有序，使其成为一个完整的整体。

四、增强节目开放性、参与性

20世纪八九十年代，广播电视节目始终给人一种“神秘感”，与听众、观众保持着一定的距离。受众对节目可看可听，就是无法参与。虽然也请人来电台录音讲话，也搞过与听众对话等形式，但着重强调形式。目前，邀请受众参与，着重强调的是内容，是建设和完善社会主义民主政治的重要方面，也是建设和谐社会不可或缺的重要方面。

确立让受众参与节目的思想，就是从根本上确立受众是媒介主人的思想，这是优化主持人节目的一个重要指导思想，它可以从根本上改变以往“我播你听”的那种居高临下的模式。它的好处是可以广泛依靠社会力量，充分调动、发挥广大群众的积极性和创造性，群策群力办好节目；可以更好地把握受众心理，加强针对性，提高吸引力，不断提高主持人的威信，扩大主持人节目的影响；可以通过协商对话，彼此沟通感情、增进了解，使主持人和受众朋友之间互相理解和信任。让受众参与，重要的是要在参与内容、栏目设置等方面解决好引其参与和适其需要的问题。

进入21世纪，以中央电视台为代表的一批娱乐性节目，因观众的直接参与、互动引起火爆，如：马东主持的《挑战主持人》、李咏主持的《非常6+1》等。

让群众参与节目，使广播电视变单向传播为双向交流，增强节目的透明度和开放性是优化主持人节目的一个重要方法。那么怎样才能做到这一点呢？一般可以采用设置各种交流栏目，设立听众服务台，请当事人主持节目，设立热线电话，建立听众档案，组织受众参与节目活动等各种方法。

优化主持人节目的目的是创办名牌节目。名牌节目是广播生存和发展的支柱，它可以直接把人民群众的声音反映到广播中来，提高节目的政治透明度，还可以促进改革开放的进程。创办名牌节目是时代改革和传播媒介激烈竞争的必然结果，也是广大群众的共同心声。人们殷切地期望在声屏中能出现更多的新人新节目和名人名节目。愿我国广播电视主持人节目借改革之风，顺群众之心，在竞争中脱颖而出，大放异彩。

第四节　主持人节目发展趋势与走向

前节大体勾画了我国主持人节目的基本现状与主要特点。本节着重探讨主持人节目的发展趋势与走向。

一、节目运作机制的变化

由传统的“编辑、组长负责制”向“主持人中心制”“主持人负责制”的节目运作机制转变。

长期以来，我国广播电视节目从选题到播出大致过程是：记者（采写、拍摄）——编辑（修改、制作）——组长（定稿、审看）——播音员（出声、出镜头）。采、编、审、播各个环节分工明确、互相分离。节目从构思、采访到播出的进程是单向的、直线型的。记者、编辑、组长、播音员各司其职。分工即分家，彼此间很难发挥合作协调优势。随着主持人节目的出现，这种节目运作方式受到冲击，发生了以下明显变化：

1. 建立“主持人中心制”“主持人负责制”

时至今日，这个问题显得尤为重要。这是因为提高主持人素质，办好主持人节目是一项系统工程，涉及方方面面的问题。如果广播电视的内部体制，尤其是节目运作机制不改革，不作相应调整，必然会影响以至阻碍主持人节目的发展，也无法确保主持人的主导作用。我们应该正视这样的现实，目前国内不少主持人至今还是有名无实，只是个“陪衬”“摆设”，仅是出场念稿背稿而已，同播音员并无异样。建立“主持人责任制”，至少要有两个前提：一是领导要敢于放权，充分信任主持人，并从各方面维护主持人的中心地位；二是主持人要尽快提高自身素质，更好地挑起新的重担，能独立主持好节目。

节目以主持人为中心，主持人又是节目负责人。主持人不仅要参与节目制播全过程，了解熟悉节目，而且要对节目的后果负责，形成“责、权、利”紧密结合的机制，这样既可促使节目制作管理科学化，又可充分调动主持人的责任感和主观能动性。

“主持人负责制”可以确保主持人有职有权，把有事业心、有能力、彼此能够和谐共事的人集合到一起；目标一致、配合默契，既有利于提高节目主持人素质、促进出精品，又有利于主持人得到多方面的锻炼，促进人才成长。

2. 造就高素质高水平的主持人节目“制作群体”

国内外凡优秀的主持人节目和明星主持的背后，都拥有一个实力很强的节目“制作群体”，拥有一流的记者、编导、摄影师组成的群体。由他们负责节目的策划、包装、推介和优化，他们是幕后英雄，是节目主编。靳羽西主持《世界各地》节目的成功，原因之一是节目制作群体中拥有全美国一流的十多名摄影师；中央电视台《东方时空》节目的成功，也离不开背后一个强有力的实力雄厚的节目制作群体，是这个群体的集体智慧托起了主持人。

重视“节目群体”的建设，是主持人节目获得成功的重要原因，也是发展主持人队伍、培养明星主持不可忽略的一个重要方面。

二、制播方式的变化

经历了半个多世纪的人民广播的制播方式大致走过这样一个过程：播音员直播——播音员录播——主持人直播——主持人直播与录播结合。

人民广播创建初期，正值抗日战争艰苦岁月，受当时经济条件和技术设备的限制，节目只能采取直播方式。直播一直延续到 20 世纪 50 年代中期，由于“以阶级斗争为纲”政治气候的需要，加之物质条件的改善，中央台和地方台的节目逐渐转换成录音播出。80 年代中期，广播界又重提上直播。1986 年年末，珠江经济广播电台率先进行“提纲加资料”的主持人直播，一下子获得成功并收到了明显社会效应。开播 4 个月后的调查表明，广东电台在珠江三角洲的收听率由过去的 46.7%上升到 78%。与此同时，香港广播在此地的收听率由过去的 53.3%下降到 22%。

进入 90 年代，直播浪潮席卷全国广播界。佛山台、广州台、上海东方电台等首先实行全天 24 小时直播，全国 70 多家经济电台也全部采用主持人直播。伴随着“直播热”的掀起，一些条件并不具备的电台也纷纷上直播，大有一哄而上之势。为此，直播中暴露出来的问题及其带来的一些负面效应也自然凸显出来，比如节目水分多，信息量少，主持人素质差，节目品位差，节目品位低，把关不严，乃至出现导向上的偏差。面对现实中出现的种种问题，广播人有所醒悟，认识到直播不是万能的，录播不应全盘否定，只有将直播与录播两者有机结合，才能达到优势互补。这是广播工作者通过“实践——认识——实践”的过程，对广播传播规律再认识的必然结果。

对此，笔者曾在《主持人节目学教程》一书中阐述了如下观点：“今天重上直播，也不能简单地看作是对录播的否定，录播在历史上起过重要作用，今后还会继续起作用。这是因为录播有着直播所无法替代的独特优势：诸如构思缜密、结构严谨、精雕细刻、制作精细、易出精品；具备保留价值，重播使用方便。当然录播也有不可避免的缺陷和天生不足，直播的许多长处正好弥补了录播的短处。直播的广泛使用，标志着广播传播方式的进一步完善。因此，我们提倡‘直播和录播相结合，以直播为主’。这种构建广播的全新格局，使直播、录播互为补充，相得益彰，使广播节目更富有表现力，更有魅力。”①

三、优化主持人节目，创办品牌节目，将是广播电视继续深化改革的重点，也是促进广播电视事业繁荣的必由之路

从广播电视发展趋势和走向看，新闻、广播剧、电视剧和主持人节目将成为“台”的三足鼎立之势，实践已经证明，主持人节目是符合电子传媒规律的、具有生命力的一个节目新品种，也是颇具传播优势深受群众喜爱的节目。20 世纪 80 年代初当这棵新苗在神州大地刚萌发出幼芽时，不少人持怀疑、观望、等待的态度，经过 20 多年的实践，如今已枝繁叶茂，芳香四溢。与此同时，人们的认识也发生了明显的深刻变化，主持人节目已成为人们再也不可缺少的精神食粮，广大受众视它为知己。

这一生动的现实，这一鲜明的变化，有力地说明了办好主持人节目可以给广播电视注入新的活力和生机，可以增强广播电视在市场竞争中的优势与实力。

在主持人节目广泛普及的今天，不应再去盲目地追求数量，而应把重点放在整顿提高上，贵在增强精品意识。抓质量，出精品，努力提高主持人节目的信息质量和文化品位。

新闻类主持人节目在反映时代变革、社会生活、传递各种信息中，要突出群众所关心和感兴趣的“热点”（即热门话题、社会矛盾的焦点）、“亮点”（改革中涌现出来的闪光的人和事）、“兴趣点”（群众喜闻乐见的东西）。话筒和镜头对准了这三点，信息的质量和文化品位就会提高。

在频道、频率专业化、窄播化的趋势下，更强调专题类节目要有专业特色，节目要牢牢瞄准目标受众，适应和满足目标受众的特定需要。综艺类节目

---

① 陆锡初：《主持人节目学教程》，中国广播电视出版社，1995，第 174 页。

要在策划上下功夫，节目形式要新颖别致，吸引受众广泛参与。内容上要有文化品位，注重文化价值，防止低俗化的倾向。在媒介激烈竞争的新时期，不论哪一类主持人节目都要力求办成品牌节目，发挥品牌效应。品牌节目贵在有文化品位和文化个性。

四、加强节目主持人的选拔、培养、管理，提高主持人的素质，始终成为主持人节目发展中必须重视和亟待解决的问题

主持人是节目的支撑者，按什么标准选拔主持人，无论在理论上还是实践上，都具有重要现实意义。这里有必要指出已存在的两个误区。误区之一是以貌取人，即过于注重外表，容貌、长相，非俊男靓女不能入选，因而忽略了内在素质，尤其是气质、修养。误区之二是以声取人，即把声音当作先决条件，唯有音质音色好且字正腔圆者方能入选，因而忽略了整体素质和综合能力。

众所周知，节目主持人素质的高低直接影响甚至决定节目质量。选拔主持人应把素质放在首位。这里的素质是指综合素质，包括政治素质、文化素质、新闻素质、心理素质、语言素质以及仪表风度气质等。

近几年来由于主持人节目发展迅猛，急需大批主持人，因而社会上一大批未经专业培训又缺乏新闻实践的年轻人涌进了主持人的队伍。他们缺乏思想准备，仓促上阵；不少主持人面对的又是难度很大的直播节目，一下子很难胜任和适应工作的需要。主持人素质跟不上，已成为一个不可回避的突出矛盾。因而加强对主持人的培养、管理，提高主持人的素质已成为当务之急。应提倡干中学、学中干、缺什么补什么；提倡科学的严格管理，建立必要的一套管理制度；提倡优胜劣汰，择优用人，奖罚分明，通过竞争，让优秀的人才脱颖而出。

如何优化、提高主持人节目质量，培养本台具有高素质的主持明星是关键。谁拥有一批主持明星，谁就将在未来的竞争中获得主动权。广播电视的竞争归根结底是人才的竞争，尤其是节目主持人的竞争。

第四章 我国节目主持人的崛起与走向

在党的十一届三中全会精神的鼓舞下，我国广播电视人解放思想，遵循广播电视规律，大胆改革，打破了长期以来只有播音员没有主持人的局面。节目主持人在声屏上首次亮相就赢得了广大观众和听众的喜爱和称赞。

第一节 我国节目主持人发展趋势

在西方国家节目主持人产生30多年后的20世纪80年代初，我国的广播电视才开始出现节目主持人。主持人为何姗姗来迟？这是因为，长期以来受到“左”的路线干扰和影响，因而不可能让主持人在广播电视中以个人的身份同受众平等地交谈。在“十年浩劫”期间，广播电视成了“四人帮”推行“全面专政的工具”，他们肆意篡改广播电台和电视台的性质、对象和任务，使广播电视严重脱离群众，严重损害了广播电视在群众中的声誉。当时广播电视的现状是：节目单一、内容空泛、形式呆板，产生信息危机，收听（视）率极低。

我国节目主持人的发展大致经历了三个阶段：

第一阶段（1979年至1986年），初创探索时期

我国的节目主持人是在党的十一届三中全会以后出现的。十一届三中全会，批判了“四人帮”的各种谬论，正本清源，拨乱反正，开始了我党工作重点的转移，由过去的“以阶级斗争为纲”转到了以“四化”建设为中心、以经济建设为核心的轨道上来。广播工作者解放思想，从思想、作风、规章制度等方面进行了整顿，逐渐实现了两个恢复：逐步恢复了党的实事求是的思想路线，坚持宣传报道的真实性，克服宣传工作中“假、大、空”的现象；恢复了

“文革”前受听众和观众欢迎的一批名优节目，主要是一些知识性、服务性节目，使广播电视节目增强了吸引力和听众的信任感。

1980 年 10 月召开的第十次全国广播工作会议上，提出了广播电视要“坚持自己走路”的思想。会议提出：“我们不能躺在别人身上，我们应该像通讯社、报纸那样，成为一个具有不同特点的，发挥不同舆论工具作用的新闻机关。”①

广播电视工作者正是在这样的社会背景和指导思想下，着眼于改革，积极探索，努力寻找新的节目形式，以进行更有效的宣传。

1979 年，中国电视报道小组随邓小平同志率领的中国政府代表团访美，目睹了美国三大广播网节目主持人的巨大影响以及收视率明显提高的情况。美方工作人员还不止一次地提到中国没有节目主持人。访美行程开阔了视野，活跃了思想，改革的浪潮冲击着中央电视台。

1980 年 7 月 12 日《观察与思考》栏目首次正式冠名“主持人”字样播出，首期内容是“北京市民为什么吃菜难”，一炮打响，收到大量观众来信，以至不得不在后来的节目中专门回答观众来信。“节目初期的串联较为简单，主持人和采访记者同为一人，即在演播室（编辑间）出镜与观众交流，引出话题，进行阐述，又到新闻事件的现场调查、采访、发表议论。大约半年多后，出镜的记者们开始尝试主持人与记者分工合作，主持人偏重演播室的穿针引线、阐述总结，记者则偏重具体事件的采访调查……”②

1983 年中央电视台《为您服务》节目调整内容，扩大服务范围，固定了播出的时间，并设立了专职节目主持人。沈力成为该节目的固定主持人。一年后，该节目收到观众来信四万多封，热情赞扬主持人出色地“将中国妇女文明、礼貌、感情丰富、凝重端庄的气质溢于言表”。1983 年全国优秀专栏节目评选，沈力被评为优秀节目主持人。

---

① 第十次全国广播工作会议上的报告《坚持走自己的路，发挥广播电视的长处，更好地实现四个现代化》。

② 袁沫：《节目主持人探源——关于〈观察与思考〉的调查报告》，《主持人》系列丛书 9，中国国际广播出版社 2001，第 391 页。

《为您服务》节目的成功，其意义远远超过节目本身，它对促进我国节目主持人的发展产生了积极而深远的影响。

1983 年 8 月 7 日，中央电视台 500 分钟的大型系列专题片《话说长江》开播，陈铎、虹云的主持及崭新的节目形式，给观众带来新鲜感和兴奋感。

广播中率先推出节目主持人的是中央人民广播电台台播部和广东人民广播电台。1981 年元旦，中央电台台播部的同志从对台宣传的实际情况出发，率先开办了由徐曼主持的《空中之友》节目。该节目的宗旨是：为台湾同胞解疑、解惑、解虑、解难。从此，在中国的广播史上，徐曼成了第一个广播节目主持人，《空中之友》成为第二个广播主持人的节目。

《空中之友》节目很快就获得了成功。它打破了长期以来对台广播冷冷清清的局面。20 多天后，台播部破天荒地收到由国外辗转寄来的台湾本岛的听众来信。来信说，徐曼亲切、甜美的声音“每天都在吸引着台湾 1700 万中国人……拨动那些想要会见大陆亲人的台湾人的心弦”。初次尝试的成功，更加鼓舞了中央电台台播部同志的改革热情。到 1982 年 10 月，对台湾广播的专题节目全部采用主持人形式。实践结果，主持人收到岛内和大陆同胞来信之多，是对台湾广播开办几十年来所没有的。

1981 年 4 月，广东电台由李一萍、李东主持的《大众信箱》节目正式开办。李一萍、李东采用口头语演讲，以“一对一”的方式和听众谈心，帮助青年人解决思想、学习、生活上的种种困难，很快受到青年朋友的欢迎，节目收听率明显提高。节目播出不到 20 天，就收到听众来信 1800 多封。1983 年第一季度，听众来信竟达到 13470 封，平均每月 4000 多封。李一萍、李东随之成为广东省广大青年听众信赖的朋友。

此后，四川、江苏、浙江、黑龙江等省以及上海、北京市台和吉林市台、太原市台等也相继办起了主持人节目。但数量不多，社会影响也不大。

我国节目主持人的崛起阶段，从某个意义上讲，也可称之为“徐李”阶段。“徐李模式”影响全国，成为这个阶段的重要标志和显著特点。其原因有两条：一是徐曼、李一萍、李东是我国主持人节目的开拓者。他们率先主持节目，其主持手段、播讲方式以及节目的选题、编排技巧等影响全国广播界。当时，不少电台的主持人以及试办的主持人节目，都不同程度地带有模仿徐、李的痕迹。二是在这几年的全国优秀广播节目评选中，主持人节目的夺魁者总是徐、李，他们成为当时节目主持人的代表人物。其间笔者曾连续数次参加全国优秀广播节目评选会，并恰逢直接在主持人节目组工作，多次聆听与会领导和代表对“北徐南李”的赞誉，对徐、李主持的节目留下深刻的印象。

1983 年 3 月召开的第十一次全国广播会议的报告中，充分肯定了主持人节目这种形式，指出广播电视宣传适合用谈心和对话形式。采用节目主持人形式比念稿子的办法好，主持人可以报道事实，也可以发表议论，再加上音响或图像，可以增强吸引力和信任感。在这方面，我们有广阔的天地，可以大有作为，要努力提倡创新精神，注意摆脱文字新闻的框框，努力办出自己的特色来。会议首先提出要培养优秀节目主持人，这次会议对我国节目主持人的发展，无疑起了积极的推动作用。

总的来说，这一阶段我国广播电视节目主持人还处于试验和探索阶段。广播电视节目主持人几乎从一开始就齐头并进，同时探索，互相竞争促进，来势迅猛，令人注目。

第二阶段（1986 年 12 月至 1991 年），普及发展时期

1986 年 12 月 15 日，广东珠江经济广播电台开播，我国广播进入了一个新时期。珠江台一改传统的节目布局，把全天的节目改分为八大版块，全部由主持人主持。每个版块的内容都是综合的，由新闻、专题、文艺、天气预报等多种内容组合而成，多话题，勤转换，适合听众收听。

珠江台采用以新闻、信息为骨架，以大版块节目为肌体的节目总体结构。以新闻、信息为骨架，就是：全天每隔半小时有一次新闻或信息，逢半点播出新闻，逢整点播出信息；以大版块节目为肌体，即每天节目由几个大版块构成，它的特点：一是长时间（最长的每块有 3—4 小时）；二是主持人；三是内容综合性。主持人在新闻、信息以外的大段时间里，把各种教育性、知识性、娱乐性的话题和适量的广告糅合在一起，说说唱唱，又议论问题又播放音乐，又传播知识又播广告，让听众在赏心悦目的娱乐之中不知不觉地增长知识，接受教育，得到服务。

珠江台的开播，使广东电台在珠江三角洲的收听率由过去的 46%上升到 78%，而同时香港广播在此地的收听率由过去的 53. 3%下降到 22%。在珠江台

开播一周年的研讨会上，与会理论工作者认为它是中国广播按广播规律和受众需要办广播的第一家。“珠江模式”标志着我国的广播与报纸模式的决裂，它的出现具有划时代的意义。

“珠江模式”的核心是采用主持人制，重视和发挥主持人的作用。珠江台在筹办期间，一举从社会上招聘了 24 名主持人，这在当时的广播界是一项大胆的创举。在珠江台开播一周年时，公开在社会上投票评选“我最喜爱的节目主持人”。10 天内，有 31 万听众来信投票，从珠江台 44 名主持人中，评选出 10 名最受欢迎的主持人。同年，寄给珠江台的来信超过 100 万封，绝大部分都是寄给主持人的。珠江台接到听众电话 7 万多个，其中有 3000 个是直接与主持人交谈的，已在《热线电话》中直接播出。珠江台开播后，多次开展户外广播，全年直接参与活动的听众达 30 多万人。

尽管“珠江模式”不是唯一的广播模式，但它却影响到全国广播界，后来相继成立的 70 多家经济电台，基本上均采用“珠江模式”，并获得成功。“珠江模式”的出现及其表现出来的强大生命力，标志着我国广播电台按广播规律和特点办节目。

这一时期在社会上产生了广泛的影响，深受听众喜爱的广播主持人节目有：

中央人民广播电台的《午间半小时》《今晚八点半》，上海东方广播电台的《蔚兰信箱》，海峡之声广播电台的《空中立交桥》等。这些节目的主持人傅成励、虹云、蔚兰、钱锋广为人知，成为了广播明星。

像广播一样，这一时期电视主持人节目也呈现红红火火的发展势头。

“上海电视台陈燕华以其鲜明的特点主持的少儿节目也获得了成功，人们亲切地称她为‘燕子姐姐’和‘燕子姑娘’。几年中，她先后主持过《燕子信箱》《快乐一刻》等少儿节目，深受孩子们的欢迎。陈燕华主持节目成功的秘诀是‘我常把孩子看作是我的上帝’。”①

“1987 年 6 月，上海电视台推出了全国第一个社会多视角的杂志型新闻专栏节目——《新闻透视》。主持人李培红突破了单纯的播音工作，直接参与选题、现场采访、拍摄和节目制作，向采、编、播结合的方向发展。”② 这个栏

---

①② 陆锡初：《节目主持人概论》，中国广播电视出版社，1991。

目，从内容上“按照新闻性、知识性和服务性的要求，及时捕捉、剖析观众关注的重大新闻、热点新闻与社会问题，直接反映观众的意见和呼声，成为观众心目中的‘社会瞭望’”。① 形式上突破了长期以来新闻节目的播报模式。

1990 年中央电视台先后推出两档不同风格的综艺节目，即《综艺大观》和《正大综艺》，主持人倪萍、杨澜也随着这两个节目走进千家万户，被亿万观众瞩目、喜爱，在中国节目主持人史册上留下了灿烂的一页。

这一时期，我国电视综艺节目、少儿节目最有影响力、最具知名度，节目收视率高，社会影响力大，主持人社会知名度高。

第三阶段（1992 年至今），鼎盛黄金时期

珠江台的开播引发了全国办经济台的热潮，但对人民台的触动不大；珠江台从开播之日起尽管也设有热线电话，但并未大规模地采用，广泛性不够，在全国也并未引起听众电话参与热。进入 90 年代，南京经济电台大量采用电话参与，使该台在南京地区的收听率上升到 64%，仅比南京电视台的收视率差一个百分点；浙江西湖之声电台大量采用热线电话参与，在杭州地区出现了“西湖潮”，获得了轰动效应；北京电台的各个系列台（如时政台、音乐台、经济台等）除《北京新闻》《天气预报》少数节目外，所有的节目都有电话参与，在北京地区出现了街头巷尾听广播、议广播的现象，使北京广播一下“火”了起来。北京电台的《星期三热线办公》节目，邀请城近郊区的区长及有关局、公司的领导到电台直播室参与主持节目，并现场回答听众提出的问题。该节目在社会上引起很大反响，还召开了专题研讨会。与会者认为节目成功的原因是：内容上的贴近性，抓住了政府和群众的结合点；传播上的开放性，充分发挥了广播扬己之长的优势。

1992 年 10 月 28 日，上海东方电台的开播，使我国广播再度掀起了改革大潮，把大规模的听众参与电话热（包括热线点播、热线采访、热线谈话、热线咨询投诉者）推向高潮，给广播带来了全新传播效应，于是众多媒体评说“广

① 陆锡初：《节目主持人概论》，中国广播电视出版社，1991。

播实现了回归”。上海新闻界一些人士认为“东方广播电台的诞生是新闻界改革中最新鲜的大事，可称作‘东方现象’”。《人民日报》发表专文，称1993年为中国广播年。

无疑，东方台的诞生为中国广播增添了色彩。东方台的成功与影响是多方面的，且不说它在领导体制和运作方式上的改革，且不说它采取全天24小时主持人直播和整点新闻的滚动播出带来的传播效应，也不说它首创的三小时新闻性板块如何汇天下之精华，这里单说它在运用热线电话方面产生的广泛影响。

东方电台的新闻版块、专题版块、文艺版块的题材内容非常贴近上海市民的思想和生活实际，符合现代人的心理需求；节目的传播方式及表现手法新颖活泼；各类电话参与节目和风格各异的热线主持人，吸引了大量听众参与广播。据上海市电话局定时测定，上海东方电台热线电话开通时，每分钟有2000至4000个电话试图打入。在5分钟的《东方大哥大》节目期间，每10秒钟就有800多个电话拨打“大哥大”热线。据“东广”统计，热线电话中有80%的电话属舆论监督方面的。主持人通过热线电话深入千家万户，广大听众通过热线电话参与广播，使广播真正走向群众，走向社会。

这个阶段，广播主持人节目的明显特点是电话介入广播，人际传播和大众传播有机结合，相得益彰，使广播真正发挥了独特的传播优势。

广大听众主动参与广播，标志着中国广播由“以传者为中心”向“以受众为中心”转变的改革历程。“以受众为中心”是新闻媒体对受众的争取，是大众传播领域里改革的成果。

与此同时，电视主持人节目的量与质同步提升、飞跃，呈现出一派生机盎然的景象。1993年5月1日，中央电视台推出了一个全新的早间新闻杂志型栏目——《东方时空》。《东方时空》的诞生是我国电视新闻和新闻节目主持人走向成熟的标志，在社会上产生了强烈的反响，成功地推出了我国一批优秀的新闻节目主持人，如白岩松、敬一丹、水均益等。《东方时空》的出现意义重大，影响深远。具体反映在以下几个方面：

——它的内容与风格是高档次、高品位的，具有权威性，同国家电视台的地位相吻合。这里突出了一个“高”字，即高标准、高水平。如《东方之子》采访的对象是政界要人、社会名人，追求的节目品位是通过人物个性情感的表达折射出一个社会、一个时代。

——平民意识。要求节目主持人、编导、记者的视角要平视，真正把采访对象（不管名气多大，职位多高）和观众都当作社会的普通一员平等看待，使节目平民化。最具代表性的是《生活空间》栏目，它的平民意识集中表现在“讲述老百姓自己的故事”上。

——运用现代传播观念和纪实手法，要求原汁原味地反映生活。

《东方时空》四个栏目的特点风格，选取与之相适应的节目主持人，主持人与栏目风格相协调，互相辉映，起到了相得益彰的效果。

1993 年 5 月 10 日，中央电视台首个以主持人个人命名的电视栏目《一丹话题》开播。敬一丹伴随这个栏目被广大观众所熟悉和喜爱。

1994 年 4 月 1 日，中央电视台评论节目《焦点访谈》开播，从此成为国内最具影响力、舆论导向最鲜明的电视评论节目。主持人敬一丹成为家喻户晓的明星。

1996 年 4 月 28 日，中央电视台谈话节目《实话实说》开播，崔永元以其独有的风格赢得了广大观众的喜爱，成为中国电视谈话节目的代表人物。

1996 年 5 月 11 日，中国首个“调查性纪录片”栏目《新闻调查》在央视开播。一批记者型主持人脱颖而出。他们中有王志、董倩、杨春等。

这一时期的一个鲜明特点是，作为国家电视台的中央电视台在深化改革、实施品牌战略中对打造品牌栏目、品牌节目主持人功不可没，他们率先垂范，起到了很好的领军作用，从而成功推出了一批品牌节目和明星主持人，如李咏主持的《幸运 52》《非常 6+1》，王小丫主持的《开心辞典》等。

第二节　从我国主持人发展历程看变化趋势

回顾历程，我们欣喜地看到主持人与主持人节目随着我国改革开放风起云涌的大好势头结出了丰硕的果实。无论从传播理念、业务操作，还是理论研究，都在逐步走向成熟，并在借鉴国外同行宝贵经验的同时，结合中国具体实际，在实践中大胆尝试和探索，朝具有中国特色的主持人队伍与主持人节目不断迈进。

一、广播电视人思想观念的更新和传播理念的变化，为我国主持人与主持人节目的发展提供了契机，开辟了广阔的前景

1. 突破了以传者为中心的传播模式，树立了以受众为中心的传播理念

广播电视人对主持人的传播方式、传播效应及社会影响等有了深层次的认识，确立了主持人在广播电视中的核心地位，引起了全国性的主持人热。

主持人节目形式使大众传媒具有了人际传播的功能，使自上而下的单向传播模式：媒体斗受众转变为双向互动的传播模式：媒体=受众，而且，随着媒介对受众及自身功能认识的深化，最终实现了传播时代的到来。可以说，主持人节目是大众传播领域里的一场深刻革命。

传播理念的进步也是我国改革步伐、民主进程加快的反映。主持人节目创办的初期，媒介的功能只是自上而下的传声筒，受众并未受到应有的重视。这似乎完全符合传播学“枪弹论”的结论：认为反复的信息传播能够达到完全左右人的思想和行为的效果。本来就存在于受众与媒介之间的间离效应愈发显著了。改革开放 20 多年来，人们的思想达到空前的活跃，许多先前禁锢头脑的框架顷刻间松懈了。伴随着市场经济体制等新型理念的提出，高科技对社会各领域的渗透以及人们的文化形态、生活方式呈多元化趋势，等等，成长了一大批思想敏锐、极具批判和反思精神的中上层知识分子和求知欲强烈、个性张扬的新青年一代。他们为整个社会注入了新的活力和血液。总之，受众的主体意识被激活了，广播电视人重新被激活了，广播电视人重新审视媒介角色的定位，挖掘起“人性”在媒介中的重要作用。从俯视的视角转为了平视的视角，节目主持人角色定位的平民化、大众化与受众主体意识的激活，二者相互碰撞磨合，产生了为数不少的制作精良、好看耐看的主持人节目精品。

2. 突破了传统的、封闭的、半封闭的办节目观念，树立了开放式的办节目理念，使主持人节目脱颖而出，构建了以主持人节目为框架结构的全新格局

只有全新的办节目理念，才有全新的精彩节目。20 多年来，广播电视主持人节目从内容到形式都有不少创新。就广播而言，从 20 世纪 80 年代由广东台率先兴起的“版块节目热”，珠江经济电台对主持人直播形式的大胆尝试，到 90 年代以上海东方电台为代表兴起的“24 小时直播版块热”，以情感交流为主要内容的“电话热线节目热”，等等，都体现了广播人锐意进取的精神，广播的整体传播优势得到了发挥。在电视领域里，则是由“综艺节目”“晚会热”“纪录片热”到“新闻杂志节目热”“娱乐节目热”及“谈话节目热”。这种变迁极符合世界传媒学者阐述的传媒的两个功能：一是提供多种娱乐；二是传播丰富的信息。这也是电视节目构架的发展趋势。

二、从节目主持人发展的历程看诸多新变化、新认识

1. 对主持人来源的认识

20 世纪 80 年代，广播电视界一致认同主播人主要由播音员取代的看法。受众耳里听到的是字正腔圆、居高临下的“播音腔”，眼里看到的是呆板单调、不动声色的“播音脸”。思想解放后，广播电视界突破以前的单一认识，选拔主持人广开渠道，不只限于播音员队伍，还从有丰富新闻工作经验，有较高口语表达能力，思维敏捷的记者、编辑队伍中选拔，面向社会公开招聘，这就使得主持人队伍人才辈出，群星璀璨。如今主持人的来源已经到了英雄不问来路的好势头，吸引了来自不同背景、不同行业的四面八方的人才。

2. 对主持人素质的认识

节目主持人的素质直接影响到节目质量，而如何选拔主持人，长期以来存在两个误区：误区之一是以貌取人，即过于注重言表、容貌，忽视内在素质；误区之二是以声取人，即把声音作为首要的先决条件，唯有音质音色好而字正腔圆者方能入选，因而忽略了整体素质。最近十多年来，广播电视界突破了重外形、声音的粗浅认识，焦点转移到对综合素质的考察，如政治素质、文化素质、新闻、心理素质等，尤其注重特质、文化个性的考察。

3. 对主持人魅力的认识

对于主持人魅力认识的转变，也是一个由外到内，由单纯注重技巧到注重人品、人格魅力的过程，体现了中国的节目主持人的品质、智慧、情感、意志等的综合评价。白岩松曾说："无论做什么事，主持人也好，其他职业也好，想成为比较突出的人，拼的不是技巧、语言、形象，拼到最后是人格。"

三、从节目主持人的沉浮看主持人节目发展的轨迹——节目形态多样化

1. 电视综合节目由火爆到冷落，又到火爆的发展态势

我国电视综艺节目走过了一段曲折的历程。曾经收视率颇高的《正大综艺》节目推出了新一代青年女主持人代表——杨澜，这个名字从此走入了千家万户。而《综艺大观》节目主持人倪萍所具有的亲切自然、东方文化神韵的主持风格，则把综艺节目推到了巅峰，她的主持艺术被竞相模仿。可以说，综艺节目这种形式造就了中国荧屏的一大批明星主持人。

然而一段时间以来，我国综艺节目形式老化且单调，风格停滞不前，说教味重，受众参与性差，缺乏创新，无法满足受众日益提高的欣赏水平和审美要求的需要。因而失去了大量受众，使综艺节目一度走向低谷。

湖南卫视《快乐大本营》和《玫瑰之约》的出现与火爆情景，使综艺节目又重新找到了准确定位，引起了社会的广泛关注。注入互动元素的综艺类节目如《幸运52》《开心辞典》《胜者为王》等节目，都以问答闯关的形式进行，不同的互动参与方式和个性化主持风格大大增强了节目的吸引力，赢得了受众的喜爱。

2003年10月，中央电视台推出全新综艺栏目《非常6+1》，它的宗旨是"全力成就普通人的明星梦想，运用独特的创作新手法铺就普通人的星光大道"。正如节目简介所言，"这是一档实现普通人梦想的节目，这是一档融合了丰富资讯，并将资讯进行娱乐化传播的节目"。它通过人文关怀，挖掘受众心头最温柔的渴望，充分互动，活泼生动，成为老少咸宜的精神大餐。李咏幽默、俏皮的话语，特有的丰富体态语和个性化的主持风格，给节目增添了独特魅力。《非常6+1》的成功成为电视综艺节目的一个新亮点。

2. 新闻评论类节目“热度”居高不下

中国电视新闻评论节目的产生与发展始终与我国改革开放的进程相吻合。十一届三中全会以后，一方面，我国社会与受众产生了深刻的变化；另一方面，在改革开放的年代里，新问题、新现象层出不穷，时代呼唤新闻评论类节目的诞生给予人们更充分的舆论表达空间。追根溯源，创办于 1980 年 7 月的《观察与思考》是其雏形和开端。1994 年的《焦点访谈》，1996 年的《新闻调查》以热点追踪和分析阐释相结合的特点和深度对时事的有力述评吸引了广大受众，尤其是节目体现出来的强烈的人文关怀精神，对人的生活、命运的高度关注，深深地打动人，引起人们的共鸣。到现在，新闻评论节目的收视率仍居高不下，涌现出的一批记者型主持人，如水均益、敬一丹、白岩松等确立了在受众中的核心地位。这类节目的题材和定位自身便存在着吸引受众之处。主持人节目贵在创新，要想保持住好势头，关键还是在于从业人员的思想境界的升华，思维的大胆创新和主持人对节目主持艺术的自我超越。

3. 谈话类节目的兴起令人关注

与新闻评论类节目有些类似，谈话类节目的产生与发展也有着深刻的社会背景与必然性。这主要与社会竞争的加剧和当代人复杂的生存状态及矛盾的内心体验相关。与过去不同，人们的文化心理其实并不存在群体本位与个体本位的矛盾冲突，大量存在的是个人化的“剪不断、理还乱”的内在矛盾，通过大众媒体说话，表情达意也就成为必然，谈话类节目受欢迎的程度自不用赘述。

谈话节目的优势明显，它融人际传播与大众传播的优势于一体，可以发挥双重传播叠加优势，互动性强；它以真实性为生命，以平民性为本色，以参与性为特征，追求真实的朴实之美，具有感人的魅力；它以辩论性为节目本色，以谈话体语言为传播手段，追求个性化主持风格。

在广播中谈话节目已十分普及，但从总体来看，我国谈话节目数量多，精品少；节目品种多，但形式较单一。谈话节目还有很大的发展空间，谈话节目主持人的素质有待提高。

4. 娱乐节目成为各地电视台争取受众的亮点和卖点

节目主持人在美国的诞生就起于娱乐节目，它的发展历史可以说为时不短。这类节目以湖南卫视的《快乐大本营》和《玫瑰之约》为代表。《生活空间》栏目制片人陈虻曾说："湖南卫视《快乐大本营》的出现，标志着中国一个电视新时期的开始。"

第三节　新世纪主持人的新形象、新标高

数十年的节目主持人发展历程犹如一个人一样走过幼年、童年，进入了朝气蓬勃、充满活力的青年时期。它以崭新的面貌活跃在广播电视上，令全社会广泛关注。21 世纪伊始，中央电视台举办了全国"荣事达"杯电视主持人大赛，中国广播电视学会举办了"中国播音、主持作品政府奖"，中国广播电视主持人节目研究会举办了第五届全国广播电视"金话筒奖"评选，中国电视艺术家协会主办了首次"中国电视节目主持人新人奖"比赛等一系列的活动，透过这些全国性的、社会影响甚大的主持人大赛评奖，认真回顾总结思考，我们会欣喜地发现我国广播电视节目主持人的新形象，预示着主持人的美好发展前景。

一、知识经济时代的要求和受众审美水平的变化，促进了主持人文化素质和语言修养的不断提升

节目主持人是文化的传播者，主持文化是代表中华民族先进文化的重要部分，主持人在大力弘扬民族文化，广泛传播先进文化和知识的同时，也不断提升自身的文化素质，从而使一批高学历、高素质的主持人脱颖而出。北京人民广播电台两百多名主持人中基本上是大学本科及本科以上学历。

2001 年"荣事达杯"全国主持人大赛人数达 2700 多人，参赛选手的文化素质明显高于 1988 年"如意杯"、1995 年"金士明杯"、电视主持人大赛的选手。在进入决赛的 20 个人中，本科学历的有 16 个，硕士生学历的有 3 个，专科学历的只有 1 个，与以前大不相同，这 20 个人的分布面也很广，5 个在校学生分别来自北京大学、厦门大学、辽宁大学和北京广播学院。其他的分别来自

地方电视台、新华社、报社等。总的来说，这次参赛人员拥有高学历的多是以往没有的。

尽管学历不能简单地代表文化素质，两者之间不能画等号，但也确实是一个重要因素。从一定程度上也可得到反映。参赛选手在主持现场反映出来的文化品位，人文关怀的情结，对人生和社会的深刻领悟，对新闻事件的深刻理解、独特感受，无一不是文化素质的最好诠释。

这次大赛首次将外语列入考核，其结果不尽如人意，有的参赛选手张不开口，只能自动放弃。我国已经加入 WTO，融入更广阔的国际竞争和合作领域，作为传媒形象代表的主持人，提高外语素质，掌握基本的日常听说能力是当务之急。做一个适应新形势需要的双语主持人，是知识经济时代数字化、网络化、信息化时代的需要。

二、频道专业化发展趋势，给主持人提出了更高要求，也为主持人专业化优势的充分发挥提供了广阔空间，造就了一批有社会影响的具有较高水平的专业主持人

自 20 世纪 90 年代以来，世界广播电视业呈现出一些新的发展趋势。其中之一就是频道的专业化。“频道专业化，推动出系列专业台的出现，必然要开办一批高度专业化的节目，就像美国探索频道的科技节目。开办高度专业化的节目，就需要高度专业化的节目主持人。换句话说，今后节目主持人会面临两个发展前途。一个是成为通才，也就是全能型节目主持人；另一个就是专攻一行的专业节目主持人。对这两类节目主持人的要求当然会有所不同。”①

例如第五届全国“金话筒奖”得主山东电视台主持人张小琴，自 1993 年担任《道德与法制》栏目主持人以来，一直潜心钻研法律知识，熟谙法制，成为全国颇有影响的法制类主持人。她主持的《道德与法制》栏目成为山东电视台和全国唯一一档播出 14 年的名牌栏目，她连续 11 年获得国家级政府奖一等

---

① 刘习良《和节目主持人谈心》，《金话筒报》2001 年 3 月总第 32 期。

奖。她还参与了大型系列片《法制中国》的策划、撰稿、制片，该片获得了1999年度中宣部“五个一工程”奖。她的获奖论文《让法制节目具有思想的魅力》，凸显了她对法制节目的独到见地。

又如，中央电视台主持人白燕升（“金话筒奖”得主），自1996年元旦“戏曲音乐”频道开播起，成了该栏目唯一的戏曲节目主持人。他从小就爱听、爱唱家乡戏——河北梆子，收集了几十个剧本，能唱不少段子的他对京剧、评剧、黄梅戏、豫剧等剧种喜爱有加，是个十足的戏迷和戏剧爱好者。“戏曲音乐”频道使他的自身特长有了新的提升。

有一度，白燕升兼做《文化观点》节目，不少观众来信问，他是不是要离开戏曲频道。有的说，十几年来，中央电视台的戏曲节目主持人走马灯似的换不停，今天我们看到了一个懂戏的、在行的、有书卷气的主持人。

广大戏迷的支持常给他勇气，他认定自己努力的方向——做有文化的节目主持人。

又如上海电视台体育主持人唐蒙，从1991年起先后在上海电视台和上海东方电视台体育部任《环球体育》《足球杂志》栏目的编辑、记者和主持人。他熟悉体育知识，热爱体育，是个典型的体育专业主持人。十多年来，唐蒙担任过该台数十次体育栏目及特别节目的策划、编辑和主持，解说过数百场国际国内体育赛事，是个深受观众喜爱的具有良好口碑和广泛影响的体育主持人。

三、节目类型多样化与节目定位的准确，形成了主持人风格的多样化、个性化，一批有个性魅力的主持人脱颖而出

随着广播电视的深化改革，主持人节目呈现出五彩缤纷的繁荣景象，与节目定位相辉映的主持风格也呈现出多姿多彩的景象。其中最受听众、观众喜爱的明星则是凸显个性风格的主持人。主持人个性化是主持人走向成熟的重要标志。

首先要说的是北京电视台主持人元元，她从1994年任《北京您早》记者，

1995年创办新闻评论节目《点点工作室》后又主持北京家喻户晓的《元元说话》，1999年主持大型新闻评论节目《第七日》。

元元主持的节目风格是将别开生面的叙事方式与出人意料的精彩评点相结合，她的主持自然、朴实、流畅，极具亲和力。尤其是她的快人快语，充满机智与诙谐，略带点玫瑰刺的北京语言，常带有令人拍案叫绝的亮点。在她独树一帜的语言风格中，蕴藏着思想底蕴，它折射出的犀利锋芒、反映出的文字功底都是胜人一筹、独占鳌头的。

无论是电视主持人还是广播主持人，其个性风格成功与否，都离不开他所主持的节目，必须与节目定位、与节目风格相一致吻合，才能达到相得益彰的效果。电视主持人肖东坡是这样，辽宁广播电台主持人向莹也是如此。

第五届金话筒奖得主向莹，从事播音主持工作以来，集采编播控于一身。在长期的主持实践中，她勇于探索、大胆创新、勤于思考，形成了声音圆润、语言流畅、思想深邃、热情奔放的鲜明主持风格。创作了一批具有个性特色的广播精品，先后荣获国家级、省级一等奖的作品达28件。其中有获首届范长江中国新闻奖一等奖的《大地一样的深情》，获中国新闻奖一等奖的《补上市场这一课》和多项中国广播一等奖。

四、通过多年的主持实践，主持人把握话题、掌握尺度、驾驭现场和节目的能力有新的提升

如何主持好面向青少年的“性”教育节目，这是个很难把握的敏感性话题。这是因为节目的收听对象是一个正在成长的青少年群体。对于“性”，他们渴望了解但又觉得彷徨迷惘，希望体验但又不知所措，希望得到指点但又心存逆反。因此，在节目中讲什么、怎么讲，是一个需要特别认真对待的问题。如果没有日常主持的实践经验和足够的知识积累、心理情感的准备，主持人是不敢也不能贸然坐在话筒前开口说话的。在这方面，北京广播电台《青春信箱》主持人孙岩，在一次关于“谈中学生异性交往”的节目中，显示了较高的准确把握话题和驾驭节目的能力，通过回答四位高中学生在“语音信箱”中留

下的有关异性交往的问题，层层剖析少男少女对两性交往既渴望体验又迷茫的恐惧心理，循循善诱地讲解性知识，可谓分寸把握得当，从而道出了一个又一个朴实而严谨的科学道理，赋予性教育节目较高的文化品位，避免了某些性教育节目庸俗低下的弊端。

五、面对21世纪媒体间的激烈竞争，主持人的激烈竞争意识、忧患意识和社会责任感不断增强，尤其是人格魅力的提升，是我国节目主持人走向成熟的重要标志

作为媒体形象代表的主持人，不论是品牌的需要，还是社会的期望指数，均对其有新的标准、新的要求，来自社会多方面的压力，促使主持人不断思考新的问题，不断作新的探索，这也是我国节目主持人不断走向成熟的无形动力。

有位主持人说得好："我在走进一个'平台期'后常常思考：广播未开发的盲点在哪里？文化节目当前需要注入什么样的气息？当前的时代以人为本，呼唤人文关怀，要求新闻工作者体现对人民大众的精神心态价值的认同和体贴。时下媒体的文化版通常因那些小痛小痒的感受的感慨，我厌了'己所不欲，勿施于人'。我希望，我所关怀和完成的节目能体现人民大众共同的命运、共同的痛苦。我希望能找到共鸣。"① 下面是一位从事过播音主持工作多年的金话筒奖得主的坦诚肺腑之言："铁肩担道义，妙手写文章。其实，在我的骨子里十分推崇极强的社会责任感。这种责任也是我们做好新闻工作的一个重要前提。"一位年轻的主持人获奖后说："在广播这条路上，我还会走得很久。如何做节目只是小道理，这背后如何做人，如何传播文化，如何构筑我们的精神家园，才是我们传播从业者不断思考的课题吧。"②

透过以上的这些充满哲理性的真挚话语，人们真切地感受到我国主持人的思想境界和精神追求，这是我国声屏主持艺术必将走向辉煌的希望所在。

---

①② 《第五届金话筒获奖节目评析》，中国国际广播出版社，2001，第173—174页。

第四节　我国节目主持理论研究新走势

我国节目主持人的丰富实践给理论研究工作提供了充足的营养，展示了广阔的空间，节目主持理论园地呈现出一派生机盎然的繁荣景象，探索具有中国特色的节目主持理论蔚然成风。

一、跳出最初“言必称西方”的框框，走上了自主、独创的研究之路，紧密结合我国国情和广播电视改革的实际，总结自己创造性经验，探索具有中国特色的节目主持理论

20 世纪 80 年代初，当节目主持人在我国声屏诞生伊始的一段时期，不少研究文章动辄以西方主持人的标准作为参照来衡量评判中国节目主持人的优劣，以国外的理论观点来评判中国节目主持人研究的理论是非。

笔者认为，借鉴吸收国外主持人一些好的做法、经验和有益的理论是完全必要的，现在、将来还是要坚持这样做。问题的关键是不能离开中国的国情、民情和节目主持的实际，不能拘泥于外国传播学者怎么讲的，外国著名主持人怎么做的套式。令人欣喜的是，我国主持人节目与主持人研究已经从外国传播学者和著名主持人的影子里走出来了。学者们的目光注视着国内节目主持人队伍的素质构成，研究他们的成长道路、主持的特色风格。如《CCTV 节目主持人的艺术与风采》一书，首次对中央电视台著名节目主持人赵忠祥、杨澜、倪萍、陈铎、鞠萍、张悦、宋世雄、肖晓琳、董浩、张泽群等的主持艺术逐个进行深层剖析，作者“独具慧眼，勾勒了一个个节目主持人的形象，展示了他们的人品、追求的底蕴，而且直言不讳地道出了某些不足”。[①] 这一研究成果对深入了解我国节目主持人现状，促进我国节目主持人的健康成长，尽快提高主持艺术“都有着深刻的启迪和丰实的贡献”。[②]

更为可喜的是学者们清醒地意识到主持人理论研究的重任、意义，明确了

①② 张颂为《CCTV 节目主持人的艺术和风采》所作的“序”，广东教育出版社，1995。

研究的指导思想和奋斗目标，发出了这样的呼声："新时期广播电视主持人节目的发展，呼唤着具有中国特色的主持人节目理论……希望理论工作者和主持明星们以及在第一线从事主持人节目工作的朋友们，携手奋斗，互相学习，共同努力，积极探索，为发展具有中国特色的主持人节目，为创建具有中国特色的主持人节目理论体系作出新贡献。"

二、通过自由平等的讨论、争鸣和各种学术观点、理念的互相碰撞，探讨、寻找理论真谛，推动了主持人理论研究的发展，繁荣了学术园地

主持人节目与主持人中的诸多学术问题的讨论、争鸣，思想十分活跃，呈现出"百花齐放，百家争鸣"的景象。

如：关于播音员与主持人之争。

1988 年播音界有学者提出"播音员应该涵盖主持人"的观点。持"涵盖论"者认为主持人播音"只是播音这棵大树上长出的一根分枝，人为夸大二者的区别，让主持人播音独树一帜，既不现实也不科学""节目主持人只是播音员的一种特定身份，主持人的语言只是播音员的一种特定方式。"①

持反"涵盖说"者则认为播音员是涵盖不住主持人的，这是两个不同范畴的概念，"主持人的出现，使广播电视界增添了一个独特的工种，原有的专业职称序列已无法公正和准确地评定主持人的业务能力"。②

还认为："节目主持人的出现，打破了传统播音方式在我国语言广播中的一统局面，在语言风格——即语言表达上形成的作风和气质……试图'涵盖'它，以及'涵盖'以后把二者的探索都统一到'三性''三感'上，不能不说是理论上的一种失误，对目前的实践和广播改革的进一步发展都会造成消极的影响。探索的出路只能是调整我们的认识，走出我们为自己划定的'魔圈'。"③

---

① 王旭东：《"播音员涵盖主持人"论略》，《北京广播学院学报》1991 年第 1 期。

② 白谦诚：《节目主持人：历史的昭示·现状的扫描·未来的走向》。

③ 李东：《走出"魔圈"——主持人与播音员语言特征辨析》，《主持人》2、3 辑，中国广播电视出版社，1993。

又如：真实与表演之争。这是一个争论长达十多年未得其果的问题。持“表演”观点的认为：

——节目主持人是“非角色的表演”，主持人工作本身就是“表演创作”；

——主持人要表演自己，要逼真、不露痕迹地表演自己同样需要高超的演技。①

主张“真实”观点的学者认为“节目主持人不是表演者”。指出真实性则是节目主持人得以存在的基础。主持人在听众和观众心目中应当是可靠可信的，言必真，行必真，事必真。主持人如果演给别人看，就会让廉价的表演把新闻的真实性给拍卖了。持这一观点者认为：“任何表演都只会使主持人丧失本人的真实，而成为廉价的形象”“任何表演，只能使节目主持人的形象自我瓦解，而不会是形象的自我完善。”②

主张主持人要“真实”观点的学者还认为：“节目主持艺术应该是一门真实的自我表现的艺术，而不是‘表演艺术’或‘表演创造’。简言之，符合节目或栏目的主旨的真实的自我表现，自我体现，自我展现，自我实现，是对主持人角色行为的比较合乎实际的解释。”③

还有关于“主持人中心制、责任制”与“制作人中心制”“编导中心制”之争，“播音式主持与记者型主持之争”等，这里不再逐个展开。由此可见，主持人学术研究领域思想之活跃，这些问题需要通过不断实践、认识、再实践、再认识的过程，逐渐取得共识。至今有的争论问题比较明朗，如“播音涵盖论”显然是站不住脚的，也是行不通的，有的问题尚待实践与时间的进一步检验。

三、理论研究方法的多元化、多视角，手法新颖，思路独特，促进了主持人节目与主持人学术研究发展与繁荣

节目主持学是门新兴的综合性学科，实践性、理论性、前瞻性强，内涵丰富。它涉及新闻学、传播学、播音学、社会学、心理学、语言学、美学等诸多

---

① 壮春雨：《主持人基本技能概述》，《声屏世界》1997年第8期。

②③ 应天常：《关于“无角色表演”的反诘》，《现代传播》1996年第5期。

学科的领域。囿于多方面的限制，任何个人要想系统全面研究均有相当难度。也许正是基于这个缘由，研究者从各自专业优势出发，以其独特的视角，采用诸多方法，多方位、多侧面去研究，以“他山之石可以攻玉”的精神去攻克、探索，改变了理论研究的板结状态，形成了学术研究活泼生动的态势，开创了学术研究的新局面。

就应用理论研究来说，有从语言、语体角度来研究的，如关于主持人的语言表达、语言运用、心理语言、语义场以及语言风格、规律的研究。“我们所处的世界是一个‘语义场’的世界，正是语言使一切意义的存在有了依托，而主持人都是在一个特定的语言框架内完成节目生产的”。①

有从新闻主持角度研究的。近几年来，具有采编导新闻实践经验的记者型主持人，以其厚实的新闻功底和驾驭节目的能力，活跃在主持岗位上，赢得了社会公众的认可。研究者从理论高度探讨主持人的策划、采访、编辑、评论艺术和现场主持的艺术，这方面的著述颇丰，研究者中既有理论教育工作者，也有不少从事主持实践的记者型主持人。

还有从节目本体角度研究的，从主持人节目与非主持人节目（播音员节目）的区别差异入手，探讨主持人与节目的关系，不同类型节目主持人的素质构成、培养、探讨主持人节目的策划、定位、结构规律等，这方面的理论研究针对性强，既对主持人节目的创优提供了理论指导，又为创建主持人节目的理论体系作出了贡献。

就其目前的研究方法来说，呈现出灵活多样的趋势：有采用个案研究的，重点放在著名主持人的个案剖析，通过一个个典型个案研究，总结出具有普遍意义的规律性的东西；有比较研究，通过中外节目主持人的比较，同类主持人与节目的比较，分析异同，寻找突破点；还有从边缘切入进行研究的，力求有较宽广的探索、创新的余地。总之，研究者注重独立思考，创造性地研究，以求理论研究的新突破。

---

① 李东：《走出“魔圈”——主持人与播音员语言特征辨析》，《主持人》2、3辑，中国广播电视出版社，1993。

四、理论队伍的不断壮大，理论水平的提高和人员构成的特色化

主持人节目的学术研究能否突破，能否有大的提高，关键取决于人，取决于这支理论队伍。目前的理论队伍基本上由三部分人员构成：一是新闻院校的师生；二是节目主持人和广播电视系统的有关编导、领导；三是新闻研究部门和社会上有关专家、学者。从年龄构成来看，老、中、青都有，尤其是近几年来一批年轻的充满智慧和生气的硕士、博士的加盟，给这支理论队伍注入了新鲜血液，预示着节目主持理论研究的春天即将到来。

这支理论队伍有三个显著特点：一是理论与实践结合紧密。理论工作者和在第一线的主持人成为这支理论队伍的核心，他们优势互补，互相融合，是理论研究提升的有力保证；二是理论队伍的专业化、年轻化。目前全国有几百家新闻院（校）、系、专业，不少院校相继开设了主持人课程，有的还有培养研究生的主持人专业，吸引了一大批年轻学子，后生可畏，他们的参与，提高了理论队伍的知识含量和文化素质；三是众多相关学科人员的加盟。现在有越来越多的从事各种相关学科研究的专家、学者加盟到主持人理论队伍中来，他们以其专业的目光、独特的视角、敏锐的嗅觉，从多方位探索节目主持理论，大大拓展了节目主持理论研究的内涵和外延，丰富了理论研究的宝库。

多年来主持人节目理论研究取得的丰硕成果客观存在，但已成为过去。面对新形势，审视现状，冷静思考，喜忧参半，任重道远。当前理论研究滞后于实践，远未起到指导性作用，理论研究中还有不少缺憾和亟待解决的问题。诸如，在注重应用理论研究的同时，忽视基础理论研究；在注重对现状研究的同时，忽视前瞻性研究；在提倡个人研究的同时，忽视集体力量的整合和有计划的系统研究。尽管近年来，上述问题正在逐渐解决，出现了一些好的苗头，但仍需加大力度。

从创建具有中国特色的节目主持理论体系考虑，需要制定研究规划，有个宏观的整体思考，先抓什么，还要抓什么，确立重点选题，组织骨干力量逐一攻关；需要有个部门牵头，组织各方力量有计划、有步骤地撰写一批节目主持的系列论著，这对创建节目主持的理论体系和主持人的培训都是大有裨益的。

第五节　我国节目主持人的新变化、新特点

2020 年恰逢我国广播电视主持人诞生 40 周年纪念日，意义深远。40 年主持人沧桑巨变，发生了翻天覆地、令人惊喜的新变化。我国节目主持人从无到有，从少到多，逐渐壮大走向辉煌。如今已走向世界传媒舞台传播中国声音，成为我国融媒体传播时代的中流砥柱和舆论传播的引领者，令世人刮目相看。

我们认为，我国节目主持人发展有如下五个新变化、新走向、新亮点：

第一，主持人受社会关注度与社会影响力明显增强。

如今我们已经进入了以主持人传播为核心的传播新时代。作为我国广播电视媒体的形象代言人和一种文化符号载体的明星主持人，可以使媒介文化的传播由冰冷的机器转化为温情脉脉的人，可以登堂入室与受众交流，从而有效地提高传播效果，主持人还可以让死的信息变成活的资讯，让枯燥的知识变成为民排忧解难的行动，从而让受众牢牢记住了这些主持人的名字。主持人的名字已经变成了收视符号，变成了收视（听）率。正是鉴于上述诸多因素，节目主持人必然受到社会关注，受众瞩目。作为中国电视界最高规格、最受瞩目的一场赛事，《中央广播电视台 2019 年主持人大赛》首期播出后，很快引发社会各界广泛关注。首期节目中心城市收视率破 1%，央视综合频道收视份额环比上升 5%，不少网友感叹“这是 2019 最期待的节目”。

距离上届主持人大赛已有 8 年的 2019 主持人大赛节目首播以来，以其节目节奏明快、内容充实、气质阳光，以及主持人密集的知识输出和浓烈的情感荡漾，以其诱人的魅力牢牢锁住了受众的注意力。截至第二期结束，节目相关话题阅读量超 33 亿，34 个城市收视率破 1，视频播放量破 3 亿。不少观众反映，全媒体时代，央视主持人大赛用一场顶级的赛事，让我们看到了年轻人的使命、担当、情怀与追求，让我们领略了新时代主持人的风采。

如今追梦主持人，期盼拥有像主持人一样的气质、品位、修养，已逐渐成为社会的共识。不少家长教育孩子要做像主持人那样的人。山东青岛和江苏武进都开班了“小主持人班”，招收学龄前儿童和小学生，利用周日办班，报名

火爆，热情高涨，颇受当地群众欢迎。江南影视艺术职业学院，每逢招生季，播音主持专业均称为学校的“亮点”“热点”，报名人数年年有突破，竞争非常激烈，常达到千人挑一的比例。中国传媒大学作为培养传媒人的摇篮，近几年随着传媒行业的发展，全国有多达5万学子报考艺术专业，其中报考播音主持的也很火热。成为电视主持人，成为明星主持人是多少学子的梦想。回想40年前主持人诞生伊始，在台里有的只是“花瓶”摆设，主持人只是念稿出声而已，其社会影响力甚少，社会注意力不够。放眼今朝，主持人成为社会热捧明星，足见变化之大，令人惊喜。

第二，主持水平不断提升，即兴口语表达能力和现场应变能力显亮点。

主持水平体现在多方面，即口语表达能力和现场应变能力则是主持水平的重要体现。即兴口语表达是主持人语智的闪现。它是人的多种智能、多种素养的综合反映。主持人面对瞬息万变的现场，要能够做到妙语生花，绝不单单取决于“嘴”，更多的则是依据于“脑”，依赖于丰富的知识积淀，快速的思维能力、应变能力和良好心理素质。

现场快速灵敏的应变能力是主持人经过长期磨炼、厚积薄发的一种修养和能力的体现，也是主持人智慧、才华的体现，常常可以在瞬息万变的现场为主持人化险为夷，收到平添几分亮点的意外效果。

1997年6月30日，白岩松在深圳皇岗口岸报道驻港部队过程中有一段尴尬的空白时间，他现场发挥，马上想起了早些时候登上口岸办公楼的情景，随机应变，脱口而出：“在我们前面的那栋楼，就是当年邓小平同志眺望香港的地方。现在这栋楼里还挂着他当年视察口岸的一幅照……今晚，当驻港部队跨过这条界限的时候，在所有部队送行的人群中，我们相信，肯定还有一位老人深情目光的注视。”白岩松这段富有情感的“即兴之作”着实令人赞叹不已。

我国著名节目主持人崔永元也因其即兴幽默的语言，使得他主持的《实话实说》谈话节目成为最具个性魅力的节目之一。他的即兴幽默语言都被变成了语录如：朋友是这么一批人。是你快乐时，容易忘掉的人。是你痛苦时，第一个想去找你的人。是给你帮助，不用说谢谢的人，是惊扰之后，不用心怀愧疚的人……他曾坦言道：“主持现场瞬息万变，不可知因素很多，要驾驭好现场光靠知识量是不够的，还需要有一种全新的思维方式和行为方式，要反应敏捷，思维活跃，还要有点语言幽默感，才能临阵不慌，应付自如，赢得观众的喜爱和好评。”① 主持人这种独具修炼的即兴口语表达能力和现场的即席评述能力在 2019 年主持人大赛参赛人身上也有充分体现，并成为大赛引人瞩目的亮点。“符合女主播标准”的选手刘妙然在设置的三分钟现场考核环节，对国内首档媒体新闻评论节目《中国舆论场》的定位、特点风格的现场深度评述，并巧妙地将个人故事延伸到脱贫致富的进程，当场受到评委称赞，“抓住了节目的特点，驾驭全场的能力值得肯定”。

第三，主持人文化素养明显提升，文化类主持人节目异军突起。

1988 年，中央电视台举办了首届全国电视主持人“如意杯”大奖赛。当年参赛的主持人大都是大专学历，鲜有本科学历，未见研究生学历。即使是在 10 名“观众喜爱的节目主持人”得奖选手中，本科学历的也不占多数。30 年后“中央广播电视总台 2019 年主持人大赛”，有近 300 位选手报名参赛，均是本科学历以上，不少是研究生，有的还是驻外记者。北京面试点不仅吸引了众多播音主持专业人才，还迎来了金融、管理、计算机等多个不同领域专业的名校学霸，有毕业于哈佛大学高层管理教育专业的女硕士，还有来自名校的医学博士和就职于美国华尔街多媒体公司的选手。尽管学历不等同于文化水平，但一定程度上也反映了文化品位和文化素质。

如今主持人文化知识素养的提高，还清晰地反映在参赛选手上。如选手李七月面对董卿主持的《中国诗词大会》题目，对“月”“柳树”“红豆”三个古诗词意来进行即席讲述，一连串的诗词在她口中娓娓道来，进而落脚到亘古不变的思念之情。李七月对诗词信手拈来的出色表达及展现出来的丰富的诗词储备量和鉴赏力，无不彰显主持人的文化素质和文化品位。

主持人文化素质的大幅提升必然有力地推动、促进以传播我国优秀传统诗词、小说、文学作品与国家宝藏等为内容的文化类节目。几年来中央电视台制作播出的《中国汉字听写大会》《中国诗词大会》《中国成语大会》《朗读者》

---

① 陆锡初：《电视谈话节目的主持艺术——与崔永元的一次谈话》，《论节目主持艺术——见证中国节目主持人 30 年》，中国文史出版社，2009。

《国家宝藏》《经典咏流传》等文化创新性节目，传承中华文化，植根于中华沃土，深受观众喜爱。节目主持人的作用功不可没。以董卿为例，她无愧是我国文化类节目的主持的代表者。从《朗读者》到《中国汉字听写大会》《中国诗词大会》《中国成语大会》，她不仅是出色的节目主持人，还是节目的策划者、制片人。她的主持可谓娴熟恰到分寸；她的点评议论总是引经据典，含有浓浓的文化味；她的谈吐常常是妙语连珠。她在《朗读者》中与各种受访者的对话交谈，尽管只有几分钟，常因把握角度恰到好处，给观众留下很深的印象。她曾说："我始终相信，我读过的所有书都不会白读，它总会在未来的某一场合帮助我表现得更出色。"

第四，主持人创新思维创新能力增强，不断催生出一批批创新创优节目，为声屏增添魅力。

不断改革，不断创新创优是我国广播电视节目主持人始终保持诱人魅力的不竭动力，也是永葆旺盛生命力的源泉。我国节目主持人 40 年的发展历程，确切地说就是不断创新创优，从而催生出一批又一批健康向上、风格独特、令人耳目一新的主持人节目，使我国声屏呈现出清新正气，生气勃勃的繁荣喜人景象。早在 1993 年 5 月 1 日，白岩松、敬一丹、水均益主持的全新的早间新闻杂志型节目《东方时空》，这是个讲述老百姓自己的故事，充满平民意识，影响深远的新节目。1994 年 4 月 1 日敬一丹主持的首个评论节目《焦点访谈》，是个很具影响力，舆论导向鲜明的电视评论节目。1996 年 4 月 28 日，崔永元以其独有的风格主持《实话实说》节目，开创了国内电视谈话类节目的先河。2002 年元旦，孟非主持的江苏电视台的《南京零距离》连续三年荣获"十大名牌栏目"称号，曾获首届"中国电视十大名栏目"。

近年来中央电视台科教频道，按照"放大品牌栏目，整合优势资源，强韧差异创博，凸显专业特色"的总思路，在理念、内容、形式、手段上大胆创新，坚持对"高品质、高品位、高品格"的不懈追求，大力创新创优，推出了一批颇有社会影响的创新型主持人节目，如《平"语近人——习近平总书记用典"》《中国诗词大会》《绿水青山看中国》《寻找最美教师》《寻找最美医生》《科技盛典》《点赞中国》《中国好书》等。在这些节目中，主持人或当主播、或参与策划、或做制片人，起到支撑节目优化节目的作用。他们以新时代为坐标，以新思想为统领，以新突破为追求，在守正创新中努力打造一流品牌节目，实为功不可没。值得一提的是，在新中国成立70周年之际的大节点，中央电视台推出了献礼巨作，精品节目《故事里的中国》，这是主持人董卿经过一年多的精心策划，不负众望推出的。该节目结合戏剧表演、电视访谈等多种表现手法，形象地再现新中国成立70年来一个个优秀人物的故事。作为节目点策划，主持人董卿采用电视手法对故事嘉宾进行访谈，并成功地运用丰富的图片影像资料讲好故事。主持人董卿作为节目流程的引导者和观察者，为演艺节目和深化主题功不可没。

第五，领航融媒体传播新时代，向世界传播中国声音

习近平总书记在党的新闻舆论工作座谈会上要求“提高新闻舆论传播力引导力”时指出“新闻观是新闻舆论工作的灵魂。要深入开展马克思主义新闻观教育，引导广大新闻舆论工作者做党的政策主张的传播者，时代风云的记录者，社会进步的推动者，公平正义的守望者”。

作为主持传播新时代的领航者，节目主持人肩负时代担当的重任，要努力发挥自身独特优势，讲好中国故事，向世界传播中国声音。这也是当今主持人的职责和使命。正如不少观众反映，“全媒体时代，央视主持人大赛用一场顶级的赛事，让我们看到了年轻人的使命、担当、情怀与追求；让我们领略了新时代主持人的风采。”

党的十八大以来，我国节目主持人身处融媒体时代不忘初心，不辱使命，奋力践行。2014年8月，由中宣部等几个中国新闻单位主办的“好记者讲好故事”演讲活动开展以来，主持人、记者们通过讲述他们的亲历、亲见、亲闻、亲为的好故事，向世界传播中国声音，取得了很好的传播效应。由此，全国涌现出了一批由主持人领航积极传播社会主义核心价值观，推动实现中国梦的好节目。诸如中央电视台的《家风是什么》《等着我》，湖南卫视《平民英雄》，辽宁卫视《中好人》，北京电台《中国好榜样》，浙江电台《中国梦想》等。这些以主持人以讲故事方式架构的优秀节目，通过主持人讲述发生在百姓身边的人和事，反映百姓的所思所想及他们的心声，起着打动百姓的心灵，激励斗

志，团结奋进的传播效果。

“讲好中国故事，传播好中国声音”是新闻工作者的职责和使命。作为节目主持人要发挥好自己的优势，讲好中国故事。2013 年 7 月中国国际广播电台英语广播谈话节目《圆桌会议》，主持人和一中一外两位嘉宾用流利的英文讨论中国社会民生热点话题，成为传播中国故事、讲好中国故事的新尝试。

对新闻主持人和记者型主持人来说，讲好中国故事，只有深入基层、深入群众、接地气，从普通百姓身边挖掘一手资料，寻找鲜活的中国好故事，方有讲好新闻故事的底气、实力。十八大以来，党中央一再强调无论是宣传工作还是新闻报道都要改变空洞说教的文风，远离官话套话；要学会讲故事的说话艺术，增强亲和力和吸引力。央视“走转改”的典型之作《皮里村蹲点日记》，正是这种接地气的精神写就了感人至深的蹲点日记。蹲点记者没有任何代步工具，跟随村民攀悬崖、蹚激流、滑铁索，深刻体验村民的生活工作，在为人所遗忘的角落，在见所未见、闻所未闻的上学路上，亲历感受村民的辛苦。

为讲好故事，主持人节目贵在以内容为王，主持人讲述中国故事的内容要贴近民情、反映民意，为民服务，为民说话。从传播的角度来说，节目内容只有受众接受传播才有效。其方法就是节目以人为本，内容凸显服务性；增强内容针对性，提升服务能力与水平；坚持差异性服务，提升节目竞争力。

节目主持人是我国新闻工作者的中坚力量，务必牢记“担当意识，使命意识，讲好中国三个故事”。即主动宣传新时代中国特色社会主义思想，主动讲好中国共产党治国理政的故事，中国人民奋斗圆梦的故事，中国坚持和平发展合作共赢的故事，让世界更好地理解中国，从而起到激发人民群众爱党爱国爱家的精神和奋斗热情。中央广播电视总台播出的广播纪实文学《梁家河》成功地把领袖、群众、中国紧紧联系在一起，通过习近平总书记在梁家河的知青生活，巧妙地把历史、现实、未来有机结合起来，以史育人、以理晓人，声情并茂地讲出了梁家河蕴含着的深远意义。讲领袖的故事，就是讲中国共产党的故事，讲中国的故事，而且以人格化的形式让中国共产党的故事更形象，让中国故事更精彩。

讲好中国故事，是新闻工作者的时代担当，也是其社会责任。这是新时代国内外形势发展的需要。面对实现“两个一百年”的奋斗目标和中华民族伟大复兴的中国梦，需要新闻工作者通过讲述多彩中国故事，振奋人心，提升爱国精神，增强文化软实力、提高我国在国际上的话语权。

作为新时代的传播者，节目主持人要努力践行社会主义核心价值观。社会主义核心价值观对全面建成小康社会、坚持和发展中国特色社会主义的伟大实践具有重要而深远的意义。作为媒介形象的代言人，主持人有着义不容辞的责任和使命，要让世界了解中国、了解中国特色的社会主义。当今世界，需要共享机遇、合作发展。政治需要互信，发展需要互鉴，文化需要了解。人类需要彼此尊重、加深了解。让当代中国价值观念走向世界，提高国家软实力，讲好中国故事。

40 多年来，我国广播电视节目主持人行业发展令人可喜，节目主持人自信心不断增强，央视女主播刘欣跨洋对话美国福克斯商业频道女主播翠西就颇具代表性。这场被外媒称为“电视史上伟大奇观”的 16 分钟的对话中，双方就公平贸易、知识产权、华为、关税、中国发展中国家地位等话题，进行了一场开诚布公的辩论。毕业于南京大学英语系的刘欣以其一口流利的英语，阐述了我方的观点立场，发出了中国声音。正如刘欣所说“我得到的是一个机会，一个在美国普通民众的客厅里跟他们说话的机会，这是过去许多年都未有过的”，让她欣喜的是，翠西“没有为了骄傲而坚持她原来的观点”，她说：“贸易战对谁都没有好处，她能替我们说出这句话来，哪怕我出点洋相都值了。”刘欣和翠西是中美之间两位身份背景截然不同的主持人之间的对话，是彼此各国优秀的节目主持人之间的国际对话，是一个国际间的交流，是一个博弈。刘欣是一个以口才之力传播中国文化，讲好中国故事，消融对方对中国的错误理解，促进外国观众更好地了解中国的实际典范。

第五章　主持人的策划

20 世纪 80 年代初，我国节目主持人诞生伊始，主持人基本上不参与栏（节）目的策划，认为那是编辑、编导和台领导的事；台里也要求主持人参与策划。如今，主持人参与栏（节）目策划已习以为常，不再是什么新鲜事了。是否具备策划创新能力已成为衡量主持水平的重要条件，成为新世纪节目主持人必须具备的基本素质。

第一节　策划的含义

“凡事预则立，不预则废”。“预”者，策划也。策划的过程，就是找出事物发展的必然联系，谋求掌握事物发展的方略，并驾驭事物发展的过程。从本质上来说，策划就是创造、创新。策划，顾名思义，就是出谋献计，就是出“金点子”，这对广播电视创建精品工程和培育品牌主持人有着重要的实践意义和理论价值。

《哈佛企业管理》丛书中对“策划”一词有这样一段论述：“策划是一种程序，在本质上是一种运用脑力的理性行为。基本上所有的策划都是关于未来的事物，也就是说，策划是针对未来要发生的事情作出当前的决策。这就是说，策划是以目前决策为依据，是预先决定做什么，何时做，如何做，谁来做。策划如同一座桥，它联结着我们目前之地与未来我们要经过之处。”

“策划的步骤是以假定的目标为起点，然后定出策略、政策以及详细的内部作业计划，以求目标之达成，最后还包括成效的评估及回馈，而返回到起点，开始了第二次循环。策划是一个连续不断的循环。因为一个组织的内在及外在环境不可能是静止不变的……要策划再策划，以求计划之确实可行。”①

---

① 李东：《广播节目策划论》，中国广播电视出版社，1995，第 7 页。

“策划”不同于“计划”，也不同于“策略”。策划是一种程序，指的是依据有关众多信息，分析判断事物变化的趋势，确定可能实现的目标，并设计选择能产生出最佳效果的资源配置与行动方式，进而形成正确的决策和实施方案，并努力保障目标实现的过程。计划是策划的产物。狭义的策划是指为达到某个特定目标或实施某项活动所采取的具体措施和实施步骤。策略是指为了达到某个目标所采取的特别行动，它既没有策划所强调的“程序”过程，也没有计划所凸显的“步骤”概念，它所强调的是程序与步骤中行为的特殊的质，是策划和计划的核心。这三者的辩证统一，构成了策划的基本含义。

策划作为人的一种思维活动，广泛存在于人类的经济社会生活，它的历史源远流长，它的发展异彩纷呈。广播电视作为现代社会生活的组成部分，从它诞生之日起，就开始策划的实践。广播电视栏（节）目策划的步骤、内容主要有：行业调查、数据分析、拟议对策、实施方案和情况反馈等。策划要解决节目定位需要，选拔主持人，确定合适的主持人选或按照主持人量体裁衣，策划设计节目；选择最佳的主持方式，确定主持形象和主持风格；对主持人形象进行全方位包装、宣传；及时收集信息反馈，随时作适当调整。

中央电视台《时空连线》节目就是由主持人白岩松直接参与策划并喜获成功的一档节目，被研究者称为“向着新闻传播的纵深领域开掘的前沿阵地和突破点”，主持人“成为贯穿新闻节目始终的智慧线”。[①] 它在借鉴国外最先进的节目样态——美国名牌栏目《夜线》的基础上，又有新的创意，并融入了主持人诸多新思路、新观念；它的话题选择公众关注度最高的新闻事件，以演播室主持人的调度为轴心，利用网络传播的优势，通过前方记者的采访和拍摄与演播室取得对话，并以多视角形式实现主持人对事件、对当事人进行的访问。与此同时，各当事人之间也可以互相沟通，从而完成对新闻事件的透视分析。《时空连线》节目关于“阿富汗系列报道”“美伊战争”的报道，都是采用这种新的报道方式，凸显了主持人的“核心”地位，取得了很好的传播效果。栏目采取的结构是“短片+连线”；栏目组的分工安排是策划、编导、摄像，并执行“策划负责制”，即策划人员对节目的全部流程和质量负责。

① 王崧、王岱：《从〈时空连线〉看新闻节目策划》《电视研究》2002年第11期。

在拥有共同新闻资源的今天，节目要出新，主持人要出新，策划更凸显出它的重要性、紧迫性。提升策划水平，贵在提升主持人的思想动力。“冰冻三尺，非一日之寒”，策划的过程是一个艰难思考、不断探索追求的过程。我国著名学者王国维在其《人间词话》中，以借喻方式描述了做学问的“三重境界”，非常形象地描述了思考的艰难过程：“冥想阶段——昨夜西风凋碧树，独上高楼，望尽天涯路”；“苦索阶段——衣带渐宽终不悔，为伊消得人憔悴”；“顿悟阶段——众里寻他千百度，蓦然回首，那人却在灯火阑珊处”。主持人参与策划栏（节）目的艰难过程，又何尝不是如此呢？前文提及的《时空连线》“阿富汗系列报道”就是一次成功的突发事件报道。为了做好节目，《时空连线》的策划突破了节目常规，体现了连线的优势。每期报道角度不同，内容深入，以独家、快速、视角新颖取胜，以技术实力和智慧实力取胜，以连续不断的策划出新而取胜。

2002 年 7 月 22 日开播的长达一小时的大型新闻栏目《江苏新时空》从某种意义上说，也是以策划取胜。这里且不说“空中看江苏”大型系列航拍。“世界 500 强之江苏”“中国名村寻访系列”等选题，视角创意策划的独特之处，还是来感受一下独特新型的主持新三角。整档节目采用三人主持——总主持、资讯主持和省内外要闻主播。总主持徐浩然成熟稳重，反应灵敏，点评适时；资讯主持王霞亲切随和，活泼可爱，以“说”为主；要闻主播贺笑大度端庄，稳重大方，播音朴实无华。三人之间切换自然得体，三位不同风格的主持人配合默契，相得益彰。“说”新闻和“播”新闻相互结合、补充，形成合力，在观众的视野中形成了既富于变化又相对稳定的新三角。这样的策划创新可谓匠心独运。中国人民大学喻国明教授认为，“传播的竞争，实质上就是对于受众注意力的竞争。传媒参与竞争的过程，从某种意义上来说，就是传媒向受众展示自己（卖点）的过程”。策划创意贵在展示“卖点”。

第二节　主持人参与策划能力的体现

随着媒介之间的激烈竞争和“精品化”战略方针的实施，如今主持人参与策划活动日益增多，主持人策划能力日显重要。主持人参与策划是多层次的、全方位的，要参与选题、主题与话题，栏（节）目等一系列策划。策划能力从一个侧面反映了主持水平。

一、参与选题策划

在当今信息互通，新闻资源共享，多媒体激烈竞争的新时代，要想成为独家新闻报道者实为不易，面对众多媒体聚焦同一新闻热点时，主持人如何通过精心策划，以独特的新闻视角、新颖的报道形式，独辟蹊径，使选题出新，成为报道的赢家呢？这是个颇具现实意义的新课题。

荣获第五届“金话筒奖”的广东电台《评说“神舟”首航成功》节目，主持人在选题策划上给我们提供了有益的启示。我国自行研制的第一艘试验飞船“神舟”号首航成功，在国内外引起了强烈的反响。1999 年 11 月 20 日，星期六，当晚中央电视台《新闻联播》播发了“神舟”号试验飞船在遨游天际 48 小时后成功回收的消息，新华社也同时发布了这个消息。在这以后，电台如何报道在中国航天史上具有里程碑意义的重大事件，主持人王晓菁在获奖后所写的《幸运》一文中，有这样一段令人深思的话：

选题已确定，问题和烦恼紧跟着来了，在我的直播案头记录中有这样的争论记录：

“中央电视台有画面，新华社有文字，我们（广播）还能有什么作为？”

“如果只是听众抒发豪情、谈心情、讲激励的话语，有没有意义？”

“仅仅是抒发爱国情，宣泄自豪感，层面是否太浅了？”

“广播怎样切入？节目怎样确定主题？邀请谁做嘉宾？”

争论逐渐切入主题。

“最吸引听众的也是听众最关注的是电视画面背后和隐藏在文字夹缝里的问题：中国载人航天飞船什么时候发射？我国的航空航天技术在国际上处于什么水平？这次发射向世人证明什么？这次发射是否像报道的那样顺利？……”

案头工作进入实质性操作阶段。

“最大的问题是谁能回答这样的问题？”

“当然是‘神舟’号发射的指挥，‘神舟’号的设计师。”

接下来的问题是怎样与专家取得联系，“怎样避开国家机密？如何把关？”①

回答这样的问题“当然是神舟号总设计师戚发轫”。主持人经过精心策划，在短短一天时间中找到戚总，并得到他接受采访的承诺，终于请来了最权威的新闻人物，由他来回答主持人与听众提出的问题，诉说内情，让参与者在“为中国喝彩”的气氛中相聚，并与他畅所欲言地交谈，这是多么令人快意的事啊！而这正是其他媒体所不能或不易做到的事，广播在这里却大展其风采。

正如有位学者评论所说：“作为地方台，这一构想凸显了策划者的大度气概和抢占先机的意识。主持人是这飞船的领航人，主导着整个进程，但她的话并不多。在三方交谈的主体部分只占21%，即约为1/5；她尽量把问话机会留给听众，更不与嘉宾抢话头，只用极精短的语言起着引导、调度、衔接、补充、衬托和强化的作用。《评说“神舟”号首航成功》这一拓展广播空间，丰富节目元素的做法，也为处于竞争压力之下的广播提供了借鉴。”②

二、参与报道策划

策划不仅在新闻报道中承担“思维引擎”的作用，而且还成为贯穿新闻节目始终的“智慧线”。优秀的主持人则自始至终参与整个报道的策划，成为报道成功的亮点。中央电视台《时空连线》节目策划人白岩松就是这样一位具有代表性的人物。

《时空连线》的许多成功报道，凝聚着白岩松的精心策划、独特思维的智慧和心血。这里仅以节假日报道为例：面对节假日的延长，人们休闲时间增多，特别是对“五一”“十一”、春节这种长假的报道，如何出新出奇，如何让观众在2000年的电视春节节目中看到“让人提劲儿的”“好玩的”内容，考虑到独特的报道形式，《时空连线》制作了一期特色十足的“春节贺岁系列”。③

中国的除夕，在悉尼正好是炎热的夏季；纽约和北京一样寒冷；曼谷的冬

① 《第五届金话筒获奖节目评析》，中国国际广播出版社，2001，第48页。

② 同上书，第5、55页。

③ 《第五届金话筒获奖节目评析》，中国国际广播出版社，2001，第53、55页。

天却在闷热中别有一番情趣。那么，纽约、悉尼、曼谷三地的华侨是如何度过春节的呢？当地人是如何看待中国人的春节呢？在除夕的《时空连线》节目中，主持人白岩松连线采访了美国纽约华人团体联合总会主席梁冠军、澳大利亚华人团体协会主席吴昌茂和泰国泰中友协副会长刘锦庭，让他们来解答观众的问题。

年初一的《时空连线》，白岩松连线中国台湾著名作家、《乡愁》的作者诗人余光中，中国香港著名文化人士蔡澜和中国内地作家冯骥才共话三地欢度春节的异同。这期间，白岩松与三位“才子”笑谈年俗，让观众深深体会到浓郁的年味扑面而来。

年初七的《时空连线》由美国、俄罗斯和中国三个国家的父亲们坐在一起探讨“今天我们如何当父亲”；由法国、日本和中国三个国家的母亲们坐在一起探讨“今天我们如何当母亲”的话题。来自不同国度的父母亲的交流让中国的父母获得了一些全新的做父母的知识和经验，反之，把这种策划思路逆向运用就获得了节目“我们如何做子女”的话题。

年初八的节目中，主持人又连线三个国家——英国、埃及和中国十六七岁的儿子以及三个国家——澳大利亚、印度和中国二十岁左右的女孩们，共同谈论他们关心的话题，整个春节贺岁系列报道节目体现了策划的宗旨：“用温暖、快乐、亲情包围观众。”①

透过以上《时空连线》春节贺岁系列报道，我们真切地触摸到主持人白岩松参与、策划、报道的全过程；真切地感受到主持人与时俱进的崭新策划思路和策划方法；真切地领会到主持人的策划功力和策划效应。

三、参与栏目（节目）策划

如何做好栏（节）目的策划是广播、电视台和主持人在新栏（节）目推出前和改版时面临的主要课题。有了精彩的栏（节）目策划，才可能有精彩的广播、电视栏（节）目；有了成功的栏目策划，才可能有成功的栏目制片人和

① 王崧、王岱：《从〈时空连线〉看新闻节目策划》，《电视研究》2002年第11期。

主持人。

主持人是栏目的标志、核心；主持人直接参与栏目的策划是栏目成功的重要元素和重要保障。2000年10月13日全国谈话节目研讨会是在昆明召开，利用会议间隙，笔者与央视《实话实说》节目主持人崔永元进行了一次推心置腹的交谈。小崔1985年毕业于北京广播学院新闻系，他曾是我的学生。

我们的谈话首先从节目的策划说起，《实话实说》开办于1996年4月，在中央电视台各类节目大排名中为：8-10，收视率4%以上（约4000万人），占有率67%。作为该栏目的制片人和主持人崔永元告诉我，这些成绩的取得离不开前期的精心策划，策划是办好节目的首要前提。策划包括前期的调研，选题立项要在大量的观众来信中选择话题，确定最有新闻价值的典型个案，上报审批。他说，策划从第一封观众来信，接第一个电话就开始。那时，《实话实说》栏目的策划组共有10人，作为总策划的崔永元，每期节目都会亲自参与，发表意见，最后还要排定方案，然后再上报台领导审批。他说，节目策划是一件十分重要又细致的工作。策划得好，选题就准，针对性就强，节目就精彩，就能吸引观众的眼球。

有人说，电视谈话节目应像日常生活那样采用漫步聊天的方式，不应只是一个话题，而是多个话题，让内容丰富些，变化多一些，这样可以使节目更贴近生活实际。小崔说，对此他们作过几次尝试，但往往哪个话题都谈不深，主题不明确，节目也不理想。他认为还是采用个案与讨论相结合的方式为好，这样话题集中，讨论会有深度。他强调：办好电视谈话节目的关键是主持人、制片人要增强策划意识，提高策划水平。

四、参与大型社会活动

广播电视的社会活动，指由广播电视台主办或参与举办的各类社会宣传活动，又称“现场活动”“户外活动”。主持人直接参与这类展现自我的形象工程，既可大大提高拓展广播电视节目的空间，即“活动现场”；又可发挥广播电视媒体的优势，尤其可以弥补广播视觉性弱的缺点；同时还能为主持人提供一个了解受众、感受受众的好机会，从而使广播电视更加贴近受众，更好地服务受众，达到树形象、立品牌、促效益的目的。

宣传心理学者认为，“人们常常认为从有威信的人那里，通常可以得到可靠和令人信服的信息，常常毫无批判地接受和绝对相信”。节目主持人在受众心目中享有很高的声誉，主持人参与这样社会活动，既可为他提供一个充分展示聪明才智，创造力的平台，又可利用这种“名人效应”来增强活动的号召力，扩大社会活动的影响力和社会效果。如北京交通台的“献爱心”活动，每年为“希望的士小学”举办周年活动纪念，收到了良好的社会效果，从而扩大了社会影响，使更多善良的人投入“献爱心”的活动中。

广东珠江经济节目主持人活动，吸引参与活动的人数达十万之多；中央电视台每年“3·15”全国消费日都要组织“现场活动”，“3·15”晚会；还有香港、澳门回归的现场报道，申奥活动，中国加入 WTO 等大型活动中，策划者总是推出主持人这个“卖点”“亮点”。主持人在直接参与活动过程中充分施展聪明才智，创造性地加以发挥，取得了很好的社会效果。

节目主持人参与社会活动，要依托专业频道的品牌优势，策划适合自身定位的主题活动，从自身的相对优势入手，寻找既符合本台品牌的宣传要求，又能展示自身创造性的，能够吸引目标受众群参与兴趣的活动主题，只要发挥媒体的自身优势，形成节目与活动载体巧妙的结合，就能产生互动效应，形成节目与活动相互促进的良性循环。另外，要注意发挥多媒体结合的优势，以起到互补和相得益彰的叠加效果；要从多方面寻找活动的亮点，并注意活动的可持续性发展。

第三节　主持人创新思维的特征

主持人策划旨在使节目创新、创优。策划离不开创新思维，那么，主持人创新思维的内涵是什么？具有哪些基本特征呢？这正是本节要着重探讨的课题。

思维是指人类思考问题的过程，是人脑对客观现实的认识、概括反映。不同的人有不同的思维方式、思维方向、思维状态。就思维状态而言，有习惯性思维和创造性思维。前者属于常规性思维，后者是智慧、想象力发展的高层次思维，其表现形态是对旧观念、旧事物认识的突破。优秀的主持人贵在具有创新思维，具有独特的思考和丰富的想象力。

“创新是一个民族进步的灵魂，是国家兴旺发达的不竭动力，也是一个政党永葆生机的源泉。”① 创新思维是创新的前提，对节目主持人来说，创新思维始终是充满着个性魅力的源泉，可以使主持人永葆青春活力和个性风采。主持人创新思维的主要特征表现为：

一、思维的敏锐性、前瞻性

2001 年年底，“希望工程”假信事件破灭了众多视“希望工程”为“良心圣地”的捐助者的理想。主持人、策划人敏锐地觉察到问题的严重性、复杂性：在我国从伦理社会向法制社会转型的今天，公益事业仅凭着道德的自律能自始至终坚守良心吗？善良会被坏人利用吗？为此，当人大代表、清华大学教授沈静珠提出：“对公益事业应该实施监督与规范”的议案后，主持人、策划人马上确定选题，在话题为“信任来自透明”的节目中，《时空连线》邀请沈静珠教授、“希望工程”发起人徐永光、中国社会科学院社会研究所杨团共同探讨，得出结论：想让好人一直成为好人，就必须把公益事业放在透明口袋里。这就要求：政府要有更加明确的法律法规，应该有社会评估机构参与，也就是说，自律、法律、他律三者缺一不可。节目播出后，社会反响强烈，《北京晚报》、新浪网、中华网都作了全文转载。

透过这次报道，凸显了主持人、策划人的敏锐思维和新闻嗅觉——从“希望工程”假信事件中洞察到了事件背后隐藏着诸多复杂的因素，凸显了主持人、策划人的前瞻性思维——“想让好人一直成为好人，就必须把公益事业放在透明口袋里”。前瞻性思维要求主持人必须勇立潮头，具有超前意识。

二、思维的独创性

主持人独创性思维贵在独特、新鲜、求异，忌雷同和一般化。

① 《全面建设小康社会，开创中国特色社会主义事业新局面》，中共十六大报告。

1. 突破惯性思维的传统思想模式

荣获“金话筒奖”的北京电视台主持人元元与她的《第七日》节目的成功，就是敢于突破惯性思维的典型。以《第七日》参评“金话筒奖”为例，有以下几方面的突破：

——首先是选题构思的突破。这档节目有三个反映热点，针砭时弊，直面人生话题。“最后的蟑螂”“洗肠中心曝光追踪”“抢油大战”，其策划、选题、构思、采访凸显了主持人锐意创新的思维方式，如“洗肠中心曝光追踪”报道的做法，突破了曝光过后再做反馈报道的常规做法，而是突发奇招，出其不意：在曝光某洗肠中心公然给洗肠者开急诊报销单的节目正在播出的同时，记者来到该中心进行暗访，真实地记录下工作人员在看到此节目的种种举动和反应，而后在下周播出。

——其次是表现形式上的突破。如“最后的蟑螂”在形式上勇于创新，大胆地采用拟人化手法。主持人以蟑螂的口吻自述如何遭遇人们暗杀的一幕幕情景，说得活灵活现，妙趣横生。这种别开生面的叙事方式，巧妙地增强了观众的收视兴趣。且看以下一段主持人的叙述：

主持人：我是蟑螂，用我的眼睛看世界，世界就是这样，什么都很高大，前些年总听有人说，我们是害虫。我觉得没招谁没惹谁的，可人们就是讨厌我，大概是因为我什么都吃，而且哪儿都去，繁殖速度也快，十几天就能当上爷爷……

这蟑螂是我装的，真正的蟑螂没这么聪明，否则灭起来就更困难。

——最后是点评语言的突破。以带有“京味”和“玫瑰刺”的幽默俏皮的语言赢得观众赞许的主持人元元，在节目“抢油大战”中，对记者不辞劳苦连续三天起大早拍摄到一片混乱的场面所作的独特点评，再次凸显了元元的语言魅力：“原来商场想要的就是这种效果，就是用顾客的头破血流换来一些人气儿。老百姓过日子已经很不容易了，就别再拿他们开涮了！”寥寥数语，给观众留下了深刻印象。正如元元本人所说：“我所追求的语言风格是语言的与众不同和表达方式的与众不同。节目中尽可能使用精心加工过的口语，亲切、通俗、口语化……精确到位的点评，虽然让语言带有锐利的锋芒，但其中也不乏善意的诙谐与风趣，又让语言充满诙谐与趣味。”

2. 追求独特视角，深邃思想

在新闻资源共享的今天，新闻源已难以独家垄断，唯有策划、创新思维能使报道出新意、出亮点。2000年春节过后，在北京动物园发生了一起大学生用硫酸泼洒黑熊的事件，当众多媒体趋之若鹜地炒作“伤熊事件”时，央视《时空连线》主持人并没有随波逐流，而是站在一个更高的平台，跳出事件本身去审视媒体行为，关注炒作心理。在“为什么关注伤熊事件？”节目中，主持人提出营造整个社会大的人文环境，公共媒体要担负社会大教育的责任。“体现了《时空连线》和主持人的社会责任感，在节目立意上更上一层楼”。①

2002年10月8日至11月8日，党的十六大召开前夕，中央电视台《经济半小时》栏目播出26集系列报道《中国实录——省部长访谈》。三十位省部长的谈话各有特点，实话实说，突出了省部长们与时俱进、开拓进取的新思路。整档系列报道视角独特，思想深邃。针对不同访谈对象，主持人提问、点评到位并善于以新闻的视角，从老百姓身边寻找故事和细节，用鲜活的事例诠释改革开放的成就，突破了以往对成就报道固有的格式，采用了演播室访谈+新闻短片+背景资料的报道形式，既拉近了省部长与老百姓的距离，又以生动灵活的表现形式向广大观众传达了节目的主题和信息。如，时任北京市市长刘淇给六年后的北京绘制了一张交通图。他说，通过大力发展地下交通，既保护北京的历史风貌，同时又解决了交通问题。又如广东省省长卢瑞华说，义务教育在广东是大事，就是让每一个孩子都无忧无虑地去上学。上学的时候课间还可以补充营养，有一个鸡蛋和一杯牛奶。这些省部长务实朴素的语言，全新的思路和深邃思想，给观众留下深刻印象。

三、思维的多向性

世界的事物是复杂的，多变化的；人的思维活动也呈现多向性，既有横向思维、纵向思维，还有逆向思维，等等。面对同一采访对象、同一事物，可以从不同视角、不同方位去思考，去提问，同样可以使报道凸显新意。

---

① 王崧、王岱：《从〈时空连线〉看新闻节目策划》《电视研究》2001年第11期。

在《杨澜工作室》中，我们看到的不是大段人物的业绩介绍，而更多的是关于嘉宾心路历程的展现和其个性的张扬。主持人思维方式不拘一格，善于以人物的特殊经历，折射出人物的独特思想、独特个性。采访著名画家陈逸飞，谈到他对事业、人生的态度时，杨澜没有直接地泛泛而问，也没有从他作画谈起，而是另辟蹊径，从他"不务正业，还去拍电影"是否会影响他事业发展这一传统观点切入，来谈其对事业的看法。正是主持人这种多向性的思维方式，引发了陈逸飞先生充满智慧和个性的思考："我心里也在想，每个人究竟应该怎么个活法？为能够卖掉几张画？使自己的名气更大一些，还是做一些自己想要做的事？说实在的，我还是后面的问题想得多一些。"从中让观众真切地感受到了陈逸飞的工作准则，做自己感兴趣的事，以及他乐于尝试、乐于创造的良好心态，给人们以启迪。

第四节　主持人创新思维的生发

主持人创新思维从何而来？如何培育、生成并发展？这是人们普遍关心又感兴趣的话题，本节不想展开全面论述，仅从以下三方面作些探讨。

一、积累与思考

本文的积累是指知识积累、生活积累、素材积累和情感积累。有了丰富的积累，主持人方能"厚积薄发"，通过深层思考、不断开掘新意。

从事新闻工作30年的辽宁电台主持人向莹，2001年以其从采访到制作不过4天时间完成的《透视网吧》节目而荣获"金话筒奖"。这是否有点蹊跷、偶然呢？向莹的回答解开了这个谜团："应该说，《透视网吧》是我三年来思考和积累的一个成果，它调动了我多年的知识和社会关系的储备，它体现了我和当前许多人对互联网的认识，它也凝聚了我对孩子们健康成长的关注。"

一位"金话筒奖"评委对该节目评价说："精心策划设计，具有喜人的创造性。""《透视网吧》这组节目无不透视出主持人的创新与匠心。节目的谋篇布局呈现出作者是精心设计策划的……在节目策划中渗透出作者创造性的思维。"①

主持人向莹在她获奖后写的创作体会一文中说的一段话耐人寻味："被普遍认可的新闻作品绝不仅仅是发现题目后的一刹那或者创作完成的几天时间产生的，它往往是调动了作者全部的知识积累、生活积累和情感积累。"她说："这些年来的新闻实践给我的最深体会是，任何一篇好的作品都是作者厚积薄发的结果。……在这一点上，我们这样的老同志在多年工作中掌握了积累素材、积累资料、积累社会关系的方法，这些丰富的生活积累正是我们的优势。关键是在适当的时候能够充分调动这些积累，完成创作。如果说没有三年来关于网络知识的积累，《透视网吧》这样的题目我可能连碰都不敢碰。"向莹的座右铭是：广播的出路在于创新，新闻节目主持人的魅力同样在于创新。②

由此可见，积累和思考是主持人创新思维形成、生发的重要因素，向莹的经验之谈给主持人朋友提供了许多有益的启示和借鉴，主持人要时时处处关心社会变化、关心群众，做个富有爱心、富有知识的人，还有勤于学习，勤于思考，并善于将知识与思考凝聚成智慧的闪光。唯有这样的创新思维，方能做到生生不息。

二、信息的增值与社会责任心

由新闻工作的性质特点决定，广播电视节目主持人在各自的主持范围内，通常会收集了解来自各方面的众多有关信息；不断增殖的信息涌到脑海中就必然会引起灵感的冲动；强烈的社会责任感会激发起主持人的报道热情和创新欲望。不少主持人的创新思维和精品节目就是在这种背景下涌现出来的。

北京电台"金话筒"提名奖得主孙岩就是其中有代表性的一位。她主持的《生命，生育，生活》节目，是一档以传播科学的性健康知识为主要内容的青春教育节目。孙岩在谈到主持该节目的体会时说："面对处于青春期的少男少女们提出的有关与异性交往的一封封来信，一份份沉甸甸的信任，让我十分感动，这是我做好节目的最大动力。我不敢也不能辜负这些透明、清澈的心灵。"

①② 《第五届金话筒获奖节目评析》，中国国际广播出版社，2001，第32页。

“我要做个有社会责任心的主持人。做好节目，必须有高度的责任心。”她在主持节目中，始终以爱心和真诚对遇到问题的少男少女的求助给予热情疏导、劝告指引，化解他们在这段人生路上遇到的各种各样的烦恼、痛苦、矛盾和冲突。孙岩说得好：“当我打开一封封来信，陌生人便一下子不再陌生。他们期待我的帮助、我的鼓励，这是何等的信任，又怎能辜负这样的重托！没有更多的大道理，只有真诚、善意地面对听众，也才会用心去做节目；温情的话语、质朴的关怀也就自然而然地从我心田流出，通过电波送到听众耳旁，节目也就有了温馨、良好的氛围……”① 我想这也许正是孙岩主持节目的成功之处，正是信息增殖和社会责任心激发起她的创作激情和创新思维，用她的智慧浇铸出一个个品位高雅、富有文化内涵、充满人文关怀、对心灵有冲击力的精品节目。

三、激励与竞争机制

1. 建立全新的内部机制

鉴于目前主持人身份、来源和构成状态呈现出多元化的趋势，用人机制和创作主体也由单一性向多元化转化。20 世纪 80 年代初、中期，主持人全都是台内正式员工，目前外聘人员所占的比例却越来越大。过去广播电视节目都由台独家制作，而现在，有些是与社会机构合作的，有些是由社会机构购买来的节目，且比例越来越大，而其中出镜主持人大多由社会机构所聘。以北京电视台为例，有 49%自办栏目，51%合办或外购栏目，差不多各占一半；在近 190 人的主持人队伍中，60%是本台员工，40%是外聘员工。因此，如何保证主持人管理的协调一致，并快捷有效地建立统一的管理模式、准入制度，调配平台和网络已刻不容缓。

在管理模式上，中央电视台采取了一个“领导小组”加一个“专家委员会”的办法，由委员会发表专业意见，领导小组最后决策。北京电台成立了“主持人指导委员会”，由总编辑亲自担任“委员会”主任。北京电视台最近

① 《第五届金话筒获奖节目评析》，中国国际广播出版社，2001，第 155—156 页。

明确规定以台编委为决策机构，以播音部为实施行业管理的职能部门；同时又十分重视在统一管理模式下的高效运转，确立积极管理的调配平台。这种全新的主持人内部管理机制可以有效地避免配置混乱、资源浪费的状况，同时又为主持人有序、有效地工作创造了广阔的平台。

2. 建立市场化运作机制

随着我国广播电视由卖方市场向买方市场的转变，卖方市场中以生产为核心的台的观念在市场上趋于淡化，买方市场中以收听为核心的频道观念逐步强化。在现代多元化的社会里，没有一个频道能够吸引全体观众。市场本身是庞大的，在这个庞大的市场里，要找到自己的位置并努力地去涵盖市场，就是频道专业化的大市场概念。为此，频道专业化是市场发展的需要，也是精办栏目的需要，也是形成品牌节目的需要。

频道专业化下的市场运作机制，必须注意市场化的环境，让台内自有的主持人与社会上的主持人能够面对市场在同一个平台竞争。台内主持人可以用经纪公司的方式实施管理，这样有利于主持人的锻炼、推广和生发，又可形成新的经营模式。为了缩小台内主持人与社会上主持人在薪酬上的差距，还可研究、试行“年薪制”等薪酬制度，以求与社会、与市场接轨，还可研究和试行“签约制”，避免“零成本跳槽”的现象。总之，我们必须尊重客观市场化的规律，以期有效地激发主持人的主观能动性和创造性。

3. 建立“品牌化”用人机制

品牌主持人可以创造品牌节目，带来品牌效应。如何建立一个有利于品牌主持人的成长发展，不断地创优、创品牌节目的用人机制呢？早在几年前，常州广播电台、淄博电视台在台内推行了“首席主持人制”的做法，产生了良好的效果。

2001 年主持人“金话筒”评奖中，常州台有 8 位获奖者，其中 1 人获“金话筒奖”，1 人获“金话筒”提名奖。如何在主持人队伍管理方面达到出人才、出精品，常州电台台长蒋雅芬总结出以下三条经验：

——改革用工制度。我台在完成新一轮节目改版的基础上，推行双向选择，竞争上岗制。首先是定编、定岗、定薪；然后主持人根据自身情况和节目的要求进行选择和竞争。通过竞争，强者上，弱者下，增强了主持人的危机意识，形成了人员能进能出，节目可设可撤；并招聘一批优秀主持人作为后备力量，后浪推前浪，对现有的主持人形成一种压力。

——改革分配制度。考核是一种手段，一种约束；分配是效率、效能与效益的最终体现，对主持人岗位实行效益工资制。当然，在考核的过程中，必须建立科学的评价指标。目前我台每月做收听率调查，请一些新闻界专家对节目进行听评。

——建立激励机制。我台较早推出了首席主持人制，评出三名敬业爱岗、业务能力强的主持人为首席主持人。对首席主持人的激励政策具体体现在三个方面：第一，让他们有地位，体现在对节目有业务决策权。第二，树形象，在市区最繁华的商业中心，我台买断了一块宣传牌，挂上了我台三位首席主持人的巨幅照片，大大激励了职工，振奋了人心。第三，给予相应的报酬，即首席主持人每年除工资、奖金外，另加薪两万元。这些做法，较好地激发了全台主持人的工作热情，同时也淡化了主持人的官本位思想，让做业务的人有奔头。

常州电台在主持人管理方面推行的用人机制、激励机制和分配机制的新思路、新举措，对培养人才、出精品产生了显著的效应，也为我国广播电视同行提供了有益的启示和借鉴。

由此可见，在各种媒介和主持人之间竞争日趋激烈的新形势下，节目主持人不断提高策划创新能力，提高综合竞争能力，才能求得更大的生存发展空间。

第六章　节目主持人的互动传播

“互动”是传播者在增强受众意识，尊重受众自主选择、自主接受的心理习惯基础上，与受传者之间信息往返的流动，使传受双方平等地沟通交流。互动意识是主持人实现互动传播的前提，是节目互动主持构成的不可缺少的重要元素；也是影响新世纪主持人节目发展，使传播效果更为优化的重要因素。

第一节　互动传播意识彰显传播理念变革

从20世纪20年代曾一度广为流传的被动传播“枪弹论”，到后来的传播“有限效果论”“使用和满足论”“采用和扩散论”，继而到“说服论”以及近些年出现的“交易论模式”，展示着传播学理论发展的历程。传播学奠基人，美国著名传播学者威尔伯·施拉姆，在详细阐述这些传播理论模式后揭示：“这些模式（除了枪弹论外）是更为近似而不是不同。它们显示出在一段时期以来，逐渐从考虑一个传播者如何作用于一个接收者，变成考虑一个接收者是怎样对待传播。从枪弹论之后，没有一种主要的模式是假设存在一个被动的接收者，而最近的模式中，则倾向假定在传播进行中存在着试图影响另一方的活跃的双方。”①

互动意识是传播理念的变革与发展。且不论互动传播是对“枪弹论”之终结，对“使用和满足论”“说服论”之否定，同时，也是对“交易论”的超越。从传播角度去认识主持的互动意识，内涵丰富，意义深远。

一、传受双重角色互换

传受双重角色互换体现了传受双方的平等关系是在相互尊重的基础上的双

① 威尔伯·施拉姆、威廉·波特《传播学概论》，新华出版社，1984，第246、247页。

向交流传播，是大众传播与人际传播相互融合的必然。

正如《传播学原理与应用》一书所揭示：“传播不仅仅是传播者向受传者传递信息的单向过程，而且是具有信息交流的双向性质……传播者、受传者总是处在互动之中。因此，传播者、受传者的角色是相互转换的。传播中的受传者，在反馈信息时则是传播者。同理，传播中的传播者在反馈信息时则是受传者。”①

这种传受双重角色转换的互动意识，在电视谈话节目中表现尤为明显。谈话节目给人们提供了平等参与谈话的机会，并在大众传播中完整地展现其参与过程和双重角色。

作为节目参与者的普通人，一方面，既是节目受众的受传者，又是代表受众发表意见的表达者、传播者；另一方面，主持人的角色也具有双重性，既代表受众发问，并与受众一起聆听采访对象的意见和看法；同时又代表传播媒体设置话题，引导讨论，适时点评、开掘意义，完成媒体所要达到的节目意图。正是主持人的这种互动意识和作用的结果，促使传受双方角色的双重性在节目主持进程中频繁转换，不断激活受众的参与热情和积极反馈欲望。

二、以传播者向受传者为中心的转移是互动意识的必然

在我国广播诞生的半个多世纪以来，究竟谁是传播主人？尽管理论界早有“共识”，但在实践中受众始终未能成为传媒的真正主人，通常传媒传播什么，受众就得听（看）什么。改革开放以来，受众有了“我想看（听）什么，请你播什么”的欲望和要求，媒体也提出“一切为了受众，服务受众，满足受众的要求”的传播理念；但充其量还仅是媒体服务态度的转变，与真正意义上的“以受众为中心”的传播理念尚有不小差距。唯有“互动论”“互动说”才真正凸显了“我要说”的当今受众的新特点，互动意识真正实现了“以受众为中心”的传播新理念。

央视新版少儿栏目《大风车》由于确立并贯穿了“以儿童为主体、尊重儿童、反映儿童”这个紧紧把握时代脉搏的传播理念，使“每一个节目都浸透着

① 戴元光、邵培仁、龚炜：《传播学原理与应用》，兰州大学出版社，1988，第6页。

‘以儿童为主体’的创作理念，最大限度地发挥和张扬了当今少年儿童的智慧和风貌。同时，也深深地浸透着儿童节目应有的思想和内涵，那就是启迪智慧、展示真善美、培养健康人格。”① 因而，在栏目推出后的第二周收视率就达到了 3.5%，跻身全国样本地区中央电视台第一套节目收视率的第八位，并在此后一直保持在中央电视台 200 多个栏目收视率的前 20 名之内。

三、实现信息的流动与“共享”是互动意识的结果

世界上没有不带信息的传播，也没有不带传播的信息。信息是传播行为实现的前提，传播是信息流动的基础。节目主持人通过节目时时刻刻在向受众传递信息，受众在收看（听）节目获得信息的过程中也随时反馈信息，从而形成了信息往返循环的流动与信息“共享”。

央视《开心词典》的成功，很大程度上得益于主持人的互动意识，进而增强了信息互动的效果。王小丫在现场的主持积极主动，互动意识强，她总是笑着给对方提问，笑着等待对方回答。当听到满意的答案时，及时给予表扬、鼓励；当对方遇到卡壳时，及时给予引导、安慰。她从心里愿意让每位选手发挥出最高的水平，而不希望难倒选手。她的手势、动作、眼神和表情都在向选手传递信息以及她的真诚期盼和祝愿。选手的回答也传递给她信息，让她或是惊喜或是遗憾或是不安。总之，她的友善、诚恳，赢得了观众的赞许，“这种节目的最大特征就是从开始到结束，参与选手、主持人及游戏内容等节目要素，都围绕一套精心设计、相对固定的游戏规则形成互动，制造一种让观众身临其境的现场氛围，调动其参与欲望，从而引发收视行为”②，成功地实现了在互动中的信息流动和信息“共享”。

第二节　互动传播意识是构成主持“亮点”

节目主持人的互动意识既是构成主持意识的重要元素，又是主持节目的

---

① 许蓓蓓：《以儿童为主体——谈改版后的〈大风车〉》，《电视研究》2002 年第 6 期。

② 李宝泽：《打造我们自己的电视品牌节目》，《新闻战线》2002 年第 10 期。

“亮点”。主持节目不能没有互动意识，否则节目就会显得呆板，缺乏交流感和吸引力。

一、互动是广播电视与主持人的必然选择，也是当代受众“我要动”的必然结果

首先，网络时代“逼迫”广播电视互动。当前，我们进入了一个网络信息化时代，被人们称为“第四媒体”的网络为人们提供了大量的信息，吸引了大批受众，给传统媒体的广播电视形成了极大的冲击力，据 Editer&Publisher 杂志最新研究发现，大约三分之一的阅读网上电子新闻的人对传统媒体失去了兴趣。其中，电视收看人数下降了35%，而广播下降了25%，报纸下降了18%。[①]也许受众对传统媒体的疏离不能完全“怪罪”于网络，但网络对人们的巨大吸引力已是不争的事实。

网络给受众带来了从未有过的发挥和诉求空间，它跨越时空，双向交互。互联网的日益普及，给广播电视形成更大的活力和冲击力。为此，广播电视节目能否在发挥自身优势的基础上，策划新的节目形式，最大限度上实现与受众的互动，将取决于它能否在这个激烈竞争的多媒体时代里获得新的竞争力和原动力。

其次，受众“我要互动”“我要说”。这是新时期受众的新特点，他们已不再满足“你播我听（看）”的被动接受状态，而是有着强烈的“参与欲”“表达欲”，希望广播媒体为他们提供发表意见和主张，诉说生活中酸甜苦辣的窗口和平台。那么怎样才能和受众之间形成有效的互动呢？我国广播电视媒体在实践中作了多方尝试，并取得了良好的社会效应。

凤凰卫视有档节目，叫作《媒体大拼盘》，其中有个小版块“我来评论”。有一期节目播报的是有关内蒙古交警为解决堵车问题当街下跪的新闻，请来厦门一位中学生来作评论。中学生观点明确，认为该交警的做法不是最好的办法，还应该从管理上寻找解决途径。中学生的评论说不上完美，但评论得有板

① 张振亭：《电视新闻如何应对网络新闻的挑战》，《电视研究》2002 年第 5 期。

有眼，很有个性，使整个节目变得生气勃勃，充满活力。“我来评论”的意义，在于淡化了传者与受者之间的界限，使传受之间形成了互动。同样，像《开心辞典》《百万富翁》等益智类节目，参与选手请现场观众或通过电话求助场外亲朋好友答题的做法，也属“互动形式”。正是通过以上种种互动方式，实现了“我要动”“我要说”的互动心理需要，从而极大地提高了受众主动参与节目的积极性。

二、互动意识是沟通情感、影响心灵的“金钥匙”

注重情感交流和心灵沟通既是主持人传播的一个显著特点，也是主持人互动意识产生的有效传播效应。

美国学者沃伦·韦弗说：“传播是一个心灵影响另一个心灵的全部程序。”贝罗德则认为，“我们在传播方面的基本目的是成为有影响的人，是影响他人，影响我们周围的物质环境以及影响我们自己……简言之，我们传播是影响——有意识地去影响。”① 主持节目的过程，也是一个通过传播信息使传受双方达到情感交融、心灵撞击和相互共鸣的过程。

江苏电视台城市新闻《南京零距离》节目主持人孟非，就是善于通过互动语言起到吸引人、影响人的传播效果。他的主持，常常是不动声色地边说边聊边议，在不经意间让人有所感悟。他通常通过自然随意的说话，用聊天方式讲述新闻，大大拉近了与观众之间的距离，激起了人们心灵的回响。当说到《关注女性再就业——放下面子，重新上岗》一则报道时，主持人从内心情不自禁地发出了这样的议论：“相信看过这条新闻的人，都会为下岗女工在再就业之后能吃苦耐劳的精神所感动。我也相信这个片子播出后，不仅对下岗工人，对所有看过这个片子的人，都会有所启发和感悟。”字里行间隐含着他对下岗工人的一片深情和对广大观众的期盼。正是这种互动意识引起了人们心灵的共鸣，实现了零距离的传播效果。

主持节目的过程和受众接受反馈的过程，实际上就是一个传者与受者互相

---

① 戴元光、邵培仁、龚炜：《传播学原理与应用》，兰州大学出版社，1988，第 34 页。

沟通、影响的互动、共鸣的流程。主持人互动传播的一个鲜明特点就是研究人、研究人与人的关系、研究人与人之间怎样交流、怎样相互影响的。施拉姆在《传播学概论——媒介·信息与人》一书中说得好："研究传播学其实就是研究人、研究人与人、人与他的团体、组织和社会的关系，研究人怎样受影响，怎样互相影响；研究人怎样报告消息，怎么样接受新闻与智慧，怎么样受教于人，怎么样消遣与娱乐。要懂得传播学，应首先了解人与人，怎样建立关系。"

三、互动意识是主持节目成功的"亮点"

如何提升互动意识，增强互动效应，使之真正成为节目的"亮点"？每周平均收视率位居南京地区首位的《南京零距离》栏目的做法、举措值得借鉴。

——设置开放性、参与性的"观众电话反馈"机制。这种机制有利于传受双方的互动，为办活办好节目，开掘节目资源提供了广阔的平台。据悉，《南京零距离》每天接到提供新闻线索和反馈问题的电话将近1000个，还有大量观众来信。一批热心市民成为节目的特约通讯员。扎实的群众基础，给节目生存发展带来了无尽生机。

《南京零距离》在开头和结尾时为观众开通的"现场热线"不失为一种创新。每次节目结束时，主持人都要接通几个观众电话，让老百姓把他们在日常生活和工作中遇到的各种各样问题说出来，随后记者向有关部门了解沟通。翌日，节目开始就对观众电话进行反馈，或回答问题，或提供解决办法。这一做法犹如在节目中巧妙地设置了"悬念"，让观众"且听下回分解"，始终吸引着观众的眼球。

——设置互动性场面。在"零距离调查"每次节目中，均有观众关心的社会热点问题的现场调查，前者分两次发布调查结果，例如"行人违章在媒体曝光合适吗""学生带手机进课堂合适吗"等问题的调查。现场调查不失为互动意识的新思路、新举措，充分调动了观众参与互动的热情，成为节目主持的一个"亮点"。

节目主持人的互动意识也是构成谈话节目现场的亮点。在谈话节目中，主持人是起主导作用的组织者，但“主导”不等于主角、主说，关键是要激活参与者的谈话欲望，让他们充分发表各种不同的意见，然后进行及时梳理、串联，凸显出问题的内在联系和因果关系；并将多种信息相互碰撞形成谈话场，真正形成人际交流的互动亮点。崔永元在《实话实说》现场说话不多，主要是耐心倾听，适时点评，启发引导。正是主持人这种主动的互动意识，才能促使话题讨论层层深入，现场主持高潮迭起，不时出现闪亮点。

第三节　互动传播内容的丰富性

传播必须具备三个基本条件：传播者、信息和受传者。在传播过程中，传播者和受传者既是传播单向流动的两端，又是双向流动的回归点。他们之间始终存在着一种互动性，传播者和受传者之间在不断地相互转换角色。

传播中强调传受双方存在的互动性，主持节目又何尝不是这样的呢？作为传播者的主持人与受传者之间同样存在着一种生生不息的互动关系。一次电视谈话节目的成功，离不开嘉宾、参与者的主动参与、配合，或发表意见、陈述观点，或充当话题的主角、主说。唯有彼此互动，方能使节目达到预期的目标。节目主持中的互动内容主要有：

一、信息互动

前面说，传播必须具备三个基本条件。信息是构成传受之间必不可少的中介物，无论是传播者还是受传者，都是围绕着信息这个核心目标进行传播的。没有信息，就无从谈及传受关系。世界上没有不带信息的传播，也没有不带传播的信息。信息是传播行为实现的前提，传播是信息流动的基础。“传播是信息在时间和空间中的移动和变化”①，主持人节目中的互动自然也不例外。主持人要做到“目中有人，心中有情”“心系受众”，就要时时刻刻向受众，尤其是目标受众传播他们关心的、感兴趣的信息，而不是一堆杂乱无章的无用

① 戴元光、邵培仁、龚炜：《传播学原理与运用》，兰州大学出版社，1988，第36页。

信息。受众在收听（看）节目与接收信息的过程中，又会及时反馈信息，有的甚至还产生了“表达欲”“参与欲”，从而形成了在往返流程中实现信息互动。

主持人是信息传播者，是通过传播准确、可信、有用的信息为受众服务，赢得受众的喜爱和尊重；也是通过这些信息的传播，引起受众的共鸣，起到互动效应的。实践证明，信息的针对性越强，互动效果就越好。这是提高互动主持的关键所在，专业化频道时代的节目主持人，要使互动主持成为可能，取决于针对性的信息和专业化信息的拓展方式。如果受众最喜爱的主持人哪一点一时说不清楚，那么有一点可以肯定的，那一定是说到自己心坎上的人。“自己人效应”这一简单的传播学原理，在频道时代不知不觉地成了一切节目主持人价值评估体系的归属。

美国 ABC 广播公司有一理念：“特定的节目给特定的观众，满足特定观众的需要；特定观众的集合便是他们总体的观众世界。”这一理念正好应验了频道时代媒体的特征。社会心理学家鲍尔说过两句流传甚广的话，他说以往的研究只是信息能对受众产生什么影响，而现在的研究应是受众能用信息达到什么目的。以上的话给频道时代的节目主持人提供了有益的启示：针对目标受众群的特定需要传播信息，才能使信息互动成为可能。

二、心理互动

有研究者认为：“传受者的心理互动是指在大众传播活动中，传受者所不断进行着的以媒介符号为中介的相互之间心理上的动态平衡。”“传受者心理互动的主体主要是传者和受者；心理互动的后果是实现着主客体之间的动态平衡。”① 实际上，传受者的心理互动就是传者与受者相互追寻心理和行为的互动，其互动表现形式呈综合性、多样性的特点：有潜在的、显在的；即时的、继时的；暂时的、长期的；静态的、动态的，等等。

如开设主持人热线电话抢答节目，就是即时的心理互动过程。当听众打进

① 刘京林：《大众传播心理学》，北京广播学院出版社，1997，第 151 页。

电话与主持人交谈时就会产生即时的心理互动；而当观众看到香港回归、奥运会上中国运动员摘金牌的报道后，激动地写信或打电话，向传者表达内心喜悦之情时，这属于继时的心理活动。同一条信息的传播，对不同的人群会产生不尽相同的心理互动，如关于下岗工人再就业的报道，对已下岗还未就业的受众来说，会产生即时的心理互动；对一些在岗人员来说，则会产生潜意识的心理互动，会起到警示作用，触动思想，努力使自己尽快提高素质，珍惜这份现有的工作。正如研究者所指出："在传播活动中，传受者之间的心理互动一般不会是单一的表达形式，而是以各种形式的综合方式表现出来的，因为人的心理是复杂的、多层次的，各种互动方式是相互渗透共同起作用的。"①

在实践中，主持人与受众之间的心理互动不是一蹴而就的，通常经历由浅层次到深层次的互动过程。有些主持人由于主持不到位，未必能与受众引起心理互动。高层次的心理互动是主持人永远的追求。

早在1964年，社会心理学家鲍尔就提出著名观念——"固执的受众"，是指受众思想观念十分牢固，绝非媒介所能轻易改变。这一新奇提法凸显了受众在传播过程中的重要地位。节目主持人要达到与受众的心理互动，首先要做到与"固执受众"的思想观念的互动，思想观念的互动是实现心理互动的前提。没有前者的互动，后者的互动只是"空中楼阁"。

三、情感互动

"思想互动是为求共识，求纳新；而情感互动是为求共鸣，求升华。情感互动同样是建立在认知基础上的。""节目主持人和受众都要以适度的情感来激活动机，启发互动。良好的情感气氛会起到强化二者之间的互动的作用。"② 互动的前提是思想互动，有了思想互动，才有情感互动。主持人节目由新闻事实和思想观念两部分构成，传受者对新闻事实的认知、理解为思想互动，由整个节目引发的心灵共鸣、震撼则为情感互动。

唐代大诗人白居易说："根情、苗言、华声、实义。"他一言道破了情感的

① 刘京林：《大众传播心理学》，北京广播学院出版社，1997，第158页。
② 施玲：《广播电视节目主持人与受众的互动关系透视》，《现代传播》2003年第1期。

重要性：情感是根本，言语是苗叶，声音是花朵，内容是果实。“感人心者，莫先于情。”纵观受众喜爱的我国许多优秀节目主持人，无一不是以他们真挚饱满的情感打动人、感染人的。相反，那些空洞无物或矫揉造作的主持人必然会被受众厌弃。

那么，主持人应具备什么样的情感呢？又怎样在节目中实现与受众的情感互动呢？一句话：主持人应具备真善美的情感。唯有真善美的情感最能感染人，从而产生情感互动效应。赵忠祥说得好：“主持人最能博得观众喜爱的就是人格上的魅力。尽管东方和西方在文化背景上存在差异，但在最高层次上观念是相通的，只有真、善、美才是最高标准的或最完美的标准。当然尽善尽美是不存在的，我们只能努力向着这一高度去靠拢。”①

真。主持人的情感与主持节目时体现的情感内质是一致的，是主持人世界观、人生观和价值观的体现；是对国家、社会、人生、事业和家庭的热爱，对他人的关怀，对丑恶憎恶的集中反映。真实的情感不可能是无源之水、无本之木。

倪萍在《哭笑不得》一文中所说的话再次证明了这一点，她说：“在情感面前，我绝不虚伪，绝不装模作样，绝不会矜持……我的正义感是天生的，我的同情心极强，这也是天生的，甚至是要命的；然而，对于一个职业主持人来说，又是不可缺少的，甚至是尤为重要的。”主持人这种真情的内质不是与生俱来的，需要长期的社会沉淀与培植，需要不断地学习，汲取知识的养分，不断提高自身的素质修养。

善。俗话说：“动之于情”“形之于声”“言为心声”。主持人是通过声音来传情达意造境的。主持人的声音、语言以及体态语言要符合节目语境的需要，给人以和谐协调的美感。收听深圳电台晚间热线倾谈节目《夜空不寂寞》，你就会被这位“金话筒奖”得主胡晓梅的充满同情与理解、饱满深情的声音，温暖诚挚的态度，循循善诱话语织就的一张温情和理性之网所感动、感悟。主持人的善良、温情，蕴含于对现实理性的思考和无限的声音空间之中，从而激

① 赵忠祥：《岁月随想》，上海人民出版社，1995，第366页。

起了许多人的共鸣。她的真诚与爱心，为这座新兴的移民城市营造了“爱”的空间，架起了一座人与人之间“爱”的桥梁。

美。美是相对丑而言的，主持人的美表现在对社会上假、恶、丑现象宣战的良知和勇气；对普通人的生活、命运、困境的关注；对愚昧、贫穷和一切损人利己现象的抗议和批判。

节目主持人在“互动”传播中的美表现在职业道德，即高度的社会责任感，以社会效应为最高准则。道德是以善恶评价为标准的，依靠社会舆论和内心信念的力量来调整人们之间相互关系的行为原则与规范的总和。节目主持人职业道德的核心就是忠于事实，忠于真理，全心全意为人民服务。作为“舆论领袖”的节目主持人，担负着引导舆论、启迪民智的社会责任，要改造社会，必须首先从自身入手。主持人只有把改造自己与改造社会，把完善自己与完善他人和完善社会结合起来，才能形成一股强大的合力，将社会风气推向前去。

第四节 互动传播形式的多样性

20 世纪 80 年代初我国节目主持人诞生伊始，就有通过听众、观众的来信沟通的互动形式，如 1981 年 4 月，广东电台李一萍和李东主持的《大众信箱》栏目，主持人采用口语播讲，以“一对一”的方式与听众谈心，帮助青年人解决思想、学习、生活上的种种困难，为他们服务，受到青年朋友的欢迎，互动使节目收听率明显提高。节目播出不到 20 天，就收到听众来信 1800 多封。1983 年第一季度，听众来信竟达 13470 封，平均每月 4000 多封，然后又采用写信点歌，点播相声、小品等互动主持形式；随后，电视也设有“观众来信”等互动形式。尽管这些互动处于相对弱势，参与面也不广泛，但却是互动主持的一个良好开端。经过 20 多年的发展，互动主持形式已日显多样，种类繁多，内容丰富，为我国主持人节目注入新的活力和蓬勃生机。

一、电话参与互动

随着我国城乡电话的普及，热线电话节目应运而生，发展势头方兴未艾。

热线电话曾一度成为广播与电视竞争的“秘密武器”。电话与广播电视的结合，可以充分发挥人际传播与大众传播的综合优势，大大增强了受众的参与性和互动性。热线电话深入千家万户，成为信息反馈、互动的“桥梁”和“纽带”。

如20世纪90年代，南京经济台大量采用电话参与互动方式使该台在南京地区的收听率直线上升到64%，仅比南京电视台的收视率差一个百分点。浙江《西湖之声》电台大量采用热线电话参与，在杭州地区曾出现了“西湖潮”，获得了轰动效应。北京电台的各个系列台，除《北京新闻》《天气预报》少数几个节目外，所有节目都有电话参与互动，在北京街头出现了街头巷尾听广播、议广播的好现象，使北京广播一下子“火”了起来。

上海东方电台的开播，将大规模的听众参与电话热线（包括热线点播、热线专访、热线谈话、热线咨询、投诉等）推向高潮，给广播带来了全新的传播效应，众多媒体评说“广播实现了回归”。据上海市电话局定时测定，上海东方电台热线电话开通之初，每分钟有2000—4000个电话试图打入。在5分钟《东方大哥大》节目期间，每分钟就有800多个电话拨打《东方大哥大》热线。电话参与互动形式的普遍采用及其产生的良好社会互动效应，从某种意义上说，是中国广播电视由“以传者为中心”转向“以受者为中心”的标志。

按内容划分，热线电话节目一般可以分为四大类型：社会热点问题讨论型、信息知识传播型、思想情感交流型和文化娱乐型。热线电话的出现，使主持人与电话参与者的关系发生了新的变化，也给互动双方提出了新的要求。作为主导方面的主持人，一是服务态度要真诚、热情，要以诚待人，以情感人，积极引导，激活对方参与的兴趣，为双方交流沟通营造良好的氛围；二是要学会耐心倾听，理解、信任、尊重对方，处处保护对方的利益，并给予人文关怀和精神鼓励、及时引导；三是要有良好的稳定的心理素质，遇事不慌、镇定、沉着，始终以真挚饱满的感情和昂扬的精神风貌面对电话参与者。

作为参与互动的受众，要始终保持参与互动的热情和积极性，要与主持人密切配合好，坦诚交流；要不断提升参与的互动水平，提高语言表达能力。

二、直（演）播室的互动

这里的“互动”主要包括主持人与搭档的互动主持、与嘉宾的互动主持。前者的搭档是固定的，后者的搭档是不固定的，通常根据节目需要调换。本书重点阐述前一种搭档互动主持。

先说主持人与固定搭档的互动。这类“互动主持”也可称为双人互动主持。在我国搭档主持影响最大、最具代表性的自然要数中央人民广播电台虹云、傅成励主持的《午间半小时》和中央电视台赵忠祥、杨澜主持的《正大综艺》。前者曾拥有固定听众 9.4%，节目喜爱率达 44%；后者的互动主持则把《正大综艺》推向了辉煌。他们的成功主持，首先是准确把握了节目的定位与主持人角色定位的关系；他们用智慧和汗水创造了搭档主持的辉煌，为促进搭档主持的繁荣、为互动主持艺术理论提供了诸多新鲜的、宝贵的经验，成为我国知名度颇高的两对黄金搭档。

虹云和傅成励搭档互动主持的《午间半小时》十年有余，虹云的热情真诚和傅成励的正直大度的主持风格为节目增色许多，该节目先后荣获中国新闻奖和中国广播奖二等奖以上奖项共 20 余次。《午间半小时》以其独特的风格、高超的主持艺术、鲜明的时代感跨入全国名牌节目（栏目）行列，成为中宣部评选的全国十大名栏目之一，曾拥有固定听众 4.9 亿，节目喜爱率达 44%。

赵忠祥、杨澜主持《正大综艺》栏目尽管仅三年时间，但他们的互动主持却把《正大综艺》推向辉煌。他俩出色的互动主持赢得了广大观众的称赞，至今还给人们留下了深刻的印象。赵忠祥沉稳老练和杨澜清新活泼的主持风格相得益彰，相映生辉，成为国家台高档次、高品位的主持风格。正如赵忠祥所说：“在场上我们一老一小一个沉稳、一个热情；一个充满了洞察世态沧桑感，一个因涉世未深而理想单纯。于是动与静，热与冷，快与急，亢奋与凝重，好奇与练达，浪漫与现实，奔放与徐缓，探奇与思索，坦率与含蓄，形成了我们的分工合作的角色格局。既有各自特色，又相辅相成而统一。”①

---

① 赵忠祥：《岁月随想》，上海人民出版社，1995，第 73 页。

那么搭档互动主持何以能取得成功，其成功的奥秘何在呢？这里不妨看看两对黄金搭档的切身体会，听听他们之间的经验之谈：

虹云谈起傅成励，很动感情地说："我得益于人家！赢得男同志的信任，我是幸福的。他知道我很善良，对方的缺点我也能忍耐，能容忍。他关键时正直，讲道义，处理问题得体。"

傅成励谈到搭档虹云，也十分动情。他说："她播得有韵味儿，我们配合得默契。很难想象，一旦虹云走了，我该怎么办？我们搭档主持，彼此理解，心领神会地互相补充，才能达到阳刚和阴柔并济的效果。我想，她若走了，我就再也找不到这样的好搭档了，真的找不到了。谁也代替不了她。她善解人意、聪明、反应敏捷，我说上句，她就知道如何接下句——酌情表达，节奏加快或缓下来，都恰到好处，都如我心意。"①

由此我们联想到，他们联袂主持《午间半小时》成功的奥秘不正是他们在事业上的志同道合、彼此相知、思维相通而达到配合默契的吗？

杨澜回顾中央电视台四年的主持生涯时说："我觉得我挺幸运，因为我碰上了两位好老师，他们对我的影响很大。"（笔者注：两位好老师指赵忠祥和姜昆）

"提起赵忠祥，杨澜的话格外多。她非常推崇赵老师在《正大综艺》节目中讲的那些个人经历的小故事，抖的那些轻松的幽默的小包袱。""这种亲身感受的小故事特别真实，真实就有感人的力量"。②

赵忠祥在谈到《正大综艺》时说："我与杨澜的合作，尽管时间较长，在合作中，我尽了努力帮她所需。但是，客观地说，我们彼此都尽力来互相帮助，我也从她身上学到不少我过去忽略的知识。"

"我在这个栏目中，寻找到了一位长期合作的最理想的合作伙伴杨澜。我们在三年的时间中，精诚合作，形成了相得益彰的、互补型的主持风格。我们相约以我们已有的文化功底以及为这个栏目所需要而努力填补扩充的学识，赋予这个栏目应有的文化品位和尽量多的幽默与抒情格调。我们尽力实践、创

---

①② 主持人研究会系列丛书《主持人》第 4 册，中国广播电视出版社，1995。

新、提高，逐渐赢得了日益增多的观众收视率。”

“说老实话，我十分高兴有这么一位聪明的搭档一块儿工作三年。”

“两个将要长期合作的主持人，首先要有一个共识，即我们将在今后的合作中，如何充分发挥各自优势，并使自己能在与合作者的共识中，使场上的调度目的明确，言行举止互相让位与补充。”①

通过以上两对黄金搭档切身感悟的经验之谈，我们不难找到搭档互动主持成功的奥秘：搭档者应是最理想的合作伙伴，事业上志同道合，彼此志向、兴趣、气质相投；彼此间需要互相理解、信任、尊重，做到互谦互让，为长期合作营造一个良好的氛围；热爱工作，要全身心地投入，彼此相知，配合默契，反应灵敏，做到心领神会，积极配合、呼应、补遗；彼此要以诚相见，互帮互学，精诚合作，优势互补，以求共同提高。

再简单说说主持人与嘉宾的互动。这类“互动”，在谈话节目和访谈类节目中普遍采用。怎样实现主持人与嘉宾的互动？必须处理好两大难点：一是物色、选择理想嘉宾。选择嘉宾切忌过多过滥，一定要慎重。如何选择嘉宾要掌握三条原则：（1）嘉宾必须是所谈话题方面的专家、领导或权威人士，要有权威性；（2）作风正派，人品好，道德修养好；（3）要有较好的语言表达能力，会讲普通话。

节目类型不同，挑选嘉宾的标准也不尽相同。一般来说，专家咨询类节目，如医药、心理咨询、家庭咨询等，更侧重其专业知识、专业能力；人物访谈类嘉宾要有一定知名度，并具有较强的语言表达能力和现场应变能力。二是要与嘉宾配合默契。要做到这一点，必须先与嘉宾策划设计节目，让嘉宾心中有数。这种双向之间的沟通交流是非常重要的，这样在节目运作过程中，才能做到主宾配合默契，达到相得益彰的互动效果。

主持人既要尊重嘉宾，信任嘉宾；又要主动引导，积极配合，充分发挥嘉宾的主动性、积极性，以便在互动中共同主持好节目。另外，主持人在嘉宾面前要落落大方，不卑不亢。在主持节目的过程中，主持人千万不要因为嘉宾是

---

① 赵忠祥：《岁月随想》，上海人民出版社，1995，第 67— 73 页。

领导或者是某方面的专家、权威、知名人士而显得紧张、拘谨，应该心态平和，从容不迫，洒脱自如，显示出应有的风度和气质，这同样也是互动主持必须具有的条件。

三、户外直播的互动

户外直播即走出直播室，到广场、商店、体育场、公园等公共场所举办节目。户外直播不仅参与人数众多、社会影响大，而且使直播互动融入更多的现场氛围，使传受双方互动更有激情，动感十足的节目更具感染力。

户外直播中的主持人，置身于广大参与者之间，与他们直面交流，交谈，直接倾听意见，并同娱同乐，通过这种直接互动形式扩大了媒体和节目的影响力。为提高户外活动的吸引力，策划组织者通常会推介有号召力的明星主持人主持户外活动；主持人又往往会成为户外活动最引人注目的亮点，从而很好地形成主持人与户外活动参与者之间的良性互动循环，起到相得益彰的互动主持效应。

目前的户外直播活动早已离开了靠激情和冲动来组织的初创阶段，要达到不断提高、持续发展的目标，就必须以创新精神对活动的各个环节进行精心策划和准备，唯有这样才能保证活动的质量和效果。

四、“自我互动”

这里专指主持人角色转换的“自我互动”。主持人具有双重身份，是“真我”与“非我”的结合与统一。

“真我”——主持人作为生活中一个有真实思想感情的人，在主持节目中要保持真我的本色和感觉。一要对得起受众，不要让受众失望，应尽可能地让他们满意、受益；二要对得起自己，主持人应当珍惜他（她）在话筒前或屏幕前的每一分钟、每一句话。

“非我”——当主持人进入直（演）播室时，是作为媒体代表、电（视）台的化身之一出现的。由于角色的转换，为使你与承载的理想、内容融为一体，你必须做好两件事：调整自己和完善自己。前者要求调整到节目所要求的轨道上来，调整到节目所需求的水平上去，成为合适的我；后者，主持节目的过程是不断充实自我、完善自我的过程。①

从“真我”到“非我”就是主持人的“自我互动”。为此，主持人要从日常生活中的“真我”向作为媒体代言人的“非我”做互动转换。这种角色的转换包含着丰富的内涵，也是一个复杂的互动过程。角色定位变了，承载的职责、任务、使命也就变了。如何及时“调整”“完善”自己，则成为“自我互动”成败的关键。实践证明，有些主持人就是因为“自我互动”不到位而失利的。

随着广播电视新技术的不断发展和精品工程的实施，近年来节目的互动形式、类型，有较大的发展和创新，如：多种传播手段的综合互动；广播电视、报纸、网络多媒体结合的互动；设置双向交流参与点；通过互动“卖点”实现互动“亮点”；还有节目播出之中与播出之后的互动形式，等等。在以上种种互动形式中，我们要特别注意研究多媒体的联合互动，尤其是广播电视传媒与网络传媒结合的互动形式。主持人只要不断提升互动意识，充分利用好这个互动平台，就可以更好地推动与受众的互动关系，取得更好的互动传播效益。

处于网络时代的广播电视主持人，要不断增强媒体联动、传受互动意识，不断拓展主持空间，充分发挥互动优势。尤其要学会“借势造势”，吸收借鉴网络媒体在互动性、个性化、实践性等方面的优势，以实现互动传播价值的增值。中央电视台和各省级电视台纷纷开设电视台网址，开办互动电视；广播也开设了广播网站，上海广播 10 个频道也全部开通网上同步直播，并有 50 多个节目配上文字图片重点推荐，广播网站的日均页面点击数已超过 8 万人次。这些新型的互动形式，为互动主持拓展了广阔平台，提供了互动主持的新机遇。

① 《我的辩证观》，《中国广播电视学刊》1995 年第 12 期。

第七章　节目主持人类型

伴随着世界广播电视频率（道）专业化趋势的发展和类型化广播专业的纷纷出现，新闻、音乐、气象、谈话等各种专业主持人大量涌现，这是传媒间激烈竞争和受众市场不断细化的必然结果。

在各种广播电视节目主持人大量涌现和日益发展的今天，对节目主持人进行分类的研究，探讨各类节目主持人的特点规律和素质修养，无论是从实践还是从理论研究的角度来说，都很有必要，富有现实意义。

第一节　节目主持人分类的意义

节目主持人的分类是主持实践不断发展与学科系统理论研究的必然，一句话，是主持实践与理论研究的需要，意义重大。1988 年中央电视台举办首届全国性的“如意杯”电视主持人评选活动，笔者作为评委，深有感触。当时由于没有对主持人进行分类评比，尽管制定有明确的评分标准，但在实际操作中很难掌握。试想，将新闻主持人与娱乐主持人二者相提并论，实在缺乏可比性，谁高谁低无法比较与说清。以致最后评选结果出现了同是“十佳”，专业节目主持得分差距悬殊而不是接近的情形，在满分为百分的标准下，第 1 名和第 10 名的分数相差 38 分，实属罕见。由此可见，主持人分类评比不仅有助于评奖活动中正确把握，而且对节目主持实践有推动、借鉴作用，具有实践与理论的意义。

划分节目主持人类型，是广播电视主持人节目广泛普及、日益发展的必然，具有很大的现实意义和深刻的指导意义，其作用之大、影响之深是显而易见的。类型不明，界限不清，既给实际工作造成许多混乱，又会直接影响主持人节目的健康发展，划分节目主持人类型的意义主要表现在以下三个方面：

一、有利于节目主持人相对固定，有利于主持人的成长

不同类型的节目，对主持人的素质与业务技能要求也各不相同，相对固定地主持某一类型的节目，既便于主持人了解熟悉该类节目的性质特点，掌握其内在规律，同时又有利于主持人根据节目的特殊需要有的放矢，提高自身素质，更好地驾驭和主宰节目，促进自身的成长。与此同时，同类节目和主持人之间的相互比较、互相学习、互相竞争，有助于提高台与台之间，主持人与主持人之间的竞争意识和创新意识。

较长时间地主持某一类型的节目，既可以逐步引导稳定的受众群，还可以逐渐形成与该节目相适应、相吻合的主持风格，增强主持人的个性魅力，扩大节目的社会影响，为培养明星主持人创造有利条件。

美国谈话节目主持人除不可抗拒的原因外，很少更换，如《唐纳休访谈》持续了 38 年，《今夜》的琼尼 · 卡森主持了整整 30 年，具有超级影响力的《奥普拉脱口秀》也持续了近 20 年之久。目前，国内有些主持人急功近利，急于成名，频繁跳槽，换台换节目。这种做法是不可取的，这样做既不利于主持人提高素质，也不利于主持人成才。

18 世纪法国著名的思想家、文学家布封说：“风格才是本身。风格即人。”风格不仅指一般的外部特征，更重要的是指内在的本质特征。我国广播电视不少节目主持人风格雷同，形成了新的“主持腔”“主持调”，给人以似曾相识之感，缺乏个性，缺少自身特点。导致这种现象的原因是多方面的：有社会的、历史的，还有地理环境等因素，有民族和传统文化的影响，也有体制管理方面的原因，当然还有主持人节目类型混乱、错位等原因。由于节目宗旨不明、定位不准，因而难以形成鲜明的主持风格。主持定位不准的节目，主持人自然无法展示其个性形象；还有些节目缺乏稳定性，主持人常常换岗。这种随意性、变换性又怎能形成主持人节目与主持人的风格呢？

划分节目类型，找准节目定位，对于形成节目与主持人相吻合的个性风格是极为重要、不可缺少的。

纵观国内外的明星主持，绝非是“全能型”“万能型”的，而多为主持某

一类型节目的明星，一位明星主持，不可能既是新闻节目主持明星，同时又是综艺节目主持明星。两者特点各异，需要的主持形象大相径庭。如果主持人形象与其主持的节目属性不合，其个性形象与主持风格就很难得到受众的认可。

二、有利于节目的发展与评价，有利于办出节目特色、办出精品

名牌节目的标志是：有鲜明的个性特点，构思新颖，拥有固定的受众群，社会影响大。进行节目分类有助于明确各类节目的宗旨、对象和特点，便于从事某一类型的节目主持人遵循节目的内在规律和特征，发挥主动性、创造性，办出节目特色。

美国电视节目《60 分钟》自 1968 年创办伊始，节目总编导唐・休伊特就苦心构思，精心策划设计，确定节目类型为杂志型新闻节目，这在当时还属首创。然后又根据这类节目的特点确定以深度报道为主，编排上充分发挥“新闻杂志”的长处，变以往一次节目只有一个主题为三个主题，挑选素质好、有个性的记者当主持人，因而使这个节目 40 多年来始终是特色鲜明、全美收视率较高的节目之一。

我国中央电视台 1993 年 5 月 1 日创办的《东方时空》，节目刚开始就定为新闻杂志型节目，设《东方之子》《生活空间》《焦点时刻》《东方时空金曲榜》栏目。实践一段后，又进行改版，去掉《东方时空金曲榜》栏目，成为名副其实的新闻杂志型节目。同时将《焦点时刻》更名为《时空报道》，并由四位主持人出任总主持人，以便更好地按“新闻杂志型”的结构规律与传播特点办好节目，创造精品。

此外，目前各级广播电视机构频频举办主持人节目和主持人的各种评奖活动，按“类型”与分类原则评奖具有可比性，不致造成混乱，可促进评奖和创优出精品。

三、有利于理论研究的分化、细化与深化

世界上任何一门学科发展到一定阶段都需要进行学科分类，以便对其进行

系统、科学的研究。主持人节目在我国出现已数十个年头，如今节目不仅数量多、品种多，而且形式不断翻新，令人眼花缭乱、目不暇接。加上目前各地频频举办各种主持人节目及主持人的评奖活动的实际，迫切需要对主持人节目进行分门别类的深入研究。今天主持人发展的现状急需理论上分化、细化与深化的研究，这是无法回避的现实。因为各类节目属性不同，内在规律不同，自然对主持人的素质要求不同，节目创优的思路、规律及方式也各异。例如，新闻节目、文艺节目、谈话节目属于不同范畴，三者之间差异甚大，笼统地加以研究是无济于事的，只有分门别类进行深入研究，才能做到有的放矢，给实际工作以正确有效的指导。

总之，对节目主持人进行分化、细化与深化的研究，既是节目主持人发展现状的需要，可以增强针对性，促进各类主持人的发展，有利于创品牌、出精品，同时又是主持人理论研究开创新局面、上新台阶的必然。

第二节　节目主持人分类的原则

遵循什么原则、按什么标准来科学划分节目主持人的类型，是一个首先要解决的关键性问题。

列宁说："分类应该是自然的，而不是纯粹人为的即任意的。"[①] 节目主持人的分类也不例外，绝不是"任意的"，而是像世界上其他事物一样，必须按共同属性区分门类，通过同类比较，寻找其共同点和差异点，并按其属性，相同、相等的事物归为一类，再进行深入比较分析，这样才能获得对事物本质特性的清晰的认知。

如何科学地划分节目主持人的类型是一个较复杂和有争议的问题。其原因大致有二：一是划分主持人类型的原则、依据不一，视角、方法各异，其划分结果自然也不同，这是十分正常的；二是主持人之间往往有交叉现象，给主持

---

① ［俄］列宁：《哲学笔记》，中共中央马克思恩格斯列宁斯大林著作编译局译，人民出版社，1974，第255页。

人分类带来一定难度。我们以为，对各种分类方法，先不忙于争高低、评优劣，经过一段时期的实践检验再来评判用哪一种分类更适合、更科学，或再做必要的修正也为时不晚。

要搞好科学分类，首先得明确主持人分类的基本原则，这是一个前提。《中国广播电视学》一书中阐述分类原则时，有这样一段话值得借鉴："分类是一门学问，分类学的核心问题，就是要把研究对象在发展过程中形成的差异区分开来，将属性相同、相等的事物归为一类，根据它们内部固有的次序、排列等相互关系组成系统。因此，作为思维形式的基本规律——'同一律'是分类必须遵循的共同规律。这一规律，要求对任何一种科学分类，都应该以相同性、相等性为条件。"①

按照必须遵循分类"同一律"的共同规律，按"属性相同、相等的事物归为一类"的原则和"以相同性、相等性"为条件的科学分类，节目主持人的分类方法可以多种多样，主持人划分的类型也会呈多样化。既可以按主持节目的属性划分，也可以按主持人的工作方式划分，还可以按节目时间段划分。

目前我国普遍以节目属性划分主持人的类型，我国广播电视节目按其性质通常分为四大类：新闻性节目、教育性节目、服务性节目和综艺性节目。各类节目都具有不同的性质结构和规律特点，与之相对应的则是新闻类主持人、教育类主持人、服务类主持人、综艺类主持人等。应该说，这种分类是比较科学的，它既反映了主持人的本质特点，又深刻揭示了主持人与节目之间不可分割的特殊亲缘关系。主持人分类离不开节目，平时我们常说这位主持人是什么节目的主持人，他（她）主持什么节目就是这个道理。主持人与节目的关系好比植物与土壤，有什么样的土壤就能培育生长出什么样的植物。笔者早在十年前就写下这样一段话，阐述了主持人与节目之间密不可分的关系："节目主持人，离不开主持人节目这块丰沃的'土壤'，否则它就会成为'无本之木''无源之水'而失去生命力；同样，主持节目的土壤上如果不是盛开着千姿百态的'花朵'——节目主持人，那么它也就不成其为引人入胜的百花园了。因此，

① 阎玉主编《中国广播电视学》，中国广播电视出版社，1990，第106—107页。

无论是从事实践工作还是理论研究，都应该重视两者之间这种特殊的‘亲缘’关系。”①

第三节　节目主持人的类型

按“属性相同、相等的事物归为一类”的原则和“以相同性、相等性条件”的科学分类，主持人节目类型的具体划分方法有以下三种：

一、按节目内容属性划分

按节目的内容属性，可以把节目主持人分为以下七类：

1. 新闻节目主持人

这类主持人包括新闻直播节目、新闻评论节目、时事论坛、新闻访谈、新闻专题（专栏）、新闻杂志等节目主持人。新闻节目是广播电视媒体的主体与骨干，在“以新闻立台”的过程中，新闻节目主持人的作用、地位日显重要，社会影响大。新闻主持人的素质要求高、责任大，始终肩负着以正确的舆论引导人的时代重任。

2. 教育类节目主持人

这类主持人包括各种知识性节目（如科学、法律、综艺节目）、理论性节目的主持人。

教育类节目主持人担负着传播文化科学知识的任务。努力办好和主持好教育类节目、对于不断提高全民族的科学文化水平，更好地弘扬中华民族文化，具有重要的现实意义和历史意义。

3. 对象性节目主持人

对象性节目是面对不同的特定受众对象而设立的。面对不同年龄段人群设置的节目有：少儿节目、青年节目、老年节目等；面对不同职业、性别、种族等人群设置的节目有：解放军节目、妇女节目、残疾人节目、体育节目、少数

① 陆锡初：《主持人节目学教程》，中国广播电视出版社，2001，第311页。

民族节目等。对象性节目主持人的任务是根据不同人群的需求提供有关信息与服务体现贴近性、针对性、服务性，要求主持人热爱、关心传播对象。只有了解、熟悉传播对象，方能做到有的放矢，成为传播对象喜爱的贴心人。

4. 服务性节目主持人

服务性节目主持人主要包括各类生活服务节目和经济信息服务节目的主持人，例如气象节目主持人、交通节目主持人、股市信息节目主持人。

服务性节目主持人主要为受众和社会提供各种服务，近几年来，服务性节目的范围功能不断拓展，其特点是突出“服务性”，讲究“实用性”。

服务性节目主持人要牢固树立全心全意为人民服务的意识，不断改进服务方式，努力提高服务质量，做到服务热心真诚、周到，体现贴近性、亲和力。

5. 综艺性节目主持人

综艺娱乐类节目无论是在广播还是在电视传播中均占有较大比重，受众人数居首，社会影响广泛。我国文艺广播的播出时间一般占到电台播出总时间的一半以上。广播文艺类节目主要有三类：音乐歌曲类节目、曲艺影剧类节目、文学类节目；电视综艺节目主要有：表演欣赏类节目、娱乐游戏类节目、演艺明星专访等。综艺节目主持人担负着向广大受众提供各种文化娱乐的任务，通过其主持的节目达到陶冶情操、净化心灵、享受快乐的社会效应，满足人们的精神需求。

6. 谈话节目主持人

广播电视谈话节目在国外尤其是美国已有相当长的历史，美国谈话节目内容大致可分为十类：婚恋爱庭、社会问题、个人生活观、医疗保险、心理健康、奇闻轶事、生活指南、司法治安、儿童教育，可谓题材广泛、娱乐性强。

按照谈话方式特点，我国谈话节目主持人可分为：（1）以讲故事为主的叙事型谈话主持人；（2）以探讨社会问题为主的讨论型主持人；（3）以双方观点不同而具有对抗性的舆论型主持人；（4）以家庭情感诉求为主的热线谈心型主持人。

谈话节目主持人贵在掌握“谈”“说”“聊”和与人交流沟通的艺术；贵在明确自身的定位；要做谈话的轴心，不做观点的轴心；贵在要有全新的思维方式和行为方式，讲究说理艺术，语言亲切自然。

7. 特别节目主持人

前文说的都是长期固定栏目（节目）的主持人，特别节目主持人是临时安排的一次性特别节目，或短期内因某个重大事件、特别报道需要而设置的特别节目主持人。这类节目主持人大都由特邀嘉宾或受众熟悉的明星主持人担任。

二、按节目制播过程中主持人的工作特点、所处地位及发挥的作用划分

按节目制播过程中主持人的工作特点、所处地位及发挥的作用，可以把节目主持人分为以下四类：

1. 独立型节目主持人

这类主持人独立承担整个节目采、编、播各个环节的工作。由于人力有限，独立型主持人要对整个节目负责，一般来讲，适合主持时间较短、内容单一、间隔时间较长的节目或栏目。

2. 单一型节目主持人

这类主持人主要从事话筒前的创作或出场负责播音工作，在整个节目中发挥的作用较单一。这类主持人的节目稿是由编辑用第一人称，即以主持人的口吻撰写的。这类主持人表面上看似同播音员无多大区别，其实有着质的不同，如在播音方式、心理状态、语言习惯、思维方式及其与节目的关系上，主持人都不同于播音员。

3. 参与型主持人

这类主持人参与节目采、编、播各个环节的工作。如参加节目的策划构思、选题采访和编辑制播。有的主持人参与全部，有的参与大部分，有的只参与一小部分。一句话，主持人一定要参与制作节目。在这类节目中，主持人与编辑是一种平等合作和相互尊重的关系，节目制播过程中渗透着主持人的辛勤劳动。

4. 主导型主持人

这类主持人是整个节目的策划组织者、体现者、主播者，即他是节目的“主编”兼主持，并负责把关定向；大量的具体工作由一个采编班子来完成，

这就要求主持人具有一定的领导、组织和活动能力。

这种分类法，关键是抓住“参与”二字。它深刻揭示了节目与主持人的内在关系、主持人参与节目的特点，明确了主持人在节目中所占有的地位和应有的作用。

这里需要说明的是，关于独立型节目主持人，对广播主持人来说，从策划、采访、编制到播出主持，他们可以一个人独立完成。目前在很多地方电台，独立型主持人为数不少。但对电视来说，采访、拍摄、制作、播出等工作程序负责，主持人不可能一人独立完成一个电视节目的全部工作。

二、按节目主持人参与节目的程度和工作方式划分

按节目主持人参与节目的程度和工作方式，可以把主持人分为以下三类：

1. 采编播合一式

主持人集采编播职能于一身，既是记者、编辑，又作为播讲者负责主持节目。主持人是节目的核心人物和出场代表，参加节目制作的各个环节工作，熟悉制播全过程。主持人对节目有掌控权、决定权，在节目中始终起着主导作用。从确定选题、采集稿件到编排制作节目，直到最后播出主持，主持人的意图和思想表现得比较明显，个性风格较鲜明。

采编播合一不等于由主持人一人完全包办代替。为确保节目质量，还需要背后有人或一个班子协助主持人的工作，诸如根据主持人的策划运作，帮助做一些具体工作。

2. 采编播合作式

记者、编辑、主持人分工合作，作为播讲的主持人参与部分采编工作，熟悉节目的各个环节，可以在主持过程中较好地发挥主观能动性。

这一主持形式的核心人物不是主持人，而是编辑。编辑是幕后的实际操纵者，节目办得好坏，在很大程度上取决于编辑。主持人是出场人物，在不违背节目意图的前提下，有对稿件修改润色的权力，以使之更适合自己的口吻。

采编播合作的主持形式可以扬记者、编辑、主持人的各自优势，汇其所长，避其所短，从一定程度上改变了长期存在的采编播分离的状态。缺点是，

如果采编播各个环节配合不好，就会导致节目出现断裂痕迹，前后风格不统一。

3. 报幕式或客串式

报幕式主持形式一般适用于文艺性专题节目或文艺晚会，主持人在主持过程中说些串联词，发挥承上启下、活跃现场气氛的作用。客串式主待，即根据某个特定节目的需要聘请社会上有关人士主持一定时间段的节目。无论是报幕式主持人还是客串式主持人，一般事先不参与节目的策划设计和组织运作工作，因而对节目生产的全过程不甚了解，这类主持人贵在反应灵敏、现场应变能力强，具有一定的专业修养与语言功力。

纵观上述三种节目主持人的分类方式，我们认为第一种——按节目内容属性划分——反映了事物的本质，揭示了主持人与节目之间的内在关系，这种划分更为科学合理，也更好地体现了分类原则；后两种分类主要从现象上、形式上划分，尽管在实践中具有一定的积极意义，不无参考价值，但有一定的局限性和随意性。

第八章　节目主持人风格

风格是人们运用语言的产物，是在主客观因素指导下运用语言表达手段的若干特点而综合表现出来的格调和气氛。语言风格是人们运用语言手段形成的诸个特点的综合表现，它包括语言的民族风格、时代风格、流行风格、个人风格、语体风格和表现风格。18 世纪法国博物学家布封在 1753 年发表的《谈风格》中首次提出了“风格即人”这一著名论点。布封认为，“知识、事实与发现都很容易脱离作品而转到别人手里，他们经过更巧妙的手笔一写，甚至会比原作出色呢。这些东西都是身外物，风格却是人。因此，风格既不能脱离作品，又不能转借”。①

风格即人，是说节目主持的风格是主持人的外观形象、内在气质、语言特点、知识修养、人格魅力的体现，是节目主持人在主持节目过程中彰显出来的整体特征与精神风貌。

第一节　节目主持人风格的形成

主持风格是主持在长期主持时间中所表现出来并被受众认可的、稳定的个性特征。没有个人魅力，没有艺术品位的主持人，很难形成自己的风格。节目主持人风格的形成，是节目主持人走向成熟的表现和标志。大凡明星主持人，均有与众不同的独特风格。无论是美国的沃尔特·克朗凯特、芭芭拉·沃尔斯特、丹·拉瑟、汤姆·布罗考、彼得·詹宁斯、麦克·华莱士，还是我国的众多金话筒奖主持人，他们均有其诱人的魅力和令人印象深刻的独特主持风格。

节目主持人风格的形成主要取决于以下三个因素②：

①② 乔治·路易·勒克莱克·德·布封：《谈风格》，《译文》1957 年第 9 期。

一、社会和时代

一个人的成长离不开其所处的社会环境、时代背景、历史文化，每个人的性格特征无不印刻着社会和时代的烙印。从文化学角度去看，风格可从历史层面、民族层面、群体层面、个人层面四个方面得到展示，逐渐形成时代风格，民族风格、群体风格（流派风格）和个人风格。个人风格如主持人风格也必然受某时代社会潮流的影响和制约，主持人风格的类型、特点是不可能超越社会、时代的。

在极左思潮猖獗的“十年浩劫”期间，只能谈共性，不敢谈个性，没有个性风格可言。党的十一届三中全会忽如一夜春风，拨乱反正，解放思想，节目主持人应运而生，涌现出了众多风格鲜明的节目主持人，为声屏增添了活力、生机，赢得了受众的喜爱。我国节目主持人的诞生及其主持风格形成的过程，无不折射出社会的发展进步和改革开放时代的缩影。

我国节目主持人风格的形成来之不易，也是众多优秀主持人不断实践、探寻追求的结果，著名节目主持人沈力就是其中的代表。笔者在和她的接触中，曾多次听到她谈及这个问题，受益匪浅。沈力在《四十年探寻》一文中曾说过这样一段话：“关于电视节目主持人个性问题的提出，大约是在 1984 年。那时，我曾和陆锡初老师探讨过。因为那个时代强调的是党性，还不敢强调个人作用，但通过实践又感到个性是由节目主持人工作特性所决定的。因为主持人是以真实的个人身份出现在观众面前，并与之进行直接的、面对面的交流，而这种交流更多的是通过主持人的意志、认识、感受和语言来完成的。所以，个性色彩是无法回避的。”“我认为：鲜明的个性色彩是主持人魅力的先决条件，有个性才有活力，才能产生魅力。实践证明：凡是受到观众欢迎的主持人（赵忠祥、宋世雄、陈铎、敬一丹、水均益、白岩松、倪萍、杨澜等，还有很多）都具有鲜明的个性色彩。”①

如今我国已进入多元化文化时代，节目主持人的多元化发展趋势要求主持人通过个人知识、才华和个性的施展，更好地驾驭自己主持的节目，最终出色

---

① 沈力：《四十年探寻》，白谦诚、胡妙德主编《中国荧屏第一人——沈力》，中国广播电视出版社，1999，第 59—60 页。

地完成所赋予的使命，最大限度地发挥传播效应。

总之，随着传播模式从大众传播转向分众传播、个性传播的趋势，频道（率）专业化带来的主持人风格的个性化，无不反映了当今改革开放时代和社会多元文化发展所需要的特征。

二、节目个性

主持风格始终受节目定位、类型与节目内容的制约，不能离开节目去谈主持风格。“主持人的个性色彩应该和他所主持的栏目风格相一致，这样才能起到相辅相成的作用，才能融为一体。”① 节目个性化必然要求主持风格个性化。

众所周知，新闻节目的个性不同于娱乐游戏类节目的个性，因而两者的主持风格受节目个性影响，必然大相径庭。

例如敬一丹主持人《焦点访谈》，呈现的是朴实无华、端庄严谨的风格：不变的服装、不变的发型、不变的严谨、不变的风格，用她的话说：“我觉得我穿着是挺土的，也挺随便的……但是《焦点访谈》这样的节目，是很大众的，它大众到了有的时候要有意识地远离时尚。”敬一丹的这种主持风格是与《焦点访谈》的节目个性相吻合、相一致的。又如，以弘扬中国乡土民俗文化，传播非物质文化遗产，推动地方经济发展，促进新农村建设为己任的中央电视台大型乡村综艺栏目《乡村大世界》，出身吉林农村的金话筒奖主持人毕铭鑫，遵循“一方水土为根，九亿农民为本”“让全国农民乐起来，让一方水土富起来”的栏目宗旨，经常深入城镇乡村、田间地头，与百姓面对面、心连心，与农民朋友同娱同乐，形成了豪放大气、热情奔放、清新活泼、“泥土味”浓郁而又不失风趣幽默的主持风格。

正如毕铭鑫在回顾《乡村大世界》所走过的“探索”“发展”“快乐”之路的成功历程时所说：“我们收获着九亿农民的笑声，我们欣慰着一方水土的富裕。”由此可见，正是《乡村大节界》栏目的个性风格，决定与形成了他与之相吻合的独特主持风格，两者互相辉映，融为一体。

---

① 沈力：《四十年探寻》，白谦诚、胡妙德主编《中国荧屏第一人——沈力》，中国广播电视出版社，1999，第60页。

即使是同一类型的谈话类节目，由于节目时段和传播内容的不同，其主持风格也不尽相同。下面我们再来看看美国为数众多的谈话节目中三个家喻户晓的谈话节目，他们就各具个性魅力。

拉里·金主持的《夜间谈话》节目，因在夜间播出，谈话方式以倾听为主。主持人说话很少，总是把谈话时间留给嘉宾。这个谈话节目呈现的风格更像是朋友之间的闲谈，气氛友好而活跃，适合夜间谈话的氛围。

拉什·林堡主持的《午间谈话》节目，则是以独角戏为主的谈话方式，节目明显带有主观色彩，呈现的主持风格是谈话简洁明了而又不失幽默。

哈沃德·斯特恩主持的《早间谈话》节目是专为驾车上班走在路上的人服务的，特别注重娱乐性和刺激性，突出观剧性、娱乐性的主持风格，以满足上班族带着愉快轻松心情上班的需求。

由此可见，三个谈话节目之所以风格各异，无不受节目个性的制约。因此我们说，节目主持人风格要服从于节目风格，决不允许游离于节目风格之外。

三、个性特征

个性特征包括个人的生活经历、文化修养、性格特点、兴趣爱好，等等。节目主持人的个性特征总是会有形无形地渗透到其主持节目的过程中，成为影响主持风格的不可或缺的重要因素。

有些节目主持人出身于艺术世家，从小受过良好的艺术熏陶，不论他主持何种节目，人们总能窥见其艺术素质的影子，当然这样的主持人最适合主持综艺娱乐类节目；有些主持人出身于农民家庭，长期生活、读书在农村，农民的勤劳朴实、乐观豁达始终伴随着他成长，透过他的主持风格人们总能窥见其浓浓的“乡土味”“乡亲情”。

上海电视台主持人、金话筒奖得主叶惠贤是从说相声起家的，有着“笑星”的气质，他演出的相声多是自己创作的，发表的就有 40 多个段子，他创作和表演的相声多次在全国获奖。从 1984 年开始走上电视屏幕，他便主持《今夜星辰》且集采、编、播、主持于一体，真正成为五项全能的节目主持人。相声演员的深厚功力为他的主持打下了良好基础，造就了他由娴熟的口才、

“脱口秀”的才艺、强记的本领、多才多艺的风采以及善策划、出点子的能力所构成的独特主持风格。

笔者曾在1992年上海举办的“叶惠贤主持艺术研讨会”发言中说：“叶惠贤正在冲破封闭式的静止地坐在演播室内的广播模式，刻意追求一种开放式的全方位的灵活多变的主持形式，并逐渐形成自己的风格。”[①] 他的主持风格主要集中表现在“鲜明的主持意识”“强烈的创新意识”“深厚的观众意识”三个方面，而这一切又无不得益于他曾担任相声演员和参加话剧、歌剧表演的经历与磨炼。

再以中央电视台《天气预报》节目主持人宋英杰为例，他是我国第一位学气象出身的电视气象主持人，他长期以来形成的潇洒自然、流畅明快的主持风格早已深入人心。

宋英杰来自辽宁，父母是建筑师，对他要求很严。他毕业于北京气象学院天气动力专业，毕业后分配到国家气象中心任预报员，在担任天气预报的同时，帮助电视天气预报幕后播音。正是他与气象的情缘和对公众事业的专注与投入，正是他对气象事业的执着追求、勤奋钻研，使他于1999年被评为气象高级工程师，后当选为全国青联委员。他的学习、工作经历和个人专业修养，使他成为我国电视气象节目主持人中影响最大、最具个性魅力的主持人。

由此可见，主持风格的形成不是仅仅靠外观形象，更不是靠化妆修饰，而是依靠内在气质、文化修养、独创思维、人格魅力构成的，还要接受受众审美的考验与认可，来不得半点烦躁与虚荣。

第二节　节目主持人风格的构成要素

上节着重阐述了主持风格是怎样形成的，本节将深入探讨主持人风格构成的要素，拟从气质风度、独创思维、个性语言、多种积累四个方面做些简要分

① 陆锡初：《我看叶惠贤主持艺术》，郑可壮、楼世芳主编《叶惠贤主持艺术论集》，上海三联书店，1992，第49页。

析与探讨。

一、气质风度

气质是通过情操、性格品质、文化涵养、思想情感等诸多要素构成的，不是一朝一夕产生的，而是在长期的生活环境、工作历练、情感经历过程中逐渐形成的，带有稳定的个性特点。

风度主要是指外观形象，即仪表风度，包括衣着修饰、言行举止、谈吐方式等，但本质上还是精神气质、内在修养达到某一层次的体现。

一般来说，气质与风度是有内在联系的，相辅相成，互为因果。拥有良好气质的人必然表现出优雅的仪表风度。主持风格是节目主持人内在气质与仪表风度和谐相融的结果与完美体现。以气质风度俱佳的陈铎为例，他风度翩翩的仪表与良好的内在气质和谐结合，使他充满了亲和力。反映在荧屏上的他则是一位充满个性魅力的儒雅学者，他的言行举止、举止投足和飘逸的满头白发，足以显示其饱经风霜的成熟气质，使之形成了潇洒自然、儒雅深沉的主持风格。凡和他接触过的人，都能被他开朗豁达、乐观向上、真诚热情的精神风貌所感染。

节目主持人的气质风度是构成主持风格的重要因素，不仅可以直接影响节目的品位、影响力，而且还可以随时让受众触及、感受到。比如，第 29 届奥林匹克夏季运动会在北京举办期间，有些体育节目主持人由于缺少应有的气质风度，报道中倾向性过强，不够大气，不时流露出狭隘的民族主义情结。当看到裁判作出有利于对方的错误判罚时，就大加指责；而当看到裁判作出有利于中国队的错误判罚时，则默不作声；看到对方队员犯规就冷嘲热讽，而看到中国队队员犯规则假装视而不见。在国与国之间的奥运报道中，作为东道主的体育节目主持人应该具有泱泱大国的气度和品质，体现出公正、公平、积极向上的精神风貌，而不是狭隘的民族主义。

在中国电视艺术家协会主持人专业委员会举办的题为“我们如何走得更远”的一次研讨会上，杨澜说现在的节目主持人特别需要“培养一种高品质、优雅的节目风范”，并说了一段见地深刻、颇有针对性的话。她说：“我们要在

60多个频道、上千个栏目当中，怎么样引起观众的注意？年轻的主持人认为就要求奇、求新，先抓住眼球再说。在这种时候，真正一种大国的气度、一种优雅的风范、一种需要时间去培养的东西，已经越来越多地从年轻主持人的记忆中被剥离开了，这是很可惜的……这个也是我对中国电视整体的发展的担忧。”杨澜的这段肺腑之言、这种担忧令人深思，给人启迪。

二、独创思维

思维是指人类思考问题的过程，包括思维方式、思维方向、思维状态等。人的思维活动呈多向性，有横向思维、纵向思维，还有逆向思维等。就思维状态而言，有常规性的、习惯性的思维和富有智慧、想象力的独创性思维，而后者正是构成节目主持人风格的又一不可或缺的要素。对一个节目主持人来说，拥有独创性思维，就可以使自己主持的节目永远充满新意、活力，可以使自己的主持艺术、主持风格始终充满独特魅力。

独创性思维贵在独特、新鲜、求异；忌雷同、一般化。我们从崔永元主持的《实话实说》《小崔说事》，李咏主持的《非常6+1》《幸运52》，孟非主持的《南京零距离》《非诚勿扰》以及《星光大道》《快乐大本营》等都可窥见其匠心独运的策划、新颖的立意和独特的构思。正是这些与众不同的求异思变的新鲜感，给观众以独特的感受与享受。

国外的节目主持人也不例外。从2005年至2006年一年多的时间，美国三大电视网的三位主播明星：全国广播公司晚间主播汤姆·布罗考，哥伦比亚广播公司晚间新闻主播丹·拉瑟，美国广播公司晚间新闻主播彼得·詹宁斯相继告别荧屏。曾经对美国人生活产生过巨大影响的主持播报风格各异的三位明星的离去，使曾经辉煌一时的晚间新闻变为“偶像断层期”。为此，哥伦比亚广播公司改变思维方式，起用了趋于现代和平民化的“邻家女孩”主播风格的库瑞克，这是对传统严肃谨慎新闻主持风格的挑战和颠覆。

库瑞克在入主《CBS晚间新闻》节目后，打破了以往男主持人“正襟危坐”的模式，让观众觉得她好像在传达这样一个信号：她与观众之间没有障碍，她可以走进观众当中，是观众当中的一员。尝试采用“邻家女孩”这种活泼随意的主持风格，这种创新思维不仅带给观众一些来自女性视角的新鲜独特的思索，也让她在以中年男性为主流的晚间新闻人群中独辟蹊径，以全新的主持风格满足了人们的心理诉求。

三、个性语言

节目主持人是通过语言进行交流传播的，是语言大师。主持人语言的个性特色直接关系到主持风格的形成，而语言风格、主持风格离不开个性语言。语言风格是节目主持人在长期的主持实践和不断探索追求中逐渐形成且被受众认可的，是衡量节目主持人主持风格、主持艺术的一个重要元素。节目主持艺术说到底是一种语言传播艺术，因而主持人的语言直接关系到主持风格和主持人品牌的构成与提升。

个性化语言是节目主持人最显著的特征，也是构成个性主持风格的一个显著特征，凡受众喜爱的个性魅力的主持人，无不在个性语言和特有表达方式上彰显出魅力。前文提及的美国广播谈话节目的三巨头，传统的拉什·林堡、海派娱乐主持人哈沃德·斯特恩和中间派拉里·金，也是以语言独特、性格迥异而给人以鲜明的印象。他们每天主持的节目都以一段令人耳目一新的开场白而让人难忘。但是，再好的语言说上一百遍也会让人听腻，只有具有内在智慧的闪光语言，才是精彩节目的保障。

我国人气最旺的节目主持人李咏、王小丫都是通过独特的互动性语言和别具一格的体态语言展现其个性魅力，从而给观众留下了难忘的印象。笔者完全赞同《东方时空》总编导孙玉胜的观点：“不可想象，如果表达的语言都不是自己的，那么主持人的个性又靠什么来展现呢?”

主持人的个人语言、语言风格离不开（栏目）的定位，必须与之相吻合，两者相辅相成，浑然一体。白岩松犀利深刻、富有哲理、有内涵、有吸引力的语言，是与他主持的《东方时空》等新闻栏目的定位相一致的，《东方之子》的栏目语——“浓缩人生精华”就出自白岩松之口。

1997 年《东方时空·面对面》的一期节目中，白岩松在两分钟内连用了 20 多个“不行”来评论中国足球：“没有钱的时候不行，有钱的时候也不行；

业余的时候不行，职业化以后还不行；穿红衣服不行，穿白衣服也不行；苏永舜不行，戚务生也不行；中国教练不行，外国教练也不行……”这一个个排比的“不行”，足以让观众领略到他与众不同的“评说语言”，领略到被研究者誉为具有吸引力的“语言场”。

白岩松认为，主持人不同个性风格的特征是电视在多元化背景下呈现出来的传播的多元性。个性化语言的表达可以增加电视节目的包容性，扩大节目在人群中的接受范围。实践证明，不同个性的主持人吸引着不同的人群，这样既能满足众口难调的受众群，又能坚持传播大众化的原则。

崔永元的语言不同于白岩松的语言，的确能“满足众口难调的受众群”的不同要求。崔永元真实朴素、幽默诙谐的个性语言，形成了他独特的“平民化”主持人风格，是与《实话实说》栏目定位和“邻居大妈”的主持形象定位相吻合的。

语言的独特处，除了与主持人自身的文化修养、生活经历、审美视角和习惯兴趣有关系外，还与他对生活的切身感受与深层思考有关系。被我们称为有“贫困情结”的中央电视台主持人肖晓琳，为了报道好“希望工程”，分别在两年的秋季到我国西南、西北贫困地区采访。她采访了一些贫困失学的孩子和家长，完成了《让我们伸出双手》的片子。且看她在片中真知灼见的思想和极富个性色彩的语言：“那些孩子，那些让我们感到揪心的孩子啊……当城里的孩子们熟练地玩着电子游戏机和因为营养过剩而不得不辍学，面对那些纯洁天真的目光，我问自己：我们这些长期生活在大都市里的记者，对我国国情，那些普通百姓的生活和心态，究竟看真切了多少？”正是这种来之不易的深刻感悟，极富思想情感的语言，收到了既拨动人们心中最温情的心弦，又激荡起大家的民族责任感的传播效果。

四、多种积累叠加

节目主持人风格的构成离不开主持人多种积累的叠加。主持人的积累主要有生活积累（丰富的阅历）、经验积累、知识积累以及情感积累、素材积累等。主持人只有通多种积累，方能“厚积薄发”，逐渐形成自身的独特风格。很难想象一个毫无任何积累的主持人能形成什么主持风格。

1. 生活积累

生活积累主要包括丰富的生活阅历、多姿多彩的人生历练、理想追求与不懈的奋斗。厚实的生活积累能培养和铸造人的性格、意志毅力与自信心。

以金话筒奖获得者张越和白燕升为例。前者毕业于首都师范大学中文系，后任职于一家银行中专，做过七年中学教师，1991 年起成为电视编剧、策划、撰稿人，曾参加《我爱我家》《电脑之家》《临时家庭》《候车大厅》等电视剧的编剧工作，1995 年进入中央电视台新创办的女性节目《半边天——张越访谈》。她以独特的方式和视角、深厚的文化素养、平和的生活态度，坚持对平民或弱势群体的关注，不断挖掘出平静生活之下涌动的暗流，得到了观众的认可与喜爱。后者自 1999 年中央电视台《戏曲音乐》频道开播起，便成为该栏目唯一的戏曲节目主持人。他从小就爱听爱唱家乡戏——河北梆子，收集了几十个剧本，能唱不少段子。他对京剧、戏剧、黄梅戏、豫剧等剧的一贯喜爱，以及作为“戏迷”的多年积累及自小培养的兴趣特长，使他成了戏曲音乐频道最优秀的节目主持人之一。

又如具有丰富阅历、饱经人生沧桑的节目主持陈铎，他伴随着共和国的诞生一起成长，经历了诸多风风雨雨，“文革”中曾下过“五七”干校经受劳动锻炼，体察了解民情。在做节目主持人之前曾从事过演员、音乐编辑、音响导演、摄影工作等。

陈铎主持的《话说长江》《话说运河》《万里海疆》，以气势磅礴、历史文化底蕴十足而常驻人们心田，他那深厚而富有磁性的声音，他那一头潇洒的银白头发，既为“腹有诗书气自华”做了最好的注解，又折射出了他丰富人生阅历所蕴含的特殊魅力。他以一丝不苟的敬业精神、博大的胸襟情怀和温文尔雅的屏幕形象为中国电视创造了一个又一个经典，荣获“金话筒开拓奖”特别金奖是众望所归的事。

2. 经验积累

这里主要指长期工作实践、工作经验的积累。对节目主持人来说，工作经验是宝贵的财富，不仅有助于提升自己的主持艺术，而且可以潜移默化地影响主持风格。这一点已经被不少获得成功的明星主持人所证实，董卿就是其中最有代表性的一位。在一次研讨会上，董卿谈到“是什么使你成为优秀的主持人”“怎么样能够不断去超越自己”时说：“非常关键性的两个字‘准备’”，包括“长期准备”和“短期准备”。她这里说的“准备”，实际上就是指“积累”，积累也分“长期积累”和“短期积累”。“准备”与“积累”实质上是一个意思，只是换了个说法而已。她说：“当我们高中毕业选择一个大学的专业，其实就已经在为未来职业做一个长期的准备。……我最初学习的是表演专业，后来成为话剧团的演员，后来又做电视节目主持人。做过外景的采访，自己写过稿子，编过片子，配过音。自己扛着摄像机做外景采访，自己找人来做策划、做节目。当时我不知道这一切对日后都会有什么样的帮助，只是我现在再回过头来看，其实每一步对自己都有非常大的帮助。”“我说这些的用意是什么呢？当时我在陷入痛苦的时候，并不知道我那个时候所做的努力会对日后有帮助。那个时候很懵懂，只是当我们现在真正开始做这一行的时候，才可以意识到去为你的将来做一个长期的准备，无论是技巧还是心理上的、知识上的准备，它是在日积月累中当中的。”董卿从 1993 年开始从事电视工作，在长达近 30 年的电视工作经历中，她从对电视“一无所知”到成为国内最受欢迎的优秀节目主持人、金话筒奖荣获者，依靠的就是长期、短期的各种准备、不断的工作经验积累、不懈的探索以及“目标追求”。可见，平时注重积累，善于总结，借力自身潜质，对日后形成自己的主持风格、走出一条创新之路是何其重要。

3. 知识积累

知识是力量的源泉，也是支撑节目主持人走得更远更高的保障。知识有书本知识、文化知识、社会知识等，还有自然科学知识、社会科学知识。在频道（率）多元化、栏目（节目）精品化、主持个性化的时代，节目主持人既要有广博的文化知识，还要具备专业知识，有良好的专业修养。

袁鸣是上海东方电视台著名节目主持人，也是“东视小有名气的‘读书迷’，很注意在繁忙的工作之余抽出点滴时间博览群书，给自己‘充电’。袁鸣肯钻研、善求知的精神在东方卫视是人所皆知”。她毕业于上海外语大学，勤奋好学，广泛涉猎各种知识，可以用流利的英语、日语主持节目；她多才多艺，主持“各种节目都应付自如、得心应手”“她认为博学多才和独特的人格魅力是作为一个优秀主持人的必备条件”。

如果说袁鸣以博学多才，能主持各类节目而引人注目，那么在主持人大赛中脱颖而出的撒贝宁则以其专业特长优势和良好的口才、机灵敏捷取胜。他1999年进入中央电视台《今日说法》栏目，参与了该节目所有的大型策划和特别节目的录制，还担任《中国法治报道》主播，可以说是随着法制节目的不断发展而成长起来的主持人。

撒贝宁毕业于北京大学法律专业，拥有研究生学历。他熟悉法律知识，《今日法制》栏目为他的专业特长的发挥搭建了广阔的平台，从而使他成为国内最优秀的法制专业类主持人。从2005年起，他连续多次获得中央电视台十佳播音主持人奖，2006年获得第22届中国电视金鹰奖最佳主持人奖，2006年获得中国播音主持人金话筒奖优秀作品奖。

4. 多种积累叠加

前文在谈到主持人需要“积累”时，为了说清问题，分别从生活积累、经验积累、知识积累进行了阐述。其实这诸多积累间不是互相分割的、孤立的，而是有密切内在联系的。主持人的“厚积薄发”、主持人主持风格的最终构成，均取决于多种积累的叠加，是它们相互作用的结果。

辽宁电台主持人向萤在她主持的《透视网吧》节目获得金话筒奖后，强调“创作需要积累”。她深有体会地说：“被普遍认可的新闻作品绝不仅仅是发现题目后的一刹那或者创作完成的几天时间产生的，它往往是调动作者全部的知识积累、生活积累和情感积累。”她说，《透视网吧》虽然“从采访到制作播出只有不到四天的时间”，但是“应该说《透视网吧》是我三年来思考和积累的一个成果，它调动了我多年的知识和社会关系储备，它体现了我和当前许多人对互联网的认识，它也凝聚了我对孩子健康成长的关注”。

第三节　节目主持人风格的多样性

伴随着世界广播电视频道（率）专业化发展趋势，广播电视节目的传播功能和传播内容或传播形态都发生了前所未有的变化，这些新变化的突出特点就是多样性。节目主持人多元、风格多样化的趋势既是频道（率）专业化趋势的需要，也是主持人适应多元社会多元文化的需要。

一、多样性和个性化的关系

节目主持人风格的多样性并不排斥个性化，恰恰相反，多样性离不开个性化。正是一个又一个鲜明的个性风格构成了多姿多彩的主持风格，两者相辅相成、互相辉映。

首先，节目类型和传播内容的多样性导致主持风格的多样性。

新闻类节目、专题类节目、综艺类节目乃至谈话类节目，均有各自准确的定位、明确的方针和使命任务，各类节目传播的内容与要求不尽相同，因而选拔、考核节目主持人的标准和做法就要更多地考虑到主持人结构的多元化或多样化。这样才能在量才使用的过程中发挥主持人各自擅长的优势，彰显其个性风格魅力。

其次，传播方式的多样性必然导致主持风格的多样性。

传播理念的变革必然导致节目形态的多样性，最终是传播方式的改变与多样性。传播者总是设法寻找最佳的传播方式以求取得最佳传播效果。

在当今多种媒体激烈竞争的大格局中，寻找传播效果最大化的途径是当务之急，无论是新闻频道、财经频道还是体育频道、综艺频道，都有不同的节目形态和不同的传播方式。节目主持人风格的多样性是各种类型节目的需要，不同类型的节目需要不同的主持风格与之相适应、相吻合并融为一体。严肃、严谨的风格适合主持新闻类节目，如新闻专题、新闻评论、新闻调查等；亲切自然型的适合主持各种专题类节目，如服务型节目、谈话类节目等，幽默诙谐型的适合主持综艺类节目，如娱乐节目、游戏节目、文艺晚会等。此外还有热情奔放型、活泼轻松型、质朴清新型、沉稳思考型等多种主持风格。

大千世界，人间万象，人的性格千差万异，也就决定了主持人风格的个性差异，构成了主持人风格的多样性。独创的主持风格是节目主持人永远的追求。

二、多样性与一致性的对立统一

多样性的主持风格是社会文化多元化与频道专业化的必然，也符合当今社会人们审美情趣多元化的需要。多样性既是客观事物多样性的反映，也是节目类型，内容多样性和主持人人生历练、思维情感、思维方式多样性的反映。

主持风格多样性除上面所论述的外，还反映为同一类型节目由于主持人不同而显现出的主持风格的多样性。同样是主持体育节目，白岩松的脱口解说被人称为“人文流派的解说”，因他更多的是在关注人的本身，关注体育赛事背后的人情温暖。韩乔生的娱乐解说充满幽默，思维活跃，善于把轻松快乐带到解说中。不管是脱口秀解说、激情解说，还是轻松的娱乐解说等，都属因人而异的个性解说风格，均同体育节目的总体风格、总体基调相一致，无不体现出昂扬向上、大气大度、节奏鲜明、活力四射的体育的流动美的总体风格。

主持风格的多样性还反映为在同一主持人身上，因主持不同类型节目而呈现的各异的风格，这些迥然不同的主持风格又各自彰显魅力。身为主持人，中央电视台的王雪纯主持新闻类节目和旅游服务类节目所表现出的两种迥异的主持风格，在她身上都得到了很好的体现且被观众认可和喜爱。

这里着重说一下我国家喻户晓的明星，“赵忠祥在五十年的播音主持实践中形成了沉稳厚重而又亲切细腻、儒雅大气而又自然洒脱的风格。其中沉稳、厚重、大气，可以说是赵忠祥播音主持风格的‘内核’，是主旋律；而亲切细腻、儒雅、自然、洒脱则是主旋律上的丰富的变奏，这也充分体现了他播音主持风格的多样化特点”。姚喜双教授上述关于赵忠祥播音主持风格多样化特点的论述准确深刻，在25年的新闻播报中，赵忠祥形成了“沉稳厚重”的播音风格，这种风格是与《新闻联播》节目的定位和传播的内容及其承担的传播使命相吻合的；他在多年主持《动物世界》《人与自然》栏目的过程中，根据栏目定位与传播内容的特点需要形成了“以亲切细腻”为主的播音风格，以便让观众“达到一个最和谐的享受状态”，而他在播报《伟大的历程》时，则根据自己对稿件特点的独特感受，表现出“儒雅大气”的播音主持风格；在主持《中学生智力竞赛》《正大综艺》等节目时，又根据节目“控场”的需要，表现出既儒雅大气又自然洒脱的主持风格。赵忠祥身上不仅体现了主持风格的多样性，而且还很好地体现了一致性，体现了他所处时代的民族的特征与共性。正如赵淑萍教授所说：“主持人风格的多样变化，最终要受到他的创作个性的制约，受到他们所生活的时代需要、民族特征的制约，而不可能超越所处的时代、民族共性，这就决定了他们的风格不能不带有一致性的特点。”

赵忠祥在他的《岁月随想》中说道：“中国电视事业的发展提携了我，我随着中国电视事业的发展长大，我也是这个宏伟机体的一个零件。我有生之日总在思考如何施展才华，为我所从事的工作竭尽全力，报效生我养我的祖国。”

在 50 多年的播音主持生涯中，赵忠祥形成了“沉稳厚重又大气”的播音主持风格，正如杨澜所说：“他的声音在一个很长的历史时间当中，他代表着这个时代的声音。”印刻着改革开放、蓬勃向上的我国新时代的烙印，渗透着“一个主持人对于国家的、对于文化的认同，对于民族的一种情感”，“这样一种情怀，是在任何节目当中，都会在自然流露出来”。

主持风格的多样性与一致性是对立的统一，我们从赵忠祥身上看到了对此的很好的诠释。对节目主持人来说，最终的目标是要创造出无愧于我们这个伟大时代，无愧于中华民族特色的主持风格。播音主持风格要深深扎根在民族的土壤中，烙上我们中华民族的烙印，体现出中华民族的民族精神和民族性格；节目主持人则要为创建具有鲜明中国特色的主持风格而不懈努力。

第四节　明星主持人风格的启示

前文着重阐述了诸多明星主持人之所以形成这样那样的风格，其最终目的都是为了做好党的宣传员，做好文化传播者，更好地肩负起神圣的社会责任，完成人民的重托。

透视明星主持人风格，我们可以从中获得许多有益的启示和借鉴。

一、敬业与执着

节目主持人首先要爱岗敬业，视事业如生命。主持人岗位是一个肩负着时代重任和社会使命的特殊岗位，做一名节目主持人，贵在要有为事业奉献与献身的精神。

克朗凯特的成功取决于他的勤奋、坚韧和富有公信力，他一丝不苟，勤奋工作，追求尽善尽美，从而使他主持的《晚间新闻》节目形成了这样的特色：客观快速、紧凑而准确地综合一天的时事。克朗凯特是一个“稳健而有韧性工作精神”的人，是一个“踏踏实实工作的人”。他首先是一个普通的人，其次才是成功的明星。

其实我国许多播音员、主持人的成名又何尝不是这样的呢？

我国老一代播音艺术家、一代宗师齐越教授就是这样一位杰出的代表，他精湛的播音艺术鼓舞了几代人，他的敬业与执着同样影响了几代人。中国电视家协会常务副会长白谦诚在《离不开话筒的人》这篇专访中写道：“齐越热爱播音工作，他觉得播音室就是阵地，话筒就是刀枪，自己就是用声音进行战斗的战士。”

齐越的一生历经时代的风风雨雨和生活的磨炼，1975 年他到北京广播学院（现中国传媒大学）新闻系任教，经常带领学生到台里实习，亲自指导，言传身教，忘我工作。笔者有幸和他同系工作过，亲身感受过他一丝不苟的敬业精神，雷厉风行的工作作风和真诚热情、谦虚谨慎的人品。他还挤出时间坚持到一线播音，他从中国人民广播事业的第一个男播音员到中国播音教育的第一位教授，留给了后代诸多弥足珍贵的精神财富。

齐越教授逝世后，中国传媒大学在校园内专为他竖了一尊塑像，塑像底座正面镌刻着“在话筒前播音，我感到无比幸福和自豪”，左侧写着“人生最能焕发精神激励斗志的是从事对人民有益的事业”，右侧写着“我的播音三戒：一戒自我表现，二戒随心所欲，三戒千篇一律”。这就是对永远“离不开话筒”“决心在话筒前干一辈子”的齐越教授人生的最好写照，从中我们可以深刻感悟到他高度的敬业精神以及对播音事业的执着追求。

二、注重人格修养

白岩松说："马季曾经说过的一句话：艺术的竞争一定是人格的竞争。把这句话送给主持人朋友们似乎同样准确。"从受众接受心理角度来说，主持人一旦成名，成为受众最喜爱的、最尊重的主持人之后，人们接受的程度，不光是话筒外和荧屏前的形象，更注重其在话筒外和荧屏外的公众形象。主持人生活在群众之中，作为社会的一员，他们的谈吐、举止、言行和表现，常为人们包括同事所注目。他是否符合一个普通公民的行为规范，是一个众口称赞的好公民；他在日常生活交际中的言行是否与其在媒体中的形象相吻合，会时时处处受到人们的关注。实践证明：唯有话筒内外一致的主持人才会受到人们的尊重和欢迎。我们说"主持如其人"。如果主持人言行不一、人品不高，就无法主持好节目；即使主持，也很难被受众接受。

白岩松说得好："对于任何一个主持人来说，只有先拥有一个大而丰满的人，才能派生出一个被观众认可的主持人形象。如果不巧正好把这种关系搞反，也许会有一时之利，但路遥知马力，水无法最后被包装成酒。"他还说主持人这个位置最容易让从业者迷途，经常看到有人当了主持人之后，就慢慢地以一种主持人的形象自居，很把自己当回事了，很把自己放到了一个很高的位置上。要成为一个优秀的主持人最首要的条件，应当看他是不是一个独立而大写的人，是不是一个拥有内涵，并在主持人这个位置上释放自如的人。白岩松这段话说得很深刻，对怎样当好主持人尤其是当好明星主持人颇有启发意义和现实意义。名主持人一定要走出明星的光环，切勿以明星自居；更要走出别人把你当作明星的光环，始终保持清醒的头脑，把"主持"缩小，把"人"放大，谦虚谨慎，严于律己，这样做对自己和社会都会有益。

作为明星主持人，你的主持技巧和水平已经达到相当程度，并为同行和受众所认可，同样，在做人方面，即道德修养、人格魅力上也要高标准要求自己。这样才能是一个艺德双馨的明星主持人。

倪萍说得更为具体："主持人这个行当更需要良好的职业道德，因为你的一言一行都亮相给观众，不仅成为关注的焦点，而且具有一定的导向作用。

我们这个职业很容易让人膨胀，因为我们承受的太多、太多的夸奖，让你潜移默化地与人产生距离，使你下意识地感受与众不同。”她又说：“我想，我们的艺术家之间最后拼的是什么？拼的是道德，拼的是文化，而不是艺术。为什么有的人在艺术处于巅峰状态时倒下了？就是因为他的艺德大家不喜欢，人们不能接受台上台下两个人，观众喜欢某个人，是因为屏幕上的你而喜欢你，正所谓爱屋及乌，从这个意义上讲，我们是不是应该照着台下观众所希望的那样去做，达到台上台下的统一呢？”

透过以上这些充满人格魅力的语言，我们清楚地看到了主持人崇高的精神境界和高尚的职业道德，这是中国明星主持人走向成熟的标志，也是名主持人赢得受众喜爱和信任的深层缘由。

三、培养个性特质魅力

身处众多传播媒体激烈竞争的新时代，打造明星主持人已成为广播电视媒体进行品牌竞争、赢得优势的一个重要砝码；而明星主持人的重要标志及其构成要素之一，则是拥有个性特质，彰显个性魅力。

个性与魅力似乎难以分开，有个性才有魅力，没有个性就难形成魅力，实践证明，有个性、有魅力的节目主持人就具有吸引力。因此，个性魅力既是评价主持人的一个重要标志，也是主持人获得受众喜爱的一个重要因素。

不同的主持人个性不同，魅力也不一样。人们对魅力的认识见仁见智，似乎很难有一个统一的标准，但还是有客观衡量标准的，魅力就是吸引力。构成魅力的因素其实很复杂，它包括个性特点、人品修养、亲和力、情感等。

作为在大众传播媒介中进行人际传播的节目主持人，贵在有个性、有特点、有与众不同之处。当初中央电视台《东方时空》总制片人时间敢于排除众议，大胆启用相貌平平的崔永元担任《实话实说》的节目主持人，正是看中了他特有的风趣幽默、睿智平实、坦诚执着的个性风格，也正是这种平民化的主持和幽默的语言构成了《实话实说》的亮点。又如杨澜的文化气质和独特的视角，她的主持个性和魅力避免了主持风格的雷同，从而增强了受众对主持人及品牌栏（节）目的认可度和可信度。国外的明星节目主持人也不例外，如美国

CBS 新闻主持元老沃特·克朗凯特，美国三大电视网的丹·拉瑟、汤姆·考罗布、彼得·詹宁斯；美国“脱口秀皇后”奥普拉·温弗瑞以及日本 TBS 年逾花甲的筑紫哲也。后者不仅有朝日新闻社的经历，更有丰富的报纸、杂志、采访、编辑经历，筑紫哲也依靠他的内在智慧与学识，他的临危不惧的沉稳，他的大将风度赢得了电视观众的心。克朗凯特长期工作在美国商业电视明星机制下，形成了他个性中最富有传奇色彩的那种狂热的竞争性，他不允许自己落后，也不允许自己的报道班子落后。在强烈的求胜心驱使下，他有着惊人的耐心和长久的热情，久而久之就形成了他特有的强悍、顽强、专断、坚韧的个性。我们从荧屏上看到的是一位稳重、老练、沉着果敢且富有权威性的形象。在他 20 多年的主持生涯中，他始终精神抖擞、信心百倍地向观众报道新闻。“他带给观众的不仅仅是几条新闻，还有一种执着的信念。在美国观众眼中，他不仅仅是一名主持人，而已成为一种精神的象征。”也许正是这种个性魅力，最终使克朗凯特成了美国人民最信赖的主持人。

四、具有深厚的文化底蕴

具有深厚的文化底蕴、广博的文化知识和良好的文化素质是当好播音员、主持人不可缺少的基本条件。如今不少播音员、节目主持人由于平时忙于繁重的工作，无暇顾及读书，无法多方汲取知识营养，久而久之便显得力不从心、底气不足，必然影响到业务水平的提高。

我国杰出的播音艺术家夏青的播音“风格庄重，逻辑严谨，表达细腻。以播新闻、政论、文告而闻名于世”，他“语音纯正，吐字清晰，播音如行云流水，自然酣畅”。这得益于他刻苦钻研，虚心好学，他的知识既博又深，一专多能，尤其在语音学和古典文学研究方面颇有建树，从而构建了他独具风格的播音艺术。像夏青一样，赵忠祥既是著名的“播音主持人艺术家”，又是知识广博的“杂家”，他的朋友遍及电视界、新闻界、演艺界、书画界、环保界、教育界，等等。他一生酷爱读书，书籍伴随了其一生，他从小学开始就逐渐养成了读书的习惯，认字不多就看连环画，“坚持着‘手不离书，笔不离手’。做事稍稍停下来时总要拿着书看上几眼，随时加上自己的批注”。他在撰写《岁月情缘》一书时，就花了四个月的时间来充实有关知识，如写作《蓝色之旅——芬兰行》一文时，为了追忆中国的瓷、玉文化，就查阅了近150万字的资料。

所以说，对播音员、节目主持人来说，结合播音主持实践的需要，边工作边读书“充电”，不断提高文化素养非常重要！

第九章　节目主持人采访

采访是一门艺术。要想在短时间内从不熟悉的采访对象那里获得有价值的新闻素材，以期顺利完成报道任务，绝非轻而易举，也非一日之功。

采访是为了新闻报道需要所作的特殊的调查研究活动。采访是新闻工作者尤其是记者必须掌握的基本功，也是新闻节目主持人必备的基本功。采访对专题节目主持人、谈话节目主持人或综艺节目主持人来说也是不可缺少的。

第一节　主持人采访与记者采访的区别

节目主持人的采访与报刊记者的新闻采访，在采访的基本规律、原则、方式和技巧等方面有许多相同之处，可互相借鉴学习；但仔细分析，两者之间也有不少相异之处。综观现实，无论在理论上还是实践中，如对两者的相异之处认识不清，将直接影响到主持人采访的质量，因而在理论层面的研究显得尤为迫切，意义重要。主持人采访，究竟有哪些独特的要求和不同的特点呢？

一、采访的特点、角度和切入点不同

报刊记者的新闻采访注重“突发性”新闻事件，贵在凸显时效性，要求新闻短、平、快，体现“浓缩性”的特点。主持人采访讲究创意性和深刻性，贵在凸显新闻的亮点和思想内容的透彻性，体现新闻事实的完整性和节目的整体传播效果。

新闻是对刚刚发生或正在发生的新闻所作的报道，要求快速反应，现场感强，记者的采访必须遵循这一规律，争分夺秒，迅即报道，乃至进行现场同步直播，要尽快告诉人们那里正在发生什么事情，但不要求报道新闻事件的前因后果，其最大的优势在于以快、以新取胜，能及时满足受众求快、求新的心理

要求。由于受时间限制，这类新闻的特点是短而实、短而精，要求快些再快些，短些再短些，许多优秀的短新闻无不彰显这样的鲜明特点。

节目主持人采访也要求时效快，但较之记者采访则要“慢半拍”。正是这“慢半拍”的差距，可以使新闻报道不仅告诉受众那里刚刚发生或正在发生什么事，而且尽可能要告诉受众正在发生的新闻事实与他们有何关系，有何影响；还要尽可能地提供多种资料和情况，帮助受众准确、全面地了解新闻背景、来龙去脉。这类新闻贵在有创意、有深度和力度，篇幅一般也较长。如中央电视台王志主持的《和神话较量的人》节目，就颇具代表性，节目开始就扼要地介绍了新闻背景：

蓝田股份自1996年上市以来，在五年内股本扩张了60%的骄人业绩，创造了中国股市的神话。然而不久前，一位叫刘姝威的学者却以一篇600字短文对“蓝田”神话直接提出了质疑，使自己卷入了一场始料不及的风波。

节目在交代清楚刘姝威（中央财经大学研究所研究人员）与当今赫赫有名的股市神话公司——“蓝田”公司发生冲突的背景后，着重呈现她深入研究的冷静，面对压力的执着。通过主持人对她的采访，言来语去的直率对话，面对面的沟通交流，真实地表达了刘姝威的情感与智慧，让观众从中感受到了作为一名当代学者，刘姝威无私无畏的学术品格与高尚的公民意识，让观众从中获得了深刻的情感体验和思想启迪。

在蓝田公司起诉她的侵害名誉权和陆续收到一些来历不明的恐吓“邮件”面前，刘姝威决心“以死相拼”。她表示：“我不希望不了了之。”充分表现出一个学者的刚正不阿，义无反顾。

记者：“你是一个学者，而你所做的只是你的研究结论，在一个不公开的属于机密的内参上发表了你的研究成果。为什么会让你的生活陷入另外一个世界呢？”

刘姝威：“这是非常正常的。按我的一位律师的话说，你这个案子将成为中国法律史上的一个大笑话。用一个不好听的话，这是一个丑闻。”

记者：“你这样认为？”

刘姝威：“你不这样认为吗？”

记者：“为什么说它是一个丑闻，你的观点？”

刘姝威：“它玷污了法律。”

以上这段主持采访颇具特点，提问尖锐，对话直率、坦诚，凸显了新闻视界的亮点，深刻展示了当代学者的学术风范和人格魅力。

二、采访形式不同

一般来说，记者的采访都是采用“走出去”的形式，由记者亲自到现场完成的采访活动，这是普遍运用的采访形式。主持人的采访因节目类型而异，不仅可以“走出去”，而且还可以“请进来”或找“代理”、指派或调动他人的多种形式来完成。电视主持人可邀请当事人或嘉宾到演播室进行采访，还可通过某位记者前去采访。广播主持人既可在直播间采访，也可通过热线电话采访。

如黑龙江电台《交广说法》特别节目——主持人直播间布网《抓骗子》节目，在整个抓骗子的报道过程中，主持人亦未到现场采访，而是一直身处直播间，在此通过两种方式完成整个采访活动：一是直播间里请来了参与抓骗子的哈尔滨市南岗公安分局巡防大队政委李玉清和《交广说法》法律顾问、律师张志民，通过面对面的采访，让李政委详细地介绍他们如何抓到一个专门诱骗出租车司机骗子的经过情况，又让张律师从法律角度阐述骗子构成诈骗罪的依据以及应追求刑法处理的判决。二是通过直播间的热线电话和节目热线寻呼留言的方式与出租车司机、听众联系的方式进行采访，直接对话。本期节目充分显示了广播新闻的快捷、同步和互动性强的优势特点，同时对主持人的采访概念也作了最好的诠释。

在广播电视主持人节目中，主持人不必事事都“走出去”亲自采访，寻找“代理”作采访是常有的事，也可称为一项特有的专利。在现有的技术设备和技术手段下，指派本台在外记者了解某个新闻事件的最新发展动态，进行现场采访，通过镜头切换或电话传回播出，完成一次次间接采访。正如有学者指出的，“找‘代理’是主持人参与新闻采访活动的独家优势”。

“主持人的采访应当采用哪种形式，这还需灵活掌握，要因人、因时、因地而异。然而，不管怎样，作为新闻从业人员的一项基本功，节目主持人理应了解并熟悉各种不同的采访形式，以便在实践中摸索出自己的业务路子，积累起自己的工作经验。”①

在《杨澜工作室》节目中，我们看到主持人采访提问的方式很多，面对不同经历的人，不同性格、不同职位、不同地位、不同应变能力的人，提问的“切入点”和“落脚点”也不同，最终取得的效果颇好。

在采访著名画家陈逸飞，讲到事业、人生态度时，杨澜抓住采访对象的特点，独辟蹊径地提问：“很多画家特别是中国文人，都有一种传统的想法，就是认为应该只从事一个专业，他们可能会觉得陈逸飞这个人不务正业，还去拍电影。你怎样看待自己的工作？”这种独特的提问形式，引发了陈逸飞无穷智慧与个性的思考。他回答道：“我心里也想，每个人究竟应该怎么个活法？为能够多卖掉一些画，使自己的名气更大一些？还是做一些自己想要做的事情？说实在的，还是后面的问题想得多一些。”从中让我们真切感受到了陈逸飞的工作准则——做自己感兴趣的事情，以及他乐于尝试、乐于创造的心态，给人们一些启迪。

三、采访的方式、要求不同

一般记者的采访是提问式的线性化采访，往往是一个问题接着一个问题的问答式采访活动。记者的职责贵在提出众多最为人们关注的最有新闻价值的问题，通过不断提问展开话题，推进进程，深化思想。这种一厢情愿的为完成采访任务的自我活动，更多地强调记者要问什么得到什么，很少顾及采访对象在想什么，内心的思想活动及想要表达什么，缺乏彼此间的交流沟通。节目主持人的新闻采访是“交谈式”“人性化”的采访，注重平等交流沟通，互相讨论，理解对方，尊重对方，主客双方应交谈自然，互动性强，其特有的“亲和力”和“感染力”的内核就是“人性”的展现。人性化采访的主要特点是在采访中依靠主持人的理智展示情感，并以其来换取采访对象的真实情感，最终回归到挖掘其理性的主题上来。

---

① 金涛：《广播节目主持人新闻采访探略》，《主持人》系列丛书9，主持人节目研究会编，中国国际广播出版社，2001。

中央电视台主持人敬一丹在一个以扶贫为主题的采访活动中，就有力地说明了主持人“交谈式”“人性化”的采访在信息传播中的重要作用。在刚刚下过一场春雨的水坑旁，一位西北妇女在此洗衣服，只见主持人走上前，二话没说，先是挽起裤腿与村妇一起洗衣服，然后就很自然地交谈起来，十分亲切地问道：“用这样的水洗出来的衣服会干净吗?”一句不经意的问话却引发了村妇内心的无限感慨：“西部缺水呀，我们只有天天盼下雨，下雨了这些脏衣服才能洗。”敬一丹又问：“你们平时洗脸、洗衣服用什么水呀?”村妇随口答道：“平时俺们都不洗脸，不洗澡。”

敬一丹的问话并非惊人之语，但在她与村妇平等、亲和的交谈沟通中，传递出来的信息却是那么丰富，令人深思。

由此可见，如何作好“交谈式”“人性化”的采访，关键是不论面对何种采访对象，要处处以平视的眼光与之平等交流。主持人面对弱者要放下架子，尊重对方，赢得对方的信任，营造出良好的谈话氛围。面对强者，主持人切忌有自卑心理，要敢于提问。

在一次节目研讨会上，素以“质疑”提问著名的《面对面》主持人王志说得好：“采访之前的心理准备很重要，你要怎样做到平视采访对象？这么多年我都在想这个问题，平视不应该是记者的眼光，应该是观众的眼光。当你面对强者的时候，你要将他压下去，当你面对弱者的时候扶他一下。”

好一个“压”和“扶”，深刻地道出了主持人在采访过程中，对采访对象既不“仰视”，也不“俯视”的哲理，这是实现传者、采访对象和观众三者之间良性的心理互动，也是采访取得成功的关键因素。

另外，要真实。记者型主持人在采访中投入的情感一定是真情情感，切忌矫情或虚情假意，重要的是把握好自己的情感尺度，切忌滥用感情，要注意在不同场合、不同时间和地点的情感适度运用，注重适度性原则。

第二节　节目主持人采访特点与优势

节目主持人的采访与报刊记者的采访相比较，还有其自身的一些特点与优势。从理论上弄清这个问题，将有助于主持人采访活动的开展，有助于提高主持人的采访水平。

一、节目主持人的采访受节目方针的制约，带有鲜明的节目特点

主持人总是作为节目形象的代表进行采访，因此在选择采访对象、安排采访内容、确定采访时间与地点等方面均受节目宗旨的制约。电视主持人的采访，除了从新闻角度尽力摄取有关重大信息外，还要根据节目的特点、拍摄效果等进行采访。1986年美国《60分钟》节目主持人麦克·华莱士对邓小平的电视采访，选择的地点也是考虑到电视特点精心安排的。以往邓小平一般在人民大会堂会见外宾，华莱士觉得中南海的古建筑更能体现中国的特点，通过外景的渲染可让人们看到中国领导人日常办公所在地。在采访前，华莱士还很有礼貌地请求邓小平讲话时对着镜头，不要看翻译。采访结束，华莱士也是用心良苦，他请邓小平同他一起走出大门在紫光阁的雕梁画栋前聊几分钟。采访中涉及不少重大问题：如邓小平是否愿意同戈尔巴乔夫举行最高级会晤，是否愿意会见戈尔巴乔夫。邓小平回答，柬埔寨问题是中苏关系的热点，消除了这个障碍后，他将破例到任何地方同戈尔巴乔夫见面……后来许多国家的通讯社和报纸大都用这句话做新闻导语。华莱士得到了最有价值的新闻，为其节目增加了重要分量。

目前我国有不少专题性主持人节目，这类节目对象具体，方针明确。专题节目主持人是为制作本节目的需要来采访的，必然处处从本节目的角度和需要去选题选材，选择合适的采访对象，创造出一种需要的气氛以更好体现节目特点。中央电视台主持人赵忠祥有一次采访北京精神病医院，目的是向观众介绍精神病的一种疗法，即通过简单的劳动和娱乐手段来辅助治疗精神病。在了解情况后，确定了片子的指导思想，即在介绍科学知识的同时，体现我国社会主义制度下党和政府对这些精神病患者的关怀。在整个采访过程中，主持人极力通过问话传达这种温暖的情意，从语言、神态等方面处处尊重患者，体贴对方。例如他在采访一个女患者（小学教师）时，为了避免刺激她，将原来要问的“你什么时候得的精神病？”改为“您在医院住多久了？”“住院前觉得怎么

不好呢?”患者在回答主持人一系列提问后说:“最近,我快出院了,我非常想念我的学生们,我真想快一点治好病,能为教育孩子贡献我的一分力量。”主持人马上说:“您很快就要出院了,真为您高兴,以后遇到什么事想开一点,今天咱们这段谈话已经录了像,过几天去电视里一放,我想您的学生看到您身体恢复了健康也会很高兴的,相信您今后一定会为四化建设贡献更多的力量。”节目播出后,观众来信肯定了这次采访,认为这次节目主持得很成功,有特色和深度,节目不仅仅介绍了治疗精神病的知识,还体现了社会主义制度下人与人之间的温暖。

总之,主持人不能离开本节目方针的制约进行采访活动,不允许主持人毫无目的、漫无边际地采访。

二、主持人采访具有得天独厚的形象优势与明星效应,传播广,影响大

主持人的形象主要是通过他的气质、学识、修养、风度、仪表等因素来体现的。个性是形象的基础,鲜明的形象总是通过鲜明的个性反映出来的。车尔尼雪夫斯基说:“个性是美的最根本特征。”个体性是指事物可知的具体形象。主持人的个性形象与节目的个性形象是一致的,是和谐统一的。主持人的个性形象美是内心美和外表美的统一,重在内心美,这是最具有持久力的真正的美。仅仅相貌好看的“美男子”和“美女”是当不了优秀主持人的。主持人形象贵在有与众不同的特质。

无论是在屏幕上还是广播里,主持人总是以形象美的优势与个性魅力吸引着观众和听众。主持人的形象早为受众熟悉、喜爱,因此,当主持人去采访领导和群众时,大家往往乐于与其交谈、交朋友,也乐于接受主持人的观点,彼此易产生认同感。一般来说,主持人的个性形象越美,留在受众心目中的印象就越深,即形象优势越大,在采访中的优势就越大,成功的可能性当然也就越大。

主持人还是受众可以信赖的朋友,受众对他有一种信任感,因此愿意把心里话向他倾吐,主持人也就较易从中采撷到“珍珠”。

主持人所从事的工作本身,较之播音员、记者和编辑容易出名。原因很清

楚，主持人长期主持一个固定节目（栏目），每天在节目中不止一次地向听众播报自己的名字和所主持的节目；电视节目主持人则经常跟观众在固定时间和固定节目中见面，有的还在荧屏上打出名字，久而久之，自然容易出名。

在国外，节目主持人就是“明星”。我国虽尚未完全达到这样的程度，但一般在当地也都有一定知名度。“名人”“名节目”容易使人们产生一种向往和崇拜的心理。这种“明星优势”“名人效应”一方面为主持人的采访活动创造了条件，如不少明星主持人常能采访到国家元首、总统和社会名流，这不能说与其明星优势毫无关系；另一方面要求主持人保持谦虚谨慎的作风，切忌飘飘然。因为主持人的出名大都不是由于他对事业作出了特殊贡献，而是工作本身造成了他的出名，是借助于广播电视这一现代传播媒体的优势出了名。

2000 年国家主席江泽民接受美国收视率最高的《60 分钟》节目主持人麦克·华莱士采访。《他改变了中国——江泽民传》一书中写道：

“节目开始时，江首先用英语回忆了 1986 年第一次和华莱士见面时的情景，当时他还是上海市的市长。接着他用英语说道：‘我希望通过你的节目向美国人民转达我的美好祝愿。’”

“与麦克·华莱士一问一答是大胆而冒险的——对一个中国领导人来说绝对是惊人之举。……江的姿态恰到好处——务实、坦率、谦逊、引人入胜而且绝不回避任何一个问题。他让自己变得招人喜爱，结果是，美国人民喜欢上了他，这次节目中，江泽民直接面对数百万观众，这是其他中国领导人所没有尝试过的。”事后，美国前总统克林顿说，“我看了你简直风靡美国电视”，“我很羡慕”。①

三、主持人的采访应展示独特风格，显示个性魅力

马克思、恩格斯在谈到个性的含义时指出：“对于个人来说，出发点总是他们自己，当然，在一定历史条件和关系中的个人……是有个性的人。”② 在现实社会中，每个人都是“有个性的人”，即具有不同的气质、能力、情趣、性

---

① 劳伦斯·库恩：《他改变了中国——江泽民传》，世纪出版集团上海译文出版社，2005。

② 《马克思恩格斯选集》第一卷，人民出版社，1972，第 84 页。

格等心理和生理特征，世界上没有个性完全相同的两个人。

长期以来，播音员总是以转达者的身份和口吻播音，很难展现个性。节目主持人总是以个性面貌特征出现，所以很容易引起人们的关注，就连那些主持节目时间不长、具有个性魅力的主持人也会很快被人们认可和接受。大凡优秀的主持人，无一不是个性鲜明的主持人，他所主持的节目也自然很有个性。美国著名的杂志型新闻节目《60 分钟》，其中六位主持人都是各具个性的主持人。美联社认为“《60 分钟》成功的一个重要因素是节目允许主持人发挥个性；反过来，主持人把节目办得也很有个性”①。

主持人在现场采访中的自我意识鲜明，既注重真实的“我”感情的流露，又适时发表点评，陈述对新闻事件、新闻人物的感受与看法，表明个人的观点、态度。充分发挥个性优势，这将会对采访报道产生直接影响。个性必然直接影响到采访风格。西方国家的新闻主持人，一般都是记者出身，不少还是名记者。他们一旦成为主持人，采访风格就更为明显，并在一定程度上又影响到节目风格。著名节目主持人巴巴拉·沃尔特斯曾以高超的采访技巧而著称，有着采访名家、名人的本领，无论是轻松愉快的谈话，还是严肃的采访，她都能驾轻就熟。她采访时，提问大胆新奇，出人意料，吸引人，素以高贵典雅、老练沉着的报道与采访风格著称。ABC 广播公司《晚间新闻》节目主持人特德·科佩尔以其报道直言不讳、评论入木三分及不失时机地对时事风云人物的采访，赢得了范围广泛的忠实观众。他具有“打破砂锅问到底”的采访作风，他喜欢作一些无法预料的完全是本来面貌的实况采访……他那真实的采访艺术和风格，为外交界人士纷纷仿效。科佩尔认为，在外交场合，用权力驾驭语言是一种高超的艺术，要掌握那些不用吓唬就能戳穿装腔作势故意夸大的话语和本领。虽然科佩尔的个人观点倾向保守，但对任何采访内容他都谨慎地不作生硬的遮盖。②

进入 20 世纪 90 年代以后，我国也出现了一批崭露头角、颇有采访风格的主持人。以中央电视台《东方时空》栏目为例，有以独到见解和分析获得好评

---

① 《旧金山纪事报》1984 年 10 月 20 日。

② 上海广播电视研究所编《广播电视业务》1985 年第 8 期。

的敬一丹、水均益；以提问犀利、分析富有哲理而著称的白岩松。他们在镜头前用自己的口吻说自己的话，有各自的语言特色，甚至神态和形体动作也较能体现个性。

一些综艺节目主持人也掌握了娴熟的采访技巧，形成了独特的采访风格，由此带来了综艺节目深度上的突破，开创了我国综艺节目繁荣兴旺的新气象。如上海电视台《今夜星辰》节目主持人叶惠贤的采访特点是：选择采访对象典型，提问简洁明了，点评入木三分，且不失轻松幽默感。他善于将提问、交谈、评论、娱乐融为一体。倪萍的现场采访艺术也日显特色，现场采访充满亲切感、人情味。她经常在演出现场、在众目睽睽下进行采访，有些被采访对象会有不适的感觉，但她设法解除对方的紧张心理，想方设法鼓励对方大胆回答问题。她的提问大多浅显明白、简洁明了。先是闭合式提问，如：你怎么称呼？从哪里来？是否初次来综艺节目现场，等等；然后是开放式提问，请对方谈谈参加晚会的感受、体会和印象等。有时则将两种提问方式交叉进行，有机地结合起来。每当提问后，她总是用真诚的微笑和期待的目光等待对方作出回答，最后则是用简短的点评加以鼓励。这不失为一种风格独特的采访艺术。

四、主持人的采访特点是交谈方式，融提问、交谈、评论、抒情为一体，交流感强

主持人的采访不同于报刊记者“问答式”的采访，而是“交谈式”的采访，有明显的交流感。主持人不光要善于提问，还要注意和采访对象的交流、交谈，同时还要伺机发表评论，有时则是简短抒情，表明自己的观点，更好地表现“自我”。以电视现场采访为例：要有视点。一是看镜头，二是注视采访对象。与被采访人交谈就要面对采访人进行对话、交流。对观众讲话，就要看着镜头（观众的眼睛）讲话，和观众进行交流。

赵忠祥说得好：“在采访中如果是和采访对象问答，在正式开拍之前，要与采访对象亲切交谈一番，这番讲话可以是开个轻松的玩笑，也可以是拉拉家常，使对方心情放松，建立起信心。然后交代一下注意事项，你可以告诉对方：‘您不妨这样试试，假设这儿有两个人，一个是我，一个是观众，那个观

众就是镜头，您对我讲一会儿，对观众（镜头）讲一会儿，这样就全照顾到了。还可以告诉对方，您尽量别看稿子，因为讲的话都是您熟悉的，我们是外行，您只管放开讲，错了不要紧也甭停，接着讲，反正我们回去还要剪接。‘好！’‘快开始了，咱们正式来一遍，不行再重来，好吗？’”① 现场采访开始前，主持人与采访对象的这段交谈是绝对必要的，既可让对方松弛紧张的心情，又可让对方知道如何面对镜头说话，增加信心，为正式采访创造了良好条件。

著名的意大利女记者奥琳埃·法拉奇于1980年8月21日和23日两次访问邓小平同志。她的访问是从祝贺邓小平生日开始的。

“明天是您的生日！”

“我的生日？我的生日是明天吗？”

“不错，邓小平先生，我是从您的传记中知道的。”

“既然你这么说，那就算是罢！我从来不知道什么时候是我的生日。就算明天是我的生日，你也不应该祝贺我啊，我已经76岁了，76岁是衰退的年龄啦！”

“邓小平先生，我父亲也是76岁了。如果我对他说那是一个衰退的年龄，他会给我一巴掌呢！”

“他做得对。你不会这样对你的父亲说的，是吗？”

访问就是在这样的笑谈气氛中轻松地展开了。接下去便进入了一连串严肃的、以前没有任何新闻记者向邓小平问过的问题，而法拉奇十分幸运地碰到了这个机缘。事后，法拉奇说：“这些严肃而敏感的问题不是板起面孔谈的，而是像两个朋友无拘无束促膝谈心那样谈出来的。话题尽管天南海北，我都能掌握访问的脉搏，一张一弛，深入浅出，谈笑风生，运用自如。”②

法拉奇曾说过，她的访问记，不是通常的一问一答式的排列问题，而是由新闻记者主持的讨论和对话，然后由新闻记者以作家的手法写成的作品。法拉奇写的访问记一般都比较长，大约都在一万字以上。每篇访问记前面必有一篇背景介绍或前言，然后才是谈话录。

---

① 赵忠祥：《谈电视采访》，《北京广播学院学报》1983年第3期。

② 陈封雄：《法拉奇的独特风格》，《中国记者》1988年第11期。

广播电视节目主持人要掌握好谈话式的采访艺术。“首先和最重要的是他们对谈话者所涉及事件的知识，要作好准备。没有什么比谈话时不知道问什么更使人厌烦的了。由于新闻专业‘跳独脚’的自然属性，作为内行的多面手和广播新闻工作者仍然必须每次为谈话作好准备。根据日常的要求，这不仅仅意味着在打电话前阅读每一个可利用的电话范本的东西，而且你必须拥有为所提问题准备的许多严谨的思想。”①

法拉奇的成功也说明了案头工作的重要性。她每次进行访问前，都要经过充分准备，从来不匆忙上阵。这样容易找到谈话的契合点和共同语言。在取得某位重要政治人物同意接受采访之后，她要用一两个月的时间阅读大量有关采访对象的材料并作笔记，要设计访问的进程，策划应付意外情况的战略战术，确定预期达到的最高和最低目标……她为了使访问获得成功，“简直就像学生准备大考或像将军面临一次战役那样紧张工作。而每次在交谈式的采访进程中，她不是漫不经心地闲聊，而是全身心地投入。她说，为了进行访问，我是拼了命干的。又说，每一次长时间的访问，都是对我的智慧和政治敏感的挑战，是不可能重演的事件，是消耗我灵魂的一次人类实验”。②

第三节　节目主持人采访技巧

采访技巧是为采访对象和完成采访任务服务的，常因人因事而异。掌握采访技巧并非易事，除了靠采访经验的积累外，还受到两方面因素的影响。一方面，被采访对象的不同心态直接制约着主持人和记者的正常采访活动；另一方面，主持人、记者自身的心态也常常受到客观上诸多因素的左右。主持人、记者不但要随时调节采访对象的心态，还要正确把握控制自身的心理变化，使双方的不正常心态趋于正常化，这样才能保证采访活动的顺利进行，采访到事实准确的新闻。

一般来说，可把采访对象归纳成以下五种类型：

---

①② 《电话录音采访和编辑艺术》，王声骋译。

健谈型。也可以说是积极配合型。这种人的突出特点是打开话匣子，如同开了闸的水，无拘无束。

谦虚型。这种类型的采访对象，多是各行各业的先进人物和科研岗位上有贡献的工程技术人员，比较务实、谦虚、谨慎，即便作出了很大的成绩，也不愿意宣扬自己。

胆怯型。这类采访对象多为生产、经营一线的工人、农民、营业员和普通居民。这些人由于平时很少接触记者，没有接受采访的经验，眼界也比较狭窄。

抗采型。在这种类型的采访对象中，一般有两种情况：一种是记者调查的事与被采访者有牵连，或者是揭发和批评对方的，对方便采取“抗采”行动，避而不谈，或不唠“正题”；另一种对象对新闻报道持有某种偏见，或对记者采访的题目不感兴趣，甚至怀有“逆反”心理，从而消极应付，不去积极提供事实。

表达困难型。一般来说，这类人文化水平不高，或者是闷头搞技术、业务的。他们既不会自吹，又不是谦虚，也不是胆怯，只是说不好，表达不清楚。

事实上，主持人、记者在采访中遇到的采访对象不仅类型不同，而且职业特点、文化层次、年龄状况亦各异，因而要因人而异，采用不同的采访方式。其中包括询问式（提问式）、探讨式、交谈式等。方式不同，提问的表情、语气也都不同。

在现代电视专题片的采访中，更适宜用探讨式或交谈式。这是一种难度较大的采访。这种采访不局限于你问我答，而是边问边答边探讨，双方都可谈意见，在互相交流中向观众传递信息。这是一种平等采访。

如何进行高水平的充满魅力的采访，美国的节目主持人介绍了以下实践经验：

（1）对事物充满好奇。掌握事件的人物、内容、地点、时间和原因，虽然完全符合新闻五要素公式，但这只是原则和技巧，而好奇心的判断、好奇的角度则是难以传授的。正因如此，一个节目主持人要有出色的采访，首先必须对事物有充分挖掘的兴趣。

(2) 摒弃主观。在采访时，最少用的是“我”，没有任何“我想……”“我以为……”这些多余的字眼。应该全神贯注地聆听，同时思考怎样采访下去，切忌“主持人导向”。如果主持人以主观意图限制问题的答案，就会令采访毫无真实可言，也不会出现真正的采访高潮。

(3) 提问题简短切题。如果对一个问题需要用三个句子来发问，这就可能是一个坏题目；如果还需要主持人去进一步解释，那绝对是一个必须放弃的题目。有些适用于所有时间、空间的问题，如为什么我们必须执行这个政策？你为什么要这么做？这些都是很能开启话题、让受访者继续下去的。

(4) 不要让被采访者用“是”或“不是”来回答问题。采访时提出的问题必须留下思想的“空间”给受访者，主持人不是在“做”节目，他们应是一根导管，把听众、观众想知道的事通过采访，由被采访者的口作出答案。

(5) 永远不要假设受访者的答案。一个好的问题，主持人是永远不知道答案的。他（她）必须在被采访者的回答中去思索问题的核心，去思考一下问题。有些时候受访者需要采访者的引导，如果采访者事先将什么题目都拟好了，就可能不再全神贯注于受访者的回答，这样便会遗漏对一些有价值的东西进行追踪捕捉。

(6)“强迫”被采访者集中精神思考。不要轻易放过任何一句话，“强迫”他们仔细去思考问题的答案，以便给听众或观众一个满意甚至令人拍案叫绝的答案。

(7) 巧妙地控制时间。有些人说话如江河直泻，一发而不可收，这时可适当截断受访者的话，或以笑声（伴随语言）来打断他（她）的话，由主持人衔接下去。①

下面让我们从以下四个方面深入探讨节目主持人的采访技巧：

一、态度真诚，待人亲切，可亲可信

主持人不是演员，不是文艺工作者，而是党的新闻工作者。他是以个人身

---

① 《荧屏内外》1993年第4期。

份和鲜明的个性直接面对受众的，他的背后是强有力的传媒——广播电台、电视台。他是“台”的标志，节目的代表。他要吸引受众并取得受众的信任，必须以诚待人、态度真诚、谦虚诚恳、推心置腹、令人可亲可信，绝不可虚伪或夸张。这是应有的职业道德和修养。

1. 这是传媒的性质和受众心理决定的

广播电视是党的舆论工具，作为现代传播代表的节目主持人要说真话，传播的内容要客观、公正、翔实。传播者的真诚是赢得受众信赖的先决条件。受传者因为信任而相信传播的内容。

主持人的真诚和待人亲切还表现在主持节目过程中，要有理解受众、对受众高度负责的精神，能全身心地投入到节目中去。倪萍的成功就是得力于她的真诚和亲切热情，她将一片真诚奉献给观众，观众则以深深的挚爱回报。她的主持不矫揉造作，不媚不俗，笑得真诚，侃得自然，举止得体。倪萍说得好：“做一个电视文艺节目主持人，首先我注意理解观众的心理要求，带领观众加入节目，使他们边欣赏节目，边参与节目。我不能停留在自然、朴实、大方上。只有不重复自己，观众才会一如既往地喜欢你。第二，要有丰富的知识。演员靠创造角色，靠台词、剧本，进入角色的内心境界即可，但主持人不同。面对观众，不知临场出现哪些意料不到的情况；一举手，一投足，一个眼神，一个字，甚至你的内心世界，都毫无遮拦地袒露给电视观众。观众需要的不仅是一个真诚微笑的倪萍，更需要一个知识面广、头脑灵活、素质好、修养高的倪萍。第三，各地电视节目主持人纷纷脱颖而出，竞争激烈。要立于不败之地，必须寻找一条具有自己独特风格的主持人之路。”① 为了节目，为了观众，倪萍付出了一片真诚和爱心，自然得到了广大观众的信任和喜爱。尽管现在她已离开主持人岗位多年，但观众仍然想念她。

2. 这是被采访者的心理决定的

中国有一句哲言：“人贵直，言贵曲。”在现实生活中，人们喜欢真诚，愿意和真诚打交道。在传播和采访中也是如此。在报道中，主持人、记者要调整

---

① 王德艳：《倪萍的台前幕后》，《主持人》第4辑，中国广播电视出版社，第227—228页。

自己的心态。要把自己看成是受众中的一员，首先要从受众的接受心理考虑他们最想知道什么，选择哪些对象，寻找什么角度才能帮助受众更容易了解情况，营造什么氛围才能找到与受众和谐的心理契合点。其次，要随时注意采访现场出现的种种情况和被采访对象的状况，分析被采访对象的心理，调整相互关系，互相发生影响，寻找感情的桥梁。总之，这时的主持人代表着受众的心态去参与事件，并以自己的所作所为激发被采访对象的内在精神。

二、平等交流，双向互动，融采访与主持于一体

节目主持人要事事处处平等待人，日常生活中是这样，主持节目与受众交谈沟通时是这样，采访时对待采访对象也是这样。

平等交流决定了主持人采访时的角色定位。只有摆正了与采访对象的位置，方能面对平民百姓不俯而视之，面对领导、名人、专家又不仰而望之。这是采访能否取得成功的前提。

平等交流是主持人与采访对象心灵沟通的桥梁。双方有了平等感，心理上得到平衡，彼此自然会有交谈的欲望；有了平等感，彼此才能敞开心扉，交流情感，交换意见，探讨问题。

平等交流是形成双向传播和迅即得到信息反馈的必要条件。因为当主持人在双向传播和交谈式采访的过程中，传播者和受传者总是处于互动之中的。

平等交流、平等待人也是主持人应有的艺德（即职业道德、修养），是主持人人品和做人准则的反映。主持人在采访中要做到平等交流，就必须树立起尊重被采访对象的意识。具体地说，要注意这样两点：“第一，要切忌居高临下。有些节目主持人摆不正和采访对象的位置，缺乏对采访对象的尊重，往往以一种居高临下的俯视角度和采访对象谈话，对待一些普通的‘小人物’尤其是如此。这就使采访对象产生一种压抑感，造成‘交流’的心理障碍。与此相对应的是对一些领导干部，一些名流、名家的采访则表现出一种卑躬的态度，采取一种‘仰视的角度’。”

“第二，切忌‘好为人师’。有些节目主持人在镜头前采访时常常有一种无所不能、好为人师的表现。他们不是‘对别人传递一种诚恳温暖的关系’；对

别人的意见并没有‘表现出倾听的热望和度量’（［美］塔布斯语），而总以为高人一等，什么都明白。口吻常常是命令式的、教育式的，而不是商量式的，让采访对象产生一种逆反心理，削弱了交流的欲望。”①

如果说平等交流是主持人采访的基本准则，那么融采访与主持于一体则是主持人采访的主要特点。前文说过，主持人采访有别于报刊记者的采访，后者采访重点在提问，贵在向采访对象提出各种有新闻价值的问题，通过提问从多种角度寻找有价值的信息，去挖掘其中所蕴含着的更深的内涵。主持人的现场采访或出镜采访，除了上述要求外，还要始终注意驾驭节目、控制节目流程等工作，充分发挥主导性作用。

主持人采访要始终把握节目的宗旨，成为节目的主宰者。要围绕节目的主题进行提问，采访中始终掌握主动权，不要被采访对象牵着走；要善于控制好现场气氛；调整好自我心态，不要受采访对象过于激动或过于消沉情绪的影响；还要把握交谈节奏，做到张弛相间。

主持人采访要始终充满自信，发挥积极性和主观能动性，善于克服现场采访中难以预料的种种障碍，包括自身的和对方的、主观的和客观的，如急于求成，双方配合不好，等等。要以自己的智慧和锲而不舍的精神去战胜困难，以期达到预定的目标。

主持人采访要有很强的节目流程意识和时间意识。主持人每次采访都应有明确的目的和规定的时间，采访的过程就是节目完成的过程。如何开头、入题、转折、结尾；如何提问、交谈、议论；如何掌握节奏、调节气氛，以期在节目规定时间内达到预期的采访目标……主动权都由主持人掌握着。采访既不能前紧后松，也不能前松后紧。

主持人究竟应该怎样进行采访，且看如下例子：

1979 年赵忠祥随以邓小平副总理为首的中国政府代表团访问美国，其中有一项任务是要采访美国前总统卡特。关于这次采访，赵忠祥在一篇文章中这样写道：

---

① 刘振勋：《改进主持人的出镜采访，发挥人际交流的优势》，《电视研究》1994 年第 10 期。

当时，我是第一个新中国的记者进入白宫采访美国总统的。我应该采取什么基调呢？我想起了周总理生前的教导：不卑不亢。当我进入白宫走进椭圆形办公室外面的大厅时，一些记者蜂拥而上，一个美国记者问我："你紧张吗？争取成功！"我笑了，我是中华人民共和国的电视记者，我很自豪，因为我今天能，到这里来，是我们祖国强大的结果。我回答他说："谢谢你，我想我没有理由紧张，在采访你们总统之前，我已经采访过很多位国家元首了。"

当灯光亮了以后，卡特笑容可掬地走了出来，我迎上去，他说："见到您很高兴。"我说："见到您，我也很高兴。"在正式提问之前，我们坐下来交谈起来，他问了我不少问题。当我们正式开始采访时，我在开场白中说了如下的话："总统先生，这是中华人民共和国中央电视台记者第一次有机会采访一位美国总统。……"说这句话时，我用的是庄重而平稳的语调，我真难以抑制内心感情的激荡。我觉得我不是个人坐在这里，我觉得我的一投足一注目，都绝不仅仅是我个人的问题。怀着喜悦的自豪感，我提起极大的精神完成了这次采访，我看卡特在回答问题时额角上沁出细密的汗珠。采访结束后，白宫的工作人员对我说："你的采访很成功。"①

赵忠祥采访美国前总统卡特的经验，对如何正确对待采访对象，如何进行现场提问，无疑对主持人采访是颇有帮助和启发的。

三、营造良好的现场采访氛围，形成正常的采访“规定情景”，沟通双方心理

无论是广播还是电视的现场采访，营造良好的现场氛围，是奠定整个采访的基础，也是采访能否顺利进行并决定采访成功的关键。

首先，消除被采访者面对镜头和话筒的紧张心理，是主持人现场采访的首要任务。被采访者面对镜头和话筒采访，一般都会有不同程度的紧张、拘谨、忧虑、怯场。广播电视节目主持人在采访正式开始前的首要任务就是要设法营造一个轻松的采访氛围，还被采访者以常态，这是主持人采访的技巧。

---

① 赵忠祥：《谈谈电视采访》，《北京广播学院学报》1983年第3期。

一般来说在正式开拍和录音之前，主持人首先要自己放松，可与采访对象随意地亲切交谈一番，选择一些轻松的话题，彼此可以拉拉家常，也可以互相开个玩笑，当然也可以谈些与采访主题有直接或间接关系的话题。有时一个很严肃的采访主题，往往可以从最轻松的话题入手，旨在使采访对象心情放松，建立起信心。

美国著名的节目主持人、美籍华裔宗毓华在一次题为《中国青年眼中的美中政治情况比较和两国关系前景》的采访中，面对十几名男女高中生，采用了高中生最易接受和交流的“音乐”来营造现场氛围。她首先以聊天、开玩笑来松弛他们的紧张情绪。同他们一一握手，问姓名、问年龄、开玩笑，一下子在采访者和被采访者之间建立了一种亲切感，消除了镜头前的紧张感。然后请他们欣赏几段美国音乐，从音乐介入美国这个话题，从美国延伸到最后的采访主题：让中国人自己来谈对中国政治问题的看法，这是不少美国人最感兴趣的题目。这时摄影师已悄然开机拍摄，使一场严肃的政治性采访变得轻松、顺达又真实可信。这次现场采访的成功，充分说明主持人“营造现场氛围的独具匠心和独特的采访技巧”。

事后宗毓华谈起她的采访经历时说，每参加一项采访活动，她都要认真仔细地研究大量有关材料，然后根据自己的采访风格和特点，确定与众不同的报道形式、顺序和重点，即使是独家采访，也要力求有独特之处。

其次，寻找谈话的契合点，即共同语言，以增加双方（包括被采访者和受众间的）的亲切感、认同感。

采访者与被采访者都是初次见面，彼此不免有种陌生感，造成了沟通交流的心理障碍。为此，主持人要善于寻找交流的共同点，比如同乡、同学、同事、熟人、兴趣爱好、家庭子女、相近的阅历等，使双方很快产生亲切感、认同感，使采访能在自然轻松的气氛中进行。

1980 年 9 月，美国哥伦比亚广播公司节目主持人麦克·华莱士采访邓小平，正式提问前，他们之间有这样一段精彩对话：

华莱士：“我希望我们在一起的一个小时对话是有趣的。”

邓小平：“我这个人讲话比较随便。因为我讲的都是我愿意说的，也都是真实的。我在国内提倡不讲空话……”

华莱士：“你有没有接受过一对一的电视采访？”

邓小平：“电视记者还没有。与外国记者谈得比较长的是意大利的法拉奇。”

华莱士：“我读了那篇谈话，感到非常有趣，法拉奇问了不少很难答的问题。”

邓小平：“她考了我。我不知道她给我打了多少分。她是一个很不容易对付的人。基辛格告诉我，他被她剋了一顿。”

华莱士：“是的，我采访过法拉奇。我也问了一些她很难回答的问题。”说完，华莱士的眼中闪过一丝狡黠和自负的神色。①

这段充满情趣略带幽默感的有关法拉奇的话题，既激发了共同兴趣，又彼此交流了情感，可谓意味深长，又为即将开始的正式提问营造了良好的氛围。幽默感是智慧的闪光，能创造和谐、轻松的现场氛围。

主持人寻找与被采访对象谈话的契合点，要因人而异，灵活掌握；要把握不同类型的采访对象的心理需要，确定不同的谈话契合点。如对方是名人时要以他的成就事迹作为谈话的契合点；对与主持人同龄的采访对象，可以通过自己与采访对象相似的经历，让对方把你引为知音，做到无话不谈；对不同年龄、性别的采访对象，要注意抓住他们的心理特点和特殊爱好，并以此为谈话的契合点。运用不同的采访技巧为了一个目的，像一把万能钥匙打开采访对象的心扉，让他向你敞开心灵的大门，使采访获得圆满成功。

四、重视采访中语言传播符号，形成全方位信息场结构优势

节目主持人的现场采访总是通过两种符号——语言的和非语言的符号，向受众传递信息。尤其是电视节目主持人的眼神表情、举止言谈、穿着打扮、空间位置全都传递一种信息，形成一个全方位的信息场。荧屏内外的观众在接受这个信息场的全方位辐射。主持人在采访中正是通过全方位信息场的优势，树

---

① 虞家复：《记邓小平接受华莱士电视采访》，《新闻业务》1986年第10期。

立起自身的形象。

1. 眼神表情

主持人采访时切忌眼神东张西望、心不在焉，或虽看对方但毫无表情，没有交流。这是对采访对象的不尊重。

主持人采访，应注视对方，用眼神和对方交流，仔细倾听对方的说话，并随时用观察的目光、思考的情绪作出反应，让对方感到采访的诚意，以调动对方谈话的热情。同时，自己也进入交谈状态，能及时发现新的采访线索或闪光点，紧紧把握采访的主动权。另外，采访时直视对方，如是批评性报道，可以让被访问者无法逃避你的问题，使采访达到“此时无声胜有声”的效果。所以主持人采访应忌戴墨镜，以避免造成与采访对象之间的陌生感。

2. 举止风度

主持人落落大方、文明礼貌、谦虚谨慎、朴实无华的举止风度，可以给采访对象一种信任感，而且受人尊重，也是获得和采访对象交谈机会的重要手段。

美国三大电视网受众调查表明，人们更偏重喜欢主持人的风度，而不是外形容貌。良好的风度、高雅的气质是主持人思想修养和文化素质的外化表现，反映了一个人的品位。

3. 衣着打扮

主持人现场采访时的衣着打扮，要随采访场景的不同而定。到农村田头采访和在城市办公楼内采访，衣着打扮自然会有很大的不同。庄重的场合穿着不宜太随便，朴素的场合不宜太花哨。总之，采访中要做到衣着得体，这样会增强采访效果；反之，会给采访和节目带来负效应。对于出镜采访的主持人来说，“没有什么事情比电视台的男广播员把领带打歪或女记者炫耀自己的首饰，把它弄得叮当响更令观众讨厌。记者的仪容关系重大，尽管他并不是新闻事件本身而是信息的传播者”（［美］特德·怀特）。所以主持人采访时切忌刻意修饰、浓妆艳抹、追求时髦，这样会给采访对象造成心理上的反感。

4. 采访场所

主持人采访场所的选择，要考虑到被采访对象的心理和采访效果。一般来说，要选择被采访对象经常活动和熟悉的场所，这样不但容易消除对方的紧张心理，而且易于促使对方在平和的气氛中和主持人进行交谈。从心理学角度讲，这是一种认同心理。所以主持人现场采访，一般选择在被采访者的工作、办公场所或家中。①

第四节　节目主持人提问艺术

美国密苏里新闻学院的《新闻写作教程》中谈到采访与提问的关系时说，“采访的成败在很大程度上取决于正确的提问”，“提问的方式不但影响记者对情况的调查，也影响采访对象作出什么反应”。此话阐述了提问与采访的关系及提问在采访中举足轻重的地位。节目主持人的提问是现场采访报道中的灵魂。

一、主持人提问的作用

提问一般可分两类：开放式和闭合式。所谓开放式提问，即问题提得比较概括、抽象，范围限制不严格，给对方以充分的自由发挥时间，常用于访谈开头，适用于搜索情况、调节气氛、缓冲压力。

所谓闭合式提问则问题提得比较具体、单纯，范围限制得很严格，给对方的自由发挥空间很小，要求对方直接地回答。它适合层层追问，深入突破，证实事实。

两种提问方式各有优势，主持人在采访的过程中两种提问方式可以结合运用。

1. 主持人提问是与采访对象沟通交流的桥梁，提问的“切入点”“落脚点”，能触动对方心灵

主持人与采访对象大都是初次见面，提问是短时间内改变陌生感、彼此进行沟通交流的重要手段。主持人通过提问可以了解对方的观点、态度、人品修

① 刘振勋：《改进主持人的出镜采访》，《电视研究》1994 年第 10 期。

养、兴趣爱好、个性特长等。主持人提问要亲切、自然、现场感强。

在《杨澜工作室》中，我们看到的不是大段人物业绩的介绍，而更多的是嘉宾心路历程的展现和个性的张扬。他们也经历过人生的辛酸与挫折，所不同的是他们抱的态度和作出的选择不一样。以人物的特殊经历，折射出人物的独特思想和个性，并让观众能走近他们、了解他们、读懂他们是整个人物访谈的核心。因此，深入挖掘反映人物特质的以及有价值的独特面，让观众认识到是“这一个”，主持人需要利用好提问，在提问的“切入点”和“落脚点”上下功夫，不拘一格。问题的切入点要具体贴切，有针对性，能触动对方的心灵。落点限定方向，抓住关键，能引发采访对象的深入思索和肺腑之言。

在采访著名画家陈逸飞，谈到事业、人生态度时，杨澜就问：“很多画家，特别是中国文人，都有一种传统的想法，就是认为应该只从事一个专业。他们可能会觉得陈逸飞这个人不务正业，还去拍电影。你怎样看待自己的工作?”可以看出，杨澜没有直接泛泛而问，而是另辟蹊径，从拍电影、做服装、办自己的模特公司等这些商业方面的经营，超出了中国文人的范围，进而会影响事业这一传统观点切入，来谈对事业的看法，由此引发了陈逸飞充满智慧与个性的思考。

2. 主持人提问是控制、调节采访对象情感变化和现场气氛的重要手段

在现场报道、现场采访中，被采访者常表现出过于激动或过于悲伤的情绪、情感，或出现与采访主题、节目风格不够和谐、协调的现场气氛，这就需要主持人通过适时提问加以调控。主持人要通过提问这一重要手段始终掌握现场采访的主动权，不要被采访对象牵着鼻子走，而要使采访活动得以顺利进行，以达到预期目的。

3. 主持人提问是现场采访报道中贯通血脉和深化报道的主要渠道

主持人提问的过程是采访循序渐进、层层深入的过程。这种“层层剥笋式”的提问，在结构逻辑关系上是层层递进的。它犹如一位导游带领受众由表及里，进入问题的深层次，从而起到揭示节目内涵、深化主题的作用。

4. 主持人提问的独特风格是节目（栏目）风格的具体体现

主持风格要与节目（栏目）风格相吻合、相一致。主持人提问也不例外，受节目（栏目）风格所制约。个性化的、独具魅力的提问要体现出节目（栏目）的方针、特点和风格。

以中央电视台《东方时空》为例，《东方之子》和《生活空间》栏目中的主持人由于各自的经历、性格、爱好、文化修养、审美情趣的不同，其主持风格也各有个性特点。正是这种独特的采访提问风格，展现了主持人的独特魅力。

5. 主持人提问是主持人智慧和水平的结晶，成为采访报道成功的关键

主持人提问是一门很深的学问，涉及政治、社会各个方面，与心理学、美学紧密联系，提问包含着丰富的知识含量。

提问是对主持人智慧和水平的集中检验，高质量的提问来自高水平、高素质的修养。

且看水均益访原联合国秘书长加利的提问：联合国有多大？你的官有多大？你对台湾问题是怎么看的？你刚才说幸而没有孩子，那么你是不是更喜欢没有孩子的小家庭，而不是像中国人那样喜欢多子多孙的大家庭？你准备继续连任吗？怎么才能得到世界和平？这些问题提得既准又活，使一个本来非常严肃的主题充满情趣。这些问题的提出，对观众等于注入了兴奋剂，使他们怀着好奇的心情，急切地想领略这位名人如何回答这些既实际、尖锐而又新鲜的问题。

透过这次政治访谈中的提问，观众不难发现主持人的独到出色之处，不难发现主持人的个性魅力所在。

二、主持人提问的要求

随着主持人大量参与采访活动，现场提问也越来越显得重要。实践证明，只有善于提问，提出高水平的问题，方能获取有价值的新闻。从这个意义上讲，优秀的主持人同时又是一个高明的提问者。

主持人提问的具体要求是：

1. 问得亲切、自然，切忌唐突、生硬

这是指提问的态度和气氛。主持人开始提问前，要表现得亲切、自然、朴实大方，设法消除对方的紧张感。

一开始提问，可以先提些简单的能引起对方兴趣的问题。“如果我一开始就提棘手的问题，对方的回答又不好——他犹豫，言语不连贯，汗水从他前额上流下来。反过来，如果他一开始就能很好地回答一个简单的回答，他会立即放松下来，心想‘还不错——我可以回答这个问题！’”① 主持人向面对话筒和摄像机的采访对象提问，尤其要注意这一点。这样可以使谈话双方始终处于一种轻松自然的气氛中，有利于进一步提问，深入交谈。

主持人提问应该在交谈中自然而然地进行，要尽量避免僵直、生硬的类似“审问式”的提问。如《重访大寨录》专题片中，主持人带着众所关心的问题（在党的十一届三中全会后，这个曾闻名全国的大寨发生了哪些变化），先后采访了梁便良、宋立英、郭凤莲等一些当时的新闻人物，边谈边问，问得非常自然。在采访当时闻名全国的“铁肩膀”、大寨大队党支部副书记梁便良时，主持人提问：

“老梁，您是什么时候到煤矿的？”

“在煤矿担任什么职务？”

“这几年身体怎么样？”

“您在土地上闹了大半辈子革命，现在又转到煤矿搞煤炭生产经营。一下子离开了土地，不知您当时的心情怎样？”

提问循序渐进，逐步深入，问得亲切自然，在轻松的气氛中。这个当时把副业生产当作资本主义尾巴大砍大割的大队干部，谈出了自己的真实想法和思想观念的变化。

2. 问得合适得体，切忌无的放矢

这是指提问的针对性。主持人提问是否恰当，是否合适，直接影响到采访对象的情绪和采访效果。

主持人向采访对象提出的问题，必须是采访对象最熟悉和最感兴趣的问题，只有他来回答才最合适，最有说服力，最有权威性。为此，要作好提问准备，尽

① 茨梅勒：《电视人物采访点滴》，《山西广播电视业务》1988 年 1 期。

可能多了解采访对象的背景材料，提问方能有的放矢，针对性强。1989 年 2 月 26 日，中央电视台首次采访外国元首——美国前总统乔治·布什。提问如下：

“总统阁下，您和您夫人都在中国工作过，中国人民对你们也很熟悉，请您先对中国人民说几句话。”

“总统先生，您为什么上任才一个月就决定来中国访问？”

“这是您来中国访问的第二天，您对这两天访问作何评价？取得了什么具体成果？”

提问由浅入深，针对性强，问题提得巧妙自然，恰到好处；第一个问题，刚开始就给布什总统创造一种重叙旧情的气氛，也为使整个采访创造一种平和、自然、友好的氛围。第二个问题用比较委婉轻松的提法请布什总统回答出访中国的意义。第三个问题是要总统对这次出访作一个评价，带有结论性。问得巧妙，不是直接提出，否则就会给对方造成一种严肃紧张的感觉，容易破坏现场轻松自然的气氛。事后，布什总统在信中说：“我和我的夫人非常高兴在二月份重返中国。我在接受向全国播出的中央电视台采访时，你给予了我热情的帮助，在此我愿向你表示感谢。我将永远感激能有机会与中国人民谈谈自己的想法。你和你的业务水平很高的工作人员使得这次采访令人感到非常愉快，并取得了很大的成功。”①

又如：1992 年 12 月 13 日晚，《美国之音》记者采访中国赴美考察团顾问柴泽民（中国前驻美大使），共提出了以下五个问题：

“柴大使，能在美国再次见到你很高兴，这次你到美国来主要做些什么事？”

“股票是资本主义的，中国想发行股票，是否意味着中国要向资本主义演变？”

“目前美国总统大选刚结束，你对美国的两党是怎么看的？克林顿上台后对未来中美关系有影响？”

“这次你来美国是旧地重游，是否想见些老朋友？你见到了哪些老朋友？”

“你真的认为目前是外国到中国去投资的最好黄金时期吗？”

柴泽民曾是中国驻美大使，这次又是赴美考察团的顾问，记者提问主要涉

---

① 王连生：《关于布什接受本台记者采访的随想》，《电视研究》1994 年第 3 期。

及股票、政治以及重叙旧情的话题，可谓问得合适，针对性强。这些敏感问题也是当时中美两国人民最关心的，自然现实意义也大。

3. 问得尽量具体，忌抽象笼统

2003年10月16日6时23分，我国首位探索太空的勇士杨利伟乘坐“神舟”五号飞船返回地球，从杨利伟走出太空舱到他乘专机返回北京的短短几小时里，采访他的众多记者都提到了同一个问题：身体感觉怎么样？杨利伟的回答：感觉很好！问得合理，答得正确，但却总让人感觉有那么点意犹未尽。问题出在哪儿？晚21点左右，在中央电视台《中国首次载人航天飞行现场直播》节目中，主持人白岩松连线专访了中国首次遨游太空的航天员杨利伟。在简短的问候后，白岩松直切主题。

白：杨利伟，在整个飞行的20多个小时过程中，哪一段是你感觉最难受的，最具有挑战性的？

杨利伟：应该是刚入轨这个阶段。刚入轨的时候人在失重情况下，怎样去克服失重对身体的影响，应该是这一段。

白：当时的难受程度是什么样的？

杨利伟：当时我有一点儿错觉，自己感觉是头朝下的位置。是经过自己一段时间的调整和平时训练的方法来进行克服的，大概经过一个小时多一点，就恢复正常了。

白：有一点可能也是大家非常关心的，就是你现在的身体状况怎么样？

杨利伟：我现在的身体状况恢复得很好。

白：今天下午睡觉的时候睡着了吗？

杨利伟：睡着了。

…………

听完白岩松的访问，让人顿觉：哦，对！我想知道的就是这个。杨利伟回答“感觉很好”不假，刚入轨时感觉失重最难受更不假。为什么看似同一个问题，却得到了两个不一样的答案呢？关键在于提问的技巧。[①]

问题提得具体，说明情况熟悉，材料掌握得好。如有位记者在和骑手谈话

① 陈雯：《开放闭合总有度——兼议“央视”对杨利伟的两次采访》，《中国广播》2003年第12期。

时一开始就提这样的问题：你把左蹬变得比右蹬多几个孔？这样，骑手马上就会明白与他谈话的人不是一个略知门径者，回答问题时得认真对待。

要问得具体，提问宜小不宜大，最好能小中见大，能打开被访者的话匣子。中央人民广播电台有则关于评酒活动的报道《评酒记》——介绍全国第一次品尝优质酒的评比活动，其中谈到一位名叫金凤蓝的姑娘第一次参加评酒活动。记者是这样提问的："评酒全靠闻、看、尝，你是怎么掌握这一手技术的？"简短的问话，独具匠心，不仅抓住了品酒的要领——闻、看、尝，也抓住了听众的心理——一个姑娘怎么也参加评酒活动？怎么也会品酒？而问的又是金凤蓝亲自实践的，非常具体，使她一下子就把话匣子打开了。

又如中央电视台曾报道检查某违章建筑的新闻，抓住了受众心理，提了三个具体问题：第一，"这个建筑被用来做什么？"第二，"它在哪些方面违章？"第三，"怎么处理这一违章建筑？"提问简洁明快。

4. 提问的用语和表达简洁明了，忌拖泥带水

主持人面对的是年龄、经历、职业、文化程度各异的采访对象，提出的问题必须通俗易懂、简洁明了，方能取得良好的效果。正如苏联一位作者在《电视记者"四训"》一书中所说的："如果被采访者没听懂对他提出的问题，那么错在进行采访的电视记者，而不是被采访者。因为记者提问题时没有考虑到对方的文化水平，没有考虑到由于专业或年龄的差异而形成的不同的习惯语汇。一个好的问题的提出要尽可能考虑到被采访者的习惯语汇。"①

如何做到提问简洁明了呢？一是要熟悉被采访的有关情况，善于从大量材料中提炼出最有新闻价值的问题。二是使用简洁的语言提尽量具体的问题，既不要拖泥带水，又不宜提得太笼统。比如1980年8月，意大利著名女记者奥埃琳·法拉奇访问邓小平的时候，提的第一个问题是："天安门上保留下来的毛主席像，是否要永远保留下去？"这个问题既具体又高度凝练，蕴藏着深刻的思想内涵。在当时的历史背景下，要回答这个问题有相当的难度。

提问简洁明了来自主持人、记者采访前大量的案头准备工作。美国哥伦比

① G. 穆拉托夫：《生动交谈的"秘诀"——电视记者"四训"》，《新闻业务》1986年第11期。

亚广播公司《60分钟》节目主持人麦克·华莱士素以“硬性采访”“提问题专家”闻名。他采访前首先要作大量的调查研究，事先写出100个问题，然后浓缩到50个，到正式采访可能只用其中十一二个。

1986年9月，华莱士在中南海采访过邓小平。在谈到这次采访的感受时，他说：“我读了许许多多有关邓小平的书籍和剪报。此外，我还同一些见过邓小平的人交谈，了解邓的性格和特点。然后坐下来，冥思苦想，准备50个问题，由于我们只有一个多小时采访时间，翻译就用去一半，许多问题我还来不及问。”①

尤其是在抢险救灾、扑灭大火、地震现场等灾难性事件，以及追捕人犯、重大车祸等突发性事件的报道中，由于情况紧急，现场气氛紧张，人员忙乱，更需要以最精练的对话，让对方不假思索，一听就能随口答出来，以最大限度地挖掘出有价值的新闻素材。如解放军某部奋力扑灭原始森林大火，记者采访参加灭火的一位干部时提问：

“你们是哪个单位的？”

“这个大火是从哪儿引起的？”

“你们有多少人？”

“现在大火扑灭了吗？”

这样的提问很好地适应了当时当地的环境，为迅速准确地获取重要信息提供了保证。

总之，提问是一门很深的学问，是一门精深的艺术。主持人在采访中要学会问，要问得巧妙，问得艺术；要寓问于谈，将提问与交谈有机结合起来，以达到相得益彰的效果；要讲究策略，对一些敏感问题、棘手问题，提问时要掌握原则，注意分寸。

---

① 虞家复：《我想再次采访邓小平——记美国著名记者华莱士》，《中国记者》1987年第1期。

第十章　主持人点评

主持人点评（也称议论），不同于主持人评论，它既不是独立成篇的评论，也不是多篇短评的集合体，它是主持人节目结构中的一个不可或缺的组成部分。

主持人点评，是主持人在主持节目中的简短评论，长则数句，短则一句话、几个字乃至一个字。或列于开始语、结束语，或列于两者之间的串联语，或在主持进程中（主要是现场直播）对新闻事实或现象所作的简短评论，如《新闻调查》主持人在评论前加的导语和评论当中的串联词，《东方时空》总主持人的现场评点等，还有诸如文娱晚会上的即兴点评等。点评语言短小精悍，形式自由，不拘一格。

主持人点评是任何一个主持人节目结构中必不可少的重要组成部分，它起着支撑节目结构的组织功能。事实与说理是构成主持人节目的两个基本要素，缺一不可。如果说新闻事实是基础、是依托，那么点评议论则是对新闻事实的理性升华。两者相辅相成，互为因果。

如何提高节目主持人的点评说理水平，既是个实践问题，又是个理论问题。无论是对提高主持人节目质量，还是提高主持艺术，这都是至关重要的，具有重要的现实意义和指导意义。

第一节　主持人点评作用与意义

我国的主持人节目诞生伊始就十分重视点评议论的作用。如今，评论说理又成为节目的主心骨和闪光点，成为主持人水平的重要标志。

一、深化主题，开掘意义，更好地发挥舆论导向功能

有些主持人节目，就事论事，平淡无奇，究其原因就是缺乏理性深度。精

彩的点评议论可以增强节目的理论色彩、思想深度和说服力，可以起到启迪和引导的作用。

徐曼主持的《空中之友——香蕉与彩电》中就有三处精彩的议论。从孩子要吃香蕉讲到北京的香蕉少而贵，由此想到台湾的香蕉多得卖不出去烂在那里，因而引起主持人的第一次议论："听众朋友们，我不明白，台湾当局为什么不听听台湾蕉农的诉苦呢？为什么不让台湾的香蕉运到大陆来卖呢？如果海峡两岸实现了通商，不但台湾的香蕉在大陆能够卖出去，而且还能卖个好价钱；不但台湾的蕉农可以发财，而且大陆的同胞还可以吃上又便宜又好的香蕉。这是造福于民众的大好事。台湾当局的亲民爱民之心能不能有所动呢？"

当讲到近几年来，大陆由于实行新的经济政策，人民生活水平普遍提高，人们争相购买彩电，大陆市场彩电供不应求的现象时，主持人再次发出议论：

"我就想啊，台湾生产了那么多彩色电视机，向美国和日本出口；美国和日本又都不欢迎，为什么不可以运到大陆来卖呢？我想，如果台湾当局能够为台湾民众的衣食着想，允许台湾的彩色电视机直接运到大陆来卖，该有多好！一方面，台湾的彩电找到了巨大的市场；另一方面又补充了大陆彩电供应的不足。这不是两全其美的事吗？"

当节目结束时，主持人又第三次发出议论：

"听众朋友们，我认为，要使台湾货占领大陆市场，必须直接向大陆出口，而不再经过第三口岸转销。""我在想，台湾当局能不能再开明一点，让海峡两岸直接通商呢？这对台湾民众将是一项无量的德政，何乐而不为呢？"

主持人这三段点评议论，表面看是独立的，实际上存在着内在的必然联系，彼此起着相辅相成、互为效果的作用。点到即止，恰到好处，其含义深刻，耐人寻味，把党性、人性、人情味有机地融为一体，升华了主题，增强了节目的感染力和思想深度。议论由浅入深，层层深入，从对日常生活问题的议论很自然地引申到政策问题上，从而巧妙地宣传了"三通"（通商、通航、通邮）政策，更好地体现了我国政府对台政策和精神。反之，如果没有这些精辟的点评、议论，只是就事论事，罗列一大堆事例，局限于谈香蕉与彩电的事，那么这个节目的主题就将大大逊色，意义就会小得多。

北京电台孔剑清主持的《与李素丽共话人生》节目（1997年第三届“金话筒奖”得奖节目），同样具有代表性、典型性。这是个直播访谈节目，主要包括三部分内容：李素丽谈分析乘客心理，讲究语言与服务艺术；听众与李素丽交谈，侧重从服务和社会的角度对李素丽进行评价；李素丽的人生轨迹与人生感受。主持人的点评紧紧围绕李素丽的“人生精华”展开思考，散发着浓郁的时代气息。

主持人对一位乘客故意在车厢内吐痰劝阻无效一事议论道：“如果你再说他一句，也许他会再吐一口痰，而你没有这样做，只是默默地把它擦了，用行动去触及他的灵魂。……如果每个人都像你这样，给别人一个台阶下，自己又上了一个台阶，我们的环境就会很和谐，自己也会很舒服。所以你总是说你工作起来很开心。我想你有你的原则在里边。”

节目结束时，主持人一段带有哲理性的点评把节目推向高潮，升华了主题，意蕴深刻。且看这段精彩点评：“应该说使李素丽成长的土壤是公交这片土地，是公共汽车上这个小小的车厢，还有来自四面八方的乘客；也可以说是乘客培养了她、塑造了她。所以她一心为乘客，她回报给社会和大家的是一片绿荫，一缕和煦的春风。听众朋友，我这么想，我们每个人脚下都是一片土地，我们大多数人也都是工作在平凡的岗位上；但是平凡不等于平庸，朴实也不是无华的代名词。李素丽不就是用自己生命的那份真诚谱写出人生的华彩乐章吗？”

二、承上启下、串联衔接，具有支撑节目的结构功能

节目主持人的点评议论在节目的结构形态中犹如构成全篇的重要骨架，支撑起整个节目。它犹如一根红线串联着颗颗珍珠，使其成为一条流光溢彩的项链，并起着穿针引线的作用；它发挥衔接过渡的功能，赋予段与段、节与节之间内在的有机联系。通过有机组合叠加，起到整体大于部分之和的效果。

还以上面所举的《香蕉与彩电》为例，整档节目分为三个层次。主持人的三次议论将三个层次的内容有机地连成一体，将三个层次所要表达的内涵逐一提示出来，意思环环相扣，使整档节目浑然一体。

从第一次的议论："为什么不让台湾的香蕉运到大陆来卖呢?"到第二次议论："允许台湾的彩色电视机直接运到大陆来卖该多好啊!"进而到第三次画龙点睛的议论："台湾当局能不能再开明一点，让海峡两岸直接通商呢?"使主题思想层层深入，不断升华，达到高潮。主持人的三次议论，不仅仅是层次结构的衔接，更主要的是思想内涵的衔接、延伸和发展，从而赋予了互不相干的两件事、两部分内容——香蕉与彩电之间以新的内在联系，使整体节目听起来浑然一体，传播效果好。

主持人的点评在电视节目中，同样具有不可忽视的支撑节目的结构功能。白岩松主持的《焦点访谈——精神圣火》，首尾呼应，中间巧妙过渡，可谓匠心独运。

开篇提出发人深省的问题："当我们采访奥运选手时，发现他们在赛场上带回来的不仅仅是奖牌的数字，而且是一种属于中国人的精神，它可以帮助我们了解体育究竟是什么。"

结尾与之呼应，正确地回答了上述问题。"前不久的一项调查显示，中国有近四分之一的观众在收看奥运比赛的时候，掉过眼泪。体育能够牵动人们的情感，一个重要的原因，体育本来就是人与命运、人与本身挑战的一个战场，赛场上或悲或喜的故事，总会让我们感到生命的意义和超越的可能，这一点正是我们与体育难分难舍的一个重要原因。"通过前后呼应，主题升华，给人启迪，令人回味。

《精神圣火》全片共采访报道了八位运动员和教练员，中间的编串、结构艺术也值得称道。主持人避开了一个个依次孤立介绍的刻板模式，而是通过富有特点的极为简洁的语言，巧妙地加以编串过渡，手法新颖。用一句话引出射击运动员王义夫："在上届奥运会上，他因最后一枪留下辉煌，而在这一届奥运会上，他因最后一枪留下悲壮。"主持人抓住两个"最后一枪"的不同结果，从对比、反衬中显示出力度和深度。"王义夫在最后一枪之后倒下了。但26岁的熊倪却因最后一跳的出色成绩走上了领奖台。"又一次通过同一个"最后一枪（跳）"巧妙地引出下一位运动员——熊倪。这种匠心独运的编串随处可见。又如巧用"泪水"从女垒过渡到女足。介绍女垒的最后一句话是："这一次与金牌擦肩而过的泪水，也许正预示着明天的希望。”接着引出了女足：“女足的姑娘们笑了！虽然最后的笑容依然有泪水，但对十几年的发展并不一帆风顺的女足来说，银牌足以安慰父老乡亲了。”前者是痛苦的泪水，后者是欢笑的泪水。两者对照过渡，发人深省。

《精神圣火》一片正是借助主持人巧妙而精彩的点评，形成了层层递进、有条不紊、结构严谨的鲜明特点。

三、独到的见地、精辟的观点，是主持人树立个性形象的重要手段

节目主持人在传递信息、播报新闻、介绍知识的同时，常常通过点评议论抒情，表达观点见解，表明对人生、交友、事业和爱情乃至对某件事、某个人、某个问题的认识和思考，从而更好地表现“我”的个性。因而，写好“我”的议论，是写出、写好有个性的“我”的不可缺少的因素。

四川金堂县广播电台《凤凰为什么折断了翅膀》的节目主持人，正是通过生动形象、含义深刻的点评议论，揭示了由农民企业家创办的凤凰罐头食品厂兴衰的根源，成功地刻画了“我”这个形象。节目结束时，主持人有一段耐人寻味的点评：

听众朋友，……不改变小生产思想观念，我们的改革怎么可能深入下去呢？四化建设需要更多的金凤凰。如果我们的凤凰们忍痛让人拔毛，如果我们看见凤凰折断了翅膀也无动于衷，甚至幸灾乐祸，又怎么可能会有更多的金凤凰出现，又怎么能谈得上四个现代化呢？所以我觉得应该再加上一个现代化，就是思想现代化。听众朋友，让我们都来保护飞在我们前面的金凤凰，使它们的羽毛更加丰满。同时，希望我们周围能有更多的凤凰竞相腾飞。

透过这段精辟的点评，主持人“我”的个性形象跃然纸上。一个关心改革、关心四个现代化、勇于开拓、富有高度时代责任感的主持人形象出现在我们面前。

山西台与河北台联合主持的《晋冀两省横向经济联合》节目，主持人深刻的见地，独特的思考，给人启迪：“我觉得发展经济联合，将使人们在一些观念上发生很大变化。你想想看，横向经济越发展，那城门就得敞开，寨门也得

打开，各种经济界限很快就冲破了。从前那种闭关自守、大而全、小而全的观点不是会受到很大的冲击吗？这个冲击波到底有多大呢？”这段点评议论不仅语言通俗、形象、朴实，而且立意新、内涵深，令人想得很多、很远。透过这段点评，一个关心经济改革、关心时代命运、富有社会责任感的主持人站在我们面前。我们为他深邃的思想、独特的思考而钦佩不已。

总之，大凡优秀的节目主持人总是善于通过独特的思考方式、独到的见地及其个性化语言的点评议论，在受众面前树立起鲜明的“我”的形象。

第二节　主持人点评要求与问题

节目主持人的点评不同于广播电视乃至报刊评论，它是由主持人以第一人称的口吻直接说出来的，是主持人根据内容、情节的需要安排的。当前主持人的点评议论存在着长而空洞、肤浅生硬等弊病。

节目主持人的点评有哪些基本要求，应该注意哪些问题，这正是本节要着重探讨的。

一、要有感而发，切忌无病呻吟

评论是什么？评论是抓矛盾、摆事实、讲道理的艺术。评论写作的目的，无一不是为了解决一个问题，阐述一个观点，提倡一种精神。无病呻吟，空泛议论是不受欢迎的。

节目主持人的点评与写评论的道理一样，总是结合某事某问题有感而发，生发开来，以便引起人们的重视和注意。它要求寓理于事、事理结合，谈我的感受、思考，情感真挚，切中时弊，符合身份，恰到好处。

中央人民广播电台《午间半小时》节目从1987年元旦开播以来，主持人有感而发、情真意切的点评常常赢得听众的称赞。有一次节目，主持人在谈到目前我国中学生的思想现状时，结合现实直抒胸臆，发出了这样的看法：

“这一代中学生有自己的理想，有抱负，勤于探索。从他们身上，我看到了一种强烈的主人翁的责任感，看到了我们国家的希望。”

“从他们的言谈里，我理解他们那种想急切地参与社会现实的愿望，也理解了他们因为焦急而产生的某些偏激的想法。”

主持人在这里紧紧联系中学生的思想实际有感而发，作了中肯的、实事求是的点评，既充分肯定了他们身上的闪光点，也真诚坦率地指出了存在的某些不足。点评是客观的、公正的，又是非常及时的，很有现实指导意义。

主持人因对社会上出现的某些事而愤愤不平，常常通过质疑或反思有感而发，直抒胸臆。有一次节目在谈到有些地方的一些人，遇到落水者见死不救的事例时，主持人甚为气愤，发出了这样的评论：“像这样见死不救，救人还要讲价钱的事情，过去还真听得不多。我百思不得其解，现在有些人，怎么变得这样自私、这样麻木、这样冷酷呢？人的良心、人的道德不知跑到哪里去了！人活在世上，谁都不敢说自己一生不需要别人的帮助。既然大家都需要帮助，那我想，别人有困难时你应该帮人一把；你有困难时，别人也会帮你一把。大家互相帮忙，那我们的社会、我们的生活就会多一分温暖、少一分痛苦。如果人人都只扫自家门前雪，不管他人瓦上霜，那我们的社会不是要退化了吗？”

主持人原是针对遇见落水者不相救的事件发出的议论，其内涵和外延已远远超出了这一范围。它针对当前社会上一些人“金钱至上”“一切以我为中心”的不良现象，以及人际关系中出现的一些问题，据事说理，有的放矢，针砭时弊，具有较大的针对性。

节目主持人常常通过对社会上的歪风邪气以及种种丑恶现象的评述，伸张正义，鞭挞丑陋，提倡真善美，从而树立起崇尚真理、爱憎分明的优秀品质和高尚的精神境界。

黑龙江电台《农村教育专题》节目，有一次报道了“村干部心不正，孩子们吃苦头”的事例。主持人通过牡丹江市新丰村某些干部心术不正，利用修建乡小学校舍以权谋私的事实，进而提出：“这些干部为什么能熊瞎子打立正——一手遮天呢？”

“有些想法不说出来总觉得心里头闷得慌。你看给孩子建校舍本来是一件积德行善的事，为什么没办好呢？村里当家人心没放正嘛！心眼不正，啥事也得办砸！”

“这手中的权力一大，再遇上黑心肠，老百姓讲话，‘瞎马打里儿——不乱套那才怪呢!’”主持人再次发出感叹：“必须把班子建设好，选好干部，各抱一角，互相监督，勤勤恳恳为老百姓办事。不然的话，不出这事儿，也得出那事儿。”

二、要有独到见解，切忌人云亦云

国内外大量的事实说明，独到的见解，精辟的点评，富有新观点、新思想，最能显示节目主持人的思想理论水平和形象之美。大凡这样的主持人也最具有魅力。美国著名主持人沃尔特·克朗凯特就曾在总统选举、越南战争等几十次专题报道中发表过不少独到见解和精辟论点。1968 年，克朗凯特奔赴越南战场进行采访。回来后，他在电视台发表了与当时约翰逊政府不同的看法。他说：“原来唯一切合实际的然而又令人不快的结论是：我们已陷入僵局……唯一合理的出路……在于前去谈判而不以胜利者自居……”历史已作出回答，克朗凯特的这一观点是富有远见卓识的。为此，他名声大振，在美国公众心目中的威望不断提高。

近几年来，我国也涌现出了一批颇有见地和影响的新闻主持人，水均益就是其中之一。他在采访美国前国务卿基辛格、前联合国秘书长加利和安南时都有上乘表现，提问点评到位，视角独特。在《和平使沙漠变绿洲》一片中，他的评说给人留下深刻印象。1994 年 10 月，约旦、以色列两国签署有史以来第一个和平协议。水均益在开场白中指出：“约、以两国半个世纪以来冲突不断，一公里长的约旦河到处流着血和泪的痕迹。在昔日硝烟弥漫、如今仍布满地雷的河谷地带，今天再一次响起了隆隆的炮声。”接着，画面上出现了礼炮轰鸣的和平庆祝仪式。主持人请来了两国驻华大使，在演播室中谈各自的看法。主持人特意点明两位大使都跟战争有关。一位曾是战地记者；一位曾是士兵，又分别询问两国大使，在阿拉伯语和希伯来语中，“和平”一词该如何发音。之后，主持人对着镜头评说：在两个民族的语言中，“和平”一词的发音极为相似，这表明他们对待和平事业的一致追求。沙漠民族的祖先都曾经留下这样的格言：战争使绿洲变沙漠，和平使沙漠变绿洲。这段令人振聋发聩的点评，不仅大大深化了节目的主题，而且充分展示了“人人心中之所有，人人口中之所无”的富有新意的点评艺术。主持人的点评议论，如果只是就事论事，人云亦云，势必平淡无奇，也就很难吸引人。

三、要抒发真情实感，切忌空洞说教

当我们听广播、看电视时，对有些主持人生硬的说教深感别扭，听着硬挤出来的干巴巴的语言总感到不舒服，究其原因就是缺乏真情实感。主持人应是真实的有感情的人，应把自己对生活的切身感受，对人生的看法、对事物的感悟，真实地告诉受众；要抒真情，说实话，靠真心实意去吸引和感染受众。

《午间半小时》节目吸引人的一个重要因素就是常常直抒胸臆，倾吐肺腑之言，感情真挚动人。在谈“新观念”的一次节目中，主持人对浙江麻山乡农民封闭的小农观念、轻视商品的陈旧观念、穷不思变的落后观念，发出了如下感叹：

女：麻山乡的人们在这种低水平的温饱中得到了满足，但是，他们没有意识到，这种满足不是在向富裕挑战。听众朋友，你听了麻山乡人的生活方式和麻山乡人的这种生活观念，心头是不是也增添了几丝忧虑呢？

男：我的祖籍是浙江，我对浙江是有特殊感情的。听了麻山乡亲们的这种生活观念，我心里确实感到忧虑，感到沉痛……我多么希望看到麻山乡也能从那陈旧的观念中走出来啊！

言谈话语间既没有枯燥的说教味，也没有充满火药味的批评指责，而是巧妙地利用乡情、亲情给以满腔的关怀之情，在忧虑中充满着殷切的期望，在沉痛中感到深深的不安，大有催人奋进之感。这是真情实感的具体化和深入化，所以格外感人。

节目主持人的真情实感，来源于对生活实际的切身感受与思考。主持人只有深入生活、深入采访、深入思考，才能获得真正的感悟和真知灼见的理性思维。戏称有“贫困情结”的中央电视台主持人肖晓琳，为了报道好“希望工程”，分别在两年的秋季里到我国西南、西北贫困地区采访。用她的话说，“那里吃住条件极差，常常是一天只能吃上一顿热饭，而最让人难受的是，在所谓金秋收获的季节里，并没有等待收获的庄稼，也没有那种成熟的芳香，更没有人们收获时的喜悦，到处干瘪枯黄，一片荒凉。”① 就是在这样的贫困地区，她采访了一些贫困失学的孩子家长，完成了《让我们伸出双手》的片子。她在片中的议论真实感人：“那些孩子，那些让我们感到揪心般疼痛的孩子呀，……当城市里的孩子们熟练地玩着电子游戏机和因为营养过剩而去参加减肥夏令营的时候，这里的孩子却因为父辈们无力负担一年几十元的学杂费而不得不辍学！面对那些纯洁天真的目光，我问自己：我们这些生活在大都市里的记者，对我国国情、对那些普通老百姓的生活和心态，究竟看真切了多少？”②正是这种来之不易的真情，“既能拨动人们心中最温情的心弦，又能激荡起大家的民族责任感。”③

四、宜求精求实，切忌隔靴搔痒

求精求实，要求主持人说出“人人心中之所有，人人口中之所无”的话语。这妙语连珠贵在准确、精当、简洁，要说到点上，说到关键要害处，能起到拨云见日、点石成金的效果，不要老在那里兜圈子，云山雾罩，绕来绕去，总触及不到问题的实质，让人干着急或听了不过瘾。语言要言简意赅，点到为止；不要口若悬河，言不及义。如果啰里啰唆，调侃过多，泛泛而谈，最终只能破坏主持人在受众心目中的形象。

中央电视台《东方时空》中曾播出《胡富国——山西省委书记》一片，其切入点是采访我国第一部廉政建设大辞典的主编胡富国。片中列举了大量生动典型的事实与细节，突出了一个廉洁自律、廉政奉公的共产党员高级干部的形象。在片中结尾，主持人点评精当：“‘当官避事平生耻’，挂在胡富国办公室的这幅由他自己书写的条幅给我们留下很深的印象，和胡富国一样，我们认为要做一个优秀的、合格的干部，除了努力勤政之外，恐怕首先要做到的还是廉洁奉公。”寥寥数言，既精练，又实在。“当官避事平生耻”，抓住这幅由胡富国亲自书写的条幅这一具体的细节展开点评议论，既有电视画面的特点，具

①②③ 肖晓琳：《我与“观察与思考”》，《中国记者》1992 年第 6 期。

体形象，又含义深刻，耐人寻味。

求精求实，既要言简意赅，又要朴实无华，越是朴素实在的东西，越能打动人，也最具说服力。让我们再来看看北京电台《名人访谈——访张家声》节目。主持人在与我国优秀演播艺术家张家声的交谈中，不少点评议论朴实无华，含义深刻。

当节目结束时，主持人有这样一段评论："人的生命是短暂的，每个人都想在有限的人生道路上走出一条成功的路。那么今天你听了我们的节目作何感想呢？我想，要做一个成功者，首先应该是一个用功的人，一个有心的人，一个认真的人，一个勤奋的人。"这段评论，实在具体，虽无华丽的辞藻，却大大拓宽了其内涵和外延，升华了主题。

在实际工作中，主持人点评常犯的一个毛病是华而不实，夸夸其谈，不着边际。人们在收听收看节目时，常常被主持人搞得莫名其妙，不知所云。之所以会出现此类情况，除了主持人自我表现欲过强之外，可能连他自己对所讲的内容和问题也没有能真正弄清楚，以致只能说一些云山雾罩、不着边际、苍白无力的话。

此外，节目主持人的点评，还要把握时机、掌握分寸、控制感情，切忌失度失态，就是我们常说的要做到适时点评，点到为止，处理好评说与事实的关系。

五、要有鲜明的语言特色，切忌口号式的套话语言

常见一些主持人在新闻报道中的点评，不动脑筋，动辄就是大段背诵报刊上众所周知的政治口号，没有一点思考性的语言；还有些主持人则很"善于"借用别人的语言为自己的评论"增色"，而且反复使用，"乐此不疲"。凡此种种，实属不可取。

主持人的点评语言既要符合广播电视传媒的特点，做到通俗口语，便于收听收看，传播效果好，又要具有个性化语言，独特视角，独立的思考，评说到位，充分展示个人特色和个人魅力，方能给受众留下深刻印象。

白岩松主持 2000 年奥运会报道节目，在中国队第一天未能获得金牌时，

他这样点评道："今天中国的奖牌在前进，拿了铜牌、银牌，我看离金牌已经不远了。"轻松、诙趣的话语中充满了对中国运动健儿的信任与期待。在被外国媒体称为"中国日"的那一天，他高兴得忘情地说："很好地盘点今天，6 枚金牌已经不再像电视画面的叠加，一块一块地到来，而是一会儿一块，过一会儿就是好几块。这不得不使我的心变成一个筐，来装下这足够的金牌。"对那些已稳获金牌的项目，他幽默地说："我们只是把这些金牌存在银行里，等明天开门了，把它取出来就是了。"白岩松在这里的幽默是他内心深处喜悦的一种宣泄；是他溢于言表的激动心情的自然释放，这就是被人们认为"冷漠"的白岩松的幽默。

第三节　主持人点评的基本特点

节目主持人的点评与广播电视评论乃至报刊评论相比，有许多不同点，它具有自身独有的一些鲜明特点。

一、结构章法

它不能独立成章，常与上下文融为一体，是自然过渡，没有固定的位置和格式，带有很大的借题发挥的灵活性，打破了传统评论自成一体、独立成章的结构章法。

主持人的点评议论不搞集中的长篇大论，自然也没有起承转合，而是零星的、分散的、片段式的。一次节目中的点评少则有几处，多则几十处，通常是依附事实并根据事实的需要，有感而发，适时点评。主持人这种犹如"天女散花式"的点评议论，形散神聚，既符合生活逻辑的真实，又适合谈话的需要和收视特点的需要。人们在不知不觉中收听（看）节目，也易于接受短小灵活分散的说理。这种松散灵活的结构，正体现了主持人说理的鲜明特色。

例如浙江电台海娟主持的《为张来春父母安排的特别节目》中，当放完张来春烈士生前唱的《龙的传人》歌曲后，主持人说："来春是我的朋友，可是我只是现在才听到他的声音。他的声音原来那么深沉、有力、充满生气。"在主持人访问张来春生前部队后返回的路上，主持人情不自禁地发出感想：“营房在我身后消失了，来春的形象却在我眼前清晰起来：他文质彬彬，貌不出众，可是听了来春在战场上所做的一切，又有谁能把他的名字和英雄这两个字分开呢？我想在老山前线，一定有许多这样的战士，他们的名字除了几位战友和亲友，是不为众人所知的，就是这千百个像来春一样的普通战士，用自己的鲜血和生命谱写了一曲新的正气歌。”

当播完张来春参战前写的诗歌后，主持人再次点评：“我读过了不少诗，而这首诗我听了一遍又一遍。我知道所有诗集和报刊都没有登过它，所有的广播电台也没有播过它；但它是我读过的最好的一首诗。”这种片段式的点评，字里行间充满着浓浓的个人情感，正是这种发自肺腑的个人感情，深深地打动了听众。主持人巧妙地把个人之情和朋友之情、同志之情融为一体，从而引起共鸣，增强了节目的感染力。

主持人的点评说理是就实务虚，一般是务实在前，说理在后。主持人评说的生命力依附于事实逻辑的基础。事实胜于雄辩，优秀的主持人善于让事实说话，善于借他人之口来言我之心声；而且自己则在事和理积累到一定程度之后，再来个顺水推舟，点到即止。

辽宁电台《含泪笑唱“鲁冰花”》节目，报道的是一个从小被父母遗弃的名叫雪楠的孩子，患了一种罕见的出血性疾病，主持人含泪主持节目，听众也是流着泪在收听。当一位听众打来电话说：“应该通过你们呼吁一下，对这样的父母应该追究他们的刑事责任。”主持人借他人之口随即点评：“这位朋友反映的问题就是说，应该通过好心人一些善良的举动来鞭挞他父母不负责任的这种行为。实际上，我们国家在这方面也有相应的立法，保护妇女儿童的合法权益，在这方面我们也在不断完善。”点评适可而止，点到即可。当一位学医的听众打来电话时，主持人自然地借题发挥：“祝你不断地学习进步，攻克更多的医学难关，帮助许许多多像雪楠一样需要帮助的孩子们和病友们。”听众：“好，我会努力争取，希望小雪楠早点把病治好。如果需要时，最好能到我学成的那一天。”

二、表现手法

不拘一格，灵活多样，充分发挥广播电视媒体的传播优势，使主持人点评议论呈现多样化、多姿多彩的特点；变化多端，因人、因事而异，多方位展现主持人的点评议论。

《含泪笑唱“鲁冰花”》节目的点评议论，既有大量的来自主持人自身的感受，也有来自不少听众“含着泪听完这个报道”后的感受、评说，还有小雪楠本人边哭泣边诉说的话语以及从病房传出来的雪楠“含泪笑唱鲁冰花”的歌声。节目结尾则是主持人的点评与歌声《爱的奉献》交相辉映。我们坚信这种无私的爱一定会化作一种强大的力量，让人们在生活中彼此去关心、去互助，也正是应了那句话：“只要人人都献出一点爱，世界将变成美好的人间。”

电视节目主持人可借助画面图像可视性的优势，充分展示点评议论的特色。中央电视台《焦点访谈》栏目的《对洋名泛滥的反思》一片中，主持人出场就拿着一块糖对观众说：“糖纸上印着某国国旗清晰可见。其实它并不是从外国进口的，而是广东汕头出产的。”说到这里，画面就转到市面上五花八门的洋店、洋商标等，采访过路人后，主持人再谈对洋名泛滥的看法和思考，并指出此风不可长。主持人的评说与画面语言（也是无声的评说）有机结合的表现手法，大大增强了电视主持人节目的理性高度。

三、情景场合

节目主持人的点评议论具有现场性和“我”在现场的意识。广播电视传播的优势之一在于它的现场性。主持人不能总待在演播间里按事先写好的稿件去点评。如果能介入现场评说，他则与现场构成了一个相互作用的信息场，更具说服力。美国《48 小时》有一期节目反映的是道路交通问题，主持人站在大街对面，摄像机用长焦镜头从大街的另一边拍摄主持人。在画面上是主持人的近景，而前景是川流不息的车辆，主持人在川流不息的车流中时隐时现，评说着车辆与交通问题。这样主持人的评说既有现场感，又有一种特殊的情景氛围，特殊的信息符号，必然会提高收视效果。

四、语言运用

主持人要通过自己的感受与思考，说出心里想说而别人说不出来的话，贵在个性化的语言；主持人的语言、语气和声调要富有感情，唯有主持人真情实感的流露，才能感动人；主持人要根据内容的变化与需要，随时调控自己的感情，或悲或喜，或严肃或轻松幽默；语言要有新意，通过独特的思考，说出给人启迪、发人深省的话。

白岩松在主持《东方时空》节目时，展现了与众不同的语言特点。语言的流动有内涵，有个性，又极具吸引力，被研究者撰文誉为具有吸引力的“语言场”。《东方之子》的栏目语——“浓缩人生精华”这句话，就出自白岩松之手。他的主持拥有了与众不同的语言风格和个性特点。

1987 年 5 月，高州县遭遇特大洪水。珠江经济广播电台的“金话筒奖”获奖主持人周郁在播完《省政府采取紧急措施，帮助高州人民》的消息后，继续说：“虽然交通、通信中断了，但是我们珠江经济广播电台的电波仍与你们保持联系，全省人民都在注视着你们，你们一定会战胜洪水，重建家园。”后来听众在来信中写道：“虽然我们当时心里很害怕，但听到你的声音，我们都感动得哭了……”由此不难看出，主持人在节目中流露出的真情实感可以使自身的语言更具有感染力，从而拉近与受众之间的距离。

五、说理方法

节目主持人常常通过“我”的生活经历、见闻和感受，将党性、人性和人情味融在一起，使情理交融，增强了感染力、亲和力。这在一定程度上缩短了广播电视与受众间的距离。海娟在主持《为张来春父母安排的特别节目》中，对张来春烈士充满着深深的怀念和崇敬的心情。节目结尾时，她说了这样一段话：“来春的爸爸妈妈，我还要告诉你们，当你们的儿子在前线战斗的时候，我的孩子也开始了她小小的生命。现在，我已经做了三个月的母亲了。我明白了什么是天下父母心，也能够知道你们的心情。请你们一定多加保重，再会。”人同此心，心同此理。主持人正是通过这段特殊的经历，赋予浓重的人情味，听来分外感人，给人留下了难忘的印象。

第四节　主持人点评方式与提高途径

一、点评方式

纵观节目主持人点评议论方式，呈多样化趋势，主要有以下四种：

1. 现场点评

即主持人结合现场情景的点评。这种点评，要求主持人深入到新闻事件发生的现场，即景即情即席地发表议论，或褒贬或抒情或感慨，以体现出主持人对新闻事件的直接评价。这种结合现场的点评是真实可信的。如前文提到的白岩松在深圳皇岗口岸报道驻港部队时的一段即兴评说，真实感人。

2. 交谈式点评

即主持人利用与被采访者交谈的方式点评，也可以是两三个主持人之间或受众之间的相互议论，要求所谈及的话题是被采访者、受众和主持人三者都关心的。在这个话题上形成一个共同的注视点或焦点时，这种议论才会成功，才具有新闻价值。

3. 评论式点评

即主持人站在新闻事件之外，以旁观者身份，按照新闻事件发展的顺序，或顺着被采访者的思路，抓住某点或某个镜头发表点评。这种点评，主持人和被采访者之间一般不产生交流，通常情况下是事后加上去的。

评论式点评往往是主持人在节目中，选取新闻事件中的几个典型场面或镜头，进行必要的分析、说理、引申。要求点得合适，评得恰当。因为好多评论式点评是事后加上去的，所以有条件细细推敲，应该写得更加精彩些。

4. 随感式点评

这种点评的特点带有很大的即兴性，是主持人即景即情即席激发出来的。主持人可以就某件事、某一方面问题、某一点发表点评，长则几百字，短则几十、几个字的只言片语，由此及彼，引申发挥。

总之，节目主持人点评的方式可以多种多样：有间接的、直接的，有明显的、含蓄的，等等，主要视内容和情节的需要而采取不同的方式。

二、提高的途径

最后，着重谈谈如何提高节目主持人点评艺术的几点思考：

1. 努力提高政治理论水平，注重舆论导向的正确性，主持人的点评议论实际上是据事论理的说理艺术、舆论引导艺术

当前我国社会生活的各个方面都发生着深刻而广泛的变化，出现了许多新情况、新问题、新矛盾。新旧体制的摩擦，新旧观念的碰撞，在现实生活中屡见不鲜，不足为怪，在思想、文化、道德、人际关系等诸多方面都面临着继承与调整的问题。

在这种情况下，节目主持人如何坚持正确的舆论导向，怎样进行正确的舆论引导，显得尤为重要。所以对节目主持人的政治理论水平和政策水平也提出了更高的要求。大量实践证明，政治理论水平和政策水平的高低直接影响到主持人的点评水平。主持人用简洁的语言把道理讲深讲透，并非易事。只有站在理性高度，高屋建瓴看问题，方能思考深，启迪人。目前主持人就事论事、泛泛而谈、不着边际的通病，其根源在于缺乏理论修养。

2. 深入采访，深入思考，增强社会责任感和正义感

采访调查是基础，主持人只有对报道的事实和问题有了深入的了解、深刻的认识，方能有真知灼见的感悟和带有深层哲理性的思考。

戏称有“教育情结”的主持人敬一丹，在主持《经济半小时》节目期间，曾多次到贫困山区采访，先后制作播出了三期教育随想节目，内容分别为：学生流失、捐资办学、教师流失。

“前年，我两次到大别山采访，关注的都是大别山的教育，回来制作的节目都是有关教育的，以致一位作家朋友对我说：‘敬一丹呀，你现在都有点教育情结了。’仔细想起来，在我内心深处确有一种跟教育没完没了的那种感情。”

面对学生、教师的“流失”，她内心发出了这样的呼声：“贫困和愚昧使得我们这些可爱的孩子被迫离开了学校。”“他们当中有多少辍学的孩子，将来会成为文盲或半文盲呢？”

“观众朋友们可能注意到了，最近有一个词在教育界使用得非常频繁，这就是‘流失’。学生流失，教师也流失。”

“眼前的教师流失，对教育来说，恐怕也不是好兆头，土壤流失了，秧苗怎么办？教师流失了，教育怎么办呢？冰心老人痛心疾首地说：我们不能坐视堂堂一个中华民族在 21 世纪变成文化沙漠。绿洲一点点流失，于是就变成了沙漠。从这个意义上说，眼前的教师流失是不是我们应当关注的信号呢？”①

不难看出，敬一丹这些感人肺腑的语言来自于对希望工程意义的深刻理解；来自于对贫困山区教育事业的深切感受和理解，所以字里行间流露出真挚的爱和殷切的期望。

正如一位观众来信中所说：“你在主持关于教育的节目时，对那位乡村教师说的那句话，‘如果你愿意，请让我靠近’真让人深受感动，说得人热泪盈眶。那天看完整个节目，我哭了。我想只有真正把观众放在心中，深入到最基层采访，真正关心广大普通人生活命运的人，才能制作出这样感人至深的节目。”②

上海电视台主持人王蔚，从主持《八频传递》到《新闻观察》，大多是揭示问题的深度报道，表现出了很强的社会责任感和职业道德。在对一些焦点、难点问题的报道中，经常深入采访，多方调查，观众在节目中经常看到她出现在危楼欲坠的工地上、蚊蝇乱飞的垃圾场、深夜的街头和拥挤的公共汽车上、被日本老板强制加班的工人中、坑害消费者的店主前，她有感而发的评论，切中时弊，伸张正义，鞭挞丑恶，产生了良好的社会效应。观众称赞王蔚是一位有内涵、有采访艺术、有责任感的主持人。

3. 抓住时机，适时点评。要处理好评说与事实、与栏目风格等诸多关系，把握好点评的“度”

在具体的实践操作中，主持人何时需要点评、议论，并没有刻板的规定，

---

① 敬一丹：《一丹话题——教育随想（一）（二）（三）》，北京广播学院出版社，1995。

② 敬一丹：《一丹话题——观众来信摘编》，北京广播学院出版社，1995。

要看事实和内容的需要，贵在灵活处理、适时点评。至于采取何种方式和语调，点到何种程度与分寸，也完全由主持人掌握，这就要看其悟性如何了。要避免生硬的说教灌输，要自然得体，有感而发，适度处理，点到为止，切忌滔滔不绝，长篇大论。

正确处理评说与事实的关系是至关重要的。一是要处理好“我说”与“事实说”的关系。“我说”是必不可少的，但原则上是少而精；“事实说”是主角，它比“我说”能提供更大的信息量和可信度，故应尽可能地让事实多说。二是要处理好“我说”与“大家说”的关系。有篇文章说得好：“现代新闻节目越来越讲究把评判的权力交给受众……因此，淡化主持人的评说，让事实唱主角，不但符合新闻规律，也是对受众选择评判权和理解能力的尊重。……主持人的点评要适可而止，要有利于促进问题的解决，做到帮忙不添乱，洗脸不抹黑。”①

① 卫晨霞、冷冶夫：《对主持人评说的几点思考》，《电视研究》1996年第17期。

第十一章　主持人的有声语言

语言是人类最重要的交际工具，是信息的符号系统，人类传播新闻信息，从事任何社交活动都离不开语言。节目主持人是语言工作者，是语言大师。主持人必须通过语言实现传播，节目主持艺术说到底是一种语言传播艺术，它是衡量主持人水平高低的重要标尺。

“撒渔网，要‘提纲’；抓上衣，要‘挈领’”“而语言艺术恰恰是研究节目主持人本体的关键所在”。① 这段话形象地点出了主持艺术与语言之间存在的特殊关系。节目主持人必须通过语言进行传播，主持人是语言传播工作者，主持人语言直接关系到主持人水平和主持人品牌形象的提升。

那么主持人语言有何特点、魅力，主持人应怎样准确运用和驾驭语言主持节目呢？这正是本章要专门探讨的课题。

第一节　符合节目语境的“角色化”语言

何谓语境？语言派代表人物哈利认为“语境，即语言环境或者说是使用语言的环境，它可以分语言外部和语言本身两种。语言外部的，主要是指社会环境、自然环境和具有不同交际目的及任务的不同交际领域（语域）……语言本身的，主要是指上下文的环境”②；著名语言学家陈望道先生认为构成语境的因素就是“六何”，即何故、何事、何人、何地、何时、何如。由于主要语言因素和非语言因素的相互作用，“判断一句话在语境中所传达的实际信息，远远超过其纯粹的语言意义”，“违反语境要求的语言运用标准的话语，应该说是不

---

① 刘习良为《主持人的语言艺术》一书所作序《“挈领”之作》，北京广播学院出版社，1999 年。
② 林兴仁：《实用语体学》，第 56 页。

可接受的，不是不符合语法的。”①

语境，顾名思义是指语言使用的环境。语境这个概念的含义十分丰富，狭义的语境，专指说话的前后句，落笔的上下文，它观照的是客观的语言符号的言辞语境（或称语流语境）；广义的语境指使用语言的主客观环境，它不直接表现为语言符号，但是影响和制约语言的使用及效果，一般称为言辞外语境或情景语境。②

总之，语境是人们交际过程中说话者运用语言表达思想情感所依赖的各种因素，这些因素或显现为话语中的上下文，或潜在于话语外的主客情境之中。作为上下文出现的“显性语境”，由于它是由语言要素构成的，因而它的范围比较容易达成共识。作为潜在于话语之外的主客观情景因素的“隐性语境”，由于它是由非语言要素构成的，它的范围有多大，则是见仁见智。③

关于入境化和离境化问题。“入境化”是指把语境作为研究语言现象的前提或基础。“离境化”是指排除语言的外部要素，即具体运用语言的一切环境因素，只就语言单位本身在系统中的相互制约来研究语言的内部要素，即结构单位的关系和价值。这种研究称为自主的研究，最典型的语言的语言学家所采用的就是这种理论，因为他们的研究旨在建立一个共时的语言结构的形式体系。

正如前文所说语境分“语言外部”和“语言内部”的，有狭义、广义之分。语言外部的广义即社会语境主要包括文化语境、民族语境、地域语境和时代语境等。语言内部的语境即狭义语境如传媒中的节目语境。广播电视由各种节目形态构成，不同类型的主持人，需要明确自己在节目中的“角色意识”，尤其是在节目中的形象定位。主持人的语言不能超越节目定位所规定的语境。比如，《天气预报》节目其定位是以传播气象信息为社会公众全方位服务的指导性很强的服务性节目。作为气象主持人的语言既要符合媒体语境的需要，又要符合气象栏目（节目）的定位语境的需要，不能把“自我”的语言游离于

---

① 尼尔·史密斯、达埃德尔·威尔逊：《现代语言学》，外语教学与研究出版社，1983，第205、210页。
② 吴郁《主持人的语言艺术》，北京广播学院出版社，1999，第33—34页。
③ 吴为章：《关于广播电视语体研究的几点思考》，《现代传播》1998年第2期。

节目之外。要通过自身传播的有权威的气象信息，多方位体现气象节目的服务内涵，做到服务到位。

毕业于北京气象学院的我国第一位电视气象节目主持人宋英杰，长期以来深得广大观众喜爱，他的主持语言，准确体现了气象节目的语境要求，鲜明地反映了大众传播中的节目语境的个性。且举一例：

1998 年 3 月 1 日："观众朋友，您好！欢迎您收看天气预报节目，今后两天特别引人注目的天气变化，就是不仅西南地区东部，江南、华南地区等将经历一次大范围的降雨过程，而且这场降雨将直接波及像汉水流域、黄淮江淮这些冬麦区。我们知道冬麦的返青生长正在渴求丰沛的雨水，所以对于一直盼望降水的冬麦地区来说，这场雨无疑是一场及时雨。而最近几天北方地区正在逃离、告别寒冷，除了一些高寒山区以外，现在各地白天的气温都早已超过了 3 摄氏度，于是我们的心中都不约而同地有这样一个想法：冬去春来。"①

这次天气预报的解说词突出体现节目的语境特色，通过传播"将经历一次大范围的降雨过程"，凸显了为农民服务的思想感情，从"及时雨""冬去春来"中再现主持人的人文关怀精神和人格魅力。

同是气象节目，由于外部客观环境带来的语境变化，主持人的用语也发生明显变化。

当夏天来了，我们可以告诉观众："夏天来了，我们又将开始在烈日下奔波，在雨中忙碌，又将听到旱与涝的消息。"当冬天来时，我们可以告诉观众，"冬天来了，我们又将面对一个已经被遗忘的名字——冷空气，在与一股股冷空气见面又分手的过程中，经历了一个个寒冷季节。"在我们的描述中，向观众展示了气候背景，展示了即将出现在我们大家面前的"生活历程"。②

遇到二十四节气，由于语境变化，主持用语的说明和提示，使农民朋友感到心里很舒服，认为天气预报为农民、农事想得周到。

例如："霜降（1995 年 10 月 24 日）——今天是霜降，10 月底许多地方都已经是一片深秋景象，有霜降的地面温度低于 0℃，这样不耐寒的作物就会枯

①② 宋英杰：《气象节目主持纵论》，气象出版社，1999。

落，而且霜降前后常常有冷空气的侵袭，所以及时收获晚秋作物尤为重要。有人甚至这样说：霜降不收禾，一夜失一箩。”

这些主持人用语（解说词）同霜降这个特别节气环境密切相关，互为融合，达到相得益彰的效果。主持用语不仅是一种农事服务，也是科普宣传，还是一种传播文化宣传。

遇到一些重大事件或活动情况，社会语境、地域语境、文化语境、时代语境变了，节目情景从内容到形式也必然发生变化。

例如：1997 年 7 月 1 日香港回归前夕，6 月 30 日和 7 月 1 日采取双人主持的形式重点介绍北京、香港、深圳等地的天气情况，而且在这之后，还和驻香港天文台的天气预报主持人黎守德和李淑明在央视《天气预报》节目中介绍香港的天气气候特点，使观众在第一时间里，对香港的政治、文化、经济、历史变迁等相关问题有所了解的同时，也了解到香港的天气气候状况。

在 1997 年 6 月 21 日的天气预报节目中就有这样一段有关香港天气气候的介绍：“每年 5 月 10 日是香港的夏季，但气温在 35℃以上的高温并不常见。夏秋冬常有强降雨和热带气旋的活动。香港没有明显的冬季，偶尔在一、二月份强冷空气的影响下，才会有轻度霜冻的现象，但在 10℃以下的日子不多也不长。很快五月就会转到温暖潮湿的春天，秋天的太阳也很多，天朗气清，是旅游的好日子。”

主持人的解说词，不仅全面准确地介绍出香港气候情况，满足了香港回归前夕国人渴望了解的愿望，而且点出了香港是个旅游天堂。整个解说词，既充满地域语境，又有浓浓的节目语境。

透过上述天气预报节目主持人用语，我们能具体、深刻地感受到主持人的角色定位和角色化语言的关系、特点等。这种特殊关系，具体体现在以下四个方面：

（1）在媒介语境中，气象节目主持人作为大众传播者是广播电视媒介的代表，是电视台、电台和气象台的形象标志。传播的气象信息具有权威性，必须准确、及时、有效，体现科学性和服务性。主持人的语言具有“传媒机构的视野”“专家的深度、主持人独特的角度和百姓乐于接受的方式”。气象节目主持人正是从众多迥异的语境中选择一个新颖的视角和方式传播信息，达到理想的效果。抓住气候和节气、语境的变化的特点，用与语境相吻合的用语，传播效果好。

(2) 从传播学角度看，节目主持人以个人身份出现，吸纳人际传播的优势，采用“个性化”“人格化”的传播方式，更显贴近性。传受双方是平等关系，是互动的，具有亲和力的。前文列举的诸多例证，譬如夏天、冬天、节气和香港回归前夕的天气预报中，处处体现气象主持人的个性魅力和节目特有的人文关怀精神所显现的亲和力。

(3) 采取“认同策略的传播形式”，卡尔·霍夫兰的说服理论证明“如果接收者认为信息的来源是来自一个与他自己相似的人”，就很可能被说服。

主持人采用朋友间的谈话语言，语气亲切随和，会产生“自己人”效应，受众同样会产生“认同‘自己人’的亲近感，这样就会拉近传受双方的距离”。

(4) 符合节目语境的“角色化”语言必须符合“语境三维”，方能取得最好的传播效果。因此“使用语言成功与否的标准，不是单一的周密原则或简略原则，而是在效率的原则下，力求取得具体语境中的最好效果，也就是效率与效果相结合的原则……因此所谓语境（这里暂不包括上下文在内）涉及的有说话内容是哪方面的，说话对象是什么样的人和说话用的是什么方式三个方面，它们都要求所用的语言适应它们以便达到更好的效果，所以构成影响语言应用的语境因素也就是所谓的‘语境三维’，即智慧、格调和方式”。① 例如主持人的角色意识，在一定时期内要有一个相对稳定的阶段，左右主持人角色定位的因素很多，自然主持人的角色定位也不尽相同。

第二节　现场表述的即兴语言

主持人在主持节目中的语言活动多种多样：有稿、无稿；念稿、背稿；自己撰稿、他人撰稿，等等。本节要探讨的是主持人在无稿情况下的即兴口语。

什么是口语？美国《新闻写作教程》的定义是“所谓口语化，就是通俗易

① 威尔伯·施拉姆：《传播学概论》，新华出版社，1984，第3页。

懂，朴实无华。它的关键是切莫忘记是在同别人谈话，是在向听众报告刚刚看到、听到了什么”。广播电视语言口语的要求是：说起来顺口，听起来顺耳，即上口上耳，明白通畅，使人一听就懂。

什么是即兴？按《辞海》的解释，根据当时的感受而发。笔者解释为：触景生情，有感而发，脱口而出，出口成章的语言功能。上海电视台“金话筒奖”主持人叶惠贤说“什么是‘即兴’？它是瞬间产生的一种思维反应。这种反应一般是属于形象思维的艺术活动。……我以为应该是在主持中对周围所发生的乃至可能发生的一切所有的能动的、机敏的、善解人意的，既在情理之中又在意料之外的一种充满奇趣异思的反应，这种反应既有属于形象思维的，也有已形成的概念、判断、推理的逻辑思维活动”。①

即兴口语是主持人语智的闪现。在人类精神文明史上，“语智”一直占有重要地位，并在社会生活中扮演重要角色。在20世纪50年代初期，美国哈佛大学心理学家Gardner对人的心理特征进行了因素分析，然后进行整理，创造了“多元智能论”。这位心理学家又将“语智”以模糊的智商测试中提取出来，并将其列为人类“八大智能”之首。

学者应天常认为：“语智的体现不是单纯的心理、生理反应过程，它是人的多种智能、多种素养的综合反映。语智是有效的感知言语信息和运用口头语言、文字语言的功力。”②

语智闪现尤其是急智应对是主持人在长期口语实践中的一种厚积薄发。面对瞬息万变的现场，主持人要能做到妙语解围，妙语生花；而绝不是单单取决于“嘴”，更多的则是依据于“脑”，依赖于丰厚的知识积淀、快速的思维能力、应变能力和良好的心理素质。我们可以用下图来阐明主持人的机智应对的口语能力的本质和逻辑关系。

快速得体的应对→借助于（实现）→良好的即兴口语表达能力→借助于（外化为）→敏捷的思维能力→根源于（产生）→储备丰厚、逻辑清晰的大脑

即兴口语按语言表达方式可分为以下五种：叙述性即兴口语、评述性即兴

① 亚当·肯顿：《行为互动》，张凯译，社会科学文献出版社，2001。
② 应天常：《节目主持语用学》，北京广播出版社，2001。

口语、描写性即兴口语、抒情性即兴口语和谐趣性即兴口语。

一、叙述性即兴口语

通常用于新闻人物的介绍，在“人物访谈”“人物专访”一类节目中用得较多。主持人通过生动的、带有感情色彩的叙述性即兴口语，抓住新闻人物的特征或细节，凸显其精神风貌和人格魅力，可起到加深印象、增强传播效果的作用。

例 1，中央电视台《半边天》主持人张越快人快语，思维敏捷。她的即兴口语颇有效果、特点，常给人一气呵成的酣畅感、痛快感。一次她把新华社摄影记者唐师曾请到节目中，一起讨论“沧桑感”。张越开始这样介绍唐师曾：“提起‘唐老鸭’这个外号，新闻界的同行们都知道他就是新华社战地摄影记者——唐师曾。”（对唐师曾）“你好！长期以来，很多年轻女性都被这样一个角色困扰着，她们觉得现在的男性越来越女性化，越来越没有男子气，越来越缺乏沧桑感。好多女孩子苦于找不到自己心目中的高仓健，所以我们一直想找一个有资格来谈论这件事的沧桑的男性来跟我们谈这个话题。于是，我们就找到了唐师曾，为什么呢？别看他年龄不大，可经历却非常丰富。他毕业于北京大学，曾在秦岭的梁山县拍摄过野生大熊猫，曾经在神农架寻找过野人的足迹，曾经在藏北高原可可西里无人地带与狼共舞，曾经经历过无数次大火、地震、水灾，曾经在中东战火纷飞的地带多年奔波；而且曾经采访过阿拉法特、卡扎菲、加利、拉宾、纳尔逊·曼德拉这些非常有神秘色彩的政坛风云人物。而且据说他还曾经独自一个人不借助武力突破以色列军的防线，迫使以军不得不派直升机去抓他……关于他的传奇故事，我早就听朋友们讲了很多，所以说，您可以说是一个饱经沧桑的男人了吧？”

例 2，《东方之子》主持人白岩松擅长捕捉和讲述“耐人寻味”的故事来加深观众对人或事的印象。在《学者系列访谈——季羡林》的开场白中，他以平和的语气讲述了一个令人十分感动的故事：

“也许，了解季羡林可以以这样一个真实的故事开始。几年前，有一个北京大学的新生入学带了大量的行李，他发现路旁有一位淳朴得像农民一样的老者，便以为是学校的工友。于是，他让那位老者替自己看守行李长达半小时之久，这位老者欣然同意并尽职尽责地完成了任务。过了几天，北京大学召开新生入学典礼，这位同学惊讶地发现，坐在主席台正中的北京大学副校长季羡林正是那一天帮自己看管行李的老者！”①

二、评述性即兴口语

据事论理，事理结合，述中有评，评述巧妙结合，层层递进，说服力强。评述性即兴口语显示了节目主持人在新闻现场发现新闻、捕捉新闻的能力和高超的语言表达能力，这是一种融理性、语智于一体的富有哲理性的即兴口语。例如：香港凤凰卫视有一档节目是杨澜采访建筑大师贝聿铭，在节目开始时，杨澜的即兴词：“贝聿铭的建筑设计被人称为‘充满激情的几何结构’，他现已八十高龄，还担当设计中国银行在北京总部的大厦。在我看来，这位老人身上，有一种非常神秘的力量。很多看起来是完全对立的东西，在他身上却能够和谐地统一起来，比如说，他是一位典型的中国人，但他又是一位非常成功的美国人；他在同行中是一位广受推崇的大师，但是在政界、商界的社交圈里人缘极佳；他设计的五十多件建筑作品散布在世界各地，在它们刚刚建成的时候往往招来非议，但是不久又能够证明成为当地的骄傲，或者成为那个城市的标志，他身上有一种与生俱来的贵族气质，却让每一个跟他交谈的人感觉平等的自在。你说，这样的人，难道不值得去跟他聊聊吗？”

三、应变性即兴口语

应对现场突如其来的变化的语言，即应对的口语，可以起到转危为安、化险为夷、转困为利的效果。应变性即兴口语凸显了节目主持人思维敏锐、反应机灵、随机应变的才能。

比如，上海电视台主持人袁鸣，一次应邀去海口主持海南狮子楼京剧团成立仪式，因时间急促，事先未能与嘉宾谋面，所以在介绍时，主持人根据名字

① 时间：《精神家园》，华夏出版社，1996。

把“南新燕先生”说成了“南新燕小姐”。当她发觉了自己的失误后，并未惊慌失措，而是面带笑容，非常机灵诚恳地说道：“哎呀，真是非常抱歉，我可能是望文生义了。不过你的名字让我想起一首词：‘旧时王谢堂前燕，飞入寻常百姓家。’这可真是一幅充满诗意的美妙图画；同样，国粹京剧作为宫廷艺术，一直在北方盛行。如今，随着海南狮子楼京剧团的成立，古老的京剧也首次飞过琼州海峡到海南安家落户，这不也是一幅美妙的图画吗？”

四、描写性即兴口语

根据现场瞬息变化，主持人通过绘声绘色的描写性口语，使人有身临其境之感。描写性即兴口语常用于现场比赛、表演、新闻现场活动等，可起到增强受视兴奋点，活跃新闻报道的传播效果。

如：中央电视台体育节目主持人黄健翔每一次为足球比赛作现场解说，真实生动、丝丝入扣，且看一例：“又是吉诺拉，左侧传中，头球，打在门柱上弹出来，再碰一下，进了！非常轻松。现在纽卡斯尔联队 3：0 领先，这场比赛纽卡斯尔联队的进球犹如水银泻地，无孔不入……”该报道简明扼要，节奏快、现场感强，语言精彩动人，充分反映了描写性口语的魅力，加强了现场热烈气氛，同时又显示了节目主持人洞察现场变化的能力，反映了主持人的语言功力和文学修养。

五、谐趣性即兴口语

其特征是语言风趣、幽默，使人感觉轻松，有可视性，并能起到增强主持人与受众之间亲和力的效果。

美国著名心理学家赫伯·鲁特说：“幽默是一种最有趣、最有感染力、最有普遍意义的传递艺术。”节目主持人掌握这门传递艺术能够使自己主持的节目妙趣横生，具有吸引力，而且使整档节目增添无穷的魅力。

例 1，白岩松主持 2000 年奥运会报道节目，在中国队第一天未能获得金牌时，他这样点评道：“今天中国的奖牌在前进，拿了铜牌、银牌，我看离金牌已经不远了。”轻松、谐趣的话语中充满了对中国运动健儿的信任与期待。

在被外国媒体称为“中国日”的那一天，他高兴得忘情地说：“很好地盘点今天，6枚金牌已经不再像电视画面的叠加，一块一块地到来；而是一会儿一块，过一会儿就是好几块。这不得不使我的心变成一个筐，来装下这足够的金牌。”对那些已稳获金牌的项目，他幽默地说：“我们只是把这些金牌存在银行里，等明天开门了，把它取出来就是了。”白岩松在这里的幽默是他内心深处喜悦到极点的一种宣泄；是他溢于言表的激动心情的自然释放，这就是被人们认为“冷漠”的白岩松的幽默。

例2，叶惠贤在主持一次西欧家庭演唱会大奖赛时，有两位女婿和丈母娘同时登上了舞台。谁知，那位女婿临走时把他预选的节目改为：“再见吧，妈妈！”对于这一突如其来的变化，叶惠贤灵机一动，随机应变，生动风趣地说道：“这就是你的不对了，可不能有了丈母娘，就再见吧，妈妈！”这一说把全场观众都逗乐了！待这位女婿在掌声中唱完这首动人的歌曲《再见吧，妈妈》，叶惠贤又补上一句：“看来，你对妈妈还是很有感情的，好！”话音刚落，又引起一阵掌声，全场气氛进入了高潮。

正如一位评论家所赞美的那样：“看叶惠贤主持节目，发现他的一个很大长处是，他对节目的内容、精神把握得非常牢固。他可以口若悬河，滔滔不绝，让观众听起来都是他的心里话，而且有自己的情感，一点不感到隔膜；同时，他又能做到放纵有度、开阖自如，不做无谓的插科打诨，也不开‘无轨电车’；而是随机生发，切合题意，犹如一棵主干结实的大树，点缀得枝叶繁茂、华彩斐然。这是一种机智灵敏，一种临场发挥的技巧。要达到这种境界，不仅需要对节目和出场人员的充分了解和材料准备，而且需要有相当的知识水准和文化修养；否则就不能对节目把握得如此准确、得体，不能如此迅速地迸发出灵感的火花，如此随手拈来皆文章、摇曳生辉文采迭现。”①

上面简要地分析了五种不同的即兴口语表达方式。节目主持人在具体主持节目的过程中，不能机械、单一地运用某一种即兴口语，而是要综合运用这些基本语型，使之浑然一体去完成好自己的主持职能，成为一名优秀的节目主持人。

---

① 《叶惠贤主持艺术论文集》，上海三联书店，1992。

第三节　交谈式的谈话体语言

口语传播有其鲜明的特点，在播音方法与播出状态上对主持人在播音气息控制、语言的使用、语态转换及交流方面提出了更高要求。主持人要有控制语言气息的能力，如语言气息把握不好，就不能保持节目流畅；主持人要根据不同的内容把自己的语态及时调整到位，要做到迅速、准确、到位。

在表达方式上要求语言质朴，表达自然。在话筒前面可以像平时说话那样，有时想说，呈现一种思考状；有时话语如珠，句子一气呵成，呈感情暴发状。这时的口语，其语气、重音、节奏、停顿皆随着感情起伏，显得自然流畅。

在交流方式上要注意“引其参与，与其交流”，始终不忘受众存在。在语气运用上，不同节目有不同的传播对象，应使用适合对象的交谈式口语。如老年人喜欢节奏舒缓的交谈语言，青年人喜欢明快活泼的语言，儿童喜欢充满童趣的形象语言，农民喜欢带有乡土气息的质朴语言。

让我们再来领略一下上海电视台少儿节目主持人梅梅的语言。她参评“金话筒奖”的节目《快乐星期六》中有这样一段与小朋友的对话：

《小尾巴学儿歌》片头：

梅：梅梅姐姐问小朋友一个问题，你们小时候是跟谁一起过的？

甲：我跟爸爸妈妈一起过，有时候，他们出差去，我就跟外公外婆一起住。

乙：我是跟爷爷奶奶一起住的，我每个星期去爸爸妈妈家住一次。

梅：你们都是跟着老人长大的，我知道，你们对爷爷奶奶、外公外婆一定非常亲，比别的小朋友更懂得要尊敬老人，对吗？

甲：是的，我妈妈说我就知道跟爷爷奶奶好。

梅：那多好。我今天教你们一首儿歌，就叫《奶奶的背》。

听听看，儿歌里是怎么说的。

奶奶的背，

是一座桥，

我的童年，

常在这座桥上看风景。

乙：咦，怎么儿歌里说的就跟我小时候一样的？我小时候很喜欢趴在奶奶背上的，东看看，西看看。

梅：儿歌里叫“看风景”。我记得，我小时候在我奶奶的背上，学会了很多东西，比如门牌号码。奶奶一路走，一路告诉我，这个号码念什么，那个门牌是什么数字，怎么念。不过，我那时候只认识十以内的数字，比如七百三十三，我就说七三三。路过邮局，奶奶就告诉我，这叫邮局，是干什么用的。路过文具店，奶奶又告诉我，文具店里有什么，它们都是干什么用的。反正，看见什么，她就教会我什么。奶奶还背我去过很多地方。

甲：奶奶也背着我去过很多地方，奶奶老说，我走不动路，还是背着我干脆，她就背着我去过外滩、去过上海动物园，还有人民广场，还有公园……

梅：奶奶的背又温暖又舒服，奶奶背着你，走过很多地方，你想起小时候的事来，感觉那么甜蜜，那么幸福，所以，念儿歌的时候，一定要把心里美滋滋的感觉表达出来。

这段对话，充满童趣，形象生动，主持人用贴近儿童的交谈话语，适合儿童收听，能引起儿童兴趣，由此体现主持人谈话中语言因对象而异，而能收到不同的传播效果。

山东电视台《乡村季风》栏目主持人肖东坡是人们称赞的一位具有农民情结、充满“土”味的主持人。他想的是农民的事，说的是农民的话。让我们来领略一下他参评“金话筒”主持人的节目《乡村季风》第 174 期的语言。话题之一是“绿色农业，火了农家肥”。且看主持人的开场语：

“俗话说：低头拉车，还得抬头看路，如今这市场上的瓜果蔬菜是品质好、无公害的热销，这往后种地啊就得瞅准市场要求搞绿色农业，大伙知道搞绿色农业可不能再像以前那样一个劲儿用化肥了，这不，莱阳市中荆镇的鸡粪专业市场就火了起来。

莱阳市中荆镇东马家村有这么块空地，一年四季当地农民不停地在这里晒鸡粪、装鸡粪、卖鸡粪，你别说，捣鼓这不起眼的鸡粪还真能发财。”

话题之二：“王学文的绿色梦”的主持人开场语：

“出道题，考考你，买菜怎么买？有人跟我说啊，这买菜要买带虫眼的，虫子敢吃咱也没事，再就是得闻闻看有没有农药味，买韭菜啊，不能买太绿的，得买发蔫、发黄的。

瞧！如今这农药残留都把人吓成什么样子了。有没有一种好办法能方便快捷地检测农药残留呢？阳谷县农民王学文告诉你：‘有！’。”

以上两段主持人语言犹如和人聊天谈家常似的，倍感亲切。既通俗易懂、简洁明了，又带点泥土芳香，说的是农民朋友日常的口头语，平易近人，贴近生活，拉近了与观众间的距离。

交谈式的谈话体语言则是谈话节目获得成功的重要因素；主持人通过谈话体语言营造“谈话场”，沟通情感，激发对方参与谈话的热情，这种“面对面敞开心扉，即兴的、双向交流、参与式的谈话”① 正是节目的魅力所在。正如《实话实说》制片人时间所说的：“我们手中掌握的语言工具——电视，是否与人类发达的系统接近或接轨？最大的衡量指标是我们使用语言的态度和语法。经过多年的自我检测与实践，我可断言，谈话节目是最能迅速体现作者思想并最大规模影响观众的表达方法。”②

且看崔永元主持的《实话实说——喝酒的利与害》的开场语：

主持人：“各位朋友，大家好！欢迎收看《实话实说》节目。我有一个朋友牙痛，就到医院去看病。医生看了说不行，你这牙得拔掉。后来医生拿起手术钳刚想给他拔，他突然说不行，我怕疼。医生忽然想起一个主意说，那你喝口酒吧！我那位朋友喝了一口，刚要拔的时候，他又说还是不行，还是怕。医生又允许他喝了一口酒，等到医生第三次拿起手术钳准备拔的时候，他还是怕。医生没办法，只好说，那你喝三口吧！没想到，他喝完第三口以后，‘砰’的一声把酒瓶砸在桌上，说：‘我看你们今天谁敢拔我的牙！’（笑声）后来，我们大家就知道了，这个酒是可以给人壮胆的。……”

这段开场语，句子短，结构简单，口语通俗、形象、生动，说得惟妙惟肖，对象感、交流感强，是典型的谈话体语言，一下子吸引了观众的注意，并且增强了参与节目的欲望。

---

①② 《实话实说》一书前言和序，华龄出版社，1997。

第四节 人格化的个性化语言

个性是指“一个人在长期的生活实践中形成的一定的动机、理想、信念、世界观，使自己的活动总是带有一定的倾向性，从而在一个人身上经常表现出个性心理特征”。[①] 节目主持人的个性是指在主持节目过程中，从多方面显现出来的相对稳定的独特性。语言是主持人表情达意的重要手段，主持人的个性主要通过有个性特点的语言表达出来。俗话说“言为心声”，人格化的个性化语言则是主持人语言的又一显著特征，它既是主持人始终追求的理想目标，也是优秀主持人必须具备的语言修养。个性化主持人的语言内涵丰富，不是单一的纯语言问题，从中还折射出人格魅力。

节目主持人人格化的个性语言主要体现在以下方面。

一、第一人称主持人用语

节目主持人是媒体形象的标志和品牌，他总是以第一人称的口吻说话，是“非我”与“有我”的结合，常常通过对党的有关方针、政策的理解和对新闻事件的认识，谈自己的感受、体会和思考，以起到引导舆论的作用。由于理论修养、文化背景、思维方式不尽相同，认识会有差异，主持人用语也就必然会有差异，有差异就会有个性特点。

以俗人自居的窦文涛，在节目主持中非常坦诚，在谈话现场，他总是把自己的想法真诚地表达出来。2001 年 3 月 21 日在一次节目中，谈到生老病死问题时，窦文涛很动情地说到他去医院看望父母时的感受，讲述自己对父母的“愧疚”，慨叹生命的无常。在另一次节目中，他则讲述了自己上小学时因身体弱小，经常被人欺侮的经历。真实故事融入真实的自我感情，显示了他独具感染力的语言魅力。

又如以敬一丹名字冠名的《一丹话题》，其语言的个性化则更为明显，真

① 《普通心理学》，陕西出版社，1982。

实而感人。在《教育随想三——教师流失》中，主持人坦言对20世纪90年代初我国教师流失的忧虑。且看节目结束语："在这里说了半天'流失'，我想起小时候第一次听到'流失'这个词，是在一部科教片里。记得那部科教片是介绍泥石流的，伴随着泥石流喷发的可怕画面，我第一次听到'流失'这个词。从此，听到'流失'这个词似乎就有了不祥之兆。"①

上文窦文涛很动情地说到他去医院看望父母时的内心感受，讲述了面对父母的"愧疚"之情以及上小学时被人欺侮的经历；敬一丹坦言对"流失"这一词前后的真实想法，都是通过第一人称"我"的语言、"我"的经历，并融入了切身的自我感情，因而提升了主持人个性化，增加了语言的亲和力，增强了传播效果。

作为大众传播媒体中的主持人传播，吸纳了人际传播中的诸多优势，主持人中的"我"是一个看得见的、有情有义、有自身特点的人。在所有的传播方式中，人际传播最少界限，最易达到亲切感，实现互动交流的效果。这也正是主持人可以通过第一人称用语，凸显语言个性化，传播互动化的一个重要因素。

二、独到见地、独特表达方式的、富有内涵的个性语言

央视主持人白岩松认为，主持人不同个性的特征是电视在多元化背景下呈现出来的传播的多元性。个性化语言的表达可以使电视节目包容性增加，扩大了节目在人群中的接受范围。实践证明：不同个性的主持人吸引着不同的人群，这既能满足众口难调的受众群，又能实现传播大众化的原则。

个性化主持人的一个显著特征是富有内涵的个性语言和语言的独特表达方式。透过主持人的用语，如主持人的提问语、交谈语、串联语、点评语等均可窥见其独到见解，特有思维方式所显示的语言魅力。

下面让我们通过实例去领略一下白岩松的语言。

例如，有一次采访四川省省长肖央，且看他的提问："你是中央候补委员的最后一名，四川省民主选举的时候，你第一次没有当选，做了四个月的代理

---

① 敬一丹《一丹话题》，北京广播学院出版社，1995。

省长以后，才正式当选为省长。这四个月，对你来说是不是很难过的一段日子？”问题尖锐，问语别致，视角独特，促使接受采访的对象不得不说真话，这是他个性语言显示的张力。

大凡受众喜爱的主持人，无一不是在个性语言上和特有表达方式上彰显魅力。崔永元的即兴幽默语言，常常使他主持的《实话实说》有别于一般谈话类节目，使他成为众多谈话节目中最具个性的佼佼者；还有人气最旺的《开心辞典》主持人王小丫，《幸运52》的主持人李咏，都是通过独特的互动性语言表达，展现语言魅力，从而给观众留下难忘的印象。我赞同《东方时空》总编导孙玉胜的观点：“不可想象，如果表达的语言都不是自己的，那么主持人的个性又靠什么来展现呢？”

语言的独特处，除了与主持人自身的文化修养、生活经历、审美视角和习惯兴趣有关系外，还与他对生活的切身感受与深层思考有关系。主持人只有深入生活，深入思考，才能获得真正的感悟和真知灼见的理性思维。如被人们戏称有“贫困情结”的中央电视台主持人肖晓琳，为了报道好“希望工程”，分别在两年的秋季里到我国西南、西北贫困地区采访。她采访了一些贫困失学孩子的家长，完成了《让我们伸出双手》的片子。她在片中的议论真实感人，语言极富个性色彩：“那些孩子，那些让我们感到揪心般疼痛的孩子啊……当城里的孩子们熟练地玩着电子游戏机和因为营养过剩而参加减肥夏令营的时候，这里的孩子却因父辈们无力负担一年才几十元的学费而不得不辍学！面对那些纯洁天真的目光，我问自己：我们这些长期生活在大都市里的记者，对我国国情，对那些普通老百姓的生活和心态，究竟看真切了多少？”① 正是这种来之不易的真切感受和深刻感悟，起到了“既能拨动人们心中最温情的心弦，又能激荡起大家的民族责任感”的传播效果。

三、通过长期的主持实践，逐渐形成了与节目（栏目）相一致的被受众认可的鲜明的语言风格

何谓风格？“风格是人们运用语言的产物，是在主客观因素指导下运用语

---

① 肖晓琳：《我与“观察与思考”》，《中国记者》1992年第6期。

言表达手段的诸特点综合表现出来的格调和气氛。”

“语言风格是人们运用语言手段形成的诸特点的综合表现，它包括语言的民族风格、时代风格、流派风格、个人风格、语体风格和表现风格”。①

语言风格是主持人在长期的主持实践中逐渐形成的，且被受众认可的，是衡量一个主持人成熟与否的重要标志。研究语言风格不能离开节目（栏目）的定位，必须与之相吻合。白岩松的犀利深刻、富有哲思，具有个性的语言风格，是与《东方时空》栏目的定位相一致的；崔永元的真实朴素、幽默诙谐的语言，形成了他“平民化”的主持风格，是与《实话实说》栏目的定位和“邻居大妈家的儿子”的主持人定位相符的。我们从他主持的节目中，不难发现他已形成的“平民化语言风格”。

人格化的个性语言的核心是“言为心声”，从中可折射出主持人的人格魅力。沈力说得好：“我之所以比较重视语言，是因为语言是一面镜子，它可以折射出一个人的全面素质。”又说：“在语言上，我追求的是‘言为心声’和口语化”。

笔者在《沈力的语言风格和语言魅力》一文中，将沈力追求的个性化语言归纳为以下三点：

第一：沈力追求的是语言风格与栏目组一致的个性化语言风格。

第二：沈力追求的是“言为心声”“观其人，听其言”的个性语言。这种语言发自内心，真实感人，做人与说话融为一体，展示了人格魅力。

第三：沈力追求的是“注入个人情感”的真实的我的个性化语言，是讲究说话艺术的交流语言。②

下面试举沈力改写后的《夕阳红》节目的例稿：

例一：很多老年朋友都有一种愿望，希望自己的晚年生活能有所学，有所为，有所乐。用老年朋友自己的话说就是“人生要有一点追求”。是啊，追求可以说是点燃美好生活的一盏明灯。我想，追求并不是年轻人的专利，很多老年朋友都有自己的追求，路大姐就是其中的一位。

---

① 《普通心理学》，陕西人民出版社，1982。

② 陆锡初：《沈力的语言风格与语言魅力》，《中国荧屏第一人——沈力》，第335—337页。

例二：前些时候，我从《长寿》杂志上看到一篇文章，标题是《拉住夕阳的人》。文章的主人叫董木兰。说真的，我喜欢这个标题，更为董木兰同志创造的美所吸引。于是，我和摄制组的同志们一起驱车前往天津采访中心采访了她。我们的编导赋予了这个节目一个更有新意的标题：《人生从六十岁开始》。

例三：观众朋友，我们看到了刚才跳舞的这些老同志，论身材吧，并不那么苗条；论动作吧，也不那么规范。可当他们操劳了一生，重新迸发出一种热情的时候，身材、动作又算得了什么呢？他们不是在追寻青春的脚步，而是在讴歌幸福的晚年。

让我们的心伴着他们欢快的舞步一起跳动吧！

通过以上几例，我们不难发现沈力主持语的特色：文如其人，话如其人，语言质朴、简洁、真实、口语化，有感而发；融入个人感情，富有个性化色彩和谈话味。大凡优秀的主持人都善于通过人格化的个性语言进行传播交流，增强人性化、亲和力和传播效果。

需要指出的是，目前有的节目主持人也很强调个性，但却有失偏颇，好像拿起话筒他就是广播电视台，他爱怎么说就怎么说，这是对个性的误解。有的主持人整天在重复着别人的话，视套话、空话、大话为乐，不断地模仿着别人的话语和动作，以“克隆”为荣，着实令人担忧。作为一个节目主持人，他就要通过自己的智慧、才华、语言来宣传党的方针政策，不能把电台、电视台当作个人表演的舞台。我们需要的是共性与个性的统一，要在坚持党性的前提下，努力发挥个性，形成独特的个性风格。

第十二章　电视节目主持人的体态语言

自从有了人类以来，就有了人际交流，凡交流者总是通过一定的语言符号和形式进行的。传播学者和心理学者把这种符号和人际交流的形式分为：语言的（包括文字）与非语言的（体态语言），即有声语言与无声语言，口头交际与非口头交际。传播学者认为：人们在面对面交谈时一条信息传递的全部过程中，只有35%是通过语言获得的，而65%是通过非语言获得的。还有人认为，从非语言（体态语言）获得的信息超过65%。这一发现，足以说明体态语言在传播信息中所起的重要作用和占有的特殊地位，这就足以引起人们对语言效应研究的关注。

电视是一门视听兼备的传播艺术，重视听的有声语言的研究固然相当重要，任何时候都不能有所忽视，但对时时处处作用视觉的体态语言同样也不能忽视。体态语言效应是个客观存在，在传播中占有举足轻重的位置。就体态而论，对电视主持人较之对电视播音员、电视编辑记者显得尤为重要。在这方面具有明显的优势，不容忽视。然而，至今关于电视主持人的人体语言理论研究还相当薄弱，未能引起人们的足够重视。伟大的时代在呼唤节目主持人，电视主持人的发展又在呼唤着体态语言。重视体态语言效应的研究势在必行，这对于增添电视节目主持人的魅力、增强传播效果以及推动电视主持人的健康发展，必将具有深刻的现实意义，其影响也将是深远的。

第一节　体态语言概述

众所周知，构成传播学的三要素是传者、受者和传播效果。作为传播者的电视主持人与受众之间完全是一种平等的朋友关系。电视主持人总是通过有声语言与体态语言的相互作用，密切配合，取得最佳的传播效果。如果说前者是听觉的需要，后者则是视觉的需要。电视主持人一旦离开体态语言，就违背了视听艺术的规律，是不完善的、不成功的传播，缺乏体态语言的电视主持人就失去了魅力。

行为科学家以及语言学家的研究成果表明，在人类的沟通方法中，大多数是通过手势、姿态、位置和距离来实现的，不论在办公室、宴会上和电视上，只要有人活动的地方都存在非言语信息。并且人们还发现，大多数基本沟通的姿态，在当今世界是一致的，如高兴时会发笑，悲伤或生气时会皱眉或拉长脸，点头表示“是”或“肯定”，摇头表示“不”或“否定”，招手表示“来”，摆手表示“去”，等等。

体态语言大致可以分为以下几类。

一、眼语

俗话说：“眼睛是人们心灵的窗户。”“眼睛会说话”意思是说，人的目光可以表达丰富的思想，交流喜怒哀乐等复杂感情。因而，主持人要学会善于运用“眼语”这个极为丰富的语汇来说话。美国学者罗杰·艾尔斯在《怎样给人留下良好的印象》中说得颇为深刻：“要善于用眼睛交流感情，眼睛是心灵之窗，无论是私下交谈还是公开演讲，都要牢记眼中有听众。与陌生人会面时，要一边微笑一边用眼睛向在座的各位致意，神情要坦然。这样做可以显示出你的风度。”“微笑时目光要温柔、亲切，令人感到愉快。”①

现代体态语言把人的凝视分为公事凝视、社交凝视、亲密凝视和侧扫视四类。无论是从理论上还是从实践运用中，了解这些凝视方法，对电视主持人来说是颇为有益的，很有必要。

公事凝视，凝视区域以双眼为底线，上顶角到前额的三角部位，凝视这个部位显得严肃认真；社交凝视区域以两眼为上线，嘴巴为下顶角，即在双眼和嘴之间的三角部位；亲密凝视部位为对话者的双眼和胸部之间的部位，凝视这个部位有一种特殊的亲密感情；侧扫视是一种用来表示兴趣、喜爱、轻视或敌

---

① 《人生与伴侣》，河南社会科学出版社 1991 年第 1 期。

意态度的凝视形式。笔者认为，主持人的凝视形式，最终要根据节目的性质和内容而定。如内容严肃的新闻节目，则采用公事凝视为宜；内容轻松、抒情的服务性节目、娱乐性节目，则采用社交凝视为宜；经济类和知识类节目，则采用介于两者之间的凝视为宜。

二、表情语（脸语）

脸部的表情变化特别丰富，一些学者认为，只是人的脸就能做出大约25万种不同的表情。学者埃克曼把面部分为三个水平区域：眼和前额、鼻和鼻区、嘴和下颚以及六种基本情感：高兴、愤怒、惊讶、厌恶、惧怕、悲伤。脸部不同区域的变化，可以反映不同的情感色彩，电视主持人要善于运用丰富的表情语“说话”。电视观众通过“察言观色”即可获知复杂情感的细微变化。作为主持人的脸部表情应该自然，是内心感情的真实流露，忌表演，忌矫揉造作。

不同的节目主持人，运用的表情语也各异。美国CBS《晚间新闻》著名主持人沃尔特·克朗凯特表情庄重严肃，显得沉着冷静；《早晨新闻》节目主持人简·波利，始终有一张像早晨阳光般的脸，显得热情、活泼；中央电视台《七巧板》节目主持人鞠萍甜美、纯真的微笑，十分惹人喜爱。我国电视节目主持人的开拓者沈力，1988年秋主持《金色人生》老年知识竞赛，她不仅语言得体，风度犹存，而且表情丰富，时而微笑，时而沉思，时而惊讶，时而严肃，透过其内涵丰富的表情语，不难窥见她真实细腻的思想感情和高尚的内心世界，足见其运用人体语言的深厚功底。

三、姿势语

包括手势、臂势、腿势以及站、立、坐、走动等姿势。

手的动作是姿势语中语汇最丰富的部分。我们常见有些主持人双手紧握、双臂交叉、双手十指交叉，这是焦虑不安、缺乏自信的曲折表现；有些主持人两手忽而放前，忽而放后，频繁改变手的位置，简直有点不知所措的窘态，这是缺乏经验、不够老练的表现。凡有经验的主持人，双手应自然分开、下垂，必要时辅以单手或双手等手势，稳中有变，显得潇洒自如，落落大方，自然得体，颇有风度。

手掌是显示人的态度和性格的屏幕。一般来说，手掌的姿势分三种：掌心向上、掌心向下和手掌紧握，食指伸出。前者是表示一种诚实、谦逊和屈从的手势。主持人如果有意识地使用敞开的手势是大有裨益的，这既使你显得文明有礼，又会给人一种坦然和真挚的诚实感。后两种手势带有命令和强制性的意思，主持人一般不宜采用此种手势。

尽管手势语具有许多优势，但要用得恰当，既不要过分频繁，也要防止手势单一生硬，要有适当的变化，并讲究造型美感。

四、空间语

空间语是指人们利用空间来表达某种意思的一种社会语言，属于无声语言的范围。电视主持人在工作活动中，随时会遇到如何正确运用空间语言的问题。

长期从事大众传播研究的美国人类学家爱德华·蒂·霍尔提出了“空间传播理论”（即“领域传播理论”）。他认为传播者的“距离”和“方位”是构成“空间语言”的两个不可忽视的重要方面。空间范围的区域距离，指的是在社交场合中，人与人身体之间所保持的距离间隔。区域距离又具体分为四个不同的区域：即密切区域（距离间隔在15—46cm之间）、个人区域（距离间隔在46—120cm之间）、社交区域（距离间隔在1.2—3.6m之间，2.1m之内为近社交区域，2.1m之外为远社交区域）、公共区域（距离间隔超出3.6m）。

调整方位对主持人的工作具有现实意义。我们经常从荧屏上看到两位主持人并排坐着或站着联袂主持。这样的方位，较适合于跟观众交流，而不便于主持人之间彼此作较多的相互交流。如果他们的坐、站位置成45°或90°角，则最适于主持人之间与观众之间彼此交流，气氛也显得自然融洽。当主持知识竞赛时，主持人位置与参赛者位置不宜成对峙位置，应是彼此平等位置。在这种场合，主持人以不设固定位置为宜，这样可以根据现场需要灵活走动，使主持人与参赛者之间形成多方位的关系，现场气氛可显得更为活跃、亲切、融洽。目前电视荧屏上交谈者方位不当的现象屡见不鲜，以致影响交谈气氛和传播效果。凡此种种，尚待研究改进。

五、服饰语

服饰不同于服装。服装可以广泛地看作是遮身护体物，而服饰还有穿戴装饰之意。它是一种综合性的视觉艺术，它是“借助物质手段直接美化人自身的艺术”。[①] 自古以来，在人们眼中，美的形象总是由人体与服饰共同构成，互为效益的。从现代传播学的角度来看，服饰已不仅仅是美化人自身的艺术了，正如美国一位学者所说：“在我们的文化中，衣着与主要用于保温和遮体的功能不再相关。当今社会里，衣着提供了你本人的信息，从对你穿戴如何的感觉中，别人可能会得出对你的社会地位、年龄和经济水平信息的看法。衣着是用以对别人形成固定看法的一种强有力的非语言交流形式。”[②]

郭沫若曾说：“衣裳是文化的表征，衣裳是思想的形象。”在现代社会，穿衣戴帽早就超越了避寒遮羞的原始意义，成为文化审美标志。主持人穿什么服装，佩戴何种饰物，不是个人问题，实则在向受众传递某种信息。

在电视传媒影响不断扩大的今天，电视主持人和播音员的服饰文化已经成为被物化了的文化载体，已经成为社会服饰文化研究的一个重要范畴。

现代大众传播媒介越来越重视对服饰信息“语言”的开发和利用。近年来，我国学者关于服饰信息“语言”的研究也取得了可喜的成绩和收获。从人对服装的选择上可以看出一个人的个性特征：

——服装整齐的人性格好，对社会的适应性强；

——经常变换服装花式和款式的人，比较轻松，喜欢炫耀自己。如果是女性，可能贪图享受，弄虚作假；

——过分注重外表的人是一种神经质，缺乏自信心；

——衣着简朴，不失身份的人，个性诚实、刚毅、沉静而大方。男性——

---

① 张雪扬：《服饰艺术与美》，重庆出版社，1987，第23页。

② 洛雷塔·A. 马兰德罗、拉里·巴克：《非语言交流》，孟小平等译，北京语言学院出版社，1991。

能干、有理智、有责任感；女性——具有文静、勤俭等传统美德；

——经常穿素雅服装的人，老成持重，为人踏实，内涵较深，不会胡言乱语；

——喜欢穿印花、大图案的人，一种情况是：性格开朗、好动，喜欢说话好交往；另一种情况是截然相反，即个人修养差；

——一天之内换数次服装的人是重“面子”，怕被别人看不起，不大安分，没有主见；

——从头到脚统一格调和色彩的人，性格正直、刚毅，有自信心，做事富有理性，学识较广，并且聪明，值得人们信赖。

第二节　体态语言运用原则

上一节我们从眼语、表情语、姿势语、空间语、服饰语等五个方面深入探讨了电视主持人的体态语言的魅力，揭示了个中奥秘。那么主持人在主持节目过程中，如何正确运用体态语言以符合其职业角色的行为规范，实现观众对主持人的角色期待呢？

一、配合协调，整体和谐

主要表现在与有声语言和栏目特色的配合协调，体态语言与有声语言的表达配合协调，可以为有声语言表达锦上添花，可以给观众留下整体和谐美的传播效果。

如何处理好体态语言与有声语言的关系，对电视主持人来说是至关重要的。如果两者和谐协调，相互呼应，则可起到互为效果的叠加效应。给观众的印象则是“表里如一”“言为心声”“真实感人”，如果两者相悖或南辕北辙，互相游离，会给观众留下“言不由衷”“口是心非”的印象，乃至引起观众反感。每当我们在电视屏幕上看到主持人说“观众朋友你们好”时，此时的主持人却面无表情，眼神呆滞，观众就感到很不舒服，难以接受。优秀的主持人非常重视体态语言与有声语言表达的配合呼应。中央电视台《焦点访谈》栏目曾经播出一期《丧钟为谁敲响——南非首次种族大选在即》的节目，水均益的主持给人留下深刻印象：主持人在开场白中说道："……我们还是先请看一组南非的镜头……"说着，主持人转过身去，镜头从他的肩头迅速推到了大屏幕上，伴随着音乐，一幅幅美丽的画面出现在观众眼前。然后，主持人转回身来再次面向镜头说："南非的确很美，然而就是这样一个美丽富饶的国家，在过去三百多年里却经历了一段种族歧视的黑暗年代……"水均益的两个转身动作，加上他一贯的思索型体态语（皱眉或挑眉），与音乐一起自然地把画面衔接起来，体态语与有声语的配合协调，组合优美，给观众留下了整体和谐美的感觉。

体态语与栏目特色相和谐。不同的栏目，定位不同，其内容、形式、风格、对象也不同，观众收看时接受心理和审美标准自然也不同。主持人的体态语也必然要随之进行调节和选择。主持人的体态语贵在与栏目定位、宗旨相吻合。气象节目、农村节目、少儿节目、娱乐节目各有自身明确定位。主持人的体态语要受节目定位、宗旨的制约，不能游离于节目的规范外。以气象节目主持人为例，有些主持人为了吸引观众的注意，常常穿着奇特，手舞足蹈，高声高调，语速飞快，还不时做些怪动作，其结果是只知其形，不知其所以然，全然不知他说了些什么，本末倒置，体态语违背了节目宗旨。一般来说，益智类、竞技类节目，主持人体态语使用得较丰富，节奏变化也大；知识性、专业性强的节目，主持人的体态语使用得较细腻；新闻评论类节目主持人体态语端庄沉稳，动作少而有力。

二、自然得体，恰到好处

运用体态语一要适度得体、贴切，掌握分寸，做到恰到好处，力求真实可信，切忌矫揉造作，故弄玄虚。二要切境。体态语受环境制约，不同的民族习俗，不同的场合和情景，灵活运用，做到合理自然，切忌不合时宜、不分场合地滥用照搬。

比如手势动作，少儿节目主持人的手势多，幅度大，走位变化多，动作较夸张，以适应少儿活泼好动、注意力不够稳定的心理特点；老年节目主持人的手势，动作要尽可能地少、轻、慢，以适应老人的思维节奏。但是如果参加节目的老年人心理年龄比较年轻，身体较好，主持人在与之接触中体态语过分“关照”会显得多余，甚至有损老人的自尊心。这就需要主持人在充分了解老人心理的基础上把握好体态语的分寸。

面对不同的采访对象，主持人要灵活运用不同的体态语，从自然得体的体态语中表现出对人的尊重和主持人的人品修养。

崔永元在主持谈话节目过程中，除了善于耐心倾听和表述外，还善于恰到好处地运用体态语言。他在现场人多拥挤的情况下采访观众的时候，不可能跟每一个观众都站到一排，有时碰到他站的地方比采访对象高一排时，为避免谈话会给对方心理上造成压力，他都是弯着腰举着话筒，让对方心里能平静下来。遇到现场采访残疾人时，尤其是下肢残疾的人，他会走到对方身旁，以最快的速度，蹲着给他举话筒。而跟孩子说话时，他从来都是单腿跪在地上，另一只手要扶着孩子的肩膀。这些得体自然的体态语言体现了主持人的满腔热忱和对他人的尊重、关心。

三、个性化体态语，凸显个性魅力

主持人应根据不同的节目和对象的需要，充分发挥自身的体态语的独特魅力，以便形成有鲜明个性的“自我”，每个主持人不仅相貌、体态各异，而且由于生活习惯、文化修养和审美情趣的不同，平时表现出的体态语也会有差异，差异就必然会有个性特点。主持人不宜一味去模仿别人，向别人学习贵在创新，创造出一种既有自身特点又符合栏目特色需要的体态语言。

央视主持人李咏在《幸运 52》节目中的“体态语运用不仅洒脱，还别具一格。有时为渲染气氛，创造娱乐氛围，他握拳出击，有时弓步待发。再看他读卡时，绕口令般的语速，配以夸张的双臂摆动的持卡姿势，都为活跃现场气氛，与观众产生互动，起到了积极作用。有时他突然放慢语速，挑起双眉，眼睛忽而看卡，忽而又看台下的观众，扑朔迷离的神秘，给观众造成一种紧张的期盼心理，可谓闹中取静，具有很强的感染力。李咏很会利用体态语渲染悬念，比如广告前后他总要以洒脱的步伐绕场半周，寻找机会与场外的观众通过眼神、表情和动作进行交流，吊起大家的胃口”。①

四、多层次展示，注重整体效果

一般来说，衡量体态语言的社会客观效果有四个层次，即信息层次、感情层次、态度层次和行为层次。这四个层次间既有密切的内在联系，又有不断的递进关系。电视主持人要善于通过体态语言，最终让观众准确地获得信息，彼此得到思想情感的交流，增加共识，沟通理解，从而起到影响公众态度行为的最佳传播效果。因此，主持人还要随时注意观众反馈，不断调整和改进体态语言符号，切实提高运用体态语言的水平。

国庆之际，《实话实说》请来了参加全国少数民族运动会的五十五个民族的代表，他们既是观众也是嘉宾。崔永元说了几句开场白之后，走向观众席，首先介绍的是新疆维吾尔族青年阿迪利。为让观众了解这位青年，崔永元说道："如果没听说过他，我做个动作你们就知道了。他是干这个的……"然后双手横握话筒（比喻走钢丝的平衡杠），双臂左右摇摆。嘉宾不约而同地脱口而出："走钢丝的。"在与新疆回族摔跤队员交谈时，崔永元说（面向队员）："敢不敢和谁摔一下？"运动员正在犹豫时，崔永元干咳了两声，双手抖了抖，敞开着衣襟，做了一个欲与这位运动员比试的动作，场上立刻响起了掌声。崔永元通过幽默的谈吐及形象诙谐的多种体态语言，巧妙地向现场观众传递信息、感情、态度，从而引起了现场观众的热烈反响，情感共鸣，营造了与场内外相协调的喜庆、祥和的氛围，起到了极佳的传播效果。

大量的实践证明，个性化的体态语言具有的魅力是多方面的，包含着深刻且丰富的内涵，在表情达意中显示出深度、力度及其美感。新世纪的电视主持人在提高有声语言表达的同时，应该自觉地加强体态语言的修养，以适应新时期电视节目主持的需要。要从思想观念、思维培养上切实改变长期以来不重视体态语言的习惯，采取必要措施尽快提高主持人体态语言的基本素质。

---

① 中国广播电视学会节目主持人委员会编《主持人技艺训练教程》，武汉大学出版社，2003，第156页。

第三节 电视主持人的服饰语言

什么是服饰美？服饰自身的形式美，就是由形象设计的元素：点、线、面、色彩和肌理的恰当组合形成的。只有当服饰形象设计的诸元素的组合达到衣（服饰）、形（人体）、神（气质）三者高度的和谐时，服饰才是最美的。服饰美的最高境界是“和谐”，它主要包括服饰与环境的和谐、服饰与人体的和谐以及服饰自身的和谐。和谐美是主持人服饰选择的基本原则。

现代服饰分为礼服、便服和职业服三大类型。

礼服是参加宴会、婚礼、丧礼等庄重仪式时穿的正规服装。

便服是日常生活中随意穿着的服装。

职业服是要求有一定社会形象为特征，是一种比较正规的服装。

电视主持人的着装应根据节目定位、性质和个人气质来进行选择。电视主持人所主持的节目形态各异、工作内容、性质不同，对其职业服饰必然有些特定的具体要求：

一是受节目制约，要符合节目定位和宗旨的需要，与节目的性质相协调。

电视节目主持人的节目类型多样，定位各异，节目宗旨不同，为此要求主持人的服饰形象相协调，能体现出节目的本质和特点。北京电视台一位节目主持人对此总结了一条“穿什么，说什么，怎么说”的规律，一语道破了服饰与节目的个中关系：主持什么节目，应穿什么服饰，应说什么话。如美国 CBS 晚间新闻主持人沃尔特·克朗凯特和丹·拉瑟喜爱穿深色的西装、考究的衬衫，这是与他们所主持的晚间新闻节目沉着、稳健的风格相一致的，符合晚间新闻主持人风格的共性。中央电视台文艺节目主持人在主持戏曲“梅花奖”比赛和颁奖时曾这样设计自己的形象：头梳髻，身穿旗袍。这身打扮与戏曲人物的造型都是中国传统式的，它与古装戏的戏曲人物造型既协调又与戏曲比赛和颁奖会的气氛相吻合，突出了主持人的形象美，可谓相得益彰。

总之，主持人的服饰要因节目性质和内容而定。不同类型节目的内容所传播的信息表达的主题各异，观众的接受需求和接受心理自然也不同，主持人的服饰就要与之相协调。无论是服饰的色彩款式还是穿着，都应与节目内容相一致、相吻合，都应服从于节目内容。比如，《人民子弟兵》栏目主持人穿着军装报道军营生活、军人事迹，当兵的看了可亲，老百姓看了可敬，军装与军营内容的和谐结合，无形中增强了节目的吸引力，提高了节目的知名度。反之，如果军事节目主持人不穿着军装报道，其传播效果就会逊色很多。可见，服饰是反映主持人与节目水乳交融、不可或缺的一个方面。主持人必须以所主持的节目来考虑自己的服饰，从而在服饰上寻求一种与观众最佳的感情交流。

二是要符合节目特定传播对象的需要，力求个人形象与节目形象和社会形象相结合。主持人是媒体与节目形象的代表。主持人的服饰形象应符合荧屏角色的特点，体现节目形象并为特定的传播对象所认同。

服饰既是主持人外在形象打造、包装的重要方面，也是节目特定传播对象认同的需要。主持人的服饰穿着要讲究大方、得体，符合角色定位的身份，要与被采访者和环境氛围相协调，不能反差大，穿西装去采访农民、工人、学生显然反差太大，观众看了也不舒服。着夹克衫到田野、工厂、学校、部队和街头去采访，觉得很随便，访谈起来也显得自然、亲切，可以缩短着装的距离感和服装上的反差。

受人喜爱的少儿节目主持人鞠萍，长期主持《七巧板》《大风车》栏目，她的主持自然潇洒、俏丽活泼，她不化妆、不戴任何饰物，随意简单，显示了青春的魅力。20多年来，她为了保持与少儿节目相吻合的主持人形象，为塑造少年朋友们认同和喜爱的一个形象，作出了不少牺牲和努力，用她自己的话说：

——我牺牲了一般年轻姑娘对美和时髦的追求，无论在生活里还是在屏幕上，我一般只穿布鞋、布衫、运动装或其他编导指定的充满童趣的服装。我不烫头，因为曾有小观众来信说我烫了头就不像他们心目中的“鞠萍姐姐”了。

——除了为孩子们演出之外，我几乎谢绝了一切商业性演出，也谢绝了一些在电影里、电视剧里扮演角色的机会（当演员是我童年时就有的愿望），我怕小观众们无法接受“鞠萍姐姐”在影视中扮演的竟是另外一个人。

读着这段感人至深的话，我们从内心对主持人产生了由衷的敬意，同时也充分认识到一名优秀的主持人要保持与节目形象，与特定对象所认同的完美形象是多么不容易啊！鞠萍有感而发说道："如果让我在牛仔裤、紧身衣和宽松肥大的服装中选择，我选择后者。这倒不是牛仔裤、紧身衣没有美感，而是对于幼儿教师缺乏实用性。要给孩子们做示范动作，穿着紧绷绷的服装，自己会感到不舒服，孩子们看了也会觉得吃力。节目的性质决定了我的服饰不应和其他主持人一样，如果我也穿了一身西装，端坐在屏幕前，恐怕不会为孩子们喜欢。"①

三是要体现自身的个性特征和性格特点的特定需要。

主持人追求服饰个性，其个性特点表现在多方面，不仅有内部心理特点，还有外部的服饰特点，也即个性特点的外化。服饰个性化的特点是个人倾向性对服饰的态度、兴趣、爱好和打扮，这是构成服饰个性化最重要、最活跃的因素。社会学家认为"衣服，是人类的第二皮肤"。一个人的穿着，往往代表一个人的性格特征，透过外表的衣着服饰，可以折射出人的内心特质，心理学上称为"延伸自我"。服饰个性化的最高境界就是和谐美观的整体效果。和谐不能刻意，不能偏离自然、大方。

个性是主持人成熟的标志，也是获得受众喜爱和信赖的关键。不同节目的不同主持人或同一节目的不同主持人，由于对节目的、内容的理解、把握的分寸以及参与的程度有深有浅，因而表现出来的个性魅力也就会浓淡不一。主持人的个性形象是由学识、修养、人格魅力等内在因素，以及仪表、风度、形体和服饰等外在因素构成的。主持人的服饰一定要穿着得体、有品位、有个性，才能彰显出主持人的个性形象美。

主持人追求服饰个性，要将自身的自然条件（肤色、脸型、形体）、内在素质（个性、爱好、修养）与节目定位、特征有机地融合，起到相得益彰的效果。总之，个性化服饰具有个体性（体现个体的需要与性格特征）、社会性（时代特点）、差异性（个体的生理性格、气质特点和职业需要的差异）等基本特点。电视主持人要利用服饰充分地展现自我，注重服饰艺术的整体组合，

① 徐德仁、施天权：《时代的明星》，复旦大学出版社，1990，第74页。

力求给受众留下最美好的印象。

以灵敏、快速的反应赢得中央领导和观众称赞的香港凤凰卫视中文台主持人吴小莉在着装服饰上颇有个性。她在回答媒体这一问题时说：“作为一个电视人，出现在大众媒体上，我有一定的方式来注重自己的形象，穿着干净是我自己对服饰的第一要求。穿着打扮要有自己的个性，既具有中国人的传统，也具有现代潮流的特点，大方庄重。”①

第四节　电视主持人化妆艺术

美容化妆是一种无声的语言，是一种视觉和心灵的感受，经过美容化妆的人，无不增添美丽与魅力。生活中的每个人，无论女性还是男性，都需要利用化妆术藏拙露优，使自己的容貌美丽端庄；节目主持人，无论是文艺类主持人还是新闻类主持人，出于工作需要都要美容化妆，只是化妆程度、妆色不同而已。

一、主持人化妆的基本原则与要求

1. 符合节目特点需要

主持人化妆是为其所主持的节目服务的，因而要服从节目定位的需要，并能体现节目特性。不同类型的节目，主持人需要不同的妆色、妆面。

例如，新闻类节目主持人因报道的客观公正及传播内容的严肃性，适合成熟端庄型化妆风格，化妆要自然大方，不能浓妆艳抹，尽量少一些修饰，并与服装色彩搭配和谐。

文艺类节目主持人如颁奖晚会、音乐晚会、节目晚会一类的主持人，由于节目内容的时尚性，就需要主持人的化妆也为时尚型，时尚型风格化妆的妆色不应是单一的，配色方式有多种，如冷暖两大类别，可根据自身特点选配。

社教服务类节目，如生活服务节目，内容贴近大众文化生活，服务百姓日

---

① 《吴小莉感悟潮流》，《中国商报》美发美容专刊，1998年7月11日。

常生活的方方面面，因而主持人面妆宜淡雅、自然。这类妆色可以分为暖色调与冷色调两种，暖妆体现主持人的成熟、大方与高雅，冷妆则体现主持人的智慧、沉静与理性。

少儿节目主持人决不可浓妆艳抹，因为他们面对的是天真活泼、充满童趣稚气的少年儿童，所以适宜青春、活泼可爱型的化妆风格，切忌成人化的化妆。总之，少儿节目主持人要以一张和孩子一样纯净的脸去面对孩子，否则是不会为孩子们所接受的。

2. 符合整体审美的需要

人的面部由额部、眼睛、鼻子、嘴唇、下巴五个部分即“五官”构成，这五个部分成为脸部五个“观照焦点”。在现实生活中，不少人单看五官的某一部分，长得都还不错，可是组合在一起从整体审美看，形象就不是很好。原因就是面部五官的比例不和谐，整体构成不协调，因此缺少整体和谐美。

面部五官审美的传统标准是“三庭五眼”，男女都一样，又称“三停五眼”。“三庭”是指发际至眉线（上庭）、眉线至鼻底线（中庭）、鼻底线至颏底线（下庭），这三段长度相等，各占三分之一的比例，其中眼睛的位置应在整个头部的二分之一处。“五眼”是指左右外耳孔至外眼角、左右眼长、两眼间距，这五段长度也相等，各占五分之一的比例，以眼睛的长度为测量的标准。“三庭五眼”是面部五官的黄金分割律，不符合这个黄金分割，就显得不和谐，应视为不符合美丽的标准。在化妆时，应使自己的五官分布尽量接近三庭五眼这一标准，要注意从整体布局出发进行化妆，以收到“综合治理”的效果。切忌只就其中某一个局部加以修饰。不严格对称，间距不均匀，大小不适度，五官就会比例失调，反而会变得更加丑陋。

3. 观众接受心理的需要

电视节目主持人的美容化妆时为了美化人，而不是改变人，所以妆面、妆色一经确定，就不宜轻易更换，而要保持稳定。究其原因，有两点：一是已确定的主持人妆面、妆色已融入其主持的节目形象之中，成为节目个性的一个组成部分；二是观众尤其是目标观众已经熟悉、接受、认可这个形象，如果随意更换，势必会造成观众接受心理的混乱，影响收视效果。

例如，《焦点访谈》主持人敬一丹的妆面、妆色十多年来始终保持着自然大方的风格，淡妆、不变的发型，体现出质朴无华的风格。每当人们收看敬一丹主持的《焦点访谈》，对她的美容妆面早已形成定势，接受心理稳定。如果她的妆面突然改变，形成反差，就会影响观众的接受心理，进而影响收视效果。

二、主持人化妆的基本步骤与方法

电视化妆与生活中的化妆，不论是步骤还是方法都基本相近，有许多共同之处，但在相近之中又有一些特殊要求。比如在颜色的选用上，电视化妆应尽量选择那些接近自然颜色的不饱和色，力求柔和、含蓄。

1. 基本步骤

无论是女性主持人还是男性主持人，均运用化妆的通用程序：先要净面护肤，清洁面部；再打好基础粉底，用好高光色及阴影色；定妆；接下来是眉毛、眼部、腮红、嘴唇等部位的化妆；最后要使面部与颈部的妆色和谐一致，彰显整体视觉美感。

顺便提一下，男主持人尽管比女主持人化妆的步骤简单得多，但要做到不露痕迹，却需要更加细心，也绝非易事。

2. 矫正化妆法

现实生活中每个人的脸部和五官都不可能十全十美，即使是俊男美女也会有一些“美中不足”之处。主持人化妆的最大好处就是藏拙露优，对某些不尽如人意之处进行矫正、弥补。这种化妆方法就称为“矫正化妆法”。

电视主持人通过对皮肤、脸型、眉眼、鼻嘴、额颈等部位的矫正化妆、修正美容，可以将自身外形得天独厚的个性优势发挥得淋漓尽致，将烦心的脸部瑕疵变得恰到好处，将不尽如人意之处化妆得美丽动人，最终以最佳的荧屏形象出现在观众面前，从而获得最佳的传播效果。

第十三章　主持人的“听”“说”“讲”“写”的技巧

节目主持人要学会耐心倾听嘉宾和参与者的意见和想法，学会说话、谈话，学会自己动手撰写主持节目稿，这是主持节目必须掌握的一项基本专业技能，也是主持人有别于播音员的重要之处。

第一节　主持人的倾听艺术

“倾听”“聆听”和“说话”“谈话”一样，对主持人来说，都是不可缺少的主持技巧，特别是在谈话节目、访谈节目和热线直播节目中，主持人的“倾听”“聆听”显得尤为重要。

一、倾听是人际传播的重要一环

传播学创始人施拉姆认为“两个人（或者两个以上的人）由于一些他们共同感兴趣的信息符号聚集在一起”就叫人际传播。人际传播就是面对面的传播，人对人的传播，是最为人情化的交流方式之一，真正使媒介成为“人体的延伸”。我们这里所说的人际传播是广义上的人际传播，即人与人之间的信息交流。从大众传播到人际传播的回归是现代大众传播发展的必由之路，它吸收了人际传播中的许多优点：如平等交谈，促膝谈心，倾心交流，洗耳恭听，互诉衷肠，倾听心语等。大众传播的这种回归实际上是深一层次的创新，它将人际传播中的诸多优势融入大众传播之中。

著名的瑞典语言家德·索绪尔关于语言循环的重建理论，即从言语角度说明了人际传播中“发音”和“听音”之间，即说话者的主动部分和听话者的被动部分共同构成的完整的言语循环系统。他说：“凡从说话者的联想中枢到听话者的耳朵的一切都属主动部分；凡从听者的耳朵到他的联想中枢的一切都属被动部分。”① 这句话清楚地告诉我们，在人际传播的每一方都离不开发音和听音，都离不开主动部分和被动部分；说与听都离不开联想中枢，听音（倾听）是言语循环中的一个不能缺少的环节。

以媒体的特性来看，广播就是“听”的艺术，电视则是“视听”兼有之，听离不开声音和耳朵。叶圣陶先生多次强调广播稿必须充分照顾到“上口和入耳”两个条件。广播语言要经得起嘴巴和耳朵的考验，读起来朗朗上口，抑扬顿挫，听起来通晓明白、舒服悦耳。

从传播学的角度认识，听与说是构成传播的两个基本条件。两个人面对面的传播，不能只有说没有听。谈话、对话总是边听、边想、边问、边答地进行着。一个不善于倾听的主持人，不管他（她）如何能说会道，也绝不会成为受众欢迎的人。听和说从来就不是单向的，它需要有来有往地双向互动。会听才能会说，听是说的前提和基础，说是听的结果和延伸。两者相辅相成，彼此不能分离，这样才能构成真正的传播。

二、倾听是主持人节目成功的重要因素

作为广播电视媒介形象的节目主持人，应从传播的规律特点中吸取营养，得到领悟。“从主持的理念和实践中牢牢地把握这个不可缺少的重要环节，用倾听去理解，去消化，去获得信息，去交际，去沟通，去主持，因而胜人一筹”。②

学会倾听、认真倾听、善于倾听是主持节目获得成功的重要因素，也是国内外明星主持人成功的要素。美国 CNN 电视明星拉里·金早在 1960 年就以一档以倾听为主的谈话节目脱颖而出，成为美国第一位有全国性影响的广播谈话节目主持人。拉里·金的谈话方式是非对抗性的，他善于倾听，并且不让嘉宾在节目之前作准备工作，自己也不事先准备列清单提问，这使得他的谈话节目更像明星朋友之间的一次闲谈，气氛友好而活跃。他的长处在于，在这种貌

① 费尔迪南·德·索绪尔：《普通语言学教程》，商务印书馆，1982。
② 林兴仁：《论倾听》，《金话筒月报》2003 年 4 月，总第 59 期。

似轻松、随意的访谈中，他能够敏锐地抓住问题的要害，提出听众最想提的问题。在广播谈话节目中，他可能是说话最少的人之一，他把主要时间留给嘉宾；另外，他也让听众通过热线电话直接向嘉宾提出一些问题。

美国著名的黑人主持人奥普拉·温弗利主持的电视新闻早间栏目《人们正在谈话》和电视谈话节目《奥普拉》以其同情和倾听获得高收视率，并使她在观众中极有人缘。美国传记作者兼评论员曾作过这样的评价：“一般说来，广播电视的访谈者只是提出问题，却并不认真回答，他们的心思放在其他事情或是下一个新问题上。但奥普拉仔细地倾听嘉宾们的谈话，并且利用谈话内容把主题步步引向深入。这就是她适应当今时代的风格，由于对观众和嘉宾的生活进程充满关切，由于能与他们进行交流，这种风格大获成功。”① 由此可见，“仔细地倾听嘉宾们的谈话”是国内外明星主持人获得成功的共同奥秘之处。

三、倾听贵在树立倾听意识

怎样才能树立倾听意识呢？

首先，要树立牢固的倾听意识，主持人要做到“心中有情”“目中有人”。广播、电视传播的特点与归宿都是观众，因此要做到处处平等待人，尊重受众，注意倾听、聆听并真诚地感受他们的甜酸苦辣，体会他们对人生、对社会的感悟；同情、理解和关心他们就是尊重观众的具体表现。主持人在与受众交谈中，一个会心的微笑、点头示意以及专注的神态和眼神，都会使参与对方倍感亲切、温暖。为此，交谈时切忌心不在焉、左顾右盼、神情分散。

其次，不要抢话，不要随意打断别人说话。有些主持人生怕别人当“主角”，自己成为“配角”，总想突出自己，不让人把话说完，喜欢随意打断对方说话，这样做很不礼貌，很不尊重别人，随便剥夺对方说话的权利让人难堪，是很不应该的。树立受众意识，就是要求主持人热情、真诚地对待受众，做到坦诚相见、以诚感人。主持人不能做节目的旁观者，要敢于和善于把“自我”巧妙自然地融入双方谈话之中，融入节目之中。

---

① 杨博一：《美国脱口秀》，京华出版社，2000，第17页。

最后，主持人听得认真、投入，还能激发对方说话的热情。对方因主持人对他说的话感兴趣就更加有发表己见的激情和勇气。如果这时主持人能适时提示问题，对方就会更兴奋，更有说话的欲望。所以说，认真倾听、聆听是谈话或对话得以延伸和升华的前提和保障。

自信和专注使认真倾听成为可能。凡是成功的谈话，对话直播节目主持人都有个共同点：自信、松弛、自如。自信的人神态自如，精神放松，因此能做到思维敏捷，记忆准确，谈话自如。有些主持人由于缺乏自信而过分紧张，影响有效地倾听；有些主持人因注意力不集中而情绪懒散，无心倾听或听不及义。凡此种种，都会影响倾听的效果。

自信是有实力的表现，要做到自信就必须提高自身的素质和能力。自信必须有备而来，有备必自信。主持人采访前要作好充分准备，做到心中有数，方能应付自如。自信和专注结合的状态，才能取得倾听的最佳传播效果。

美国 CNN 新闻主播 Lorrain Hahn 认为：自信来自你的内在，来自经验，来自你对话题的把握，来自采访前的案头工作。有人问她：

“你在镜头前如何保持自信和风度?”

她的回答是：“时间，时间是一切。这些都随着时间、实践和好的建议而来。我学会压低声音说话。我学会控制我的语调和声音。有时我们大声说话来传达信息，不一定非要这样。有时不能强调你的话，你只能通过改变你的语调和停顿来传递给读者信息。这是一个可以学会的技巧。这需要实践，不是天生的；需要时间，经验会将你和新手区分开，经验会让你更平静、自信。自信会随着对工作的了解增多而来。如果我知道怎么煎鸡蛋，我会在你和朱镕基总理面前煎鸡蛋，我无所谓。”①

边听、边想、边问、边说是实现倾听的有效互动的最佳途径。

听，不是为听而听，听的过程是理解和思考的过程，也是个发问和想说话的过程。认真倾听，要有随时的回应。这种回应，不光是在观察对方的表情和眼神，对回答表示关注，有兴趣、赞同或有疑问、不解的信息，而且还有语言

---

① 《美国 CNN 电视播音主持艺术》（译文），2002 年 1 月 12 日晚美国 CNN 新闻主播 Lorrain Hahn 在中国国家行政学院演讲。

上的回应，能即兴提问、发问；或即兴提问个人的思考和想法，供对方参考。总之，主持人在节目中要做到边想边思考，抓住对方回答问题中有价值的内容，及时补充、评说或发问。这样的谈话、对话，不仅自然流畅，还可以不断开拓谈话的力度。

杨澜在采访文化名人余秋雨时，谈到新闻媒体上未经核实的小道消息广为流传。余先生说，这是我们的传媒从刻板到言路初开必然出现的无序现象。杨澜听后随即表示不同意这种看法。在她看来，假新闻随处可见，并非由于媒体的“开放”而收敛。于是她就发问道：“这种不真实的小道消息在传媒上大量存在，不能期望它们有朝一日改观吧？”这一反驳，使余秋雨又进一步阐述了他的关于“有序”的看法。他说：“海外和港台报刊上的小道消息确实很多，但他们固守着一个本位：庸俗就是庸俗，不会慷慨激昂地提高到民族大义和文化前途的道德批判上来，这也是一种序。”正是主持人这种听、说互动效应，使人们对传媒言论的真实和有序，有了更广泛、更深刻的认识，使这次节目呈现出深度、力度。

边听、边想、边问、边说，首先要求主持人要善于倾听，积极调动对方的谈话情绪，这是一个循序渐进的过程。在绘画与摄影的构图中，均有“空白”的讲究，留有空白可以保留想象的余地。在电视谈话节目中，有时候主持人会有意识地不说话，这种留白艺术在中央电视台的《新闻调查》中，通过主持人董倩的采访收到很好的效果，其中一期是反映 1960 年 5 月 23 日我国三位运动员首次登上世界第一高峰珠穆朗玛峰时发生的一个感人的故事。

当时参加登峰的有四位运动员，故事就发生在第四位运动员刘连满身上。由于他是一名突击队的教练，具有非常丰富的登山经验，就在攀登最后一道关口时，正是刘连满让队友们从他的肩上踩过去才得以成功攀登上这个绝壁的。可正在此时，他的体力已消耗殆尽，双脚双手再也没有知觉，不听支配。刘连满不得不留在原地，这意味着他距离成功只差 100 米，而成为永远的遗憾！在氧气含量只有平地 1/3 的海拔 8700 米的高山上，氧气留下很少就意味着面临死亡。且看下面他们之间感人肺腑的对话：

董　倩：8700 米这个高度，把你一个人留在这里，这意味着什么你自己知道吗？

刘连满：想过，当时因为我的手脚不听使唤了，整个脚都不听支配了，在这样的情况下，就是他们回来，我在那儿还没有死，还生存着，人家三个人也整不起来你，就是去一百个人也整不起来你，你只能在那儿等着牺牲。

董　倩：在他们走了之后这段时间你都是怎样过来的，这段时间有多长？

刘连满：这段时间从晚上七点到第二天中午。

董　倩：这段时间你是怎么过的呢？

刘连满：我一直在那儿躺着。

董　倩：有意识吗？

刘连满：有意识，也想，要是没意识我也不会把氧气瓶给他们留下。

董　倩：氧气瓶是怎么回事？

刘连满：我怕他们每个人一瓶氧气回来不够用，所以我既然不能下山了，做不了别的贡献，氧气瓶我应该给他们留下。

董　倩：可是8700米高还有空气吗？

刘连满：很少。

董　倩：如果没有氧气的话，你还可以呼吸吗？

刘连满：可以，老半天呼一口，可能二三分钟喘一口气。

董　倩：如果你用这瓶氧气，会不会恢复体力快一些呢？

刘连满：这是肯定的。

董　倩：这时候你还惦记着他们。

刘连满：应该的。

董　倩：你把这瓶氧气给他们留下，他们要是不知道怎么办？假如他们回来一看，假如你已经牺牲了，虽然留下了一瓶氧气，但是人家不知道这是有还是没有。

刘连满：所以我写了一个条子留给王富洲。

董　倩：怎么写的？

刘连满：当初这个条子，这个年头也多了，大概意思就是：富洲同志，我这次没有能完成党和祖国人民交给的任务，任务由你们三个去完成。当你们回来时，也可能我不在人世了，氧气瓶里还有给你们留下的氧气，会对你们下山有帮助的，写上我的名字和日期。

如果说董倩的第一个问题可以让当事人刘连满很快接通40年以前的思绪，让他有很大的发挥空间，引导他说出“留下”的可贵之处，那么到刘连满回答说“我怕他们每个人一瓶氧气回来不够用，所以我既然不能下山了，做不了别的贡献，氧气瓶我应该给他们留下时”，使双方对话起了一个小高潮，这时刘连满已经有点激动，说话时断时续，语气有些哽咽，直至董倩的最后一个问题，问条子是怎么写的，使谈话进入高潮：经过前面的造势，刘连满的情绪一路爬升，到此达到顶峰，他几乎哽咽不成声了，不得不拿出手帕擦拭眼泪。而这时，董倩一句话都没有说，用一种关切的目光凝视着她的谈话对象，静静地等待着，这段留出的空白，足足有十六七秒的时间，留白起到了让观众从刘连满的情绪中，感受到这样崇高的精神和伟大的人格的作用，做到了“不着一字，尽得风流”。[①]

第二节　主持人的说、谈艺术

从播音的方式来讲，播音员主要是通过字正腔圆的规范化声音播稿，准确地表达作者在稿件中所蕴含的主题思想和神韵气势。播稿、念稿、背稿或朗读稿件则是播音员最基本的播音方式；而节目主持人主要是通过说话、谈话，乃至聊侃的方式起到传情达意、沟通交流的目的。两者之间并无高低之分，且各有其自身的难度。本章着重探讨主持人“说”与“谈”的技巧。

节目主持人“说”的语言必须是口语，而不是日常生活中说的“大白话”，是源于生活的经过提炼加工的规范化的大众口语，它汲取了书面语言的精粹口语、讲究艺术性的宣传口语、个性化的正式口语，应对得体的机智口语；书面语言是“说”不起来的。这是“说”的语言前提和语言标高。在解决了“说什么”的问题时，节目主持人究竟应该怎样“说”和“谈”呢？有

① 唐棣：《善于留白——新闻节目主持人访谈技巧》，《电视研究》2002年第1期。

何技巧和方法呢？

一、努力营造良好的“说话”“谈话”氛围，为参与者创造“说话”平台

首先主持人要除掉一切杂念，集中精神，尽快地进入“说话的角色”，要用自己的心情、自己的经验、自己的思想和自己的经历介入节目，使自己成为真正的节目参与者，以诚相待，方能激起对方参与说话的热情。

美国著名谈话节目主持人奥普拉·温弗利节目的谈话场效应非常热烈，其中一个重要因素是她的真诚和热情。她在一次谈到女性被强暴的话题时，把自己有过的相同经历也说出来了，结果赢得许多参与者的同情、关心，讨论气氛非常热烈。

中央电视台《半边天》栏目主持人张越，在总结自己从开始时咄咄逼人的所谓“鹰派”主持风格，到后来转换为体察事态、关怀人的生存状态，主动引导嘉宾多说话的这一过程时说：“我发现最好的创作状态不是我能抖机灵。我跟嘉宾针锋相对起来，不是最美的状态。嘉宾是千姿百态的人，每个人都有自己的人格魅力和人性发挥。如果你有本事，你就要把他的这种光辉和魅力给带出来。他平时是藏着的，你就要在很短的时间内很集中地给他引出来和带出来，让人们看到一个有个性的人，这才是我最好的状态，而不是我们跟他去一句赶一句、去捣乱的过程。”①

张越的经验告诉我们，主持人不要只顾表现自己、只管自己痛快，而是要给嘉宾提供创造说话的机会和平台，让他“在很短的时间内说出一个有个性的人说的话”，这才是主持人“说”的本领和“最好的状态”。

营造良好的“说话”“谈话”氛围，贵在让参与者放松心情，保持日常生活中的状态，说出不加修饰的心里话。《实话实说》主持人崔永元也十分重视这一点。每当节目开始，他要做的第一项工作就是设法让所有参与者的心情松弛，去掉紧张心理和对主持人的崇拜心理，有说话的欲望，而不只是来“听”主持人说话的。

---

① 《真话实说》，转引自鲁景超《广播电视即兴口语表达》，北京广播学院出版社，2000，第166页。

“在特定的情境中，你会采用你们那些你们认为导致收益最大、代价最低的传播策略。”① 这是节目主持人如何营造利于双向真实交流情景，要特别认真加以对待的。这种情境的营造有赖于主持人的引导。

主持人拉里·金总是善于在现场以谈话者的谈话内容为线索顺势提起，正是由于这种即兴提问的方式使整个谈话过程营造出柳暗花明、跌宕起伏的氛围。《拉里·金直播》搭建的谈话平台，“主演播室+双视窗十分演播室”的形态，已经成为格式化风格，目前已被国内《时空连线》采用。

二、要说得清楚、精彩，说得深刻、耐人寻味，说出个性特点

众所周知，有关经济话题一般较为枯燥乏味，但在《一丹话题》节目中却另有一番滋味，令人回味无穷。敬一丹在谈到主持这个节目体会时，有一段话回答了“主持人应该怎样说”的问题。她认为：“怎样说，是一个主持人的台上功夫，在表现个性时非常直观。在《一丹话题》的表现形式上，我没有刻意设计，只是有一个大原则：质朴、简洁、含蓄、文淡意浓，不论语言，还是形象，都是这样。”她说：“我经常谈的是经济话题，我对自己有一个要求：经济话题由我来谈，不能把话说得像经济专家，求深度，也不能让观众觉得很艰涩。主持人如能以平常心去体味，以平常话去表达，就可能深入浅出。我经常与观众站在同一起点上开始接触某个经济问题的ABC，随着采访的展开，又同观众一起一步步走向深入。在这样的位置上，更能体会观众心理，更能注意把枯燥的经济话题社会化、软化，找到贴近观众的切入点。”②

且看《现代企业制度九问九答》中，敬一丹在节目开始时是怎样说的：“在现代经济生活中，你、我、他之间紧密地联系着，其中一个重要的联结点就是企业。什么叫企业？我们多半会脱口而出：企业就是工厂。然而，有专家告诉我，工厂式的企业是计划经济的产物，而公司式的企业才是市场经济的产物。公司式的企业实行的是现代企业制度，这就是我们今天的话题：现代企业制度……”③

---

① 斯蒂文·小约翰：《传播理论》，陈德民、叶晓光译，中国社会科学出版社，1999。

② 《一丹话题》，北京广播学院出版社，1995，第114页。

③ 《一丹话题》，北京广播学院出版社，1995，第70、73页。

再看节目结束语，主持人一段有感而发的话："我想，随着现代企业制度的实施，我们会越来越熟悉它。这几天采访以后，我有一个感觉，市场经济带给我们许多陌生的东西。新东西这么多，使得我们不得不想，我们恐怕都要去扫盲了。如果不扫盲的话，我们就没有办法在市场经济的环境里思考，更没有办法和外部世界对话。不知道朋友们有没有我这样的感觉？"①

在这里，主持人用通俗的语言，深入浅出地说清了什么是企业这个专业性较强的问题。通过"我"的感触，用形象的比喻"扫盲"，向生活在市场经济时代的人们提出了要不断学习新知识、不断思考。主持人说话艺术高超，意味深长，取得了易为观众接受的传播效果。正如有专家评论时指出："……在'怎么说'上，《一丹话题》也表现出了鲜明的个性，内容上质朴、深刻，言之有物，内涵丰富；形式上自然、大方，平自如话，感情细腻。"

《一丹话题》录制时基本没有成文的稿件，但如何谈论话题，敬一丹对此都有精心的设想，形成粗略的提纲。她的谈话开门见山，逻辑性强，节奏紧凑，语言简练，起承转合自然圆熟，思路十分清晰。

主持人如何"说""谈"的技巧和方法是多种多样、不拘一格的，常因栏（节）目而异、因人而异。鲁豫的《说新闻》、崔永元的《实话实说》以及元元的《第七日》中的"说"，各自的"说""谈"方式迥然不同，但其传播效果都相当好。

三、找准谈话的切入点，增强交流互动效应

主持人的"说话""谈话"从来不是单向的，而是双向互动的，其起点和归宿都要落实到参与者身上，要能引起或激发参与者和嘉宾的即时反馈互动，唯有双方迅速进入语境的"说话""谈话"，才是成功的。有些主持人只顾自己滔滔不绝地说，不顾及与访谈对象的交流、沟通，这是不可取的。

1996 年 3 月 27 日《焦点访谈》，主持人水均益就是以一个小学生的提问为

① 《一丹话题》，北京广播学院出版社，1995，第 70、73 页。

切入点，开始了对联合国秘书长加利的采访。节目开始语是这样说的：“秘书长先生，请允许我告诉您，今天在这里采访您的除了我本人以外，还有许许多多关心联合国、关心您的中国人，因为我也带来了一些我们观众的问题。现在我想从一个北京的小学生给您的问题开始我们今天的采访。这个小女孩请我问问您，联合国有多大，您的官有多大？”

加利乐了，他首先表示在回答这个之前，要向这个小姑娘说一句话。这时，他突然用中文说：“我们都是老朋友。”听了他的话，在场的人全笑了！笑声过后，加利接着说：“联合国就像一个大家庭，就像这位小姑娘的家有父亲、母亲、兄弟姐妹一样，联合国这个大家庭一共有185个成员。联合国秘书长的权力并不是很大，他不过是这个大家庭的仆人，他就像一个大管家，负责保护这个家，每天早上开门，打扫卫生……而且他要努力让这个家的每一个成员彼此和睦相处，如同亲兄弟一般。因为这个家里经常会出现一些争论，秘书长的作用就好像是一个调解人，他的角色是解决争议、平息争吵……”

加利慢慢地叙说着，就像一个祖父在向自己的孙女讲述一个童话故事，他是那样的耐心、那样的循循善诱、那样的投入，用水均益的话说：“加利真正进入了我们为他设定的角色。”①

水均益用小学生的问题作为节目开始语，可谓构思新颖独特，既通俗有趣、引人入胜，又有很强的针对性、对象感，起到了激发被采访者想说话的愿望，为主客双方的交谈、沟通搭建了一个很好的平台。

再看水均益对卡斯特罗采访的结束语：“主席先生，我们今天愉快地和您一起回忆了我们两国的友谊。几十年前，在中国有一首脍炙人口的歌曲，是歌唱中古友谊的，我们今天在座的不少人还会唱这首歌。我们现在一起来唱这首歌，希望您也能跟我们一起唱。”

主持人通过一个充满情趣的设计，使一位世界著名的政治家像孩子一样唱着歌结束了这次对话。透过这自然流畅的语言，出人意料的结尾，不仅为节目增添了生动、活泼的色彩，而且巧妙、成功地提升了节目的主题，使观众久久地沉浸在中古友谊的回忆之中。

---

① 水均益：《前沿故事》，南海出版公司，1998，第183—184页。

四、运用个性化语言，说出特点、亮点

节目主持人是语言工作者，语言大师。主持人："说话""谈话"总是以第一人称"我"的身份说话，要用自己的声音、语言、情感说话，通过真实的"自我"，起到"自己人效应"的传播效果。

美国脱口秀皇后奥普拉·温弗利，其成功的奥秘是："在我的节目中，我必须用自己的声音向世界说话。"① 用自己的思考、自己的语言说话必须有个性，真实可信最能打动人。

我国著名节目主持人沈力说得更为具体明白："个性语言说白了，就是讲自己的话，不能今天念张三的稿子，明天念李四的稿子，这样很难有自己的个性。""主持人要形成个性化语言，首先必须具备基本功——四个会：会编、会采、会写、会说。这些功夫对主持人来说是很重要的。"②

众所周知，作为中国荧屏第一人——沈力的语言风格简练、准确、口语、朴实。为了使节目稿的语言更符合自己的身份和性格特点，她常常动手修改编导为她撰写的稿子。1988 年中央电视台举办了第一届"如意杯"电视主持人大赛，由当时刚刚退休的沈力担任大赛主持人。编导专门为她写了一段结束语。她觉得这段话并不符合老一代主持人的身份，缺少自己的特点，于是她在理解编导意图的基础上作了认真修改："'如意杯，专业节目主持人评选揭晓晚会即将结束了，在这儿我也想说几句话，全国范围内开展评选观众喜爱的节目主持人活动，在我国电视史上还是第一次，尽管我们在这次活动中推出了属于电视自己的明星，但是我们深知电视节目主持人这支队伍还很年轻，距离电视事业的发展和观众朋友们的要求还有一定的差距，但是，我们相信随着电视事业的发展，我们这支队伍还会不断发展、提高，在美丽的银河中一定会有更多的电视明星闪烁发光。"沈力的话音刚落接着就响起了主题歌："星空中有你也有我，星光中有我也有你。"这段话不但体现了沈力语言一贯的鲜明特点，而且极符合主持人的身份，字里行间表达了老一代主持人对年轻一代主持人真挚

---

① 任远主编《名主持人成功之路》，中国广播电视出版社，1998，第 124 页。

② 沈力：《主持人语言应力求个性化》，《视听纵横》1996 年第 1 期。

的情感和寄予的厚望。笔者作为评委，聆听主持人情真意切的话语，倍感亲切，深受感动。虽时隔16年，但现场情境犹如眼前。

纵观国内外，优秀节目主持人在语言上无不具有个性化的特点，无一不是在个性化语言的表达方式上展现魅力。在《东方时空》节目中，白岩松展现出与众不同的语言特点：富有哲理性，有流动性的富有内涵、吸引力的语言《东方之子》栏目语“浓缩人生精华”，《新闻会客厅》的栏目语“新闻因人而生动”均出自白岩松之口；还有人气很旺的《开心辞典》主持人王小丫，《幸运52》《非常6+1》主持人李咏，都是通过独特的互动性语言表达，充分展现语言魅力，从而给观众留下了难忘的印象。我赞同《东方时空》总编导孙玉胜的观点：“不可想象，如果表达的语言都不是自己的，那么主持人的个性又靠什么来展现呢？”我也赞赏白岩松的观点，个性化语言的表达可以使电视节目包容性增加，扩大节目在人群中的接受范围。实践证明：不同个性的主持人吸引着不同的人群，这既能满足众口难调的受众群，又能实现传播大众化的原则。

但必须指出，主持人语言的个性化应该同其主持的栏目（节目）风格相吻合、相一致，个性化的语言是栏目（节目）风格重要的不可或缺的组成部分。

五、抓住即兴口语特点，注重反复

实践，提高即兴口语表达能力。

《汉语口语》一书中指出：“口语就是人们在现想现说的情况下，借助各种辅助手段的口头语言，基本上是用非正式讲话的风格说出来的话；它包括口语本身（指零零碎碎的话），也包括口语表达（指连贯的话）。口语是书面语的基础，书面语是口语的加工形式，它们各自按照不同的规律发展下去，成为既相同又不相同，既接近又不接近的两种言语的功能体系。”① 广播电视主持人口语自然是指说连贯话的口语表达。

---

① 陈建民：《汉语口语》，北京出版社，1984，第2页。

主持人的口语表达首先要遵循播音语言的特点：规范性——语言规范，清晰流畅；充实性——真实可信，落落大方；鼓励性——情真意挚，爱憎分明；时代感——胸怀开阔，新鲜跳脱；分寸感——准确恰当，不温不火；亲切感——恳切谦和，息息相通。这是我国播音工作者在60多年的播音实践中总结出来的宝贵经验。

主持人的即兴口语表达，吸纳了人际传播中的“面对面”“双向交流”“边想边说”“即兴反馈”的特点，受到“我说你听”这一传播格局的制约。广播电视即兴口语表达“一方面应极力显示出人际交流的魅力，努力打开传播的障碍与隔阂，把人际交流中那些具体生动的、富有情趣的交流方式运用于大众传播；另一方面，要拒绝浅表化、庸俗化、私语化，让语言传播呈现三重空间：生活空间，规范空间，审美空间。”①

即兴口语的鲜明特点是口语化、个性化和现场性。

杨澜说得好：“随着谈话节目的越来越多，主持人的语言风格慢慢随时能够比较突出地表现出来了。因为这需要很多的即兴的和相对比较大段的评论、串联、提问等。所以我觉得近五年，主持人个人的语言风格通过大量的谈话节目和现场节目的出现有个性化的趋向。广播电视直接跟受众有交流，它还是要求口语化，句子短，连接地要紧凑，不能有那种很啰唆的句子。不同的节目对语言的要求不一样，不同的节目语言要求也不一样。”②

现场性包括新闻事件现场和谈话现场。以谈话节目的现场性来说，可给主持人极大的发挥和创造的空间，极大地挖掘自身的潜力和创造力，在即兴谈话中因即兴智慧的产生而获得意想不到的传播效果，很好地起到张扬主持人个性的特点。总之，谈话节目的现场性使主持人的个性不再埋没于集体创作的共性之中。

即兴口语表达的关键和难点是“即兴”二字。“即兴”贵在培养“脱口而出，出口成章”的语言表达能力；贵在机敏睿智，善于对瞬息万变、难以预料的现场果断作出正确的判断，随即提出对策与思考。

---

① 付程主编《播音主持教学法十二讲》，中国传媒大学出版社，2005，第129页。
② 姚喜双、郭龙生主编《媒体与语言》，北京经济科学出版社，2002，第319页。

提高即兴口语表达能力，平时应加强注意的练习、知觉的练习、记忆的练习、多种思维方式的练习，应学会多观察、多思考、多练习、多积累，只有真正理解了的东西才能说得清。提高即兴口语的思路畅达性、反应的敏捷性、思考的缜密性、判断的正确性。在实际练习中，可采用口头复述、口头描述、即兴评述等方法，可多操练，日积月累，必有成效。

第三节　主持人的讲、演讲艺术

节目主持人不仅要掌握说、谈艺术，会说善谈，还要掌握讲的艺术、演讲的艺术，讲得精彩诱人。两者都是主持人都应具备的基本功。本文试图通过我国节目主持人讲好中国故事，讲好新闻故事的演讲活动，深入探讨主持人的讲、演讲艺术的基本特点、内在规律，尤其是讲得成功的奥秘。

一、发挥声情优势　讲好中国故事　增强传播力

广播电视的特点之一在于它能以声音为媒介传递信息、传递感情。主持人应专注这一特点并把它发挥到极致。2014 年 8 月，由中宣部等几个中央新闻单位主办的“好记者讲好故事”演讲活动中，记者们通过他们亲历、亲见、亲闻、亲为的好故事，讲述了他们以导向为灵魂、以真实为生命，以人民为中心的责任担当。这一活动的开展在国内新闻界引起了强烈反响，在社会上产生了广泛影响。我国新闻工作者应如何讲好故事，如何用讲故事的形式传递社会主义核心价值观，中国记协党组副书记高善罡认为：“没有对人民的热爱、对新闻事业的奉献精神和对工作精益求精的自我要求，记者是讲不出动人的好故事的。”① 中国摄影家协会主席王瑶说得好：“关键要以生动的形式、感人的故事、灵动的艺术魅力来阐释、传播好社会主义核心价值观。”②

---

① 李笑萌：《让中国好故事讲出来、传播开、留得住——访中国记协党组副书记高善罡》，《光明日报》2014 年 12 月 19 日。

② 李韵：《艺比天大、德如地厚——著名文艺家谈践行社会主义核心价值观》，《光明日报》2014 年 9 月 4 日。

2014年12月中宣部发出了《关于贯彻党的十八大精神 切实改进文风的意见》，要求宣传思想文化战线把改进文风作为宣传贯彻党的十八大精神、落实中央政治局八项规定的重要任务。自此，我国广播电视宣传在转变观念、改进文风等方面，发生了令人欣喜的变化，在强化宣传意识、淡化宣传痕迹、积极有效地传播正能量中做了大量富有成效的探索，取得了良好传播效果。如社会影响颇大的央视《新闻联播》节目，由“宣传本位”向“新闻本位”靠拢，坚持“以人为本，人民至上”的新闻传播理念，改文风播报有声有色，在有声语言传播上变播为“播说结合”，还原主持“人味”。四位主播各具个性特点的播报风格，令《新闻联播》面容一新，收视率明显提升。与此同时，全国涌现出了一批由主持人通过讲好故事，积极传播社会主义核心价值观，传播正能量推动实现中国梦的好节目。让人们领略到主持人如何在讲好故事中充分展示其独具魅力的声音优势和独具感受的情感优势，主持人既展示了“声情并茂”的传统优势，又适应多元化受众收视（听）的需要，与时俱进彰显人性化、个性化的播音主持风格，凸显主持的个性本色。这种有声语言的个性化传播既便于交流沟通，互动传播又颇具亲和力、说服力。

正如有的学者所说“广播电视是大众化媒介，亲和感、接地性更广泛，也更直接，其生动形象的传播模式，远比平面媒体、网络媒体更日常化，也更感性”。尤其是电视主持人通过声音形象之优势播讲故事，传递心声，“满足的是人类永不枯竭的对故事的渴望，它用现场性、直接性、当下性和观众的高参性，赋予受众以强烈的感染、感触和感动，紧紧围绕时代需要，以人的需求为需求，讲述昨天、今天和明天的故事，在世俗图卷中展示一种永恒道德精神，形成独特审美感召，是广播电视差异化竞争的重要路径”。①

伴随着转观念、改文风，主持人独特的声情优势和个性化主持风格在故事类节目中得到充分展示，为节目增添亮色。从央视《艺术人生》到北京卫视《档案》《真情互动》，从湖南卫视《真情》《天天向上》到辽宁卫视《王刚讲故事》，从河北卫视《真情旋律》《天下故事会》到吉林卫视《回家》、安徽卫

---

① 周安华：《大融合中加快广电媒体的差异化发展》，《中国广播电视学刊》2014年第12期。

视《家人》等。这些社会影响深远的节目，无不借助于主持人充分发挥以声传播、以情动人、个性语言的传播优势。通过对普通人的生活、情感、命运的关注，讲述他们坚强、奋斗、友爱的主题，讲述他们真善美的心灵，弘扬了中华民族的传统美德和民族精神，激发了人们爱家、爱国、团结奋进的热情。

二、接近地气　讲好新闻故事

自党的十六大会议以来，党中央就为宣传思想工作提出了“三贴近”原则，即贴近实际、贴近生活、贴近群众。“三贴近”原则凝结着党的宣传思想工作的优良传统，贯穿着马克思主义的世界观和方法论。如今，接地气，讲好新闻故事也正是这一理念的继承与实践。接地气，讲好新闻故事对新闻主持人和记者型主持人来说尤为重要，主持人只有深入基层、深入群众、接地气，从普通百姓身边挖掘一手资料，寻找鲜活的中国好故事，方有讲好新闻故事的底气和实力。普利策新闻奖得主美国记者弗兰克认为“新闻学的本质是故事”，要求“新闻故事化”。“讲故事的能力并不一定要求新闻主播去当‘说书人’，更不是‘编故事’，而是要求新闻主播能够把动态新闻所承载的背景、政策、法规、文化、道德等相关延伸的新闻话题做一个完整的梳理，适时充当‘说书人’的角色，把新闻当故事讲。”①

党中央也一再强调无论是宣传工作还是新闻报道都要改变空洞说教的文风，远离官话套话；要学会讲故事的说话艺术，增强亲和力和吸引力。每位新闻工作者，都应该奔走在路上，这是新闻工作者的职责。新闻工作者必须扎根在基层，活跃在现场，把新闻写在广阔的大地上，写在人民群众心坎上，而不是闭门造车，脱离实践。新闻工作者脚上要沾有泥土，心中要沉淀真情。对于新闻工作者来说，基层就是大地，就是泥土。只有走进基层、深入一线，真正了解基层一线的所为、所得、所难，掌握了第一手资料，讲出来的话才真、才实在，讲起话来才会引起共鸣。刘云山同志曾在中央电视台“新春走基层”活

---

① 曾峰：《播说采编新时期电视新闻主播的多角色要求》，《中国广播电视学刊》2013年第10期。

动座谈会上谈到这一点。以央视“走基层”的两个节目为例，七一特别节目《我们的传家宝》和《我眼中的乡贤》，前一个节目着眼于国人的精神世界并以故事化手段见长。所不同的是前者通过对焦裕禄、龚全珍、时传祥等英模人物和大庆“六个传家宝”“小白杨精神”等老典型的深挖，打捞鲜为人知的细节和故事，赋予老典型新内涵，再次“让人们感悟、感动、感奋”。后者《回乡“种文化”的赤脚教授——夏昭炎》《安贫乐道的农民艺术家——刘山三》，正是由于主持人、记者深入采访调查，对每个乡贤人物的先进事迹吃得透，个性特点抓得准，方能形成个性化的感人故事。节目播出后，在社会上掀起了推崇乡贤文化、寻找乡贤文风的热潮。

三、内容为王　服务受众心坎

主持人是节目的策划者、运作者、支撑者，也是讲好故事的关键人物。主持人节目贵在以内容为王，主持人讲述中国故事的内容要贴近民情、反映民意，为民服务、为民说话。从传播的角度说，节目内容只有受众接受传播才有效。那么，主持人如何通过讲述故事的内容，更好地服务受众，反映民意，贴近民情呢？我们认为可以从以下三个方面入手：

首先，节目以人为本，内容凸显服务性。河北电台《992 大家帮》是一档社会影响大、最具典型性的新闻服务类节目。它体现了以人为本、以听众为本位、坚持贴近性的节目理念，通过“大家帮、人人帮、社会帮”打造社会帮助链条，双向互动，多方参与，取得最佳传播效果。该节目的一个显著特点是凸显内容的服务性，为百姓提供全方位的服务，是一档有鲜明创新意识的互动服务类新闻节目。《992 大家帮》创造了新时代应急帮、危困帮、维权帮、公益帮等系列帮扶新模式。贯穿节目内容核心的是一个“帮”字，为老百姓帮忙解难，帮到关键点上，帮得具体实在，帮到百姓心坎。其中有在突发新闻事件时的“应急帮”、有汇聚社会力量开展公益救助的“危困帮”、有以舆论监督帮群众排忧解难的“维权帮”，还有设计组织常态的公益帮扶活动的“公益帮”，等等。如此贴近民意的服务听众的内容，必然会起到扣动听众的心灵、引起受众心灵共鸣的传播效果。

其次，增强内容针对性，提升服务能力与水平。自 2011 年 8 月开展走基层、转作风、改文风活动以来，“走转改”让深入基层一线的主持人、记者“我们在现场”的报道办得有声有色，例如，春耕期间讲述“发现有亮点的春耕事，寻找最忙碌的春耕人”的故事；夏收报道，开办“麦收故事会”，讲述麦收现场鲜活感人的好人好事，成为央视夏收宣传中最大亮点，收视高达 0.52%，收视份额 1.65%，大大超出了常态节目。珠江经济台《974 服务热线》精彩内容天天不同，涵盖百姓生活方方面面。从周一版到周五版，均有生活服务热线、消费投诉热线、名医热线、社保热线、律师热线等，采用主持、嘉宾、听众通过热线电话交流沟通，不断提升服务功能。

再次，坚持差异性服务，提升节目竞争力。在当下广电节目同质化竞争的趋势下，坚持差异性服务，以差异化优势取胜不失为一大良策。面对着江苏卫视的《缘来非诚勿扰》、湖南卫视的《我们约会吧》、浙江卫视的《爱情连连看》、东方卫视的《百里挑一》等众多强势出击的几乎都是以年轻人为主的相亲节目，北京卫视另辟蹊径，开设《选择》栏目，把主要服务人群定位在中老年上。本着“真实信息、真心服务”的宗旨，为单身中老年人提供相识、恋爱的服务。三年多来已有 4000 多人参与此节目，1500 对左右通过节目成功牵手。2012 年，《选择》栏目的市场占有率 6.25%，在北京地区同时段排名第三，在生活频道名列前茅。差异化的准确定位为节目赢得声誉，得到观众首肯和领导称赞。2012 年 6 月，时任北京市委宣传部长蔡赴朝在《〈选择〉实实在在服务老年人》一文中这样评价该栏目：“以中老年人为服务对象，关注他们的情感生活，实实在在地为他们相亲择偶、和谐幸福提供帮助。节目在价值观上注重提倡美好的社会风气，积极向上的心态和健康的婚恋家庭观在形式上朴实自然，贴近大众，从而受到观众的欢迎。”

四、注重传播方式 讲究叙事结构

主持人是节目的灵魂和支撑者，在主持节目中如何讲好故事，如何讲出最佳传播效果，这是需要认真探讨的课题。同一个故事，由不同的主持人来讲，为何吸引力和传播效果迥异。其中涉及如何谋篇布局，设置必要的悬念，使故事情节跌宕起伏；从何种角度讲，采用何种叙事方式及何种语言讲等。以美国《奥普拉读书俱乐部》的主持人奥普拉为例子，一位出版总裁曾幽默地评价他说："以奥普拉的影响力，就是推荐电话号码，人们也会去读。"也就是说以明星主持人奥普拉的声誉和影响力，让他担任读书类节目主持人则是最佳人选。作为读书类节目主持人就要尽可能以书中话题为核心，以讲故事的方式讲一本书。节目中所讲的故事可选取书中有关人物或事件的精彩片段，运用"避重就轻"的手法，即多讲好懂的，少讲难懂的；多讲有情节的、生动的，少讲枯燥的、乏味的，提取书中真挚情感呈现给受众朋友。例如，央视读书类节目从《子午书简》到《读书》最大的变化是叙事方式的改变，从一个10分钟的朗读节目变成了一个30分钟的谈话节目，从单一的朗读到有互动交流的交谈，讲故事的传播方式发生了明显变化，节目中主持人巧妙地设置悬念，并充分利用观众对悬念的期待，渲染故事情节，激发观众的好奇心，让观众在惊讶中得到最佳传播效果。注重叙事方式多样化的讲故事手法，至今已成为央视《今日说法》节目取得成功的一大亮点。通过多年来的实践，该节目在讲述法制故事中已逐渐形成自己固有的模式，并成为吸引观众的招牌，即"设置悬念，表现冲突，模拟现场，情景再现，多种视角，还原真相，其叙事一般都有三个叙事角度，两个叙事者（主持人、嘉宾），一个内叙者（记者）。记者在片中叙事、主持人和专家边看片边评价，三方共同完成一档的叙事。三个方面的叙事，完成了百姓对一个事件的认知"。[①]不同内容、不同性质类型的故事，主持人讲故事采用的手法、运用的叙事方式、说话艺术也不尽相同，各具特点，但有一点是相同的，就是要努力增强故事性，增加吸引力和传播效果。试以江苏泰州广播电视台《公民道德建设故事》和北京卫视《档案》为例，前者叙事角度向下，选题凡人善举。一个专栏报道1300多个故事，不求高大全，只求可亲、可信、可学、可行，讲述凡人的道德风采，挖掘人们身上不普通的闪光点，"在报道善人善行的叙事策略上，《公民道德建设故事》采取了人事并举、事中见人、言为心声的方法，力图揭示出支撑这群人如此行动的真实心理动力，并

① 侯雅俊：《三十分钟讲述百姓的法制故事——浅论央视〈今日说法〉"讲故事"的方式》，《中国广播电视学刊》2015年第2期。

高举起有德者快乐、有德者幸福的崭新旗帜”。[①] 在后者《档案》中，主持人讲故事一般是先提出一个问题，然后从故事或者细节开头，第一时间抓住观众的注意力，再在演播室从一个特定的极具个性化的主持人，通过翻阅、播放、展示、聆听、演示等多种元素和方式，并采用不断变换、移动位置的“游弋式”主持方式，讲述历史故事，以起到直接吸引观众眼球的传播效果。有学者撰文认为：“北京卫视《档案》则更是将主持人的作用发挥到了极致，说故事、分析证据、思考、沙盘演练，全部在演播室内由主持人与三维动画完成。主持人石凉优秀的表演，流畅的英文，让这个栏目脱颖而出。”[②] 综上所述，在培育、践行社会主义核心价值观、实现中华民族伟大复兴梦的历史进程中，作为新闻工作者的节目主持人要勇挑时代担当，传播好中国声音，用声音凝聚团结奋进的向上力量，讲好中国故事，讲出中国精神。这是我国节目主持人的时代担当。

第四节　主持人的“编”“写”技巧

节目主持人写稿，不是为别人写，而是为自己主持的节目写稿。自己亲自动手写的稿可以更好地将“我”的思想、观点和情感融入节目稿中，可以起到用自己的语言说话的传播效果，这比编辑代写的稿子更为真实、感人，更显个性风格；主持节目时会感觉更自然、流畅，给受众的感觉犹如信手拈来，自然喷发，感染力强。

美国著名新闻主持人沃尔特·克朗凯特常常自己动手撰写新闻与评论稿，是写新闻的行家。在一本名为《为电视纪录片写作》中有这样的论述：“试看沃尔特·克朗凯特，他是专业人员中最善于清楚地即席评述的了。但他并不是真的即兴评论的，他是一遍又一遍地写过草稿——有时是在做家务的时候。”[③]

---

① 王雄：《以品牌力彰显道德模范的影响力》，《中国广播电视学刊》2013 年第 10 期。
② 史青：《新媒体环境下日播故事类栏目的突围之路》，《中国广播电视学刊》2013 年第 8 期。
③ 《电视节目主持人学初论》，中国广播电视出版社，1999，第 88 页。

在我国众多电视气象节目主持人中，人们最喜爱看宋英杰与众不同的主持风格。他1988年毕业于北京气象学院天气动力专业，1993年起一直担任中央气象台节目主持人。他从不拘泥于编导事先写好的稿件，“我每天值天气预报节目班的时候，都去天气会商室看一下，去听别人的意见，也自己去看，去观察，我在强调节目科学内涵的同时，也强调节目的新闻价值和生活趣味。听取预报员的意见，了解天气系统的动向，天气形势的演变……然后找出叙述主线，既有良好的大局观，同时也尽量不忽略每一个细微之处，从中提取出重要情节”。[①]

节目主持人是节目的支撑者和核心人物，又是节目的“把关人”。无论是在直播节目还是录播节目中，主持人要参与节目前期的选题策划、提纲撰写、节目构思或播讲稿的编写、修改乃至串联词编写等，使稿件的语言更适合自己的口吻，还要参与下阶段对摄录音像资料的剪接处理，使之成为一个完整的精品节目。由此可见，节目主持人自身的编写能力和技巧在一档节目中显得十分重要。以下将从几个方面加以具体阐述。

一、全方位的编辑意识

处于直播时代的广播电视主持人具有全方位的编辑意识日益重要。直播不同于录播。传统的录播编辑工作的生产流程是采、编、播各个环节分工明确、界限分明。直播编辑工作明显的区别是生产流程的一体化。要求把采、编、播、控（控制机器）集中在直播中一次性完成。它是以直播室或演播室为中心，以主持人为核心的运作方式。

作为“定向把关”的直播主持人来说，全方位的编辑意识集中体现在现场编辑和现场把关中：

——对现场众多信息即时进行过滤和筛选，引导受众围绕节目主题展开讨论，使讨论话题集中，突出重点，避免游离于主题之外。

——及时做好电话编辑工作。面对几条线路同时打进的电话，主持人必须

① 宋英杰：《气象节目主持纵论》，气象出版社，1999，第195页。

在瞬间作出选择和取舍，要迅速准确地从中挑选并接纳那些切中要害、有助于深化节目话题的。要求主持人有即时反馈意识和整体流程意识。

——积极引导受众参与。一是引导受众大胆参与，除去一部分参与者紧张胆怯的心理，充分调动起他们参与的积极性，以期望达到深层参与和提高节目质量的目的；二是引导他们深层参与，及时为他们出点子，给予启发，开拓其思路，使参与者能超水平发挥。

——正确的舆论引导。特别是在热线电话讨论中，由于参与者年龄、职业、经历、文化程度、思想水平上的差异，对讨论话题的认识理解程度各异。主持人要当场把关，防止一些受众的偏激情绪，确保舆论导向的正确性。

——要始终掌握节目流程，确保节目顺利进行。在直播现场，随时有可能发生一些不可预测的情况。主持人要有临危不惧、指挥若定、化险为夷的能力和良好的心理素质，确保节目按时按质地顺利完成。

二、编写主持人播讲稿

主持人不能只依赖编辑写稿，要学会自己动手编写节目稿件。节目的定位、性质、类型不同，稿件编写要求与写法也自然大相径庭。如，新闻类节目播讲稿题材要富有时代气息，反映时代主旋律；要善于抓住社会热点、焦点，并揭示其深刻的社会意义和思考价值。语言简洁明了，富有哲理性。

作为专题类节目稿的内容，要贴近生活、贴近实际、贴近群众，突出服务性、知识性、实用性。语言通俗平实、富有生活气息。

编主持人播讲稿，关键是要掌握主持人播讲稿的基本规律、特点和要求。下面着重阐述三点：

1. 采用第一人称手法写稿，以“我”为节目结构的主线，贯穿始终

主持人节目稿是以第一人称“我”的身份出现的，要写“我”的所见、所闻、所思，谈“我”的感受、观点、思考，直接与受众面对面地进行交流、沟通。广播节目主持人在节目开始时，一般先要作自我介绍：“我是主持人……，今天我要向大家介绍……”电视节目主持人在节目出现图像时，屏幕上会打出“主持人……”主持人贵在节目中展示真实的自我。

采用第一人称写稿，就要用自己的语言、自己的声音去说话。真实的我与观众直接交流和感染人，可以起到“自己人”的传播效果。美国脱口秀皇后奥普拉·温弗利，在20世纪90年代之所以能“击败所有其他谈话节目”而独占鳌头、脱颖而出，其成功的奥秘用温弗利的话说：“在我的节目中，我必须用自己的声音向世界说话。”“我利用我的电视节目作为一种表达我想象中的世界应该是什么样子的一种方式。”“我所做的就是使人们和我处在同一高度，把人们带到我这儿来。”① 由此可见，如果仅仅按照别人拟写的台本去扮演主持人“我”，只是去照背别人的写稿，肯定起不到“自己人效应”，满足不了受众的需求。且看温弗利采访歌星迈克尔·杰克逊的节目开始语：

奥普拉（画外音）：“晚安！我是奥普拉·温弗利，现在向北美及全球各国直播，独家访问最鲜为人知的巨星迈克尔·杰克逊（出场，外景夜，一处私家花园）。我置身于他的家园，位于圣达巴巴拉外国的一个牧场（主持人中景），他打破各项音乐纪录，多年来拒绝访问，拒绝定型。25年来开创舞蹈及录像带的时装潮流，一举一动都受世人的注视，他会展示叫人咋舌的豪华居所，包括私人影院和正规游乐场，还可以欣赏他最新的音乐录像带。在以下90分钟不加剪辑的节目中，迈克尔·杰克逊会史无前例地展现出真我。

今晚他打破沉默。

（动画字幕：“奥普拉访问杰克逊”，从画框外飘来。）

男声解说：从加利福尼亚州直播，迈克尔·杰克逊的真面目。

（内景：迈克尔·杰克逊客厅，全景）

女主持人奥普拉：迈克尔·杰克逊的家与想象中有出入，我还以为有骆驼和猩猩在这儿跑来跑去。别误会，我猜错了，这27亩的牧场内有不少新奇的玩意儿；不过，他居住的地方美妙绝伦，书房里放满了精装的经典著作，（镜头摇拍图书馆）墙上挂着画，大出我们意料。

（镜头回到主持人）：开始访问这里的主人之前，先看看他的出身。他的身世确实令人动容。

---

① 任远主编《名主持人成功之路》，中国广播电视出版社，1998，第124页。

采用第一人称写稿，关键是主持人要“进入角色”，融入节目之中，成为讲述事件的解释员、讲解员；成为节目各个部分的组织者、串联人；成为驾驭话题，推动节目进程的控制者。从上面节目开始部分，温弗利现场作的背景介绍，就凸显了“我”在节目中所处的地位和作用；在后续部分，以资料片介绍童年的迈克尔·杰克逊就是一颗璀璨的童星，节目中相关的音像资料和节目结尾都用杰克逊的《接受我》这首歌词作为全部访谈的结束曲，这一切都是按照主持人的意愿编串在一起的，使主持人真正成为节目的灵魂。

提倡主持人自己动手写稿的好处不言而喻；但事实上，主持人不可能每次都亲自写稿，尤其在电视台，每个栏目都有一个写作班子。作为撰稿人，代主持人写稿就应熟悉主持人的个性风格、语言特点和兴趣爱好，这样才能写出符合主持人身份，也便于主持人接受的稿子。但是，即使是这样写出来的稿子，主持人仍需执笔逐字逐句地修改加工才能使用。

2. 写好主持人的个性形象，多方位展现主持人的个性魅力

什么是个性形象？别林斯基说：“在真正的艺术作品中，所有的形象都是新颖的、独创的，没有任何形象重复其他的形象，而是每个形象都有其各有的生命。一个艺术家的作品尽管如何多种多样，他在任何一部作品或一笔线条上都不会重复自己的。”① 这种“新颖的”“独创的”“有其各自生命的”形象就是富有个性的独创形象。作为虚构的文艺作品的形象尚且要做到“新颖”“独创”，作为真实的主持人形象就更应该做到这一点了。

节目主持人的个性形象是外在形象和内在形象的完美统一，是通过其自身的风度气质、语言特点、思想情感、文化品位和人格魅力等诸多因素构成的。主持人的个性形象也必须和栏目的定位相吻合，保持风格上的一致性。

节目主持人形象的核心问题是个性。早在20年前，笔者就曾与沈力同志探讨过。当时我们认为无论是在主持节目的实践中还是在主持理论的研究中，都无法回避这个问题。如果只讲党性，不谈个性，节目主持人就难以产生个性魅力。沈力有段话真实地反映了当时的情况，再次引起了我的深刻思考，她

① 《别林斯基论文学》，新华出版社，1958，第6页。

说："关于电视节目主持人个性问题的提出，大约是在1984年，那时我曾和陆锡初老师探讨过。因为那个时代强调的是党性，还不敢强调个人作用；但通过实践又感到个性是由节目主持人工作特性所决定的。因为主持人是以真实的个人身份出现在观众面前，并与之直接的、面对面的交流，而这种交流更多的是通过主持人的意向、认识、感受和语言来完成的。"沈力认为："鲜明的个性色彩是主持人魅力的先决条件，有个性才有活力，才能产生魅力。实践证明：凡是观众欢迎的主持人，都具有鲜明的个性。"① 沈力主持的个性形象集中体现在语言的个性化，即口语化、亲切感。

写好主持人的个性形象和个性特点，贵在写出主持人的"独创性""独特性"，比如在"节目谋篇布局""主持形式""思维方式""提问角度""点评编串"等方面有何创新和独到之处，如能围绕以上几点写稿，就必然会彰显主持人的个性形象。中央广播电视总台2019年"主持人大赛"中选手冯硕的播讲稿就很有特色。他是这样写的：观众朋友你好，欢迎走进《看见中国》。你买过火车票吗？买过飞机票吗？买过船票吗？一张票是凭证，其实更是岁月的印记。今天就让我们一起上路，我带您看看三张很特殊的票。

时间回到31年前，这是1988年从海安到海口的一张旧船票，船上的人充满了希望和憧憬，他们要去的是中国最大的经济特区海南。那年改革开放进行到了第一个十年，那一年海南刚刚建省办经济特区，而那一年船上的人也有一个共同的名字：闯海人。"年轻的朋友们，今天来相会"——这首歌似乎也唱出了当时的海南。当时年轻的"闯海人"在海口，一定要去一个地方，那就是三角池。那儿有一面墙，墙上贴满了招聘信息，那面墙也有个历史意义的名字，它叫"闯海墙"。

第二张票代表了中国速度。这是一张很特殊的高铁动车票，从海口东到海口东。您别以为印错了，这可是全球首条环岛高铁。八年前我来到了海南，成新一代的"闯海人"。八年的时间，我不仅见证了环岛高铁的速度，也看到了长征七号、长征五号升空的高度和深海勇士下潜的深度。更重要的是感受到敢

---

① 沈力：《四十年探寻》《中国荧屏第一人——沈力》，中国广播电视出版社，1999，第59—60页。

闯敢试、敢为人先的“闯海精神”的态度。八年的时间，我与海南共同成长。但是最让我难忘的是坐着环岛高铁到“博鳌亚洲论坛”的采访。当《万泉河水清又清》的音乐响起时，我是在现场聆听了习近平主席的演讲，也感受着中国向世界发出的最强音。

第三张票是从悉尼飞到海口的一张机票，它属于我的这位外国朋友，要知道他只需要凭借护照，不需要签证就能直接落地海南了。为什么呢？因为2018年是改革开放40周年，也是海南建省办经济特区30周年。中央决定支持海南全岛建设自由贸易试验区和逐步探索稳步推进中国特色自由贸易港，于是59国人员入境免签等政策相继出台。现在我们听到这首歌是海南的地方民歌，用海南话叫《久久不见久久见》，寓意着我们期待与更多的人交朋友。

其实海南的发展只是中国改革开放进程当中的一个缩影。新时代的我们同样一路向前奔跑，因为我们有着共同的目标和远方。但不管走到哪里，我们都不能忘记为什么出发。

感谢收看《看见中国》，稍后再见！①

从三张票证讲出中国的飞速变化，自然得体，很能说明问题，选手设计得也很巧妙。

看看下面一个例子，对我们深入理解主持人个性会有所启发。

当有人问美国CNN新闻主播Lorrain Hahn：“你认为一个主持人有个性重要吗？你主持时在追求一种个性吗？”回答说：“是的，我同意，有时我们看节目，因为我们喜欢他们的主持人，这是吸引人的。否则，我在电视上放一个机器人就行了。为什么有人比别人更成功，部分原因是他们的性格让人们接受，这是多年经验积累的。我不能装作是Chong，因为我不是她，我也从不尝试。有人认为Larry King很难看。每个人都不同，因为我们不是娱乐业的，而是新闻业的。在脱口秀中，情况更是这样，你的个性会传达出来。脱口秀是最困难的，因为你必须同嘉宾互动。”②

另外我们从她演讲后即席回答观众的提问中，也可窥见在与人交谈、沟通

① 2020年7月9日敬一丹的微博。
② 2002年11月12日晚在中国国家行政学院美国CNN新闻主持Lorrain Hahn女士的一次演讲。

过程中，主持人惯有的个性风格，如：

问："你是否认为如果一个电视节目要在美国落地，是否外国人的脸比中国人的脸更好？"

答："我不同意。我想如果你播送中国的消息，用亚洲人的脸很重要。谁会愿意看外国人的脸讲成都和西安的事？那没有意义。我认为亚洲人应该走出来，展示自己，因为我们可以做得同样好，如果不是更好。是这样做的时候了。我认为让 CCTV 用中国人的脸很重要。它不是 CNN。"

问："你认为新闻主播是你一生的追求吗？如果不是，你会做什么？"

答："我会做现在正在做的事情。如果不当主播了，我会去作演讲。我会努力告诉人们这些年我所学的，传递给刚出道的将面临许多挑战的人们。做这种工作如此有趣：你有机会见到各种人十分重要。这份工作让你见到各种人，你不必刻意去寻找。他们会尊重你的职位，倾听你的问题。这是我的工作中最非凡的地方。

我是凡人，但是，我有机会见到这些重要人士，我有机会向他们提问，并让他们回答。如果我在大街上或是在晚宴上碰见他们，也许他们不会注意到我。但是，只要他们到了我的演播室，接受采访，我就成了控制方。我有权这么做。这是我工作美丽的地方。"①

3. 运用谈话体语言，写好谈话体稿，写出交流感

谈话体稿件是主持人采用谈话方式播音的依据，写好谈话体播讲稿，是写出交流感的前提。

如何编写好谈话体播讲稿呢？

其一，明确身份，对象具体。

主持人演讲稿不同于播音员播出的稿件。节目主持人的播讲稿采用第一人称"我"的口吻说话，以"我"的身份与某几个听众直接说话，即采用"一对一""一对几"的播讲方式。播音员则是以第三人称的身份，播出别人的稿件，转述别人的意见，是别人的代言人。所以编辑在编写主持人稿和播音员稿

① 2002 年 11 月 12 日晚在中国国家行政学院美国 CNN 新闻主持 Lorrain Hahn 女士的一次演讲。

时的身份是不同的。前者的编辑即是主持人，编辑要以主持人“我”的身份和口吻写稿，要写主持人的所见所闻和所思，而不是写编辑自己；后者的编辑只是站在第三者的身份写稿，纯属为别人编写稿件。

主持人的播讲稿较之播音员的对象感更为强烈、具体。编写主持人播讲稿时，编辑要有强烈的受众参与感，有强烈的与受众交流的欲望。编辑要把对象设想得具体些，甚至可以具体到能感觉出对象的音容笑貌；还要更好地把握自己与对象的关系，即个人与个人之间平等的朋友关系。这样才能激起主动向对象传递信息、抒发感情、交流思想的强烈愿望，让每一位受众在收听时从心理上感觉到“主持人正在跟我说话”。这样的稿件谈得起来，交流味浓。

其二，谈话体语言，有个性的语言。

谈话体的稿件是通过谈话体语言表现出来的。书面语言无法进行交谈。谈话体语言既不同于书面语言，又区别于日常口头语言。它既吸收了书面语言的优点，讲究语法修辞，逻辑性强，准确、鲜明、生动，又吸取了日常口语的长处，自然、朴实、生动、起伏大、变化多，它摒弃了两者的弱点。且看下面一例：

日常口语——“从古到今，酒跟人是有缘分的。一家人聚在一起呀，好朋友见了面呀，办个红白喜事。逢年过节，哪家都得喝酒。”

书面语言——“酒有悠久的历史。人们在聚会、过节的时候，喜欢敬酒助兴。”

谈话体语言——“可以这么说，千百年来，酒跟人结下了不解之缘，无论是亲人团聚，朋友相会，还是过节过年，大概都离不开酒。”

可见，谈话体语言同日常口语和书面语是有区别的。谈话体语言要求念起来朗朗上口，听起来顺畅悦耳，是生活化的语言。

节目主持人播讲稿的口语，不是一般广播电视节目所要求的口语，而是要求有个性的语言，力求话如其人。例如，沈力的语言“高度洗练，没有多余的话和多余的字，更没有空话和套话，既通俗又文雅”；虹云的语言常“带点喜庆劲儿”，热情活泼，谈笑风生。

个性化的口语是衡量节目主持人播讲稿水平的一个重要标志，也是编辑刻意追求的目标。

三、编写节目提纲

节目提纲如同演员演戏的脚本，是上台表演的依据。主持人要学会采用纲目的形式写下节目的整体构思和节目运作的流程，让人们看了以后脑子能呈现出这个节目的完整形态。

主持人节目提纲内容包括：节目构成的各种要素、节目结构形式、主持方式、风格等。“提纲”顾名思义，是提示性纲要，要求写得简明扼要、提纲挈领，要体现节目的整体布局特点和节目运作的主要流程。例如：

凤凰卫视《文涛拍案》节目策划（设计）方案

节目时间（播出时间）：每周五 22：35 首播，周六 4：20、14：30 重播

节目长度：约 30 分钟（不计广告时间）

节目内容构成：节目主体分为初刻拍案、二刻拍案、三刻拍案三部分。每个部分分别选取内容相关联的几条社会新闻，先介绍事件原委，然后主持人点评。每个部分之间以广告相间隔。

画面构成要素：节目的每个环节，都应有背景资料（照片、报纸等）。

主持人叙述的镜头，还应出现与事件内容相近的电影片断，以增加娱乐性和可视性。节目最后是录影花絮，内容为主持人在节目录制时不成功的表现，令人哑然失笑。

主持方式：主持人窦文涛，一人，男性。

语言特点：口语化，类似说书。有叙述，有评论，有感慨。

背景、道具、服装：中式风格。

片头设计：画面、配乐都具有鲜明的中式风格。

四、编写节目开场语

撰写稿件是主持人必不可少的基本功，而开场语更是撰写些稿件中基本中

的基本。一般来讲，开场语有五种表达方式：直进式、递进式、描述式、思考式、渲染式。下面着重探讨撰写开场语的技巧与方法。

“开场语”又称开场白、开始语、导入语，是主持人在节目刚开始时说的话。在一些直播现场的开场语，大都是主持人即兴即席说的话，只是腹稿，但在长期固定播出的节目中，主持人的开场语则是事先经过精心策划撰写而成的。开场语可以起到“先入为主”“先声夺人”的作用，其功能是多方面的，诸如沟通情感、道情“话场”、预设基调、设置悬念、引发兴趣，等等。

撰写开场白的基本类型与写作要领如下：

1. 直进式

主持人抑或通过最能揭示主题的简洁语言进入节目（见例一，例三），抑或通过直接的或有关的最典型事实的高度概括进入节目（见例二），以期收到开门见山的效果。

例一：由上海电台杨樾创作的《因特网上的音乐新生活》节目

[题头语]

长久以来，人们一直幻想着在宇宙的某个角落存在另一个神秘世界，那里的人们可以随意走动，来去自如；那里的人们友好交往，各取所需；那里资源丰富，无奇不有；那里地域辽阔，走不到尽头。直到有一天人们才突然发现，其实那个世界已经来到我们身边，那就是INTERNET，对，因特网。

例二：江苏电台《乐音缈缈听红楼——曹雪芹逝世240周年纪念专题》

[开始曲]

各位好，我是李强，欢迎你收听《乐人谷》节目。

1763年，一个出生在南京的中国人去世了，他的生辰直到今天还是个谜，只能靠卒年去勉强推测。他生前是“举家食粥酒常赊”，穷得只剩下桌子和凳子，连写作的纸都是旧皇历翻过来用的。

美国作家玛格丽特曾对一个不停吹嘘自己有多高产的阿根廷作家说：“很抱歉，到目前为止，我只写过一本书，它的名字叫《飘》。”和玛格丽特的低产相比，这个中国人更弱，他一生只写过半本书，还来不及写完就去世了。与他几乎同时代的乾隆皇帝，一生却作了四万多首诗。240 年过去后，乾隆的诗大多烟消云散，而那位贫困潦倒的文人的半本书，却顽强地流传下来，成为中国文学宝库中最辉煌、最伟大、最可珍贵的作品之一，也是世界文学宝库中的珍贵遗产。

他，叫曹雪芹，那本书，自然是《红楼梦》。

例三：[朗读者] 第一期主题词——遇见

[卷首语]

朗读者就是朗读的人，在我看来可以分为两部分来理解，朗读是传播文字，而人则是展现生命，将值得尊重的生命和值得关注的文字完美结合就是我们的《朗读者》。

你有多久没有朗读了？很久了吧。因为很多人都觉得朗读，那是学生时代的事情，或者说它只属于一小部分的人。

朗读属于每一个人。

2. 递进式

递进式又称迂回渐进式，主持人借助相关话题及内容，拉近与受众的距离，并调动受众的兴趣，在人们不知不觉中进入节目。

比如，上海电视台主持人袁鸣在湖南主持节目的开场语：

来到湖南，我总有一种说不出的亲切感，因为我几年前曾在湖南电视台拍摄的电视剧《毛泽东和他的乡亲们》里扮演毛泽东的女儿李敏，所以我应该算是湖南人的“女儿”了，希望湖南的观众能够给予我更多的支持和帮助……

3. 描述式

主持人通过对现场人物、现场环境、现场情景的生动描写，抒发真实感受与情感，达到既增添受众情趣又揭示节目主题的目的与效果。描写式开场语大都用在人物访谈和旅游风情类节目中。

且看《鲁豫有约》节目采访当代文学翻译家、作家文洁若的开场语：

文洁若今年 77 岁了，可是看起来特别年轻，如果我不知道她的年纪的话，我大概会认为她只有五六十岁。她非常注重仪表，很爱打扮。采访之前，她对编导说，我只有一个要求，希望你们能够提前一天通知我，这样我可以有时间去理发店吹吹头发。采访那一天，她头梳得很整齐，化了妆，戴了首饰，还换了一件特别合体的旗袍，整个人看起来雍容华贵，特别精神。

4. 思考式

主持人创设悬念或提出质疑的问题、表达，构筑一个有受众积极参与的“思维场”，引发受众去思考。

请看中央电视台节目主持人敬一丹在《东方时空》特别节目《走进97年》中的开场语：

走进新年，有些人家的旧挂历还挂在墙上，有的朋友呢还会一顺手把年份写错。我们走进“97”，总还会带着“96”的痕迹，过去的一年给每个人都印上了属于自己的年轮，留下属于自己的记忆。然而有些事、有些现场、有些瞬间，都是我们大家共有的，对我们民族来说，有的甚至是历史性的。我们带着“96”的收获、“96”的欣慰，也带着“96”未翻开的难题走进“97”，那么1997年将会给我们带来什么呢？……

又如：情感电台主播开场白：

世界真的很小很小，好像一转身，就不知道会遇见谁；世界真的很大很大，好像一转身，就不知道谁会消失。

星光璀璨的今夜，此时此刻的你，正错过谁，又或者，正遇见谁，开始或是结束着怎样的故事。

再如：白岩松在《新闻1+1》的开场白：央视新闻（05月17日）《一桩“鸟”事引发的风波》，听听白岩松怎么说：

北京丰台区某小区，由于树上的鸟粪落在了地上停的一辆车上，不知这辆车的车主动用了什么关系，很快物业就派出了一辆升降机，将停车场周围树上的鸟巢全都捅了下来。奇葩的是听到批评声第二天，物业也加入了保护大自然的队列之中，不但竖起了标语，还在树上安装了人工鸟巢，这是何苦来着呢？

5. 渲染式

主持人有感而发，抒发情感，感慨万千，用自己的情感“点燃”受众的情感，并确定节目基调。

如上海电视台一次文艺晚会的开场语：

今天，5 月 27 日，是英雄的城市上海解放 47 周年的喜庆日子。此刻，灯火璀璨的夜上海沉浸在节目的欢乐中。面对陈毅同志的雕像，倾听黄浦江悠远的涛声，此情此景，我们更加缅怀新中国诞生后的第一任上海市市长，伟大的革命家、政治家、元帅、诗人陈毅同志……

如庆祝六一儿童节的开场白：①

甲：敬爱的老师们！

乙：亲爱的同学们！

齐：大家好！

甲：绚烂的朝霞铺满了广袤的大地，光芒万丈。

乙：肥沃的原野翻滚着金色的麦浪，孕育希望。

丙：六一的明星中学，草长莺飞，生机盎然。

丁：伴着鲜花的芬芳，披着节日的盛装，我们昂首向阳。

甲：当鲜红的太阳跃上地平线，我们又迎来了朝气蓬勃的一天，

乙：迎来了这充满童真、童趣、充满欢笑的节日——六一儿童节！

丙：童年是快乐的儿歌，童年是鲜艳的花朵；

丁：童年是初升的太阳，童年是无畏的拼搏！

甲：看，孩子们的花裙子飘起来了！听，我们那欢乐的歌儿唱起来了！

乙：唱起来吧，跳起来吧，让我们尽情地展现！

丙：让我们尽情地在这舞台上载歌载舞！

丁：让我们尽情——

齐：放飞我们最美好的希望！

甲：我们是含苞的花骨朵，我们是苍劲的小雄鹰，

乙：在属于我们的节日，让我们翩翩起舞，

丙：在展示自我的舞台，让我们纵情高歌；

乙：今天，我们在这里欢庆自己的节日，

---

① https：//wenku. baidu. com/view/5e161e6cfbd6195f312b3169a45177232e60e400. html

甲：今天，我们将欣赏到异常欢乐的节日盛宴！明星中学20××年六一儿童节文艺会演——

齐：现在开始。

五、话题的组合与衔接技巧

版块（杂志）型节目的结构，一般均有若干版块（话题）构成，话题的组合与衔接旨在赋予块与块、栏目与栏目之间有一种内在联系，增强节目的整体和谐感，避免割裂感，以起到整体大于部分之和的传播效果。

组合话题的方法多种多样，主持人要掌握并会运用这些技能，如：将同一性质的话题集中组成，可造成声势，扩大传播效果；将不同性质的话题合理配置，有机组合，通过对比反差，强化宣传效果，加深印象；将表面上看来互不相关的几个话题组合在一起，通过巧妙衔接，揭示其蕴含的主题。

如何组合和衔接话题是一门颇为讲究的艺术。在我国诸多新闻版块节目中，要推中央电台《午间半小时》最有代表性。它是一个以新闻性为主，融知识性和趣味性为一体的“午间漫谈”式的版块节目，在它开播的十多年中，始终以讲究编串艺术、组合精细、注重编排技巧、构思新颖、风格独特而多次评为全国十大品牌栏目。

比如：在《午间半小时》的一次节目中有这样四个话题：秦大河谈南极探险；少儿征文（国际横穿南极少儿正文获奖作品）；什么是美感；谦虚使你更美丽。节目从探索自然界的美讲到人类的精神美，关节转折处用“美”作衔接的纽带：“听众朋友，南极是美好的。那里是千里冰川，给人以壮丽的美感；那里的一片洁白，给人以纯净的美感。对了，我在这里说到了美感，这可是我们常常听到、常常说起的一个词。那么究竟什么是美感呢？”

这个关节处的转折，既灵活自然、贴切形象，又深化了美的内涵，唤起了人们对美的向往和追求，起到了一箭双雕的作用。当阐述了属于精神美感的内涵之后，又来了个转折，把精神美引向更深层次：“听众朋友，刚才我们说了，精神美可以弥补外表美的不足；那么，现在我说谦虚可以使你美丽，您大概不会反对吧！”整个节目以美为中心，又以美为结束语，把美的思想贯穿始终并深化了“美”的主题思想，发人深思。

巧妙地运用话题中蕴含的思想及闪光点，或者通过节目中要着力宣传的某个思想观点，在“关节处”进行串联，既衔接上下话题，赋予内在有机联系，又突出了某一个思想观点，增加了节目的思想内涵。这个节目主要是通过话题中包含的思想闪光点进行串联的；还有些节目主要通过主持人着力宣传的某个思想观点来串联。

第十四章　现场主持能力

进入 21 世纪，主持人出镜采访报道、现场主持评论已不再是什么新鲜的事。提高现场报道和采访能力，如今已成为主持人不可或缺的一项基本素质与专业技能。

本书所指的现场主持，涉及两层意思：一是主持人在新闻事件现场完成的新闻报道；二是有关主持人在演播室或直播室完成的现场主持。尽管两者所处的“现场”不同，但主持的基本原理、方法和要求却是相通的。现场主持对主持人的综合素质提出了更高的要求。

主持人的现场主持能力主要体现在“我在场”的主持意识、现场思维应变能力、现场驾驭话题能力及现场理性引导能力。

第一节　树立“我在场”的主持意识

无论是在新闻现场主持，还是在节目现场主持，贵在树立牢固的“我在场”的主持意识。主持意识是主持人特有的一种职业意识，是在长期的主持实践过程中逐渐形成的一种职业意识。主持意识是一种处于潜在状态的意识，平时不显现，似乎是无形的、抽象的，实则是有形的、具体的。它既反映在主持人的头脑中和体现在运作节目的过程中，也同时客观地反映在观众心目中，成为受众衡量主持人水平的一杆标尺。衡量一位主持人的主持意识应是多方面的、全方位的。树立和强化主持意识是提高现场主持水平的必备条件。

提高“我在场”主持意识的一个重要因素是主持人要“目中有人，心中有情”。主持人身处新闻事件现场，要通过“我在场”的现场所见所闻，用准确、生动、形象的语言介绍新闻现场的情境，迅速将受众带入“现场”，使受众产生身临其境的感觉，与主持人一起进入节目的情境之中。

昆明电视台《峡谷飞歌》节目，主持人以探访者的身份，走进位于该省西北部的深山怒江大峡谷和傈僳族人家，循着傈僳族的歌声，走进能歌善舞的乡亲与专家、学者，展示他们独特的音乐和文化现象。主持人贯穿节目始终，现场感强，主持到位，体现了鲜明的“我在场”主持意识。

且看节目开始语：

镜头：（从怒江入）歌声中，怒江大峡谷、雪山、江水、过溜索的傈僳族人，喝同心酒，江涛声、画面……

片名：《峡谷飞歌》

（叠化）主持人站在怒江边上。

主持人：观众朋友，大家好！我现在站的这个位置是滇、藏、缅结合部的横断山深处，在我的左边是高黎贡山，而我的右边是碧罗雪山，这就是我们云南著名的怒江大峡谷。怎么样，这景色还不错吧？不过，您不要被这壮美的东方大峡谷所吸引，今天我要带您去领略它更为神奇的一面。

镜头：（汽车行驶，沿途怒江风光，无伴奏合唱的歌声渐起。）

配音：每次听到这歌声都会有一些激动，今天我终于走进了大峡谷，走进了傈僳族的歌声中。

主持人：我们云南十八怪，其中一怪“有话不说歌来代”，就来自怒江大峡谷，他们劳动时唱“生产调”，打猎时唱“打猎调”，盖房子有“盖房子调”，有客人来了唱“迎客调”……

主持人这段声、画结合的、视听兼容的片头语，成功地将观众带入了新闻“现场”，去感受比壮美景色的怒江大峡谷更为“神奇的一面”——独特的傈僳族音乐文化。在这里，主持人的“在场”意识和观众意识起到了很好的“导入”作用，很强的现场感，使观众迅即产生了兴奋感和好奇心，无疑增强了观众的收看兴趣。

同理，在演播室或直播间的谈话节目现场主持中，“我在场”的主持意识也是必不可少的，其表现形式是全方位的、多方面的。这里仅就如何营造一个良好的谈话氛围，创造了一个有利于相互交谈的现场“谈话场”，就足以反映主持人的“我在场”意识。正如有的研究者指出的：

“一个热烈融合、自由的谈话现场可以引发谈话者的心智，有利于谈话各方面消除戒备，开怀畅谈，从而使每个人都沉醉其中，以自己的亲身体验和感受，以极富个性化的语言感动着别人或被别人感动。这样一个谈话氛围的建立，有赖于主持人极高的人际交往技巧。这就要求主持人具有较高的人格魅力。”①

不同的主持人节目（栏目）有不同的策划设计，核心只有一个，主持人怎样才能激活现场的谈话氛围。例如，2001 年 11 月央视推出的《时空连线》则采用三个嘉宾加一个主持人的模式，主要基于以下方面考虑：作为报道新闻事件的《时空连线》在绝大多数新闻事件的背后都有诸多矛盾和冲突，人们的认识思考呈多元化。这正是《时空连线》选择谈话嘉宾的准则。一个嘉宾意味着一家之言，两个顶多能知道对立黑白，三个开始让新闻回到它复杂和立体的本身。三个嘉宾加一个主持人可以使谈话场容易平衡起来。如果只有两个嘉宾，他们站在同一立场上，主持人就是弱势。如果他们的观点是对立的，主持人的倾向就会使天平失衡。在三个嘉宾的情况下，当两个嘉宾观点一致成为强势，对另一个嘉宾形成压力时，主持人就要偏向弱势嘉宾的立场，使其充分阐述另一种意见和观点，以便把新闻事件背后的方方面面都呈现在观众面前。

《时空连线》中的主持人仅是起指导作用的组织者，呈“主导”不是“主角”也不是“主说”，主持人的责任在于能够激活参与者谈话愿望，调度好发言的逻辑顺序，让持有不同见解的人充分发表意见，把现场随意琐碎的谈话议论串联起来，显示出事物的内在联系和因果关系。

那么，作为主持人，如何才能增强“我在场”意识，营造“谈话场”的谈话氛围呢？

首先，贵在真诚、真实——以诚为先，以真为本。

真诚最易打动和感染人，面对一个真诚的人，你会少一些戒心，多一份亲近；少一些怀疑，多一些信任。杨澜在细心研究了美国谈话节目的大牌主持人奥普拉·温弗利受人欢迎的原因后说：“我觉得她成功的秘诀其实非常简单，

① 李娜：《谈话节目主持人的现场把握能力》，《电视研究》，2002 年第 1 期。

那就是与观众真诚地感情交流，既敞开自己的心扉，又设身处地地体会他人的苦乐。”① 有了这样的主持人，不愿在屏幕前畅谈交流的嘉宾也会受感动而改变初衷。

其次，贵在平等随和——平视的眼光，亲切的态度。

无论面对的是政界要人、学界前辈，还是平民百姓、未成年孩子，主持人始终要以平视的眼光、亲切的态度，在现场提问交流、倾听。比如，水均益在采访加利时，没有因为对方是联合国秘书长而感到拘谨，也没有以仰视的目光对待之。他首先用阿拉伯语向加利问好，加利很惊讶，马上问：“你会讲阿拉伯语？”水均益告诉加利，自己曾在埃及当过记者，并且两次采访过他。加利的表情渐渐由惊讶变为亲切，不时地点头，偶尔还为他纠正开罗某个街道的发音。通过屏幕，观众没有感觉到秘书长的威严，仿佛是主持人在和朋友聊天，在自然轻松随意的一问一答中，我们认识了秘书长的另一面，也看到了中国记者的风采，难怪水均益被誉为“具有外交家风度的记者”。

又如《实话实说》在录制《上学的外婆》时，发现外婆可能因不适应北方的干燥，嘴角出血了。崔永元拿来矿泉水，递上纸巾，说：“外婆，你喝口水。”一句话让观众生发“自己人”效应的几分亲切感，减少了许多“距离感，隔阂感”。因而使观众更加接纳和喜欢这位平等、随和的主持人。

第二节　现场思维应变能力

节目现场瞬息万变，变幻莫测，随时会出现难以预测的新问题、新情况，面对此景此情，需要主持人即兴反应的机灵。这种快速灵敏的应变能力是长期磨炼、厚积薄发的一种修养和能力的体现，也是主持人智慧、才华的闪现，常常可以使节目起到化险为夷、化平淡为新奇，为节目平添几分亮点的意外效果。

主持人灵活的思维应变能力在谈话节目中也显得格外重要。要使谈话现场

① 杨澜：《凭海临风》，上海文艺出版社，1996，第96页。

频频出“秀”，其“秀”的魅力在于主持人在驾驭整个节目现场时敏于思考，善于制造亮点和趣味点。比如，从现场观众或嘉宾的一句话、一个有趣的动作，或特有的穿戴，主持人可以从中引出一句幽默而富有个性的话去活跃现场的兴奋点，等等，使整个节目引人入胜，妙趣横生。一位反应机灵的主持人总是善于制造这样的兴奋点，正如崔永元所说：“我们追求即兴，它是保证谈话生机的一个重要基础。”①

1998年“六一”儿童节《实话实说》做了一期题为《童言无忌》的谈话节目，孩子们很兴奋，注意力很难集中，更不用说能按本来的设想，让孩子们作为嘉宾来谈谈自己过节的愿望。然而，就是这样一个让主持人和策划人觉得最不像节目的节目，却受到了观众们的喜爱。究其原因，就是因为这期节目最真实地表现出了孩子们天真烂漫的情感，是主持人在现场即兴不时引起的兴奋点，让孩子们真正做到了童言无忌，畅所欲言，笑声不绝。

主持人现场机智得体的应对，不仅能起到圆场补台、转危为安的作用，还能够活跃气氛，增添情趣，并能深化主题，升华格调。即兴谈话要求主持人在短时间内迅速理解嘉宾的意思，并作出合适的甚至是风趣幽默的回应。这需要“功夫在外”的积累，需要对生活敏感，还要善于察言观色，深入发言者的内心世界中去。在《走进体育明星》一期节目中，李小双在回答观众关于“心目中的偶像”时这样说：“我实话实说，我比较喜欢短发的女孩子，因为比较青春，有活力，但不是不斯文，我还是比较喜欢斯文的女孩子。”崔永元接过来说：“明天，附近的理发馆会很忙。”观众听了哈哈大笑。这种即兴的无伤大雅的“俏皮话”活跃了现场气氛，拉近了观众、嘉宾与主持人之间的距离。

崔永元认为：“好的幽默应该是善解人意的，因为幽默没有了分寸，就会拿别人开心，拿别人开心可能会赢得笑声，但是会对被幽默的人造成伤害，甚至造成极大的伤害，所以如果想幽默，首先要有自我牺牲的精神。”崔永元的即兴幽默，同样需要灵活机智，需要瞬间快速反应，这种以善为本的即兴幽默，它像一座心灵的桥梁，拉近了人与人之间的距离，使陌生的心灵变得亲

① 鲁景超：《真话实说——名主持人访谈录》，光明日报出版社，1998。

近，以最敏捷的方式沟通感情，融洽气氛。

主持人的现场快速应变能力，很多还表现在互相对话的冲撞中，在这种“软冲撞”又“不失和”的交流碰撞中，充分表现出一个主持人的才华、智慧和机敏，还可以把尴尬局面化为精彩的闪光点。如中央电视台主持人孙小梅，一次她随文艺演出团到达中国台湾，临时被邀请担任搭档主持人，没想到一上来，对方就出言不善。

主持人：好啊！孙小梅，你可是大陆的红人，怎么跑到台湾来抢我的饭碗呀？

孙小梅：我怎么是来抢你的饭碗，我可是来帮你赚钱的。

主持人：什么？你怎么是帮我赚钱？

孙小梅：你想想，我们大陆十几亿人口，台湾只有几千万人口，我来同你主持节目，回去播出，认识你的人多了，你不是可以赚钱了吗？你要知道好歹，就得好好谢我！

孙小梅面对猝不及防、咄咄逼人的攻势，随机应变，机灵反应，以静制动，答语平中显巧、显奇。孙小梅的即兴应对，首先是出奇用智，制造悬念（“来帮你赚钱”），然后根据对方“同台主持节目就是抢饭碗”的“失礼”语推出其荒谬之处：我既然是你所说的“红人”（巧用“预设”），那么和“红人”同台主持节目，怎么会吃亏？当然可以“帮你赚钱了”。这样就可以反唇相讥：“要知道好歹”“要谢我”。但孙小梅的即兴对应是属于女性常用的“软冲撞”，回击的力度比较有节制，话语中略带些刺的幽默感，所以节目在说说笑笑中维系了和谐的气氛。

古人说：“慧于心而秀于口。”“现场”语智（即言语智慧）的开发，对提高主持人现场应对甚为重要。语智是“处于动态语境中的言语智慧，是机敏的思维和灵巧的表达两者不可分割的统一体，是与智慧思维紧密相连而又相对独立存在的一种口语表达智慧，是口才的重要标志。语智也是人的多种智慧、多种素养的综合反映”①。

---

① 《主持人技艺训练与教程》，武汉大学出版社，2003，第 74 页。

第三节　现场驾驭话题能力

话题是节目的核心。当一次节目的话题在进行过程中，主持人现场驾驭话题能力体现在现场（包括演播室或直播间等）如何切入、展开、升华话题，如何引导观众、听众积极参与，围绕本次节目话题讨论、交流和评述，使其达到预期的传播效果。由于媒体的差异，主持人驾驭话题的方式也不尽相同。例如，广播主持人一般借助听众热线电话或嘉宾现场参与方式展开话题，运作节目。电视主持人更多是在演播室进行，让嘉宾和观众直接参与，主持人只是起到主导作用，调控话题，掌握节目的进程，主持人不是主讲、主播。

南京电视台《法治现场》就是一档以主持人为中心的，通过邀请当事双方走进演播室，在对话中探究事实真相的谈话节目。主持人虽然说话不多，但始终牢牢地控制现场，把握话题进程。主持人既是事实的调查者，也是矛盾的协调者，同时还是法律、道德的传播者。

鉴于主持人驾驭话题能力上的差异，话题讨论的深浅均有明显区别。如何提高主持人在现场驾驭的水平？可以简要归纳成这样几点：熟悉话题，胸有成竹；选择典型嘉宾，了解他们；临场不慌，机智应对；适时点评，善于引导。比如，中央电视台《对话》节目的话题注意凭借选题的“热点”效应准确抓住热点人物、热点事件，加上抓取的角度新颖，嘉宾的权威性，现场互动的深入，思想的交锋和智慧的碰撞等，紧紧抓住观众关注并感兴趣的东西，使节目现场时有亮点爆发出来。如果我们深入探讨《对话》节目主持人在话题策划的选择和现场运作的把握上所作的努力，就不难发现有以下几个鲜明特点：

其一，将抽象的经济话题肢解成感性的、实在的又能谈得深、谈得远的话题，起到小中见大的效果。比如，将巨人集团的沉浮、圣诞病毒引来的恐慌，以及网络经济等当今最热门的话题这样大的选题，通过“小”的切口展开，再生发开去。如，在以巨人集团原总裁史玉柱为主角的“跌倒的巨人能否再站起来”中，总裁本人、主持人及现场观众始终围绕着核心问题——史玉柱为什么会失败展开讨论，发人深省，再一次引起观众热烈的反响，意义非同一般。

其二，《对话》始终关注经济“热点”，善于用问题延伸“热点”。

《对话》的话题，总能准确、及时地抓住社会关注焦点：①左右经济走向的权威人士、经历商海沉浮的企业巨头、见证热点事件的当事各方。这些经济热点人物，足以吸引注意力。②关注社会影响大的热点事件。在“点击奥运”中，演播室请来张艺谋等谈奥运宣传片；在“回国创业”节目中，演播室又请来了回国创业的两位成功人士，谈他们的创业艰辛和喜悦，给致力于出国创业的中国人以极大的鼓舞。用问题延伸“热点”，指的是用提问方式展现经济热点的幕后故事，以及嘉宾对话的形式对经济现象所发生的背景分析。在“回国创业”中，场外许多观众发电子邮件问嘉宾创业之初是怎么发现商机的，以及怎么会想到放弃生物专业从事计算机行业等一系列成功背后不为人知的故事。

其三，通过主持人现场对话题的深层理解，提升话题蕴藏着的主题思想。

优秀的节目主持人，善于在话题展开讨论中透过话题挖掘其深层内涵，适时巧妙地引申意义，升华主题，使节目立意上升到一个更高层面、更高品位。在一次有关悉尼2000年奥运报道的对话中，请看白岩松与采访者的如下对话：

问：你经常说自己是个人文主义者，请问您是如何在体育报道中体现人文精神和关怀的？

白：对我而言，体育就是人，就是情感，就是人对自我极限的挑战。……如果体育报道比赛变成了生硬的数字比赛，变成单纯姿势的量化考评，变成了受各种繁多规则束缚的高深游戏，相信不会得到太多观众的认同。这样的体育报道就是失败的。

问：您如何理解当代奥林匹克精神，在您的奥运直播报道中如何表现和升华的呢？

白：首先，我不是一个纯粹的金牌爱好者。眼睛只盯住金牌会使人物化，奥运精神只蕴含于竞技比赛中，而不是在物化的金牌中存在。其次，我对体育的理解倾向于人文主义，更注重人性中闪光的东西，这一点也与奥运精神接近。再次，我能够比较理智地面对输赢……最后，我自认为我的血液里，天生就流淌着那种倾向于世界大同的物质。①

至此，我们可以得到这样的认识：一次节目话题内涵的延伸与升华，既是主持人瞬间思想火花的点燃、智慧的闪光，更是主持人平时注重人生理念、文化素质和知识积累的结果；以及他关注社会、关注人生、善于思考的结果。无数事例证明，主持人在现场主持的亮点、主持艺术的提升，来源于自身的素质修养和长期的主持实践的修炼。

主持人现场驾驭和把握话题的能力，还表现在与采访对象和参与者的提问、交谈、交流过程中。主持人精彩的提问能激发起对方谈话的热情，调动起对方的积极性，产生互动传播效果，可以得到精彩的回答，必然有助于话题的深入展开与深化，能使节目因话题成功而增色。

1999 年 11 月 20 日，我国发射的第一艘实验飞船“神舟”号升空，震惊了国人、世人。广东电台《评说“神舟”首航成功》，也因主持人与特邀嘉宾“神舟”号飞船总设计师戚发轫之间出色的访谈而荣获“金话筒奖”桂冠。

且看主持人精彩的提问：

我们中国这次成功发射航天飞船，它的重要意义在什么地方？

中国载人航天飞机什么时候发射？

我国航天技术在国际上处于什么水平？

这次发射向世人证明了什么？这次发射是否像报道的那样？

你参与研制工作最大的感受是什么？

主持人提出的这些问题都是听众最为关心、最感兴趣、最想了解的问题，必然会激发起听众参与收听节目的兴奋点。事实证明这些精彩的提问，引发了特邀嘉宾许多精彩的回答，说出了许多鲜为人知的故事，从而使节目放射出一个个亮点，使听众得到从未有的满足感。

比如，在回答参与研究工作的最大感受时，戚总的回答是：“一个人都有

---

① 《光荣与梦想》《现代传播》2000 年第 6 期。

一个追求，当他的追求实现的时候，应该说是他一生最快乐的时候、最高兴的时候……”① 这是一个为中国航空航天事业贡献了一生的老科学家发自心灵深处的声音。当问到他的待遇时，他感到“已经很知足了”，现在他最关心的是年轻人待遇的提高，这样可以“稳定这支队伍”。

正如主持人在谈节目的体会一文中所说：“在后来做节目的过程中，我愈发感到像戚总这样的嘉宾是可遇而不可求的：他是这一行的专家、权威，是飞船研制的直接且重要的参与者；他能把很专业的东西用很通俗的语言表达出来，而且清晰、简练；他不乏幽默感；他身上具备了他们那一代知识分子敬业、奉献的精神，为了中国的航空航天事业，他们牺牲了很多个人的东西，但他们无怨无悔。”②

第四节　现场例行引导能力

节目现场精辟的议论、点评与适时的理性引导是主持人现场主持能力的又一重要体现。方式多样的理性引导可以让受众透过话题本身，想得更远，思考更深，使节目主题和品位得到提升。如果一个主持人节目只是停留在就事论事的层面上，必然会使受众感觉浅显，缺乏理论深度。

一、优秀主持人总是善于在报道新闻事实的同时，做到事例结合，寓理于事，借事论理，从而使节目更具时代气息和社会意义

同为国家电视台的主持人，其现场理性引导方式也不尽相同。在 2003 年 3 月 20 日爆发的伊拉克战争，被称为“人类历史上首次直播战争”。白岩松的沉着、严肃，带有理性思辨色彩的个性魅力给观众留下了深刻的印象。他在平淡、略带哲理的语言中透射出面对残酷战争媒介人所应有的人文关怀品质，同

① 王晓菁：《评说“神舟”首航成功》，《第五届金话筒获奖节目评析》，中国国际广播出版社，2001，第 45 页。

② 王晓菁：《幸运》，《第五届金话筒获奖节目评析》，中国国际广播出版社，2001，第 50 页。

时又不乏权威性与可信度。他在演播室主持时说道："通过现场战争的残酷、惨烈已经表现出来。""我们在目睹一场人类的悲剧。"在与嘉宾的对话中，他说："穿上便衣，双方士兵可能成为朋友；现在他们却成了敌对双方……"这种充满理性、沉稳的主持，更多的是通过主持人的独特思考，体现主持人理性引导的个性魅力。

同为国家电视台的央视四套新闻主持人徐俐和鲁健，其风格极为干练、沉着，他们较少发表自己的意见，没有过多地展现个人特色，而是以平和的语言，简洁明了地讲述着这场战争的最新动态，然后请专家们引领着观众去解读，让央视的权威性更多地体现在评论专家的身上。

辽宁电台《轻风夜话》节目大多谈的是感情方面话题，每当夜幕降临，主持人通过电波和听众平等交流，探讨生活中遇到的种种困惑，其中包括理想、事业、婚姻、家庭、人际关系等，尽管这类看似十分平常，非常传统，非主流节目，但由于主持人不断赋予老话题新理念、新知识、新思考，使节目创办十多年来，始终长盛不衰，社会影响日益扩大，拥有最高广告收入（广告收入占全台的半壁江山），沈霞也成为家喻户晓的名主持人，2001 年获得"金话筒"最高荣誉。

在一次节目中，主持人讲了这样一件事：有一对夫妻相互仇恨，离异时还把仇恨的种子埋在孩子的心中，使孩子出现了畸形感情。妈妈对独生子说，你要是跟你妈，就别跟你爸；他爸则对儿子说，你要是跟我，就别跟你妈。对此，主持人发出这样的议论，"听了这个故事，你有什么感受？其实夫妻之间的争争吵吵是在所难免，就像一首歌唱的那样，恩织着怨，爱织着愁，恰似小河流水无尽头……不过争吵后不要耿耿于怀，要知道家就是要讲爱，爱是什么？爱不是山盟海誓，爱不是情书累累，爱不是占有，不是索取。真正的爱是奉献，是宽容，是理解，是责任，是真诚。夫妻之间有了这样的爱，婚姻才有了天长地久，幸福才会永相伴"。

再看节目结尾时，主持人的一段精彩议论和说理："听众朋友，《一路平安》的乐曲奏响了，在这里我还要说，尽管爱情也有风霜雨雪，但爱情是你人生的力量，它催你奋进，鼓舞你向上。亲爱的朋友，请善待婚姻吧，善待婚姻就是善待自己的生命。如果你年轻的时候，想成就一番事业，别忘了，美好婚姻是你坚强的后盾。步入中年，你要增加生命的含金量，婚姻是最宝贵的炼炉。如果有一天，你快要老了，蓦然回首，婚姻是一部宝典，承载你荣辱与共的一生。你会说，因为我爱，我终生无悔。”

正是通过主持人以上充满思想哲理和人文关怀的理性引导，提升了节目的内涵与外延，提高了节目的文化品位，增强了传播效果。

二、理性的表达方式多种多样，因人因事而异，因节目传播对象而异，贵在从传播效果出发

采用何种理性引导方式以取得最佳的传播效果，这是节目主持人需要认真考虑的。一切媒体传播都离不开具体的对象，都要从传播对象出发，以适其口味，引其参与，为其服务。有位少儿节目主持人在春节来临之际，向少年朋友讲述了这样一个真实的故事：天津一位老奶奶流着泪说：“过年前，我的孙子对我说，奶奶过年给我的压岁钱一定得是‘四个脑袋’（100 元），不是‘四个脑袋’，就别掏了。我有五个孙子，只好拿出 500 元钱，可第二个月我就没有生活费了，因为我的退休金只有 500 元。”话一说完，主持人便留给收音机旁的小朋友一道题：“过年了，老奶奶该高兴才是，为什么却哭了？怎样让老奶奶这样的长辈开开心心地过年？”一首歌之后，热线电话响个不停，小朋友们通过电话谈了自己的看法和想法：“老奶奶的孙子不懂事，不但没给老奶奶送过年礼物，还把老奶奶的退休金给拿走了，太不应该。”“我不拿长辈的钱，他们要给，给我订书报吧。”“我不拿奶奶的钱，我把奶奶给我的钱给她买好吃的。”……主持人听着孩子们发自内心的声音，因势利导，随即说道：“今年的春节，我们是不是来个压岁钱改革？长辈不送‘压岁钱’，而送‘压岁言’，表达他们对我们的殷切希望，我们也送上对长辈的祝福话，给他们一份惊喜！送去我们的祝福！”主持人还许诺，在春节过后的第一档节目，进行评选“十佳祝福话”“十佳压岁言”活动。从那以后，主持人陆陆续续播出了同学们寄来的祝福话和长辈给的“压岁言”。①

---

① 叶红：《少儿节目中“情感场”的展开促进道德认识的升华》，《主持人》系列丛书 10，节目主持人委员会编，中国国际广播出版社，2003。

根据小朋友的特点，从小朋友的实际出发，主持人采用讲故事，让大家参与讨论的方式，引导他们学会尊老敬老，懂事明理，倡导体谅别人的好风尚，促进了尊敬老人，体谅别人，关爱长辈这一道德观念认识的升华。

如果说前例中主持人采用的是“讲故事启发”的说理引导方式，那么，黑龙江电台李洋主持的《网恋》，所采用的是引而不发的“理性逼人法”。

一位听众认为网恋不过是爱情游戏，不要当真。且看，主持人李洋在节目中如何发问：

“你认为爱情是可以游戏的吗？”

“你和你那网妻，将来会不会爱上对方呢？日久生情，万一假戏真做了怎么办？”

“你换作是你的妻子，整天对着电脑那端的那个人，说着只有恋人和夫妻之间才有的情话，你怎么办？”

主持人通过一串连续提问，想把对方引上或逼上理性思维的正常轨道，这就是所谓“理性逼人法”，是启发式的一种。

正如有学者评论说：“看来李洋善用启发的方式，这是常受人们称道的劝导方法。不代你作答，不给你作任何结论，只是开启你的心灵，发动你的思维，帮你认真些、全面些、深入些想一想，这样的思考所得是你自己的，自然要比别人给予的更多，为自己所把握。”①

主持人李洋在《网恋》节目中听着对网恋生发出各种各样的议论，包括网恋无真爱，网络充满欺骗等激烈的争议，她可谓“和而不同”。她静听着，陆续发表了自己的看法。怎么看网恋？李洋说（颇有主见）：

“网恋给我们生活打开了另一个窗口。

我听说过成功的例子……

如果出于认真的态度，只是两个未婚男女认识的方式变了，是通过网络认识的，我不是特别地反对。

目前最大的问题是，在网络世界里没有什么东西可以约束那些违背道德的

① 韩泽：《引而不发——（听网恋）有感》，《第五届金话筒获奖节目评析》，中国国际广播出版社，2001。

行为。

只有人类社会进入全面的文明，网恋才会真正兴起。到那个时候，网络仍然是认识和交往的载体，真爱还需要面对面。”

怎样看待网络呢？李洋说：

“任何一个工具的产生，都是一把双刃剑，要看到利用这个工具的人是个什么样的人。”

三、主持人在节目中有意注入新鲜元素，通过尝试使用提示性的“过渡版”的创新形式，较好地起到了理性引导作用

“金话筒奖”获得者向莹撰文说：“我赋予‘过渡版’三种功能：一是总结上文，提示下文，提炼主题，弘扬观点；二是在适当的配乐中引入不同的声音要素，使节目丰满好听；三是强化节奏的转换，避免听觉疲劳，制造较强的听觉冲击力。应该说通过‘过渡版’的精心设计，可以实现节目形式的外在节奏和主持人情感的内在节奏的有机结合，使整个节目动感强烈，张弛有序，可听性强，从而创造出良好的传受氛围，保证作品的传通性。”① 文中尤其是第一条，提炼主题，张扬观点和第三条制造强烈的听觉冲击力，旨在强调理性引导的作用。

且看向莹主持《透视网吧》节目中的四个过渡版的具体内容：

“过渡版”之一

一次街头网吧在线聊天。

两个少年的人生变得如此暗淡。

一个走进了铁窗世界，

一个放弃了充满阳光的学业。

街头越来越多的网吧，犹如黑夜里的陷阱。

走进去的花季少年，究竟热衷的是什么？

---

① 向莹：《为了昨夜雨中的花瓣——“透视网吧”的创作体会》，《第五届金话筒获奖节目评析》，中国国际广播出版社，2001。

《新世纪新观察》特别节目——《透视网吧》。

“过渡版”之二

互联网仿佛是五彩缤纷的梦幻乐园。

网民浩浩荡荡的大军中学生越来越多。

聊天，游戏加色情，家长操心，社会担心，

面对电子海洛因的泛滥，我们该怎么办？

《新世纪新观察》特别节目——《透视网吧》。

“过渡版”之三

信息教育极度缺乏，互联网世界充满诱惑，

花季少年丢下书包泡网吧，只是问题的冰山一角。

社会呼唤网络文明，

围追堵截，网上巡警闪亮登场。

请继续收听《新世纪新观察》特别节目——《透视网吧》。

“过渡版”之四

网络是一把“双刃剑”，我们不能因噎废食。

“绿色行动”，全社会共同构建网络文明，齐抓共管，网吧经营逐步走向规范。

我们有理由相信互联网的世界会成为青少年成长的摇篮。

感谢收听《新世纪新观察》特别节目——《透视网吧》。

这种“过渡版”是整个节目起承转合的关节点，起到了良好的传播效果，是广播主持人节目编制上的一次新的尝试和创新。

透过“过渡版”针对性强、观点鲜明的内容，听众从心灵深处强烈地感受到节目特有的理性穿透力。“过渡版”的精心设计和成功运用，是主持人理性引导的一次新的成功尝试。

总之，主持人现场理性引导方式多种多样，可因节目类型和传播对象不同而异，因主持人和主持风格而异，关键是适时、灵活、有度，能真正起到升华主题、提升节目品位的传播效果。

第十五章　明星主持人成功之路

明星主持人是广播电视媒体的标志与品牌。本章着重探讨明星主持人的以下几个主要问题：明星主持人的成功要素；明星主持人与品牌节目；明星主持人的培育与保持。

第一节　明星节目主持人是媒介时代的需要

一、明星节目主持人是媒介间激烈竞争的需要

我们生活在一个多媒体互相激烈竞争的新时代，媒介生态呈现多元化格局，以网络、手机为代表的新兴媒体已经异军突起，势不可当。网络媒体覆盖人次不亚于电视媒体，而增长速度却超越了电视媒体。作为广播电视媒体的形象代言人和一种文化符号载体的明星主持人，已成为广播电视媒体之间与其他媒体之间竞争的“核心竞争力”，成为现代传媒的核心竞争资本，其所具有的品牌价值已不可言喻，绝不可小觑。

广播电视在和其他媒介的竞争中，节目主持人已成为宝贵的竞争资本，在技术成为媒体发展的绝对力量的时代，节目主持人为已经物化了的媒介增加了人文精神，体现了以人为本的思想，增强了媒体的亲和力、感染力，促成了媒介形象人格化的转变，这是其他媒介无法企及的。

何谓明星主持人，目前尚无统一标准衡量。在我国，明星主持人一般应指金话筒奖获得者。金话筒奖项是为表彰优秀节目主持人而于 1993 年创立的，是我国广播电视界的最高专家奖，也是我国节目主持人的最高荣誉。“金话筒主持人以其优异的精品节目、出色的主持技艺和感人的敬业精神赢得了受众的

喜爱和业内专家的好评，也为全国的同行树立了学习的榜样。”① 因此可以说，追求摘取金话筒奖桂冠，已成为主持人之梦。

正是基于上述缘由，金话筒主持人实际上就是明星主持人并取得了业界的认同。是否金话筒奖主持人，拥有多少金话筒奖主持人已成为电台、电视台实力水平的标志与体现，也是该台核心竞争力的重要砝码。中央人民广播电台、中央电视台之所以被同行公认为实力强、水平高、影响大，其中一个重要原因就是拥有一批金话筒奖主持人，此优势也是单个地方台无法相比的。

二、明星主持人是创建媒体品牌的需要

很多极具价值的电视节目主持人既是电视媒体形象的代表，又是媒体品牌的创建者，他们主持的节目，无论是新闻节目、综艺节目还是专题节目、谈话节目，一个个节目已成为品牌，构成了媒体品牌的亮点。

很多电视台十分重视发挥明星主持人的名人效应，重视明星主持人创建媒体品牌的作用及影响力。明星主持人的品牌价值成为这个台的符号与标识，他们不但对观众具有广泛的号召力，而且对观众的忠诚度也具有重要的影响。

三、明星主持人是提高收视（听）率和传媒效果的需要

节目主持人的传播将大众传播与人际传播有机地结合起来，使媒介文化的传播由冰冷的机器转化为温情脉脉的主持人，可以登堂入室，与受众交流，从而可以有效地提高传播效果；主持人还可以让死的信息变成活的资讯，让枯燥的知识变成精彩的体验，让停留在口头的服务性语言变成为民排忧解难的行动，从而让受众牢牢记住了这些主持人的名字，主持人的名字已经变成了收视符号，变成了收视（听）率。

国外媒介更重视明星主持人的传播效应，2006 年 9 月，美国哥伦比亚广播公司起用女主播库瑞克接替丹·拉瑟即是典型的一例。库瑞克曾在美国广播公司早间新闻杂志《今天》主持节目十年，《今天》收视率每周都排在第一，广

---

① 白谦诚：《峥嵘岁月——见证中国节目主持人 25 年》，中国国际广播出版社，2006，第 304 页。

告收入第一。哥伦比亚广播公司善于把主持人的“明星效应”及时转化为“受众市场”效应，积极拓展目标受众的市场定位空间，充分发挥库瑞克灵活亲切的主持风格魅力，勇于打破传统的正襟危坐式的刻板主持，适应了年青一代要“新鲜感”“个性化”的心理诉求，在对年轻受众群和女性受众群的开发方面获得了成功，从而有效地提高了传播效果。

第二节　明星主持人的成功要素

在众多的新闻媒体激烈竞争的今天，打造明星主持人已成为广播电视媒体进行品牌竞争的需要；同时做明星主持，实现明星梦，也成为当今主持人的追求。在我国，广大主持人朋友已把“金话筒奖”的获得作为实现明星主持的标志。

中国广播电视学会节目主持人研究会理事长白谦成说得更贴切：“现在的‘金话筒’变成了主持人的梦。”从某种意义上说，“‘金话筒’评奖，不仅是主持人专业素质的大比试，也是广大观（听）众对主持人满意度的排行榜。”

笔者由于在主持人研究会工作的关系，从 1991 年起，曾参加了历届广播电视节目主持人“金话筒”的评奖活动，并与众多主持明星有过广泛的接触和深交，了解他们的奋斗历程、理想和追求。纵观国内外明星主持人的成功，除了要具备主持人的基本素质外，即社会责任感、文化、心理、新闻、语言等修养外，还应有一些特殊的能力和素质：发现能力、表达能力、个性气质、执着与敬业以及人格魅力等。

最早提出“主持人”一词的美国《60 分钟》节目制片人唐·休伊特曾经这样评价名主持人：“要想成为优秀的报告员（主持人），它必须兼有两种能力，……一是能够发现事物；另一个是能够把所发现的新事物通俗易懂地传达给别人。这两种兼而有之的人，也就是既能发现又能传达的人，实际上很难找到的。”①

① 任远编《名主持人成功之路》，中国广播电视出版社，1997，第 12 页。

一、发现能力

在收听（看）节目过程中，受众常会发现：同一时段、同一栏目（节目）的主持人，为什么有些主持人的观点新鲜、视角独特、语言精彩、很有吸引力；而有些主持人却言之无物、语言空洞，甚至俗不可耐？同样是在现场主持节目，为什么有些主持人能频频抓住现场的亮点或兴奋点，不断地激发受众参与节目的欲望；而有些主持人却对现场氛围视而不见，毫无反应，只是按既定模式和事先准备的稿件刻板地主持，致使现场受众兴趣大减？同样是一次对嘉宾的采访，为什么有些主持人的现场提问贴切、生动，还有灵机一动的追问，能捕捉到鲜活的新闻？究其根源，则在于主持人发现能力的差距。为此，发现能力的高低，则是衡量他是否是明星主持人的重要标志。有的主持人即使拥有绝对的空间，但由于缺少发现能力，他只能平铺直叙，甚至只能依赖编辑。总之，发现能力就是职业敏感和新闻敏感的集中体现。

主持人一旦具有这种职业化的能力，就能在采访过程中准确判断哪些是有效信息，哪些是一般信息，哪些是无效信息；就能在现场提问中，迅速抓住有效信息，打破砂锅问到底，挖掘出最有新闻价值的信息；就能及时巧妙地打断被采访对象的说话，免得偏离主题；就能在主持现场敏锐地捕捉到亮点、闪光点，并适时加以点评引导，使现场高潮迭起。

白岩松在主持伊拉克战争现场报道中，根据每天战事的新变化和战场的新动向，以及军事专家的形势分析，总能从中寻觅到观众感兴趣的话题。比如，讲到沙尘暴天气时，他就提出了一连串问题：沙尘暴天气对飞机起飞，对发射导弹、对战局是否会有影响，伊军为何不利用沙尘暴天气进行偷袭，以及英美联军面对沙尘暴天气又该如何保持警惕，等等。

美伊战争第十天，伊拉克“平民”进行自杀性攻击。白岩松在这次节目中通过自己独特的思考和发现，一连提出了十多个问题。如：

“今后美英联军将如何面对平民（假平民）？”

“伊拉克媒体每天公布伊拉克死亡人数，对美、英政府与军队将会产生什么样的影响？”

“对伊拉克周边的阿拉伯国家会产生哪些影响?”等等。

白岩松善于驾驭现场，很好地处理两方面的战况：一方面是当天战况的最新动态；另一方面是美英及联合国的动向报道；同时他还通过电话采访、卫星连线和场内互联网共同报道战况信息，以及军事专家的现场分析和评说，多方位、立体性、有序地展开节目。正是因为他在主持现场独具慧眼的发现，使一个个闪光点目不暇接，牢牢地吸引住观众的眼球，满足了观众的新闻欲。我国著名记者穆青说过：“一名优秀的记者，究其一生，都是追求、发现。”新闻节目主持人又何尝不是如此呢?

二、表达能力

表达能力和发现能力的关系十分密切，有魅力的表达同样来源于敏锐的捕捉和机智的发现；但两者之间又并非是同一回事。有发现能力的主持人并非都能表达得十分出色，反之亦然。作为一名优秀的节目主持人应该既有敏锐的发现能力，又有极佳的表达能力。如果仅能“发现”，而表达欠佳，这个发现就要打折扣，就会造成信息的流失。优秀的节目主持人首先要有表达欲望，要有把捕捉到的信息和亮点以其独特的感悟表达给受众的激情；其次，优秀主持人的表达应该比别人更精彩、更富感染力和吸引力，即更富有特殊的魅力；再次，表达的主动性和控制权。主持人与播音员之间一个重要的区别就在于：前者的表达是主动的，并拥有表达的控制权；后者的表达是被动的，且表达的主动权掌握在编辑手中，他只能是念稿、串联。因此，表达的主动性和控制权是名主持之所以成名的一个重要因素。

1997 年香港回归、1999 年澳门回归，都是大型直播，并在演播室都设立了主持人。前者出于播出安全的考虑，主持人表达的内容都事先写好稿子，届时主持人只需把稿子背出来或者借用提示器念出来就行了。主持人基本没有表达权和控制权，所以就很难发挥主持人的个性特点了；后者，尽管在主持人手中也有稿子，但主持人仍有表达的主动权和控制权、采访权，他可以根据节目的需要、突发的变故，进行主动权的表达。所以，在 48 小时的直播节目过程中，我们看到的白岩松、敬一丹的现场主持，具备个性魅力，很吸引人。

《实话实说》的成功，从某种意义上说，就是主持人拥有并发挥了主动权和控制权的结果，可以让主持人充分展示其睿智，发挥其风趣幽默的特长，从而使观众看到了一个真实的、富有个性特点的主持人，领略到一个与众不同的别样风格的主持风格。他在现场与嘉宾和观众的语言交锋，他先不说，就听你说；而且每次都耐心地等你把话说完，脸上渐渐泛起一种莫须有的“坏笑”，心里却在悄悄地思考着对方话语的意思、味道、毛病、漏洞；然后再不失时机地又不失温和地接你一下、逗你一下、叼你一下、击你一下，用这些方法把观众弄得哄堂大笑；而他自己却装得一脸无辜，丝毫不受他人的影响。

三、个性魅力

个性与魅力似乎难以分开，有个性才有魅力，没有个性就难以形成魅力。实践证明：有个性、有魅力的节目主持人就具有吸引力。个性魅力既是评价主持人的一个重要标志，也是主持人获得受众喜爱的一个重要因素。

不同的主持人，个性不同，魅力也不一样。对魅力的认识，（评价）见仁见智，似乎很难有一个统一的标准；但还是有客观衡量标准的，即魅力就是吸引力。构成魅力的因素其实是很复杂的，它包括个性、特点、人品、修养、激情、真诚、亲和力等。

我们不妨把节目主持人分为“偶像派”和“实力派”。“偶像派”属于那种青春靓丽、充满朝气和活力的主持人，能有效地控制节目进程和气氛的人。这类主持人比较适合主持娱乐节目。年轻漂亮并非缺点，关键是这些俊男靓女是否有魅力，而且是否能保持长久的魅力。“实力派”主持人思维敏捷，善于发现、表达到位、思想深刻，能够创造性地驾驭话题，控制节目。他们以其实力获得持久的魅力，如中央电视台白岩松、崔永元、水均益、敬一丹等都应属于“实力派”主持人。

“实力派”新闻主持人大都具有记者的经历，他们熟悉采访，有新闻写作能力，还有调查研究能力。他们的成名大都经过了这样一条道路：记者——名记者——主持人——名主持人。他们的魅力也正源于此。

四、执着与敬业

明星主持人从来不是一蹴而就，一夜成名的；而是经过长期的脚踏实地努力工作，不懈地奋斗追求，逐渐被受众所认可。

在美国商业电视网的残酷竞争中，在明星制度的压力下，出身于美国中西部贫民家庭的克朗凯特，为了得到成功，他付出了常人所不能及的毅力和艰辛，他历来对事业的进取心极强，是个十足的工作狂，是一个顽强不屈、一丝不苟的日耳曼式的人物。他从不靠耍弄小花招取胜，而是玩命地工作、认真地采访。尤其难能可贵的是由他主持的CBS《晚间新闻》节目收视率稳稳地坐在三大电视网的头把交椅之后的许多年，他竟没有一点丝毫松懈的迹象。即使在主持十年后，他获得了其他主持人难以企及的巨大声誉时，他仍保持以往的敬业精神，继续努力不断追求。当他已成为电视新闻界一位德高望重、饱经风霜的元老时，他仍然怀着忐忑不安的心情，关注着收视率的调查结果。正如克朗凯特自己认为的那样，以前正是这种忧虑感，促使他成为合众社的一名记者，出色地完成了各项任务；在后来，也正是这种忧虑感，使他作为一名主持人获得了非同一般的成功。

其实，我国节目主持人的成名又何尝不是这样呢？就以众所周知的大牌明星主持人赵忠祥为例，美国的报纸曾经把赵忠祥与美国著名新闻节目主持人沃尔特·克朗凯特相提并论，把他称为中国的克朗凯特。其原因之一主要在于克朗凯特在美国主持了20多年的新闻节目；而赵忠祥在中央电视台播音主持长达40年之久。

1960年，仅18岁，高中尚未毕业的赵忠祥被选拔到成立刚两年的北京电视台（中央电视台前身），成为该台第一位男播音员。在40年的风雨历程奋斗中，从播音到主持，从新闻到专题，到主持《正大综艺》，又从《动物世界》到主持《人与自然》，他经历了一次又一次大跨度的转折，创造了一个个名牌栏目，跳出了自己独特的舞步，其间他付出的辛劳和汗水确实是常人难以想象的。

赵忠祥在他写的《岁月随想》中曾经说道：“中国电视事业的发展提携了

我，我随着中国电视事业的发展长大，我是这个宏伟机体的一个零件。我有生之日总在思考如何施展才华，为我所从事的工作竭尽全力，报效生我养我的祖国。”① 在40年的追求奋斗中，赵忠祥确实是“竭尽全力”。用他自己的话说便是：“我从未有一天的松懈呀！”从长期从事《新闻联播》工作到播出《动物世界》、从主持《正大综艺》到主持《人与自然》，凭借自身实力与敬业，给人们带来一次次惊喜！为了弥补年轻时在知识上的缺憾，他曾在40多岁时，且自身已经相当有声望的情况下，冒着被人嘲笑的尴尬，参加了成人高考，同20岁的年轻人一起走进了北京广播学院的大门，聆听老师的教诲。至今作为任课教师的我还清楚地记得，每次上课，赵忠祥像小学生那样提前到校，专心听讲。他没有名人的架子。他是广院首届在职成人教育新闻大专班的学生，我曾有幸当过他毕业论文的指导老师。他写的论文《论节目主持人》一文，观点鲜明，视角独特，论述精辟，加上优美的语言，着实令人赞叹！如按评分标准，我敢坦言：即使作为本科毕业生论文，也可得高分。当时我曾有过打满分的想法，但最终还是慑于吹捧名人之嫌，打了95分。这篇论文现已收入《中国中央电视台30周年》一书中。事后，赵忠祥对我说过，他的这篇论文，收入该书时，编辑仅仅改了一个标点符号。关于论文评价之事，赵在他的《岁月随想》书中有这样一段叙述：“学习上我又拿了两个文凭：一是广院一期新闻编采成人教育，三年来，辛苦可想而知，但毕竟跟下来了。我的毕业论文《论主持人》得了95分，主讲教授说，这是他第一次给这么高的分。同时我也拿下了英语单科文凭。”②

是否透露这件鲜为人知的事实，我有过思想反复，怕有“借名人抬高自己之嫌”，使我最终下决心这样做，旨在告诉人们：名人是甘当小学生，不耻下问，通过自己的刻苦努力、勤奋好学，不断地完善和超越自我的。赵忠祥这种认真的背后，更深层的含义其实是一种与当时年轻主持人中长期的浮躁情绪和急于成名相悖的执着与敬业。

---

① 赵忠祥：《岁月随想》，上海人民出版社，1995，第3页。

② 赵忠祥：《岁月随想》，上海人民出版社，1995，第203页。

五、人格魅力

白岩松说："马季曾经说过的一句话：艺术的竞争一定是人格的竞争。把这句话送给主持人朋友们似乎同样准确。"① 从受众接受心理角度说，主持人一旦成名，成为受众最喜爱的、最尊重的主持人之后，人们接受的程度，不光是话筒前和荧屏前的形象，更注重在话筒外和荧屏外的公众形象。主持人生活在群众之中，作为社会的一员，他们的谈吐、举止、言行和表现，常为人们包括同事所注目。他是否符合一个普通公民的行为规范，是一个众口称赞的好公民；他在日常生活交际中的言行是否与其在媒体中的形象相吻合，会时时处处受到人们的关注。实践证明：唯有话筒内外一致的主持人才会受到人们的尊重和欢迎。我们说："主持如其人。"如果主持人的言行不一，人品不高，就无法主持好节目；即使主持，也很难被受众接受，难以产生社会效果。

白岩松说得好："对于任何一个主持人来说，只有先拥有一个大而丰满的人，才能派生出一个被观众认可的主持人形象。如果不巧正好把这种关系搞反，也许会有一时之利，但路遥知马力，水无法最后被包装成酒。"②

他还说："主持人这个位置很容易让从业者迷途。经常看到有人当了主持人之后，就慢慢地以一种主持人的形象自居，很把自己当回事了，很把自己放到了一个很高的位置上。要成为一个优秀的主持人最首要的条件，应当看他是不是一个独立而大写的人，是不是一个拥有内涵并在主持人这个位置上释放自如的人。"③

白岩松这段话说得很深刻，对怎样当好主持人尤其是当好明星主持人颇有启发和现实意义。名主持人一定要走出明星的光环，切勿以明星自居；更要走出别人把你当作明星的光环，始终保持清醒的头脑，把"主持"缩小化，把"人"放大，谦虚谨慎，严于律己，这样做对自己和社会都有益。

作为明星主持人你的主持技巧和水平已经达到相当高度，并为同行和受众们所认可、赞赏。同样，在做人方面，即道德修养、人格魅力上要高标准要求

---

①②③ 白岩松：《我们能走多远——关于主持人的胡思乱想》，《现代传播》1996 年第 1 期。

自己，达到高水平，这样才是一个艺德双全的、完善的、令人敬佩的明星主持人。赵忠祥说：“主持人最能博得观众喜爱的就是人格上的魅力。尽管东方和西方在文化背景上存在差异，但在最高层次上的观念是相通的，只有真、善、美才是最高标准或最完美的标准。因此，在长期为公众服务的过程中，人格的忠厚、善良是一定会被观众所理解与接受的，从而产生一种令观众深深喜欢的屏幕形象。当然，尽善尽美是不存在的，我们只有努力向着这一高度去靠拢。”①

倪萍说得更为具体：“主持人这个行当更需要良好的职业道德，因为你的一言一行都亮相给观众，不仅成为关注的焦点，而且具有一定的导向作用。我们这个职业很容易让人膨胀，因为我们承受的太多、太多的夸奖，让你潜移默化地与人产生距离，使你下意识地感到与众不同。”②

她又说：“我想，我们的艺术家之间最后拼的是什么？拼的是道德、拼的是文化，而不是艺术。为什么有的人在艺术处于巅峰状态时倒下了？就是因为他的艺德大家不喜欢，人们不能接受台上台下两个人。观众喜欢某个人，是因为屏幕上的你而喜欢你，正所谓爱屋及乌，从这个意义上讲，我们是不是应该照着台下观众所希望的那样去做，达到台上台下的统一呢？”③

透过以上这些充满人格魅力的语言，我们清楚地看到了主持人崇高的精神境界和高尚的职业道德，这是中国明星主持人走向成熟的标志，也是名主持人赢得受众喜爱和信任的深层缘由。

第三节　明星主持人与品牌节目

在当今新闻媒体进入品牌建设的新时代，深入研究明星主持人与品牌节目之间的联系已日益重要，它已成为提升媒体形象、增强市场竞争力的重要策略。

---

① 赵忠祥：《岁月随想》，上海人民出版社，1995，第366页。

②③ 倪萍：《艺德方是人之本——苏琳》，《经济日报》1996年12月8日。

一、明星主持人与品牌节目的关系

明星主持人支撑品牌节目，品牌节目托起明星主持人。两者相得益彰，交相辉映。实践证明：明星主持人与品牌节目之间存在着相辅相成、相互依存的平衡关系，一旦这种平衡关系被打破，明星主持人就不再成为明星，品牌节目也可能名存实亡。

倪萍曾经谈过是《综艺大观》救了她，使她找到了最适合发挥自己的空间；《综艺大观》也因为有了倪萍的主持而在日后成为社会影响甚大的品牌节目。由此可见，明星主持人可以打造品牌节目；品牌节目也可以为主持人增光添色。一旦明星走了，节目也就无法保持它的品牌效应了。崔永元主持的《实话实说》开创了中国电视谈话节目的新时代。正是因为崔永元独具特色的主持，才使《实话实说》成为众所公认的品牌节目。《实话实说》的品牌效应，也促成了原先鲜为人知的崔永元成为中国电视谈话节目的代表人物，成为一个品牌节目的人格化身。事实正是这样：崔永元离开《实话实说》节目后，尽管接替他的主持人是位颇有水平的“金话筒奖”得主，但观众还是难以接受没有崔永元的《实话实说》，近年来，该节目收视率出现下滑是一个不争的事实。同理，李咏在主持《幸运52》节目之前，无论是主持人还是节目本身都未能引起人们多大的关注；但经过几年主持人创造性的主持，使李咏和《幸运52》双双名声大振。可见，明星主持人与品牌节目之间有着极为亲密的相互依存的平衡关系。为此，品牌节目主持人“易主”问题，必须特别谨慎，否则有可能危及栏（节）目的生存问题。

国外的广播电视把主持人看成是栏（节）目不可缺少的组成部分，看成是决定栏（节）目成败的关键人物。以长盛不衰的美国电视谈话节目为例，采用主持人名字命名的节目比比皆是，引起了轰动效应。如：20世纪60年代的《唐纳·休》节目；80年代的《奥普拉·温弗利》节目、《拉里·金》直播；90年代的《莉基·莱克》节目和《杰尼·琼斯》节目。这些都因采用主持人名字命名的谈话节目名声大振，主持人也因节目办得好而一举成名。

美国三大电视网的晚间新闻节目也干脆以主持人名字命名而收到了意想不到的效果，如：《CBS晚间新闻与丹·拉瑟》、《NBC晚间新闻与汤姆·布罗考》、《ABC今晚全球新闻与彼得·詹宁斯》，等等。

我国电视节目也有以主持人名命名的，其中影响较大的有以央视主持人敬一丹名字命名的《一丹话题》，北京电视台以主持人刘元元名字命名的《元元说话》，还有凤凰卫视的《杨澜工作室》和《小莉看时事》，等等。

主持人是品牌栏目的重要主持部分，以某种角度上说主持人就是一个品牌节目的人格化身。以明星主持人名字命名的栏（节）目，可以利用明星效应提高节目收视率，扩大社会影响，树立品牌栏（节）目的形象。

二、如何打造明星节目主持人

要回答这个问题，首先要回答什么是明星节目主持人，明星节目主持人应该是怎样的人，符合什么要求。任何主持人的成名都有一个循序渐进的过程，不可能一蹴而就。人无完人，但每个人都有其与生俱来的不足之处，也有其自身的个性特长。作为品牌节目的主持人首先要有与众不同的个性、特长，要有与众不同的主持特色来吸引人。传播学四大鼻祖之一的美国心理学家卡尔·霍夫兰说得好："最可能改变一次传播效果的方法之一，是改变传播对象对传播者的印象，传播者要有威望吗？可爱吗？是同我一样的人吗？"

作为在大众传播媒介中进行人际传播的节目主持人贵在有个性、有特点、有与众不同之处。当初，央视的《东方时空》总制片人时间敢于排除众议，大胆地起用相貌平平的崔永元担任《实话实说》的节目主持人，正是看中了他特有的风趣幽默的睿智，平实坦诚执着的个性风格；也正是这种平民化的主持和幽默的语言构成了《实话实说》的亮点。又如杨澜的文化气质和独特的视角，构成了《杨澜工作室》浓浓的文化底蕴；何炅特有的机智、活跃成为《快乐大本营》中快乐的源泉。总之，主持人的个性特长在节目中的充分展现，使节目拥有了特有的个性和魅力，避免了主持风格的雷同，从而增加了受众对主持人及品牌栏（节）目的认知度和可信度。

三、如何打造品牌栏目（节目）

何谓品牌栏（节）目？“品牌”本是一个经济学名词，是企业产品经营中常用的一个概念。引入传媒领域后，旨在通过多种包装推介手段打造广播电视的强势品牌，以提升媒体的竞争力。

品牌栏（节）目的概念至少可涉及三个层面的意思：一是相对独特的风格和特点；二是具有一定的知名度和高质量。品牌节目要以特色的内容和独特的风格，吸引住目标受众，长期赢得受众的信任，并在媒体市场中占有特殊地位。如中央电视台《焦点访谈》《东方时空》《幸运 52》《开心辞典》等，节目很具有代表性、典型性。正如“金话筒奖”主持人刘元元所说：“在媒体激烈竞争时代，品牌概念已经成为电视栏目非常重要因素。从文化的角度看，它是电视产业的拳头产品；从观众角度说，它是观众心目中值得依赖、能给自己带来较大收益的消费对象。”①

品牌节目不一定是收（听）视率最高的节目，尤其是在广播电视市场大众化，频道专业化发展趋势的今天，一个品牌节目的收（听）视率不需要也不可能占据受众市场的绝对多数，而只需要能长期锁住具有稳定性的目标受众群，这就是一个品牌节目了。

广播电视品牌栏目（节目）是节目名称、标识和节目宗旨、风格、特色以及节目包装、结构、受众认同的总和，作为品牌节目要按其规律，从打造品牌识别系统做起，包括节目名称、片头、标识和主持人等几个方面。例如，开创北京电视台周日上午时段收视率最高的由元元主持的《第七日》，最高收视率达到 11.29%，平均相对占有率为 33%。从《元元说话》到《第七日》，再到《7 日 7 频道》，是品牌化概念引进电视领域中一次成功的尝试和创新。一是定位上的转变，这是一档由主持人轻松说新闻到反映北京的市井百态的生活类话题节目；二是社会意义和认识角度有了新的提升。正如有些专家指出的：“《7 日 7 频道》是由具体的小事和广泛的认识度相结合而成的。虽然是取材于身边

① 元元：《“7 日 7 法则”——论电视栏目品牌打造》，《中国广播学刊》2002 年 11 期。

的个案，但它能提炼出大的主题或背景，并具有社会意义和广泛认识度。”从《元元说话》到《第七日》再到《7 日 7 频道》是不断打造电视品牌的过程，也是电视品牌得以延伸并不断提升的创新过程，其意义非同一般。他们总结出“7 日 7 法则”，即品牌化概念、平民化内容、风格化主持、个性化标识、生活化包装、纯净化形象、整合化传播。正是这个“7 日 7 法则”的宝贵经验成功地打造了电视栏目品牌，为我国电视栏目品牌化理论提供了成功的个案，给广播电视同行提供了众多有益的启示与借鉴。

四、品牌节目的经营与维护

创造品牌节目难，维护和创新品牌节目更难。品牌一旦形成，如何使其保持长久的生命力，产生稳定的品牌效应，则是媒体更为关注的一个新课题。

1. 树立牢固的品牌意识，不断提高对品牌经营意义的认识

要从战略高度树立长远的品牌意识，理解品牌经营的深远意义：树立品牌意识、进行品牌经营是市场经济时代的需要，是当今新闻媒体激烈竞争的必然。在当前市场竞争条件下，谁拥有叫得响的品牌，谁就拥有稳定的受众市场，谁就掌握了广告经营的主动权。越是知名度高的品牌频道、品牌栏目（节目），就越能给媒体带来更多的利益。品牌，既是有形资产，也是无形资产。这里且不说大家熟知的中央电视台《新闻联播》与《焦点访谈》，《天气预报》节目的广告价码节节攀升的势头。

2. 个性化的经营策略

打造媒体个性化形象的特征，是树立媒体品牌的关键。竞争要有实力，更要有新招、有亮点。一些小台从实力上无法与大台去硬拼，但有一种法宝，那就是靠个性、特色取胜。个性、特色就是资源，差异就是卖点、亮点，媒体一定要有区别于他人的东西，正如大家一提到凤凰台就知道它是一个另类台。这个“另”就是“异”、就是“新”。一个个标新立异的节目（栏目）、一个个个性鲜明的主持人、一个个气势不凡的活动、一个个令人意想不到的举措，无不烙上凤凰台的品牌印记，无不显示其独特的商业运作思路。正是以上这些因素，构成了凤凰台个性化的经营策略。

3. 品牌的运作与维护

归纳起来，就是要突现一个“抓”字。要抓特色、抓地域文化特色、抓地方特色；要抓个性，突现品牌的个性化形象；要抓创新，依据市场变化的需求，不断翻新品牌；要抓质量，以质取胜，精心运作。

需要指出的是，在以上诸多“抓”中，有三点特别值得一提：一是抓有个性的人才队伍，尤其是要抓有个性的主持人。人是制造品牌的决定因素。一位优秀的主持人、名记者往往能撑起一个品牌栏目的“脸面”，他们的素质直接关系到媒体的品牌形象，甚至可以说他们的素质就是媒体品牌形象的写照。二是抓多媒体全方位的整合化传播。北京电视台从《元元说话》到《第七日》再到《7 日 7 频道》就是通过整合化传播形成电视品牌化的成功典型。三是抓质量和创新。栏（节）目的高质量是品牌永恒的生命；高质量又离不开创新。从某种意义上说，没有创新，也就无从谈质量和品牌。

第四节　明星主持人的培育与保持

有着几十个头衔的“世界公民”吉姆·韦拉克曾说过一句话：“在新经济时代，品牌就是原子弹。”乍听起来，此话有点危言耸听，仔细琢磨、品味，此话乃属名言。在当今激烈竞争的时代，谁拥有品牌，谁就可占有市场。媒体也如此。品牌代表了一个媒体的形象，媒体必须努力创造和拥有自己的品牌，才能在竞争中取得长远的成功。就广播电视来说，节目主持人就是媒体的品牌，就是一个品牌的人格化身。

如今越来越多的人从实践中认识到培育明星主持人、在主持人身上加大投资会比在节目投资上更奏效、更有影响力。明星主持人何以创造品牌栏目（节目），如何培育明星主持人，并使之保持魅力，必然成为媒体倍加关注的聚焦点。

一、选拔培育途径——从有采编实践经验的记者中培养新闻主持人

央视《东方时空》开播的十多年的成功实践证明，选拔培育主持人，应该

从具有新闻采编实践经验的记者、编辑中进行，无论是什么类型的主持人，都应具有采编基本技能，尤其是新闻主持人，即使是文艺主持人也不可或缺。主持人不光会播音主持还要会策划撰稿，会采访评论。按记者——名记者——主持人——名主持人的途径选拔培育主持人，实践证明是一条行之有效的途径。

美国的众多新闻明星主持人都是资深记者，都是从地方台一级一级被选拔上来的。克朗凯特当了29年记者后才成为新闻主持人，因而人们有“克朗凯特就是新闻”的说法。在美国，没有一个初出茅庐的人能一步跨入国家电视台主持新闻节目。法国电视台新闻节目主持人都是老成持重的记者。

长期以来我国选拔主持人存在的误区是：重形象，轻内涵；重年轻，轻阅历；重外招，轻内选。可喜的是现在已逐渐走出误区。短短几年已培育出一批受众认可的明星主持人，像白岩松、王志、崔永元、王小丫、李咏、吴小莉、陈鲁豫等。

目前，国内不少广播电视台提倡从“现场报道记者”、从“出镜记者”中选拔培育主持人，更多媒体将刚来台工作的播音主持毕业学生，派去第一线当记者尤其是“出镜记者”。经过一段新闻实践后，再有针对性地选拔培养主持人。这些新举措应该充分肯定，并逐步形成制度，坚持下去成为培育主持人的有效途径。主持人的培育成长不可能一蹴而就，而是个长期的系统工程。广播电视媒体是个“造星”媒体，传播面大，影响大。有些年轻人初当主持人不久就一夜“成名”，飘飘然不知所云，殊不知这是墙头草根底浅，不可能根深叶茂的。

当好主持人，贵在苦练内功，打好基础。明星主持人则是靠其自身实力，和在受众中的长期影响力脱颖而出的。那种仅依靠媒体光环在短期内产生的“轰动效应”，只会昙花一现。新时期需要的主持人是综合素质好的，全能型主持人，融策划、采编、播说、主持于一身。这才是培育主持人的正确途径。

二、培育机制——育人良好机制、宽松环境

创造什么样的工作环境，形成什么样的运作机制才能有利于主持人的成

长，有利于主持人潜能的发挥和个性充分展示？

首先是以人为本，创造良好育人环境。科学发展观的核心是以人为本。现代媒体也要以人为本，通过人带动节目，而不是通过节目推出人。节目主持人是媒体稀缺资源，是生产力的核心之一。媒体对主持人的关怀、培育体现在对节目运作规律的认识中，要从人文关怀的角度，构造一个适宜主持人成长的平台。主持人的成长，除个人因素外，离不开良好运作机制和适宜的工作环境氛围。我们必须采取措施，改变长期以来主持人自生自灭难以成名的状况。

建立主持明星制。一是让一批有个性、有特点的主持人尽快脱颖而出。有了这样一批个性张扬的主持人，才会满足人们日益增长的精神生活的需求。[①] 二是在市场化社会中“传媒要取得好的经济效益，把主要力量用于培养若干明星主持人上，不失为重要途径之一”。[②] 三是逐步建立以主持人为中心运作机制，确立主持人的中心地位，赋予主持人更多的话语权说自己的话。

三、培育方式手段——专业化包装

明星主持人的成名固然要靠内力——自身的魅力，但也离不开外力——媒体推介包装。在市场化运作过程中尤其如此。对初出茅庐而具有发展潜力的主持人，需要媒介即时宣传推介，让受众熟悉，否则很容易被埋没。对一个已获初步成功的主持人，或已有一定知名度的主持人，同样需要宣传推介，让其充分发挥个性，不断提升知名度，为大众所熟知。

四、后续培训机制——主持人生命力的长久保障

尽管主持人可以干中学、学中干、边干边学，持续充电，以保持长久的生命力，这不失为良策。但实际情况是，主持人由于长期忙于主持节目，尤其是地方台“一个萝卜，一个坑”，主持人分身乏术，工作量大，疲于应付，常常无暇读书进修，总有被掏空的感觉，深感力不从心。为保持明星主持人的恒久

①② 李青森：《打造明星主持人》，《中国广电学刊》2002年9月。

魅力，广播电视媒体应建立一个对主持人进行后续培训的机制，如邀请社会上有关专家教授前去授课，请同行去传授交流经验，也可选送主持人到国内外广电媒体参观学习取经，到有关高校进修深造，打下扎实的理论知识功底。

明星主持人就是媒介品牌，在当今市场经济下，如何用明星主持人这个品牌核心价值统帅媒体已成为争夺媒介市场的渠道。品牌核心价值就是在消费者、观众心目中培养起来的。“所谓稳固的持久的品牌形象，以最本质、最核心的特征来展示品牌力量和品牌资产。”①

无论是企业还是媒体，其主打产品，名牌产品，名栏目，名主持人，要真正变成广大消费者、受众所认可接受的“品牌”，尚要一个积累经验、提升、打造的过程。一般来说，品牌节目、品牌主持人形成的品牌周期也在五年至十年。

建立规范的后续培训机制，是新时期媒体打造品牌的需要。提高后续培训意义的认识，是媒介领导科学发展观的体现。要改变那种“重使用，轻培养”、主持人自生自灭的状况，真心关心、爱护、培育他们的成长，让明星主持人保持长久魅力。

---

① 《山东视评》2004年第11期。

第十六章　新时期节目主持人的素质和修养

随着国际交流的日益频繁，与人们生活密切相关的广播电视将面临着迅猛、强烈和源源不断的境外文化冲击，中国广电行业本身及其从业人员也面临严峻的考验。在新时期下，节目主持人若要迎接新的挑战，从而推动广播电视事业的发展，提高自身的素质和修养显得特别重要。

我们所讲的节目主持人的素质与修养是从广义的角度来谈的，也就是说主持人应在良好的天赋条件下，经过实践的磨合具备较好的综合素质，可塑性强，只有这样才能算具备了基本的素质与修养，这样对我们主持人从业者队伍整体素质的提高也起到了推动的作用。以下笔者将从健全的思想道德修养、良好的语言文化修养、主持人的艺术修养以及“学院派”主持人素质的培养与思考四方面加以阐述。

第一节　主持人加强职业道德的时代意义

自主持人诞生以来，我们一直强调主持人既要提高业务水平，更要注重道德修养。2005 年 2 月，国家广播电影电视总局公布我国首部《中国广播电视播音员主持人职业道德准则》，对播音员主持人队伍的道德取向、素质要求和工作方法提出明确要求。在全国人民都在为实现中华民族伟大复兴梦想奋斗的今天，主持人注重道德与人格修养更具紧迫性和现实意义。

一、主持人爱岗敬业的需要

纵观我国主持人现状，不难发现跳槽流动现象频繁，尤其是受众心目中的一些明星主持人纷纷改弦易辙、另谋他职。就以中央电视台为例，近几年兴起了一股主持人出走潮，受众喜爱的众多明星主持人相继离开央视，有的从政、有的从商、有的从教、有的从艺，他们也许是为了寻找事业的第二春，也许是为了一个更大的发展平台。诸如此类情况，中央媒体有，地方媒体也有，明星主持人的离去造成的负面效应是明显的，一方面是媒体收视率下降，另一方面是影响受众心理及对主流媒体的信任和评价。面对当前不少主持人尤其一些明星主持人出走潮的现状，我们认为当前提倡爱岗敬业、全心全意为受众服务有其深刻意义，很有必要。主持人首先是一个大写的人，然后才是主持。也就是说，主持人集合了媒介角色和社会角色为一体，他们的言行对公众的影响广泛。与此同时，主持人的价值观、道德观会通过其言行影响受众。主持人不同于一般人，他应该成为榜样和道德模范。榜样产生的是人格的感召力，道德楷模行无言之教，润物无声，富有深深的道德感染力。主持人要对自己的事业怀着一颗敬畏之心，那就是爱岗敬业。

二、市场经济发展的需要

市场经济打破了计划经济条件下的单位制社会格局，市场经济的发展改变了传统的人与社会、人与人、人与自身的关系，造成了人们以物为中介的依赖关系普遍化；理性功利主义成为有些人社会活动的原动力；价值观向多维度、主体化的务实方向转化；对自身素质和觉悟的关注，不如对自身财富的关注程度。身处经济改革大潮和日趋商品化社会旋涡中的主持人，如果不加强职业道德修养，抵制金钱、地位、名利的诱惑，又怎能做到廉洁奉公、一身正气、传递正能量？

当前，有些主持人经不起金钱诱惑而陷入泥沼事例屡见不鲜，日显当前加强主持人职业道德的重要性、紧迫性。主持人的一项重要任务就是通过节目展示自己的道德品质和人格魅力，这从我国许多优秀的播音员主持人身上可以得到验证。比如中央电视台主持人白岩松，他的主持风格深刻而不呆板、活泼而不媚俗，无论是主持《东方时空》，还是主持《新闻周刊》《感动中国》《新闻1+1》，都给人留下朴实、真诚的印象，深受观众喜欢。他内心深处的一身正气是对党、对祖国、对人民的热爱，他主持的节目有很强的震撼力和感染力，观众不止一次被感动。这就是一个主持人道德修养和人格魅力所在。身处市场经济发展的今天，更加需要主持人在实践和行动中自觉约束自己，完善自我。主持人的道德理想追求只停留在口头上是远远不够的，必须从自身做起。“节目主持人只有把改造自己与改造社会，把完善自己与完善他人、完善社会结合起来，才能形成一股强大的合力，将社会风气推向前进。”①

三、构建社会主义核心价值体系的需要

党的十六届六中全会通过的《中共中央关于构建社会主义和社会若干重大问题的决定》，首次明确提出了“建设社会主义核心价值体系”这个重大命题和战略任务。社会主义核心价值体系包括四个方面的基本内容，即马克思主义指导思想、中国特色社会主义共同理想、以爱国主义为核心的民族精神和以改革创新为核心的时代精神、社会主义荣辱观。社会主义核心价值观的培育与践行，全方位地推进了我国的道德实践，在国家层面、社会层面以及个人层面倡导公民道德建设。

广播电视作为党的喉舌和联系群众的桥梁与纽带，在构建社会主义核心价值体系方面起着至关重要的作用。而广电媒体的播音员主持人则是这一行业的最直接体现者，他们越来越深刻地影响着受众的生活以及思维方式。他们所从事的工作从宏观上来说，担负着传播社会主义先进文化，弘扬民族精神，维护国家利益的作用。因此，主持人不仅要具备良好的职业操守、过硬的业务技能、成熟的工作心态，还必须具备良好的思想道德修养。这样才能传递给受众正能量，弘扬主旋律，才能通过自己的声音和主持的节目及时准确传递社会主义核心价值观，在构建社会主义核心价值体系方面起到应有的作用。因而，作为栏（节）目灵魂的主持人践行社会主义核心价值观显得尤为重要与迫切，具有特殊意义。

---

① 陆锡初：《节目主持人导论》，中国传媒大学出版社，2013。

四、实现中华民族伟大复兴的需要

“中国梦”就是民族复兴梦，也是在这个过程中每个中国人自我实现之梦，更是中华民族面对未来之梦。“实现中华民族伟大复兴是一项光荣而艰巨的事业，需要一代又一代中国人共同为之努力。空谈误国，实干兴邦。”中国梦就是民族梦、复兴梦，归根结底是人民梦。每个人的前途命运都与国家和民族的前途命运紧密相连，唯有实干，方能圆民族复兴的“中国梦”。在实现中国梦的伟大征途中，主持人不仅要通过自己的声音向全国人民持续传播正能量，起到凝聚人心、激发斗志的作用，而且肩负着把中国声音传递到世界的重任，只有具有高尚的职业道德和社会责任意识才能完成新时代的崇高使命。

实现中国梦必须走中国道路，每一个中国人在实现中国梦的道路上，心往一处想，劲往一处使，全心全意谋发展，脚踏实地做事情。作为广播电视媒体的形象代言人和一种文化符号载体的主持人在实现中国梦的道路上，必须弘扬中国精神，凝聚中国力量，提高个人综合能力和修养水平，创建媒体品牌，力争成为德艺双馨的主持人。只有德艺双馨的主持人，才能创造品牌栏目，才能有广泛的社会影响力，才能有长久的生命力。以中央电视台几个品牌栏目和主持人为例，虽然这些主持人各有特色，如在《焦点访谈》栏目中有白岩松的雄辩冷峻、敬一丹的亲切自如、水均益的机警自信。①

这些品牌栏目和名主持人由于切合了时代发展的要求，顺应了中国改革开放的时代潮流，坚守职业道德，弘扬先进文化，在实现中国梦的道路上做出了突出的贡献，他们和其主持的节目必将深入人心，发扬光大。

第二节　健全的思想道德修养

节目主持人是一种特殊的社会角色，它必须接受社会对媒介公关形象的制约，符合栏目和社会审美倾向的要求。节目主持人不是自由职业者，而是承担着党的宣传任务、带有群体思考和群体操作、代表国家利益的，因此具备健全

① 符彤：《主持人对品牌电视栏目的影响》，《今传媒》，2008年第7期。

的思想道德修养是指导主持人工作的首要条件。

一、职业道德

道德是以善恶评价为标准，依靠社会舆论和内心信念的力量来调整人们之间相互关系的行为原则和规范的总和。恩格斯指出：“实际上，每一个阶段，甚至每一个行业，都各有各的道德。”① 职业道德就是同人们的职业活动紧密联系的、具有自身职业特征的道德准则、规范的总和。各种职业生活间的相互交往及其表现的道德意识和道德行为，往往因职业不同而呈现出差别。各种职业不仅反映社会道德状况，而且影响个人道德行为发展的趋向。从事不同职业的人们对社会所承担的责任不同，他们对一定职业的整体利益的认识，就是他们对具体社会义务的自觉。

节目主持人的职业道德是基于广播电视工作而形成的行为规范。节目主持人是我国新闻工作者的一部分。节目主持人职业道德的核心，就是忠实于事实、忠实于真理，全心全意为人民服务，这是新闻工作者的党性原则在广播电视工作实践中的体现，也是广播电视节目主持人走向成熟的标志。

节目主持人职业道德的具体要求首要的是社会责任感，以社会效益为最高准则。广播电视工作是影响社会舆论，影响社会情绪，以至于影响社会行为的工作，因而要有高度的社会责任感，努力维护祖国尊严和职业形象。

节目主持人手握正义之剑、道义之枪，担负着国家和社会赋予的责任和使命。社会在关注他们褒奖什么、鞭挞什么、鼓励什么、批评什么。他们不是只顾猎奇而不顾社会效应的“自由公民”，也不是专门制造“轰动效应”搬弄是非的“长舌妇”。特别是对一个以采访编辑为主要工作，以播出主持为主要任务的新闻评论节目主持人来说，去采访什么和准备报道什么，甚至以什么形式去报道都必须斟酌再三，这中间有一个“分寸”的问题。对一些关系国家全局稳定的敏感问题，应分轻、重、缓、急。有时，宁可丢掉一条“火爆”新闻，而绝不盲目追求一时的“轰动”。

---

① 《马克思恩格斯选集》第4卷，第236页。

在纷繁复杂的日常工作中，“节目主持人的职业道德是电台电视台最有力的人格支撑。人们通过他们一颦一笑、喜怒好恶来判断电台电视台的观点、态度，受众也往往把主持人发表的言论当作政府的观点。”①

广播电视媒体要求主持人在实践和行动中完善自我。在市场经济发展的今天，有些人道德理想的追求往往停留在口头上，“非知之艰，行之维艰”②，重个人利益、眼前利益和感情需要，轻集体利益、长远利益和理性需要。“心灵的革命并不需要新的智慧，而是需要新的严肃态度与献身精神”（弗洛姆语）。作为人类灵魂工程师的节目主持人，担负着引导舆论、启迪民智的社会责任，因此要改造社会风气，必须首先从自身入手。节目主持人只有把改造自己与改造社会，把完善自己与完善他人、完善社会结合起来，才能形成一股强大的合力，将社会风气推向前进。

二、人格修养

节目主持人的人格，作为在广播电视实践中表现出的总体精神风貌，代表着媒介的形象。节目主持人的人格修养是节目主持人的为人之本，是取得成功的必备条件。他们的言行直接影响着广播电视台的声誉。节目主持人应该有比普通社会成员更高的道德境界、人格修养。赵忠祥的魅力表现在深厚的民族文化底蕴和强烈的社会责任感；沈力一向以谦逊质朴、善良著称，无论是主持《为您服务》还是《夕阳红》，她始终把握与观众平等的心态，表现了东方女性的美德。人格的忠厚、善良是最能博得观众青睐的。在这一点上，尽管东西方文化背景存在差异，但在高层次上的观念是相通的。一位东方大学传播系教授在北京广播学院（现中国传媒大学）讲课时也说过，对节目主持人的评价标准是三字：真、善、美。完善自我，追求至真、至善、至美应成为节目主持人孜孜以求的理想和目标。他们代表的应是社会和时代的一种先进的道德品质和人格范式。中国传统文化所讲求的为人之道，所尊崇的气节操守和道义担当，所重申的做人原则和治世风范，共产主义所提倡的精神境界和人格修养，所阐

① 陆锡初：《节目主持艺术通论》，中国广播电视出版社，1998。
② 《古文尚书·说命·中》。

发的人生意义和价值，都应该加以继承和发扬。

节目主持人的人格操守突出地表现在具有向社会的假、丑、恶宣战的良知和勇气；追求真、善、美的自觉，对普通人的生活、命运、境遇的关注；对愚昧、贫穷和一切损人利己现象的抗议和批判。

节目主持人的理想人格正是在长期工作实践和毕生对真、善、美的人文追求中得到完善。“节目主持人的工作是很神圣的，他（她）应该是美的化身，美的使者，美的播种者。要做到这点，就要从自身修养起步，努力陶冶情操，净化灵魂，铸造完美人格。只有这样，才能在寻常百姓间，在普通的素材中，挖掘出真、善、美，才能做出无愧于受众、无愧于时代的高质量的节目。”①

白岩松说：“对任何一个主持人来说，只有先拥有一个大写而丰满的人，才能派生出一个被观众认可的主持人形象。如果不巧正好把这种关系搞反，也许会有一时之利，但路遥知马力，水无法最后包装成酒。”②

马季曾经说过的一句话：“艺术最后的竞争一定是人格的竞争。”把这句话给主持人似乎同样准确。

三、社会责任感

如何做个党和人民欢迎的合格的节目主持人，关键是主持人要认清形势，牢记肩负的社会责任，努力提高理论水平和政策水平。中央电视台《焦点访谈》自 1994 年 4 月 1 日开播以来，始终坚持“领导重视，群众关心，普遍存在”的选题宗旨，通过“时事追踪报道，新闻背景分析，社会热点透视，大众话题评说”，敢于为人民利益伸张正义，说真话，突现了高度的社会责任感，赢得了社会的认同和人民群众的好评。

节目主持人要增强喉舌意识和导向意识，在自己主持的节目中，要把爱国主义、社会主义和集体主义作为我们社会的主旋律。实践证明，节目主持人如果缺乏政策理论水平和判断分析能力，缺乏强烈的社会责任感，就必然会使节目缺乏思想深度，使内容陷入概念推演公式化、结论简单化的境地，缺乏说

① 俞虹：《节目主持人通论》，中国广播电视出版社，1991。
② 白岩松：《我们能走多远——关于主持人话题的胡思乱想》，《现代传播》1996 年第 1 期。

服力。

“金话筒奖”主持人向莹获奖后如是说：“‘铁肩担道义，妙手著文章’。其实，在我的骨子里十分推崇极强的社会责任感。这种责任感是我们做好新闻工作的一个重要前提。”她在谈到《透视网吧》节目获奖体会一文中说：“我意识到自己有义务、有责任做好这组节目，呼唤社会都来关注、关心孩子们和网络的共同健康成长。”“网吧的兴起而造成的社会问题，在当前是一个令人茫然的热点。网吧是关还是管，已成为社会热点。把自己的情感和社会的热点结合起来，选择一个好的切入点，加上充沛的情感和入情入理的论述，自然能够引起社会的强烈反响。”“新闻作品价值的体现是对社会而言的，我们应该期望作品长久的生命力，但绝不能忽视舆论引导。离开了后者，新闻节目就失去了新闻品格。”①

四、心理素质

节目主持人是节目从策划到编导、组织等一系列活动中，最终出场演播节目的人，他在节目中的地位、作用可以说是举足轻重。面对如此重要的角色，主持人心理素质如何直接影响着其行为的表现，也就是说影响着节目的质量。

从某种程度上讲，直播节目最考验节目主持人的心理素质。直播节目从录播到直播，主持人心理上的反应是不同的。录播时面对的是已经写成的稿件，从时态上来说是“过去时”，这诸多因素不会构成对心理上的多大冲击。直播时的心态则不同，主持人身处“动作、行为或事件”的发生发展过程中，这种“现在时”“进行时”的时态，常有意外的突发性事件出现，无疑会给主持人心理以冲击，导致产生诸多直播心理障碍：如心情紧张造成的不良心境；信心不足或过度自信，会使主持人一时发怵或陷入恐惧；偶尔出现的漏播、误播，更引起心理紧张。因此，对直播主持人来说，重要的是如何预防和消除直播心理障碍，其预防方法是：正确对待直播，事先做好必要的心理准备；平时注意培养临场的最佳心理状态，直播前要熟悉播出提纲和有关资料，对可能出现的

① 《第五届金话筒获奖节目评析》，中国国际广播出版社，2001，第24—25页。

种种情况有思想准备；努力创造良好的直播环境。

主持人的心理素质是良好的政治素质和业务水平的体现。1960 年，参加工作才半年的赵忠祥，便接受了担任国庆实况转播的重任。紧张得他“一连几个晚上睡不着觉”，直担心自己“不可能有精力承担这个任务”。但是，“当我耳畔鸣响了激越的国歌，当我看到五星红旗在蓝天飘扬，当我看到毛主席等国家领导人检阅整齐的方队和欢呼的人群，我的眼睛湿润了，我的胸中升腾起一种神圣庄严的自豪感。我忘记了自己的渺小，我把充满激情的词句，用高亢明亮的声音传送出去，一万多字，没有一个错。”我们看到支撑赵忠祥在良好的心理状态下进行成功报道的内核，就是他那片赤子之心和良好的新闻素质。

节目主持人有了稳定的心理素质和良好的心理承受力，才能在直播过程中始终充满自信，保持乐观的、积极的精神状态；才能有良好的自我感觉和工作心态，激发起与受众对话、交流的强烈欲望。

第三节　良好的语言文化修养

语言是人类最基本的交际工具和思维工具，运用语言的功夫当是主持人的看家本领。无论是广播还是电视都离不开声音形象，然而，主持人不同于播音员，不仅要说得漂亮，还要说得充实，这就意味着主持人要想很好地驾驭所主持的节目，就要具有良好的语言文化素质。

一、口语表达能力

我们在谈主持人的口语表达能力时，一方面考察主持人语言上的准确性，另一方面是要考察主持人即兴口语表达能力。评判一个主持人的语言准确性，首先，要求语音准确，吐字清晰，每个字都让人听明白；语调正确，准确表达语言的逻辑重音、情感重音，节奏变化，抑扬顿挫，有起伏性。其次，应该掌握科学的发声方法，能够使自然声质得到良好的发挥，圆润、饱满、集中，音质优美，悦耳动听，富有感染力，形象性强。再次，词汇丰富，逻辑性强，内容充实，用词准确、生动，善于说得巧妙。

即兴口语表达能力是对新时期的主持人提出的更高要求。节目主持人不仅要会讲纯正的普通话，声音亲切自然，悦耳动听，而且还要口齿伶俐，善于表达；要有出口成章、即席发表评论的口才；要有自然驾驭语言的能力和以情感人的本领；播讲时要求声音抑扬顿挫，富于变化。有些播音员语音很标准，音质音色也挺好，但只要一离开稿件就无所适从，不善于表达，说话四平八稳，没有起伏、没有激情，这样就引不起受众的兴趣。因此挑选主持人时，不能单纯地把着眼点放在嗓音上，还要注意其口头表达能力。节目主持人应有流利的口才和熟练的表达技巧，善于掌握受众的心理，把节目播讲得扣人心弦。

世界上一些著名的节目主持人，无不具有出众的口才，他们口齿伶俐，善于表达。如哥伦比亚广播公司（CBS）晚间新闻节目主持人克朗凯特的接班人丹·拉瑟，就是当今美国一致公认的口才最好、风度最佳的主持人。他自20世纪50年代从事广播电视记者工作，以现场即席报道著称。在长达30年的记者生涯中，他作过许多高水平的现场报道。他主持节目时神态自如，语言流畅，简明清晰，不拖泥带水。又如，享有盛名的广播新闻主持人爱德华·默罗，他出口成章，具有得天独厚的口才。早在中学时期，就表现出“卓越的演出才能”。大学时他主修讲演学，名列全校榜首。他思维敏捷，具有很强的现场口头采访和即席议论的能力，他的口语广播一度成为美国广播的模式。

二、文化知识水平

知识对于我们每一个人来说，都是多多益善，它是力量的源泉，是无尽的财富。对于主持人来说更是走上成功之路的基本保障。人们耳闻目睹的节目主持人，仿佛是无所不知的“百事通”。上知天文下晓地理，文史科技、经济法律，无论设置什么话题好像都能讲出点子丑寅卯。当然主持人不是神，不是

《辞海》，不可能一通百通。但是他应该是“杂家”，在学有所长的基础上，具备多维的知识构架，拥有丰富的人生阅历，这样才有可能在节目中游刃有余，侃侃而谈；智慧如泉水、深瀑流淌，给人以启迪、享受。

节目主持人是文化的使者、精神文明的传播者，要博览群书，对古今中外、各行各业的知识都有所了解，打下扎实的文化基础。扎实而广博的知识有利于形成敏锐的观察和思辨能力，这也是主持人策划节目、分析问题和解决问题的基础。对每位主持人来说，知识是永恒的魅力，知识是成功的硬件基础。主持人还要根据现代社会的需要和社会分工的需要，培养学习现代科学文化的兴趣，自觉更新知识结构，根据主持节目的需要，学习有关的专业知识，成为某方面的知识行家，以增加节目内容的信息含金量与厚重感。

优秀的主持人应该是什么样的？香港凤凰卫视的陈鲁豫的切身体会是：“首先要有文化底蕴，必须受过良好的教育。这就像长跑，如果受过好的教育，耐力就好，跑得也更长些。”

作为城市新文化的传播者与新文化现象的构建者，节目主持人如果没有较高的文化素质和文化知识，就难以用高品位的文化精神去辐射色彩斑斓的社会生活和错综复杂的人际关系，难以赋予节目厚重的文化感。有些主持人语言不文明，甚至粗俗，如：“你们到这里来是干什么的？”“你们这些大爷、大妈”（应改为：“你们这几位大爷、大妈”）；“你们为制作这些产品折腾了一个晚上”（应将“折腾”改为“辛苦”或“忙碌”）。还有种情况是当被采访对象说了些不恰当的话，主持人却毫无反应。如在采访时，一位理发师说：“我在这里是守株待兔。”主持人听了竟无动于衷，不予以改正，令人费解。语言直接反映主持人的形象和品位，主持人一定要注意文明用语、礼貌用语。目前不少主持人节目格调不高，文化品位较低，显然与主持人的文化素质和专业知识偏低有关。城市新文化呼唤着文化素质高、品位高的节目主持人。

三、新闻采编功底

节目主持人和记者、编辑、播音员一样，都是党的新闻工作者。无论是哪一类型节目的主持人，都应具有良好的新闻素质：既要有新闻敏感，能及时捕捉住新闻，还要有较强的采编功底，会采访提问，会编写稿件，会适时点评。很多出色的新闻类节目主持人往往都是从记者的队伍中培养、锻炼出来的，所以说记者做新闻主持人有其自身的优势和魅力。

我们从克朗凯特和丹·拉瑟身上就能窥见良好的新闻素质。当 20 世纪 50 年代苏联卫星上天时，克朗凯特以其特有的新闻敏感意识到这将是崭新的报道领域。于是，他开始阅读并钻研有关材料，成为主持报道航天方面的专家。他在 70 年代编成的有关航天飞机的几大本资料，是迄今为止每个报道航天飞机的记者、主持人必读的参考书。

几十年的记者生涯，使克朗凯特养成了很强的新闻敏感。他熟谙新闻背景在报道中的重要性，因此作为节目主持人在播报和主持新闻节目时，他总是善于灵活插入新闻背景知识，以此增加新闻的纵深度。以至“在克朗凯特身边工作的人常常会有这样的印象，即克朗凯特认为他就是新闻”。从同事们对克朗凯特的印象评价中，我们不难看出他良好的记者素质和新闻修养。

克朗凯特的接班人丹·拉瑟，以敏感的新闻眼光和顽强的采访作风荣膺“美国头号新闻节目主持人”之美称。他主张新闻本身有说服力才能打动人，主持人不能凌驾于新闻之上，他主持的新闻节目，由于新闻过硬，加之新闻价值大而赢得观众好评。

这些阅历丰富的记者型主持人在长期的新闻采访实践中，形成了各自独特的采访方法，掌握了高超的采访技能，善于提问，敏于思考，能迅即捕捉新闻，扎实的新闻采编功底在所主持的节目中体现得淋漓尽致。

中央电视台《东方时空》的负责人认为：“主持人如果离开编辑、记者这两根拐杖，是很难把节目主持起来的。因为他们对如何与采访对象交流，怎样调节现场气氛没有实际感受，因此说起话来就到不了位，就显得不真实，自然就影响收视效果。”为此，《东方时空》进行总设计时，推出了与记者合为一体的主持人。几年来的实践表明，这个见解是正确的。从《东方时空》走出来的一批记者型主持人如白岩松、敬一丹、水均益等已成为家喻户晓的明星主持人，他们新闻敏感强，新闻素质好，具有扎实的新闻采编功底。

第四节　主持人的艺术修养

21世纪的广播电视节目主持人是否要有艺术修养，节目主持与艺术修养之间有何内在联系，主持人应如何提高艺术修养，这些都是新世纪主持人关注的新课题。

纵观诸多研究主持人素质的文章，大多涉及诸如政治、文化、新闻、心理、语言等素质，很少提及主持人的艺术素质，似乎艺术素质与主持人之间无必然联系，其实并非如此。节目主持是一门融播音、新闻、语言、美学和艺术为一体的综合艺术。

何谓艺术？据《辞海》解释："通过塑造形象具体地反映生活、表现作者思想情感的一种意识形态。艺术起源于人类的社会劳动实践，是一定社会生活在人们头脑中反映的产物。"艺术由于表现的手段和方式不同，通常可分为：表演艺术（如音乐、舞蹈）、造型艺术（如绘画、雕塑）、语言艺术（如文学）和综合艺术（如戏剧、电影）。

另一种方法将艺术分为：时间艺术（如音乐）、空间艺术（如绘画、雕塑）、语言艺术（如文学）和综合艺术（如戏剧、电影）。

所谓艺术美，是指经过人们的艺术创作活力，把现实生活中的自然美加以概括和提炼，集中地表现在艺术作品中的美。艺术美必须具体体现在形象艺术中，艺术美实质上是形象艺术的美。追求艺术美，培养艺术审美素质，提高艺术审美水平成为21世纪节目主持人的新标高。

那么，节目主持人与艺术修养之间有何关系呢？两者之间又有什么内在联系呢？

（1）主持人离不开艺术修养，艺术素质高不仅可以提高主持艺术的品位、档次，增强美感，而且还可以丰富主持人节目的文化内涵。如果主持人的声音美、语言美、画面美、造型艺术美与精神气质美融为一体，则可以让受众感受到一种美的享受，并引起心灵上的共鸣。总之，艺术素质高雅，必然会增添节目主持的魅力。

节目主持作为一种跨越多门学科的艺术形式，对主持人来说，其自身的艺术修养是必不可少的。中央电视台《实话实说》现场增加的小乐队演奏，既起到了烘托现场气氛的效果，增添了新的魅力，又为强化节目内容起到了画龙点睛的作用。每当主持人大赛，参赛者逐一登台亮相时，总是伴随着优美的音乐，主持人踏着优美动听的乐曲出场，给人一种美的动感、音韵、节奏感，使人从内心感受到节目主持与艺术之间和谐统一之美。

广播节目主持人也是一样，一位优秀的广播主持人和一次成功的广播主持人节目，同样离不开文字、音乐和音响三要素的有机结合，多种声音融合交织在一起，才能起到相得益彰的听觉传播效果。

（2）主持人发现美、创造美是艺术修养的重要组成部分，在主持过程中的表现形式是瞬息万变的，全方位的，给人的印象是主体化的。

“在生活中，美无所不在。热爱美、追求美、珍惜美、欣赏美、创造美是人的天性。……作为社会公众人物，电视节目主持人如果缺乏基本的美学素养，不懂美，不向往和追求美，不会欣赏和创造美，那么就很难说他是一个精神素质健全、个性完美的全面发展的人，更无须说做一个称职的节目主持人，成为电视艺术的传播者了。”①

首先，主持人要用艺术家的眼光去发现生活中的美，去挖掘人物内心世界的美，去揭示新闻事实中蕴含着的美。艺术大师罗丹说过：“所谓大师，就是这样的人，他们用自己的眼睛去看别人见过的东西，在司空见惯的东西上能够发现出美来。”言下之意，这世界不是缺少美，而是缺少发现。主持人又何尝不是如此呢？主持人在报道新闻、人物访谈的过程中，同样需要修炼出一种独具慧力的眼光，能透过现象揭示出事物的本质。我国著名记者穆青说过：“一个人之所以被称为记者，并不是一种职业头衔的使然，而是因为他比普通人看到的更多、思考的更深。一个优秀的记者，究其一生，都是追求发现。”

央视主持人白岩松正是这样一位“独具慧眼”“在别人司空见惯的东西上能够发现出美”来的主持人。他在主持悉尼举办奥运会的过程中，透过人们司

① 杨莅：《电视节目主持人的美学追求》，节目主持人委员会编《主持人系列丛书》，中国国际广播出版社，2003。

空见惯的奖牌，深刻揭示了我国运动员的内心美、精神美；透过节目，也让人们窥见了主持人具有很高的美的艺术修养。“客串”奥运会解说的白岩松常常为熊熊燃烧的奥运圣火以及我国运动员的拼搏精神所感动，为中华健儿夺取金牌而激动，让我们看到了他难得一见的笑容和掩盖不住的胜利喜悦。当羽毛球混双赢得了一块意外的金牌时，他简直是乐开了花。他说：“这次主持的最大感觉就是痛快，可以让激情完全释放出来，击掌、挥拳、振臂，在主持节目中都可以随意表达。”白岩松这种发自内心的痛快，正是一个主持人对中华健儿赞美的最好表达，是主持人精神美的反映。尤其令人感动的是他对金牌后面中华健儿为国争光、勇于拼搏精神的赞美、歌颂。

白岩松独具慧眼地发现美，还反映在他为奥运会失意者的难过之中，他在为失意运动员送去安慰和鼓励的同时，也忘不了抚慰观众失落的心。当被寄予厚望的射击运动员赵颖慧冲金未果时，他说道：“人们记住失利的赵颖慧似乎比记住得铜牌的高静更容易，但这并不公平……她（指赵）输了，但也有权利得到安慰。”当女足未能如愿挂金时，他送去了一段感人的话语：“此时此刻，让我们不要有任何抱怨声和责骂的语言，对中国女足中的很多姑娘来说，这是她们的告别演出，我们应该用笑容为她们送行，感谢她们在过去几年中，为我们带来了那么多欢乐；对中国女足来说，一切都要从头再来。”白岩松这种“你失利，我既痛心又送温暖”的话语中凝聚着一位主持人对中国女足的充分理解和关爱，从一个侧面反映了主持人在发现美的同时，也从多方位展示了自身的美，这可以说是美的艺术升华。

其次，个性化的体态语是主持人追求美的又一职业标志。崔永元的“坏笑”为人津津乐道，体现出他的机敏和幽默；白岩松的严肃表情让人感觉他有着“忧国忧民”的胸怀；李咏频繁变换的手势、动作、表情，表现了他的热情、豪放、洒脱。总之，主持人通过各具特色的体态语言，反映了他们对美的良好感悟和追求，营造了传情达意的美好境界。

主持人提高艺术修养和美学素养是21世纪的需要，具有重要的现实意义。电视天气预报主持人宋英杰说的两段话对此是一个很好的诠释：

“我们不希望天气预报节目仅仅是气象部门的一项业务，是我告你知的过程。我们希望电视天气预报节目，构思新颖，创作精细，使收看天气预报节目不仅是观众对信息的需求，而且是日常习惯，是对美的欣赏。我们应该深刻认识到，电视的发展，观众不断提高的欣赏品位，是对我们审美意识、艺术表现力，对我们综合素质的挑战和考验。”

“我们在强调天气预报艺术性的时候，应该充分发挥节目主持人的作用，充分发掘他们的性格魅力和人格光彩，因为在节目中，他们是最直接的、最具引导作用的因素。主持人是一个充满感性的人，他对节目深刻的感情包容和驾驭，从发型、服饰、声音、语言、表情、气度，全面塑造一个可敬可信的真实的人，所以他的形象既是生活的，又是艺术的。”①

再次，采用艺术手法反映和提炼生活，借以传达一种思想，是自然的艺术再现。比如，运用绘画中的速写手法，形象地描写生活；运用雕塑艺术展示“立体新闻”，多方面揭示新闻事实的本质。当然，也可以在确保“故事”必然真实、客观的前提下，采用“讲故事”的形式报道新闻事件，制作电视新闻，以增强新闻的亲近性、可信度和可视性。央视《东方时空》中，“讲述老百姓自己的故事”的《百姓故事》的选题和叙述，洋溢着对社会美好生活的关注，倾注了对社会真善美的温暖和关怀，由过去的拍“人中事”，调整到后来的“事中人”，更体现了平民意识，体现了对普通老百姓的人文关怀精神，其感人之处在于对生活真实的艺术再现和艺术提升。透过小人物的命运，深刻地反映了人们的真性和关爱。

(3) 语言艺术美是主持人艺术美的核心，也是主持人的最高境界。这是因为节目主持人是语言工作者、语言大师，他通过语言传播信息，表达观点；通过语言与受众交流沟通，体现情感、爱心。主持人语言水平的高低，直接影响节目传播效果。

主持人的语言由有声语言与体态语言构成。语言艺术美要求两者配合协调，相得益彰，互为效果。无论是有声语言还是体态语言，切忌雷同，贵在有个性，唯有个性化的语言，方能彰显艺术美的独特魅力。

---

① 吴郁：《主持人的语言艺术》，北京广播学院出版社，1999，第163页。

个性化的有声语言是先天条件和后天学习、提升而融合成的，呈现相对稳定的明显特征。它由语言的外壳和内涵构成，“一个独有的语言外壳部分（即语言的表层）是其语言的自然属性，内涵部分（即话语的深层）是其语言的社会属性。……然而，每一个人语言的社会属性才是他语言个性的本质存在。”正如马克思在谈个性的本质时所说：“它不是人的胡子、血液，抽象的肉体本性，而是人的社会特质。”①

前文列举了白岩松的不少语言，不难发现他与众不同的语言：独特的思维、见解，别具一格的表达方式、特有情感，对美的独有的深层理解、升华：在他的眼里，运动员胜利了，获得金牌是最美的，应该赞美；一旦失利了，输了，“也有权利获得安慰”和“感谢”，他在一篇文章中写道：“我们喜欢金牌，但是更喜欢的，是他们对自己的征服（只要征服自己，就能征服了我们，也就征服了世界），他们就是我们心中的英雄。”

个性化语言受节目个性制约和自身修养的影响，各具特色、魅力。赵忠祥从容大气，稳健洒脱，富有韵味的语言；沈力朴素平实，真诚热情，亲切自然的语言，都彰显了“言为心声”之美的独特魅力。

（4）节目主持人的艺术修养应是多方面的、全方位的，要懂得一些诸如舞蹈、绘画、雕塑、摄影、书法等有关知识，具有这方面的艺术修养，同时还要熟悉音乐知识，提高音乐艺术修养，因为无论是广播还是电视都离不开音乐，音乐是广播电视中不可缺少的重要元素。

尤其是音乐主持人，既要熟悉掌握严肃音乐、通俗音乐和民族音乐等有关知识，还要了解迪斯科音乐、摇滚音乐、爵士音乐、乡村音乐等基本知识。音乐凝聚了人类情感的共通语言。一位优秀的音乐节目主持人应通晓中外音乐艺术的发展史，具备基本的乐理知识，有较高的音乐鉴赏力和审美情趣。不仅如此，作为大众传媒的主持人要通过提供丰富多彩的高品位的音乐节目起到把握音乐导向、引导音乐潮流的作用。

音乐对主持人来说可谓有用武之地，不仅可以用来介绍音乐人物，介绍音

---

① 宋英杰：《天气节目主持纵横——天气预报的艺术性》，气象出版社，1999。

乐作品，介绍乐器，还可主持音乐专题和音乐报道等节目。例如，北京音乐台的专题音乐节目《世纪之约》曾获第八届中国广播文艺奖音乐节目一等奖，它形象生动地报道了21世纪末在北京举行的一场别开生面的音乐会。

艺术素质，尽管有些是先天性因素，如主持人的音色、音质，但更重要的还是“后天”的因素。当然，艺术素质的培养并非是一朝一夕的事，不经勤学苦练，逐渐积累的过程，不经过千锤百炼，不下“铁杵磨成针”的苦功和决心，是不可能达到高品位、高水平的艺术素质的。

第五节　“学院派”主持人素质的培养与思考

21世纪伴随着主持人与主持人节目的蓬勃发展，我国高等院校中掀起了开办“播音与主持”专业的热潮，众多学生争相报考，广播电视队伍中出现了一大批所谓的“学院派”主持人。教育是根本，要提高新时期节目主持人的素质与修养，很大程度上要抓好院校对主持人素质的培养。

据不完全统计，现在全国开办“播音主持”专业的院校有300多家，国内除青海、西藏外，其他各省、区均办有该专业，仅吉林省就有20家。有职高、大专、本科、双学位、研究生等多个层次的学历。

根据媒介市场对主持人需求的预测，现主持人专业在校学生数明显出现“供大于求”的趋势。“现今最缺的是高质量、高素质的人才，即有理想信念、素质全面、社会适应力强的复合型、创造型人才。‘播音与主持’专业，要结合现代媒体的需要，按节目主持人内在的规律特点，探索新时期培养节目主持人的新思路、新途径，大胆改革创新，走‘说’‘播’‘写’一条龙培养思路，着力抓好说话（口语表达）、播音、写作三个层面和环节的教学。”①

一、“说”

首先要学会用标准的普通话“说话”，包括有稿说话和无稿说话。前者是

① 陆锡初：《我国主持人教育现状透视与思考》，《楚天新闻人》2004年第4期。

指备稿而不是念稿、播稿、背稿，要在充分理解稿件的基础上，采用说话的方式准确地表达内容；有时还要学会按提纲说话，说出来的是一篇层次分明的口语化稿件。

其次是学会“说什么”，指在无稿情况下，如在新闻直播现场、晚会现场、谈话节目现场，面对瞬息万变的现场情景，如何触景生情，有感而发，即景即席说话，出口成章，说出的话既有思想内涵，又声情并茂，富有文采。

提高说话艺术，重在培养学生的观察思维能力和快捷反应能力。

二、“播”

节目主持人和播音员一样，“应该模范地贯彻国家关于语言、文字的方针政策，成为语言文字规范化的宣传者和实践者，积极为广大听众和观众起示范作用。”①

主持人必须学好普通话，1981 年全国语言文字会议给普通话测试规定了三个等级，主持人上岗要达到规定的一级标准：“语言标准，词汇、语法正确无误，语调自然，表达流畅。”

提高播音水平，贵在平时加强对学生的语音训练，声音训练“关键是练，是实践”，要以“练为战”。② 常练不辍，方能打好扎实的语言基本功。

三、“写”

写作是说话的基础，写得好方能说得好。主持人不仅要学会写新闻稿，写评论稿，还要会写主持人节目播讲稿，写节目策划稿，要切实改变动嘴不动笔的陋习。

提高写作水平，同练播音一样，贵在“练”，常写不辍，多写常写必然熟能生巧，笔下生花。

此外，21 世纪的素质教育工程旨在培养德、智、体、美全面发展的新人。要把德育放在首位，把教会学生做人放在首位。对“播音与主持”专业学生来

① 《孙家正部长在全国广播影视语言工作会议上的讲话》，《中国广播电视学刊》1996 年第 11 期。
② 赵忠祥：《岁月随想》，上海人民出版社，1995，第 23 页。

说，这一点尤为重要和紧迫。

众所周知，主持人、播音员是广播电视媒介形象的标志。因此，有人称“播音主持”专业是“造星”专业。也许正是这个原因，一些学生进入大学以后急于成名想当“星”，心情浮躁，学习不踏实。针对这种情况应正确引导学生理解缩小“主持”、放大“人”的道理，让他们懂得必须做好一个社会中普通公民，一个合格的好公民，方能做好主持人的深层内涵。

随着广播电视频道频率专业化、窄播化的趋势、类型化广播电视促使节目主持人的专业分工越来越明确，对主持人专业本质提出了新的更高要求。面对现代媒介发展的这一新趋势，高等院校如何针对性地培养适应媒介市场需要的专业主持人成为当前一个尚待研究的课题，必然也会引起新思考。

看看下面附录由英国 BBC 天气节目资深节目主持比尔·吉尔斯撰写的《气象专家还是记者》这篇文章，对高等院校如何培养专业类主持人会有所启发，有所帮助。文章中表达了作者的一种见解，即天气节目主持人应该是气象学家还是记者，他们的长处和短处都有哪些。作者的观点是“我们不是选择气象学家并培养他们的传播技巧，而是选择一个视野开阔、感情丰富、拥有更好的专业经历和传播能力的人，而后培养他们在气象方面的能力”。

作者认为“这样的选择是明智的，因为这些人离出色地承担天气节目主持人工作这一彼岸更近一些”。

全文如下：

气象学家还是记者

比尔·吉尔斯（Bill Giles）（英）

广播电视节目制作部门需要面对一个重大问题，就是用气象学家还是记者来主持广播或电视中的天气预报节目。我认为，毫无疑问首选应该是本领域的专业人员或者说气象学家。但是从各国的情况来看，能够承担并乐于承担节目主持工作的气象学家是很少的。

其中一个主要原因就在于：大多数气象学家毕业于数学或物理专业，擅长的是计算和思维，他们的学业背景和工作内容决定了他们往往并不是很优秀的媒介传播者，有关他们的传播潜能还有待于进一步的挖掘。

从他们当中挑选广播或电视天气预报节目主持人是一件非常困难的事情，因为他们的传播技巧是很少的。虽然潜移默化地向他们灌输一些传播观念和技巧，以提高他们吸引观众（或听众）的能力也并非不可能，但是如果他们生性羞怯，拙于这项工作，那么我们的一切努力都将付诸东流。

首先，无论学业背景如何，一个潜在的气象节目主持人必须喜欢了解和感受天气，而且最好也能预报天气。

他们应该是这样的人：早晨起床以后首先会仰望蓝天而不是俯视花园，当他们看电视的时候，往往会不由自主地从故事的情节中跳出来凝视银幕上的云朵。

其次，他们必须具备应用计算机制作图形的能力，在一些电视机构当中，实际上经常是由主持人绘制图形的。虽然我们并不要求主持人都能成为计算机专家，但是他们除了能够讲述天气故事之外，还应该知道什么样的图形是赏心悦目的。

当他们具备了这一切资质之后，他们还要具备以他们一鳞半爪的气象知识向观众绘声绘色地讲述天气故事的技巧。而这正是我们怀有疑问的事情。

在 BBC 天气中心，我们有 21 位天气节目主持人，这个群体蕴含着多种多样的才智，所以当气象部门提供天气信息的时候，我们就能够展开我们的气象服务。

各国的气象学家都有这样一个共同的习惯：眼睛紧紧地盯着他们的科学标准。这就使得那些并非出自数学或物理专业的人们难以和气象学家心息相通。因为人们生活在天气之中，而不是生活在天气预报过程的理论部分之中。

那么是不是具有传播技巧和对天气充满遐想的主持人必须要通晓预报天气的深奥的理论过程而掌握预报天气的能力呢？我认为不必。

倘若我们有充足的挑选余地，我们会挑选受过良好教育、触类旁通的人，而不必是在大学学过这一特定专业知识的人，这样我们会吸引很多合适人才。

显然这些人应该接受一些气象学的培训，而且我建议还应该让他们用八周左右的时间了解天气预报实际过程，掌握天气图分析的能力（包括定出高低压及锋面)。随着时间的推移，对天气预报过程的掌握不妨更深入些，还有相当多的一部分培训在于使他们会读懂数值分析产品，并且能够把气候特点引入每日的天气节目当中。换句话说，我们不是选择气象学家并培养他们的传播技巧，而是选择一个视野开阔、感情丰富、拥有良好的学业经历和传播能力的人，而后再培养他们在气象方面的能力。

这样的选择是明智的，因为这些人离出色的承担天气节目主持人工作这一“彼岸”更近一些。

第十七章　融媒体时代对节目主持人的思考

第一节　融媒体时代节目主持人的角色定位

众所周知，有舞台，就有角色。不同的舞台，有不同的角色。戏剧舞台，有戏剧舞台的角色；电影，有电影故事中主人公的角色。广播电视因它的特殊性，具有不同于前两者的播音主持人角色。伴随科技的迅猛发展，互联网技术、数字技术使得大众传媒从载体形式到传播内容都发生了天翻地覆的变化。作为主导节目的主持人其角色会因为媒介环境的不同而发生变化，从广播电视新闻的播音式角色到谈话类节目的平易近人的角色等，那么进入融媒体时代，主持人的角色是什么呢？节目主持人该如何进行角色定位呢？定位是一个测量学上的用语。原本是指用仪器对要测量的物体的位置进行测量，是用一种科学手段来确定其位置。节目主持人通过自己对节目的认知应明确自己的定位。定位的准确性决定节目主持人是否表现了与节目、与受众达成了最协调的一面，是否能使节目达到一定的传播效果。对节目主持人的角色定位，笔者认为应从三个维度加以考量，即主持人与节目、主持人与用户、主持人与平台。

一、主持人与节目

主持人与节目的关系是相辅相成的，犹如鱼儿与水的关系。主持人依节目而出彩。有了节目，主持人可以发挥自己的才智让节目生辉，达到较好的传播效果；而一个出色的主持人因为成功主持一档节目而被受众牢记于心，久而久之，其节目也成为品牌节目。主持人离不开节目，节目也需要主持人展示，需要主持人把节目奉献给观众。主持人是节目的核心，并唤起受众对节目的关注与理解，让受众从节目中受益并转化为自己的行动，达到节目传播的效果。

从我国广播电视主持人诞生之日起到现在，我国节目主持人的角色定位，因不同类型的节目而有所不同。按照电视节目内分法和外分法相结合的办法，笔者列出七大类型节目并由此衍生出七大类节目主持人：新闻性节目主持人、娱乐节目主持人、体育节目主持人、服务节目主持人、少儿节目主持人、经济节目主持人。

1. 新闻性节目主持人

新闻性节目是传播最新信息，报道真人真事的广播电视节目的总称。它包括综合新闻（由多条消息及通讯、评论等组成）、专题新闻、专栏新闻、杂志型新闻。它是广播电视媒体的主体，以社会影响而论，新闻节目主持人居各类主持之首。我国节目主持人是在20世纪80年代诞生的。在我国广播电视初创时期，新闻的播报员被称为播音员，并非现在学术界认定的节目主持人。因为那时的播音员并非以个人身份出现。他通过广播电视媒介，宣传传达党的路线方针政策，教育人民，引导人民按照党的路线方针政策办事。播音员起到一个上传下达信息的角色、教育受众的角色。而播音风格以及播音员的媒介角色的充当，得到当时业界和受众的认可。1978年十一届三中全会，解放思想，摆脱“左”倾思想的束缚与干扰，广电系统迎来了科学的春天。第十次全国广播工作会议，鲜明地提出了“坚持自己走路”的思想，此后各种新闻类节目不断涌现，如新闻性版块节目：《午间半小时》（1987年元旦，中央人民广播电台）、电视评论节目《观察与思考》（1988年，中央电视台）、新闻性专题节目《时事追踪》（1993年3月1日）电视新闻杂志型节目《东方时空》（1993年5月1日，中央电视台）等。新闻节目的变化要求主持人需要有新闻的敏感性，现场采访能力，挖掘新闻价值并能解答受众问题的能力，因此作为一个主持人把这个新闻性节目做好需要记者的素质，也就是记者型主持人。这种主持人要会采访、会写新闻、写报道，报道读者心里想要知道的内容，写出好新闻。市场经济的变革，新媒体技术的发展，记者型节目主持人需要更注重新闻价值，更注重竞争意识，更关注受众需求。在西方国家，新闻类节目主持人大都是记者出身，如爱德华·默罗主持过《面对面》《现在请看》；《60分钟》节目的创始人之一，迈克·华莱士，CBS《晚间新闻》主持人沃尔特·克朗凯特，他们的现场直播与新闻采访都给人们留下很深的印象。随着受众对节目品味的增高以及人们对世界上所发生的重大事情的追根摸底的探究，专家型主持人应运而生。长期从事国际新闻采访报道，主持国际新闻节目的水均益被认为是专家型的主持人。香港凤凰卫视新闻评论类节目《实事开讲》曹景行，《新闻今日谈》的主要评论员阮次山都被认为是专家型的主持人。他们都不是科班出身的主持人，但是他们都从事新闻行业多年，积累的丰富经验与知识使其成为地道的专家主持人。在主持新闻评论节目时，见解独到，语言幽默诙谐，让观众在听取中完成节目的观看，删除人们对过去错误的认知，理性地认识新闻时间的发展趋势。

2. 娱乐节目主持人

娱乐节目是一档让观众在工作之后或闲暇时间身心得到轻松、快感的节目形式。它具有审美性、娱乐性、观赏性和趣味性。娱乐节目目前大致类型有竞猜益智类节目、演艺竞技类节目、综艺娱乐节目、娱乐资讯类节目、脱口秀节目和真人秀节目。其中综艺娱乐节目是最早出现，规模最大的娱乐节目，是娱乐节目的“霸主”。在一档综艺娱乐节目中，主持人主要起一个节目串联的作用，她/他处于节目的主导地位。主持人不仅需要丰富的文化知识，较高的文化素质，创造性的临场发挥，还要在节目主持中清醒自身所扮演的角色。比如每年中央电视台的春节联欢晚会。以 2019 年的春节联欢晚会为例。这一年的春节联欢晚会是由一个主会场和三个分会场构成。这就需要主持人把三个分会场有机地串联起来，以此展示中华大家庭的团结、奋进、幸福的情景。同时要展示中国的传统文化、现代文化的魅力，以及中国人民在过去的一年里和今后的岁月在党的领导下，实现中国梦的决心和信心。春节联欢晚会是中国人民大家庭的联欢，是中国 56 个民族团结一致奔小康，在春节这个喜庆的日子里的联欢。因此主持人要“忘我”，不要把这个舞台变成自己的狂欢。在此，主持人还要在这个综艺节目中宣传社会主义价值观，弘扬正气，鞭笞邪恶，鼓舞人民奋进。这是主持人所要扮演的角色。

1997 年，湖南卫视推出了一档娱乐节目《快乐大本营》，主持人李湘清纯可爱、伶牙俐齿与何炅配合默契，并有着超强的应变能力，成为中国当时非常受欢迎的综艺界主持人。《快乐大本营》将自身定位为“锁定娱乐、锁定年轻、锁定全国”，喊出了“快乐大本营，天天好心情”的节目口号。因此李湘和何炅的角色就是在节目中一个活泼俏皮一个机智应变，把整个节目逐渐推上高潮。看了他们的节目，年长者也会活泼起来。它的角色定位不同于春晚，主持人面对 17—23 岁的年轻人，所以他主持的节目并非一定要像春晚，他选择游戏贯穿节目的始终，他的着装随意并年轻化，语言口语化，这一切都易于与年轻人拉近距离，避免了主持人高高在上的感觉。现在《快乐大本营》的主持人变成了五位，这五位一同出场主持节目配合默契，他们既是表演者也是主持人，让节目更加欢快，让更多的观众找到自己喜欢的角色一起联欢。1999 年以全民娱乐、快乐中国为节目定位的真人秀节目在国内风生水起。2004 年湖南卫视的《超级女声》刮起一阵巨大的浪潮，节目中的平民百姓走入节目中心，带动观众一起愉悦、一起欢歌，给观众留下很深的印象。《中国达人秀》也同样走的是一条平民的路线，让普通民众在舞台展示自己的风采，实现自己的梦想。在这两档节目中，主持人的风采很少看到，舞台交给了台上的百姓表演和评委的点评，一反传统意义上主持人是节目的代言人和主导者，是连接节目和观众之间的桥梁与纽带的作用，是节目的开场白的简单介绍和节目中间歇时的简单的话语。有学者曾提出综艺节目“去主持人化”的概念。在此，笔者认为，要想节目顺畅地进行，主持人的作用不可忽视。在以上两档节目中，主持人的角色起到的是一个辅助的作用，使节目圆满顺畅而非身份的降低和作用的消解。总之，娱乐节目细分一下，各个节目的宗旨不同，锁定的对象不同，其主持人承当的角色也就不同。

3. 体育节目主持人

体育节目主持人主要是围绕体育赛事、体育新闻、体育专题、体育人物访谈、体育评论、体育竞技娱乐等节目形态的主持人。以体育赛事为例，体育节目主持人的角色是向受众全面、准确地传递赛事、赛况并进行解说，他要十分熟悉各样的体育竞赛规则，了解竞技双方的水平、风格以及双方球员的竞技状况和历史。我国著名的体育节目主持人宋世雄以多年体育比赛的报道，将信息准确无误地传达给观众而受到观众钦佩。1995 年，宋世雄被美国广播电视体育节目主持人协会评为“最佳国际广播电视体育节目主持人”，是第一位获此殊荣的中国人。体育节目主持人还承担着倡导体育精神的角色。报道一个体育赛事不仅仅是让人们了解了比赛的状况，还要倡导“更高、更快、更强”的体育精神。如果是解说一个国际赛事，比如奥林匹克运动会，就要倡导奥利匹克精神。《奥林匹克宪章》赋予奥林匹克精神的内容是“相互理解、友谊长久、团结一致和公平竞争”。参与原则是奥林匹克精神的第一项原则。正如我们所说的“贵在参与”。奥运会是集体育精神、民族精神和国际主义精神于一身的世界级运动盛会，象征着世界的和平、友谊和团结。奥林匹克运动是一个国际性的运动，来自各国的运动员、教练员、体育官员以及观众有着不同的肤色，不同的语言，不同的宗教信仰，他们因为对体育的兴趣与执着而走到一起，在奥利匹克运动场上的空间里相遇相知；由相遇相知而变得相互理解，消融意识形态上的差异。因此，节目主持人在解说时就要注意倡导和平、友谊和团结。变差异为理解，不要因为国籍的不同而在语言上产生偏激的倾向。节目主持人还是一位舆论引导者。体育赛事在被报道与解说时也会加上自己的评论，有评论就有观点，因此主持人应适时地评论运动员的动作、裁判的准确度，引导观众朝着比赛的规则去评论，不要把比赛的失败迁怒于某个运动员或裁判员的身上。正如已故美国著名黑人田径运动员杰西·欧文斯所说：“在体育运动中，人们学到的不仅仅是比赛，还有尊重他人、生活伦理、如何度过自己的一生以及如何对待自己的同类。”对体育赛事，体育节目主持人还是一位体育新闻报道者，应遵循新闻“真实、客观、冷静和中立”等原则，不以自己的喜好而偏向一方地报道。但是作为一位中国人，一位中国的体育报道者，节目主持人一定要扬我国威，振奋我民族精神，体育解说时更多的是对为祖国拼搏疆场的体育健儿的热情赞美。体育节目主持人需要的是政治素质、业务素质和人文素质。

4. 法制类节目主持人

法制类节目是以普及法律知识并为观众提供法律服务的宣教类节目。依法治国是社会文明进步的显著标志，是国家长治久安的重要保障。为普及法律知识，使得社会公民变成知法、懂法，依法办事，依法行事的合格公民，20世纪

80 年代，法制类电视节目应运而生。1985 年上海东方电视台开播了《法律与道德》节目，自此各大电视台也相继推出了自己的法制节目。如今有 200 多家电视台加入其中。作为法制类节目主持人应具有法律知识才能为人民服务，应懂得受众在哪一方面对法律知识欠缺，把握好法律知识的传播。法律类节目主持人首先是法律知识的传播者和普及者角色。法律是法制节目的主题，其主要目的是利用各种法律事件向观众普及相关法律知识，将法律“诠释”给大众，从普通的法治故事、法律事件中，潜移默化地融入百姓生活，让百姓真正地懂得法律，并把它践行在自己的实践行动中。《今日说法》栏目开播于 1999 年 1 月 2 日，以“记者采访+百姓故事+专家评点”的案例模式，秉持“点滴记录中国法治进程”的理念，以“重在普法，监督执法，促进立法、服务百姓”为宗旨，迅速成为全国电视媒体中最具“观众缘”的法制类栏目之一，而节目主持人撒贝宁以扎实的法律知识储备，将晦涩的法律道理化繁为简并传递给观众。《今日说法》开办 20 年来，被百姓亲切地称为“中国人的法律午餐”，这个节目擅长抓住人们社会中的看似一般的事情，通过专家以及主持人的叙述和点评，引导人们对严肃法律的认知，警示人们身边有可能的犯罪事实。特别是这个栏目以纪实的谈话节目来展开案情的发展，然后逐步地分析这个案情如何发生以及如何构成犯罪的结果，形成叙事的严肃性、客观性、真实性以及现场感，给人一种毋庸置疑的在场感与真实性，以讲故事的形式吸引观众以实现普法教育的作用。法制类节目主持人还是社会道德的守望者，和谐社会的积极构建者，人文关怀的奉献者。北京电视台推出的《第三调解室》，把家庭年长父母的赡养问题、遗产问题等一些社会上的敏感问题统统搬到屏幕上，让观众通过了解此类社会现象，找到自己的家庭位置，如何解决自己类似的问题，从而增强自己的道德意识、法律意识，在维护自己权益的同时通过严谨的法律条规，加上亲情合理地化解自家矛盾，为构建和谐社会做出自己的一点贡献。主持人在节目其中也成为人民的调解员。他与节目现场律师、心理专家为当事人分析复杂的纠纷，梳理思绪，促使各方当事人达成和解。这个节目不同于一般的法律类节目，在调节成功后立即就签订协议书，让观众看到调节的力量，法律的公正，弘扬了社会正气，弘扬了中国传统的“道”和“德”的精神，也弘扬了“和为贵”的法律文化传统，普及了法律知识。通过当事人的矛盾转化为和解，我们看到更多的是双方获得的平等，双方亲情的联系，看到节目主持人和在场专家的真诚与耐心。《第三调解室》的主持人张小童说：“主持人的最大魅力不是获得崇拜，而是拥有真诚；调解的最好结果不是达成协议，而是找回平等。愿你我，愿我们，能够一同在《第三调解室》，寻找到那份别样的‘心灵鸡汤’。”①

5. 服务性节目主持人

服务性节目主要是指直接为人民群众日常生活问题释疑解惑、提供信息服务和咨询服务的专栏或专题节目。它主要有这三大类：思想问题服务，如《信箱》《热线电话》等；生活服务，为受众的衣、食、住、行提供信息与指导，像《为您服务》《生活百科》等；经济与信息服务，有广告、经济信息以及《外汇牌价》《天气预报》、报时、交通信息等。

中央电视台早在1980年播出的《天气预报》节目是以人文关怀为理念，为受众服务，为工农业生产服务的一档气象新闻节目。节目时间不长，却告知了人们未来天气的状况与走势，帮助人们衣食住行应该注意的要点以及气象知识，是深受人们喜爱和必看的节目。作为气象节目主持人，他首先应是一位气象科普的宣传者，而不仅仅是一位播报员。通过他的播报与讲解让人们了解气象知识、了解天气状况的走势给人们将来带来的利与弊，加强人们的应对措施。如当发生特大暴雨等天气灾害时，要向人们进行预警，让人们的损失降到最低。当预知会有高温酷暑时，要提醒人们出行的注意事项，睡眠时空调的温度。在这档融知识型与人文关怀为一体的节目对节目主持人来说，要想主持的节目深受人们的喜爱，需要注意播报时的生动性和权威性，切记不可呆板、照本宣科式地、僵硬地播报。语言要有亲和力，要让受众喜欢你的播报，语音、语调都要平和。《天气预报》节目，除了城市人关注外，农村朋友更是关注的对象。在现代科技发达的今天，农民朋友虽然不是靠天吃饭，但天气变化对农作物的影响仍旧是很大的，对于农业气象节目主持人，其语言朴实、通俗、语

① https：//baike.so.com/doc/6741108-6955621.html

气平和，对气象的讲解要简单明了，避免过多的技术术语。对于气象预报节目，主持人根据节目的严肃性，自己的衣着定位很重要，不要走极端，不能对农民朋友播报就做农民打扮。着装一定要端庄大气，给人一种严肃的感觉，也显示播报信息的权威性。发型、化妆都要适中，不能太潮流、太前卫。化妆以本色而定，不要太夺目，影响观众的注意力。

如今人们婚姻观的不同，有许多的年长者也走出家门向社会征婚，寻找伴侣，北京电视台推出《选择》栏目，为中老年人选择心仪人、选择伴侣搭桥。这档节目虽有点娱乐的元素，但主持人邀请的嘉宾、专家为中老年朋友选择伴侣时非常认真严肃地点评，指出求偶人的婚姻观的不足，帮助需求者解决选择的困惑，为被选择者提供应选策略，他们就像知心朋友帮助选择者找到自己应该选择的对象，同时也带给观众人生的启迪。主持人在这档节目中，通过自己的串联来服务节目和营造气氛，更多的是让位于选择者说出自己的故事和要选择的目标以及嘉宾的点评，引导正确价值取向的作用。《热线电话》节目是对节目主持人的现场考验。它是一个直播节目，热线的另一方受众会把他的问题临时地打给主持人，因此主持人要有临时应变的能力，针对受众的不同需求，及时地给予回答并能够地把电话打到问题的相关部门。比如寻医问题，购买药的问题，冬季取暖问题等。主持人既要知道各方面的情况，有相关的知识成为杂家，也要成为专家。天气预报、交通信息等都需要掌握。“专家型”节目主持人可以给受众的知识信息有鲜明的可信度，能够吸引受众对节目的关注，从而增强他们对节目的黏合度。

6. 少儿节目主持人

少儿节目是一档以传播对象命名的节目，顾名思义，是针对少儿进行传播知识、提供教育以及娱乐的节目。少儿节目对主持人来说是一个挑战，首先是年龄的挑战，其次是语言的挑战。在电视台主持少儿节目的主持人都已经不是儿童年龄了，而他的心理必须要像儿童那样天真，才可以说出儿童们想要说出的话，同时他还要比儿童们成熟，讲出的故事，说明的道理，都得让儿童们听得懂并易于接受。他必须用儿童们的语言来传播他要传播的信息。因此，节目主持人要做孩子们的姐姐，让他们愿意听，喜欢听，并在孩子们的心目中树立可亲、可爱、可敬的姐姐形象，承担着姐姐的角色。鞠萍是中央电视台著名的少儿节目主持人。1984 年进入中央电视台青少部，成为一名专职的青少节目主持人，她主持《七巧板》《大风车》超过 30 年，至今让人记忆犹新。每当想起，自己都感觉非常年轻。另一位少儿节目主持人“金龟子”，给小朋友们留下了“卡通形象”。卡通形象是孩子最喜爱的，童话故事里勇敢善良、聪明可爱的卡通形象最吸引孩子的眼球。“金龟子”的原型刘纯燕在央视少儿节目中以“金龟子”形象出现了整整 20 年，“像瓢虫似的红色棉背心，红色上有一些黑点还有毛线帽”铭记在人们的心里。这一形象成为刘纯燕自己的标志。还有董浩叔叔、小鹿姐姐都是少儿节目主持人，他们都在孩子们心中树立了很好的形象。少儿节目主持人还要成为孩子们的朋友，通过在节目中的角色与他们交朋友，只有这样才能很好地与孩子们交流，得到孩子们的信任。

一位少儿节目主持人说得好，少儿节目的主持人的角色定位应考虑到：“7 岁— 10 岁的儿童属于学龄初期，思维由具体形象性向抽象思维性过渡，同龄型、老师型、英雄型，可以满足少儿自我意识逐渐形成的需要；而 11—15 岁是少年初期，朋友型、老师型和英雄型让他们在思想上受到启发，感到平等和尊重。”① 主持人的角色定位、主持风格都应该尊重儿童的心理变化特点，通过给他们讲故事，和他们做游戏、一起玩耍，引导他们树立正确的人生价值观，懂得爱人、帮助人、学会分辨是非。孩子是祖国的未来，除了家庭教育、学校教育、社会教育外，电视教育在孩子的成长过程中也扮演着重要的角色。做少儿节目主持人需要真心、童心、爱心和耐心。

7. 经济节目主持人

在现代社会中，经济通常是指一个社会的各种经济关系、经济活动，是社会经济生活的总称。经济节目是围绕着人们的经济生活而进行报道经济现象、国家的经济政策并向受众解析经济政策、帮助人们认识经济问题、解决经济问题的节目。

经济生活是我们百姓生活中的重中之重，大到国家的经济发展，国家的富

① 刘真真：《少儿电视节目主持人的角色定位》，《试听界》2008 年第 5 期。

强，小到百姓的柴米油盐。做好经济节目的主持人首先要熟知国家发展的经济政策，坚定正确的舆论导向。分析当下财经领域的热点、难点问题时要引导观众领悟中央与地方的国家宏观经济政策，同时要关乎百姓的“真金白银”。经济新闻专业性较强，且图标、数据较多涉及。在大数据背景下，主持人通过对宏观经济的描述，分析数据发现新闻线索，找到“新闻眼”，唤醒受众的“兴奋点”，用百姓最熟悉的故事化、民生化、实用化方法去叙述财经事实，解说财经现象。节目主持人在经济领域里的主持毫无疑问应该有经济方面的专业知识，要了解受众的需求，比如对股票行情，播报解说时要谨慎，禁忌胡乱猜测。有必要时要邀请业内权威人士举行访谈，帮助百姓解惑答疑，指导百姓的经济行动。百姓点播查看财经新闻除了了解国家相关政策、行业状况、经济发展进程以外，最主要的还是想知道自己下一步的经济举措，为自己的投资行为寻找一个可供参考的决策依据。而央视的财经频道所报道的内容就成为百姓依靠的权威资源。实用性是财经新闻报道的立足点，为百姓释疑解惑、排忧解难历来是财经新闻的基本使命。央视财经新闻频道《生财有道》栏目，多年来其收视率一直位居财经频道首位。该栏目关注创业人物、挖掘创业者的经验，传播生财之道、给观众实用性的指导，助力脱贫攻坚 、推进贫困区的乡村振兴 。在这个栏目里主持人通过讲故事的方法，让观众随着镜头和主持人的解说清晰明白地知晓所报道的内容。观众看完之后，心意满满。美联社记者布鲁斯说过：“用讲故事的方法向人们传达信息能更好地被人们接受和理解。原因是这样的方式能够让人感到更加轻松、愉悦，这样的新闻报道才能够吸引更多读者的眼球。”

经济节目主持人是百姓致富的引导者，如北京电视台财经频道有《财富故事》《理财》栏目。其中《财富故事》以故事为载体，讲述小人物身上的大乾坤，题材涉及文玩收藏类、商战故事类、行业探秘类、区域经济类、风云人物类。

二、主持人与用户

在这里笔者用“用户”一词去替换“受众”，是因为互联网技术和数字技术早已改变了传统媒体的传播形态，向着更加多元的传播方式发展。传媒业态的变化下，“受众”已经不是传统意义上单向传播信息接受者、被动接受者，而是成为各种新的信息终端如手机、电脑平台、iPad 等的用户，他们也同新闻编辑一样接受来自各方信息并对信息进行鉴别，发出自己的声音。他们参与感强且主动。因此，在融媒体时代，主持人对待的传播对象与其说是受众不如说是用户，一个有积极思维、主动发声的用户。如今新媒体的用户数量在不断增多，据统计“截至 2018 年 3 月 31 日，人民日报法人微博粉丝总数已超过 1 亿，继续保持中国媒体第一微博的地位。人民日报微信公众号用户数超过 1800 万。人民日报客户端于 2014 年 6 月上线，截至目前，用户自主下载超 2.37 亿。2017 年 10 月 18 日，党的十九大开幕会当天，人民日报法人微博策划推出的九图微博［你好，十九大］，在新浪微博平台阅读量突破 7.4 亿，转发量超 600 万，创造了新浪微博平台传播纪录。”①

《中国互联网发展报告（2019）》显示，截至 2018 年年底，我国网民数量达到 8.29 亿，互联网普及率达 59.6%，手机网民规模达 8.17 亿。我国 4G 基站总规模超过 370 万个，继续保持全球最大 4G 网络，网络覆盖率已超 98%的全国人口。如此多的网民与如此运行良好的 4G，表明我国的用户越来越多。对主持人来说要找好自己的定位，需进行用户研究。

受众研究是传播学领域一个重要的研究领域，它关系到传播效果。在早期的传播效果理论领域，受众被看成是接受子弹的信息接受者，传播什么接受什么，接受信息的被动者。如今，传播环境的变化，受众变成了用户，媒体成为用户自主使用的沟通工具，而不只是消极接受传播的信息载体。社会化媒介的使用使得主持人面对的传播对象的改变需及时调整自己的传播策略，做到有的放矢。另外作为信息终端的用户，是一个个的个体，不再是传统大众传播对象的受“众”。网络时代，作为信息的接受者会越来越细分化、个性化。《中国网络媒体的未来 2014》报告指出，未来用户的个性化信息需求将由两个维度驱动：一个是基于个体偏好的需求，另一个是基于空间或情景的需求。面对如此

① http://media.people.com.cn/n1/2018/0513/c40606-29984741.html

多的用户，积极思维的用户，主持人扮演的角色仍旧是正确的舆论引导作用。主持人作为大众传播中重要的一环，需要识别用户所发送信息的真伪，认清信息是否有偏见或者有误。要引导受众朝着主流价值观正确的方向发展，要提倡社会主义核心价值观。社会主义核心价值观是凝聚和引领全体人民团结奋进的精神旗帜，传播和践行社会主义核心价值观是新闻工作者光荣而神圣的使命。2019 年暴发的新冠肺炎疫情，官方媒体的《新闻 1+1》白岩松主持的节目及时有效地采访知名人物，解决老百姓的疑惑问题；官方媒体新闻主持人播报军队支援武汉，建医院，报道奋战救治危重病人的医生的新闻，社会主义核心价值观所反映的人人关爱、敬业、惩治邪恶、维护正义起到了维护社会价值观的作用，在全社会上激发和凝聚了正能量。主持人是社会主义核心价值观的传播者，通过加大传播正能量力度，抵制各种歪风邪气和诱惑，引领社会新风尚。中国记协在《新闻工作者践行社会主义核心价值观倡议书》说：“传播是我们的天职。多宣传弘扬社会主义核心价值观的重大意义，多报道践行社会主义核心价值观的先进典型，多反映社会主义核心价值观建设的进展成效。”主持人是传播媒介最有效的传播者，主持人用人们赋予的话筒，通过自己主持的节目和声音，与用户的双向互动，宣传、报道、反映社会主义核心价值观，向国内外传播中华民族团结一致向前的高昂精神。

融媒体时代的用户具有参与性、主动性的特征，主持人应是舆论领袖的培养者。舆论领袖也称意见领袖，是舆论领袖、观点引领者，它是传播学的经典概念之一。舆论领袖在大众传播中有着非常重要的作用。他可以引领群里的人追随他，追随他的价值观，并把它的影响力扩大到更多的群体，从而产生更大的影响。作为舆论引导者的主持人，在用户的群体里，积极培养自己的舆论领袖，借助这个用户媒介传播有利于社会主义核心价值观的信息，让整个社会充满正能量，让网络群体成员不被社会上恶势力、邪恶势力所胁迫和引领，让群体成员明确是非，不走歪路、邪路。用户的舆论领袖与被影响者一般处于平等关系，而非上下级关系。他们因兴趣、爱好、工作、家庭而自建的朋友圈是他们畅所欲言的平台，他们有缘于这个平台建立了更加亲密的关系，他们中的一位群里朋友的困难而得到众多朋友的支持，他们易于接受群里某个舆论领袖的建议，传播信息或指引自己的行为。我们常常说，主持人是充当舆论领袖的角色，因为她/他具有“二级传播”的功效。如今“人人都有麦克风”的年代，用户也如主持人一样具有充当“舆论领袖”的作用。主持人应重视网络平台的用户特征，懂得用户的心理，变用户思想的积极表达为社会主义的主流价值观引领社会风尚。

在融媒体时代，传播信息的门槛越来越低，一部手机，一台电脑，人人都可以变成传播者，成为新闻信息的发布者。因此，主持人的传播应注重以平民化的视角传播信息，注重宣传过程中的语言使用，注重自身和用户的距离拉近，增强与用户的互动，为用户提供更加有人情味的服务，摆脱以前那种僵硬的形象。通过增强互动性，让更多的用户发表自己的见解，增强传播平台的用户参与度。同时主持人应继续保持知识技能的更新，适应用户的多元化和普泛化的特征，让自己的传播更加宽阔。

三、主持人与平台

20 世纪 80 年代，美国学者约书亚・梅罗维茨在他的《消失的地域：电子媒介对社会行为的影响》一书中提出了“媒介场景理论”。他认为媒介在人际和地域之间创造联系，并且通过构建新的媒介场景促使社会结构和社会行为产生变化。这种“新媒介—新场景—新行为”的框架模式，为我们充分认识主持人在平台的行为、角色提供了很好的指引。他还认为：“人们在不同的场景中会产生不同的行为模式，但是当两个场景融合后，就会得到一个新的综合定义。”即场景的融合可以产生 1+1>2 的效果。我们主持人在融媒体时代应认识到这一点，合理调整自己的角色。

我国新媒体发展经历了三个阶段：最初是门户网站阶段，以新浪、网易、搜狐、腾讯等门户网站为代表；其次是社交媒体阶段，以博客、微博、微信为代表；最后是智能传播阶段，以今日头条、一点资讯为代表。在这三个阶段，每一次新媒体的出现我国的广播电视传统媒体都会积极地拥抱它，无论是国内媒体还是国际媒体，积极地走上传播的快车道，把新闻及各种信息融合在不同的媒体中及时有效地传播出去。而每一次新媒体的出现都为节目主持人提供了广阔的平台，对他们来说既是挑战也是机遇。

面对新场景，节目主持人首先要增长多媒体的应用能力。微信公众号、抖音、快手、喜马拉雅等这些新媒体的信息传播渠道，已经成为人们非常喜爱的平台。如果节目主持人仍旧运用过去的方式传播新闻信息，不懂得各个媒介渠道的传播技术、传播规律，就不能很好地发挥新媒体传播的功效，达不到吸引受众、用户的注意，达不到传播的效果。中央广电总台的《中国之声》栏目，很好地运用了微信公众号的特点，弥补了自己在广播方面上的短板，把文字和图像以及声音有效结合传递丰富的信息。比如播报“鹬蚌相争”这个新闻时，把现实中鹬蚌相争的新闻利用短片播出，播音员兼主持人在室内播讲，手机用户既可以听到主持人的声音又可以看到主持人，在小小的手机页面上，这个新闻还把“鹬蚌相争”的典故放到节目中，给读者、听者、观众丰富的信息，满足人们的求知欲。抖音、快手这种短视频特别迎合现代人快节奏的生活、碎片化的阅读方式。主持人节目主持人如今在新媒体里都会把新闻制作成“小板块”“小单元”以满足用户的需求。央视新闻的新闻节目组在“快手”“抖音”中都做出了表率。比如，随着新冠肺炎疫情趋向缓和，人们都非常感谢参与驰援武汉的医务工作者，央视新闻组做了一个短视频，拍摄了一个个医务工作者摘下口罩的情景。短短 30 多秒的镜头却让我记住了他们美丽的面孔，记住了他们为武汉抗击疾病所做出的贡献。

新的场景要求主持人提高自身的专业知识，把新闻做深、准确解读新闻，准确剖析观点，用自己新闻职业的特点敏锐把握新闻的动向，解释新闻的本质。中央电视台的抖音视频做得非常到位。央视的《新闻 1+1》主持人白岩松就新冠疫情的报道令人称赞。2020 年 2 月 26 日，白岩松针对北京民众的担忧与质疑武汉一位刑满释放人员患病进入北京某小区的事件，及时在抖音视频中，编辑成短小且集中问题实质的报道，替百姓说了话。在这则新闻里，主持人讲“……在如此严密的防控之下，她是怎么能够从武汉回到北京的呢？……那就是人情、权力和利益或者其他的因素，会不会使看似严密的防控出现松动甚至拥有漏洞，这样的话大家就会非常担心。”短短一分钟的时间，却把非常重要的信息告知了人们，并且提升了新闻的实质。融媒体时代，受众、用户得到的信息或许比主持人得到的早，在他们做出判断之后需要一位官方的媒体对此做出客观的分析，以印证他们的看法或者指明新闻事态的本质与发展。因此，节目主持人在对新闻信息进行简单陈述的同时，要有独立思考问题和分析问题的能力，要对其新闻内容的广度和深度进行挖掘，要联系新闻发生的背景和环境进行深入剖析，深入解读，有必要的话，要追踪报道，进一步剖析事实真相，满足受众的求知欲并给受众带来新颖独特的视角和感受，从而提升节目的档次和水准。

目前，国内手机用户的增多，主持人在思考如何把大屏幕的播报专向小屏幕的播报，贴近用户的媒介使用习惯的同时，也要不失节目的公信度，增强新闻报道的权威性。央视《新闻 1+1》，之所以能保持高收视率的原因除了它对新闻事件的深度解读，满足受众“知其然，知其所以然”的需求之外，还在于它报道新闻的权威性。面对疫情，舆论哗然，如何给出权威的解释让百姓信服。央视《新闻 1+1》主持人白岩松邀请医学专家做客访谈和连线访谈专家，打击了谣言，很好地服务于用户。

新场景要求主持人与受众、用户增强互动。在移动互联网时代，人们常常会由于一个相同的利益与兴趣，或者一个相同的价值观，或者为获得一个相同的信息而组建一个虚拟社群，也会因为一位主持人、一档节目、一部电影建立一个微信公众号，通过公众号把自己的观点、信息、乐趣等传递出来与其他用户交流。主持人应注意创建自己的微信群，与自己的粉丝建立联系，让粉丝感觉到实实在在的主持人就在我们身边，增进彼此的亲近感，从广播电视的前台走向幕后，成为用户的朋友，又是用户的好帮手。微信群还可以帮助主持人增强与用户的互动，帮助主持人及时地了解用户的思想和生活中的要求，帮助解决用户的问题，引导用户的思想及行为。一个节目的播出不仅仅是停留在电视荧屏上和广播电台里的短短几十分钟，而是线上线下的交流互动。而微博、微信、粉丝等渠道则是维持节目热度的手段、媒介。

新场景要求主持人更具有人格化的传播能力。网络时代，传统媒体与网络的联合使得手机终端的用户更希望主持的另一头是与他们一样、能够与他们进行平等的交流而不是电视屏幕上与他们有一定距离感的人物。在重大事件中，用户更需要主持人与他们讨论、评判事情的真伪，而刻板、僵硬的播报则会失去吸引力。融媒体时代，传播渠道的增多，平台的宽广，传媒业的竞争也更为激烈，具有人格化的传播能力，打造亲民的主持人传播形象才能在竞争中立于不败之地。

新场景要求主持人的服务更加动态化。移动互联网高速发展，社交媒体逐渐与移动设备、大数据、传感器以及定位系统等技术结合，新媒体数字化移动的媒介场景代替了传统的媒介场景，给用户带来了许多新的体验。主持人只要认识到新媒介产生的新场景，及时了解并预知用户的行为，做好服务报道。比如交通广播，主持人通过自己的节目及时播报路况，并告诉用户周边的服务设施，利用大数据可为用户进行贴身的服务。新冠肺炎疫情期间，交通广播在播报路况的同时，可告知用户沿途的疫情状况以及口罩销售点，增强防范意识，管控自己的行为，为疫情的防范做出自己应尽的力量。

总之，主持人把握新媒体的特点，应用户需求，确定好自己的角色定位。主持人要顺应新场景环境，转变自己的传统主持人角色，让在新场景生活中的听众也有全新的感知和体验。

第二节　融媒体时代节目主持人的个性化塑造

新媒体时代下，主持人面对更为复杂的媒体形态、媒介场景，更为激烈的行业竞争以及更为多样的受众、用户的需求，节目主持人在传达信息的同时应追求个性化的风格，适应新形势的发展，锁住受众、用户。

个性化是主持人保持节目个人魅力的所在，一个没有个性化表达的、没有个人风格的主持人很难长久地吸引受众、用户。节目主持人的个性化体现在内隐和外显两个部分。“个性的内隐指的是独特的思维方式、独特的观察视角、独特的审美感受、独特的生命体验。它是概括化的心理结构，形成的一种‘个人倾向’使他们对事物的感受和解释方式互不相同，个性的外显主要指外貌形象、语言表达、仪态举止、服饰装扮等。”[①] 美国日间谈话类节目的著名主持人

① 应天常：《节目主持人通论》，武汉大学出版社，2003，第44页。

奥普拉·温弗瑞（Oprah Winfrey），因出色的主持风格，连续16年稳坐美国日间电视谈话节目的榜首。她用自己的亲身经历引出话题，大胆提出性强暴问题，并通过自己多年的奋战摆脱痛苦走到现在的成功作为例子，在主持节目时加以应用。她谈吐大胆，衣着性感。她的节目《奥普拉·温弗瑞秀》成为世界新闻传播课堂上的经典教材。

1. 语言的个性化

主持人的个性化的塑造首先是语言的个性化塑造。语言是主持人表情达意的重要手段，是主持人表达节目主旨思想的媒介，反映了主持人对问题的看法，对受众需求的关注。例，《新闻1+1》主持人白岩松，面对武汉疫情，众多各省的医护工作者帮助，不断有患者治愈出院，他提出“出院，但如何回家?”的问题。又如，在2020年2月22日的节目中，他对人们格外关注与疫情有关的数字的真实性，提出“在没有特效药的情况下，信息公开就是最好的疫苗！而在最后的胜利没有到来的时候，真实的数字和真实的情况是最有力的推动力！……疫情数字的谎报、瞒报、漏报是会害死人的”。

个性化的语言一定是自己的语言，自己的体验与思想。美国脱口秀皇后奥普拉·温弗瑞曾介绍她的成功经验时说“在我的节目中，我必须用自己的声音向世界说话”“我利用我的电视节目作为一种表达我想象中的世界应该是什么样子的一种方式”“我做的就是使人们和我处在同一高度，把人们带到我这儿来。”①我国著名主持人崔永元曾在他的公众号引言道“不要把你的脑子变成了别人思想的跑马场”“你要能表达自己的观点，……你的脑子里装的一定是自己的思想。”②我国著名主持人沈力老师也说：“我追求有个性的语言，我从不照本宣科，而是强调有感而发；我喜欢用自己的心灵去感受，用自己的眼睛去观察，用自己的头脑去思考，用自己的语言去表达。”③

个性化的语言还体现在主持人语言的情感上、人格化的个性化语言上。主持人是大众传播与人际传播的桥梁，除了把党的路线方针政策及时、准确地传

① 任远主编《名主持人成功之路》，中国广播电视出版社，1998，第124页。

② 崔永元微信公众号：《像她一样说话》，2018年8月29日。

③ 敬一丹：《沈力老师给同行留下了什么?》https：//www.sohu.com/a/411205141_652404.

播给受众和用户外，他要用人性情感的一面，引导人们的行为，解开人们心灵深处生活中的困惑与不安。2005 年 1 月 1 日中央人民广播电台《神州夜航》节目开播，节目主持人向菲在 2 月的一档节目《神州夜晚——人生即选择》里，在静谧的夜晚用充满人格魅力的语言与在生活航道失落迷茫的人进行心灵的对话。通过与一名杀人后逃亡 11 年的罪犯 13 天、几十个电话的沟通，杀人犯来到中央人民广播电台，由向菲陪同向警方投案自首。这就是个性化语言的魅力所在。据悉，在接下来的日子里，向菲又通过此节目收到另三位身负命案的逃犯的求助，经向菲的劝告下投案自首。

青音，中央人民广播电台资深情感节目主持人，声动中国最受欢迎的节目主持人。她曾主持的《中国之声》节目中，用柔和、亲近的声音说："今天你过得好吗？昨天你过得好吗？……新的一天又开始了，我们在一起。"几句话一下子就拉近了你我的距离。人格化、个性化的语言需要主持人用心在说话，用心贴近诉说对象的心理，仿佛我在这里，这个夜晚主持节目就是跟你一个人在说，跟你诚挚地交流。

个性化的语言也体现在幽默上，幽默是节目的催化剂，它能够使节目变得生动活泼，使僵硬的气氛变得舒缓，拉近主持人与受众的距离；一位优秀的节目主持人，幽默的语言也是他们制胜的法宝。

2. 非语言的个性化

非语言传播包括动态语言、仪表语言和同类语言。动态体语即通过无言的动作传情达意。比如注视对方、点头、手势等。注视对方的眼神表示专心倾听；点头的动作表示对对方的理解或同情；手势有时表示指示或者强调某事的重要性等。仪表形象即通过适当的仪表服饰、体态、姿势显示举止稳重，有助于得到对方的信任，同时也传递主持人与节目内容的信息。同类语言即适度地变化语音、语调、节奏等。

动态体语，以聆听为例。主持人在一档节目时并不是滔滔不绝地展现自己的思想智慧与精彩语言，而是常常静静地聆听对方的谈话与诉说，让对方自己的经历裸露于受众的面前。美国著名主持人奥普拉·温弗瑞，在她的谈话节目中，经常是聆听，静静地听着对方的倾诉。在探讨关于性的问题的节目中，奥普拉曾让一位遭受过性骚扰的女性做嘉宾，来谈自己遭受性骚扰的过程，她在一旁静静地聆听，然后点点头，通过这个节目她要让遭受过性骚扰以及正在遭受性骚扰的女性们明白，有人跟你一样经历过此事，从而减轻你的痛苦和困扰。这种“听”的方式并不是主持人在现场的“隐退”，而是让嘉宾更好地与受众顺畅交流，而主持人的头脑在感知，在理性地思考，在管控着整个现场的节奏。接下来，她会用自己的性强暴问题与嘉宾、与受众交流。受众看到她的节目后为她的诚恳和直率叫好。北京电视台的一档相亲节目《选择》，是一个帮助中老年人相亲的节目，主持人在整个节目中的语言并不多，主要是担当节目的客串与衔接的作用。他们大部分时间在聆听所邀请的专家与嘉宾的点评与诉说，让受众与嘉宾、专家有效地交流。该节目播出以来深受人们的喜爱。

仪表形象，以服饰为例。服饰指主持人为了配合演播、报道现场所佩戴的饰品和着装，包括着装的颜色、款式和特定的工作服等。作为一个外在的表现，服饰可以传递主持人所要传递的心态与节目信息。它是构成有效传播的一个方面，在传播信息时有着不可忽视的作用。作为一种无声的符号语言，信息的接收者可以从对方的着装上读到很多其所负载的信息。记者型主持人在现场报道时的着装，一定程度上也可以反映出现场环境、个人立场、情绪氛围等信息。比如，新冠肺炎疫情期间，记者型主持人带着防护口罩，在病区穿着防护服，告知广大观众防护的意识、疫情的状况等。而着装的款式和颜色，也能够传递出一定的情绪和感情色彩。有着“美国电视新闻第一夫人”之称的芭芭拉·沃尔特斯（Barbara Walters）曾在美国广播公司《20/20》节目中采访了当时（1998 年）克林顿的绯闻女友莱温斯基。采访时，他们都穿着套装，深色，给人一种严肃的感觉。这立马消除了人们观看电视时一种看热闹的感觉，消除了人们常有的对爱情故事浪漫、逗乐的心态。克林顿与莱温斯基的性丑闻，曾一度成为弹劾总统克林顿的证据，而莱温斯基也成为一个“无耻的荡妇”。这次采访非常成功，让电视机前的人们知道莱温斯基本人在这个事件中的真实情感。芭芭拉·沃尔特斯在采访报道时经常穿的服装是正装，给人一种庄重大方的感觉，久久而之，形成了她本人的特色与个性。她经常报道与政治相关的新闻，她采访过自尼克松以来每一位美国总统和第一夫人，五次获得有“电视界奥斯卡”之称的艾美奖。她被认为是“20世纪最有影响力的妇女”，她任美国ABC电视台《20/20》节目主持人达25年之久。另外，芭芭拉的发型，也是给人一种干练洒脱、精明能干的女强人形象。她的头发常常是到肩膀的短发，并微微地卷起，给人的印象是果断中有一点温柔，令人更易接近。

同类语言，有学者把它分为声音特征符号（包括哭声、笑声、呻吟声、打嗝、呵欠等）和声音修饰符号（包括音高、音长、音质、节奏、强度等）。广播电视主持人声音传播是必不可少的，而非语言传播，如同类语言也是不可缺失的。在一档节目中，主持人的声音因个人的不同而不同，从而形成个人独特的个性传播。以我国第一位电视主持人赵忠祥为例，他主持的《动物世界》《人与自然》，声音富有磁性，音量不高不低，悦耳动听。在《动物世界》这档节目里，他曾大胆进行了播音风格的变革，摸索出“一种气音似的，乱断句式的解说方式”。在我们听这个节目时，我们感到更多的是他富有情感的表白，因情而变化自己的语音语调，使他具有了不同一般人的配音风格。“情感”是播音的生命，是播音创作的动力源泉。赵老师把它对动物的情感运用到自己的声音当中，既表达了他对动物的热爱，也赋予了影片的情感表达。另一位央视节目主持人李咏，他主持的《幸运52》和《非常6+1》，让我记忆犹新。特别是《幸运52》，开播时间是1998年，那时国内的电视台还没有像李咏这样活泼欢快、受众参与性极强的娱乐节目。节目一开始，李咏欢快地大步带小跑地来到舞台的现场，大声播报今天的节目。他的声音不尖，但声大有力。他留着漂染的长卷发、穿着长礼服，脸上总是带着微笑，给人一种欢快、喜庆的感觉，虽然这节目并不是一个迎婚的报道，不是一个节日盛典的现场。看完李咏主持的这个节目，观众不自觉地就学会了一个词“耶”。李咏主持时说话的语气、语速上，时而如小溪清流般欢快、轻音快语；时而如泉瀑奔涌般飞流直下，非常有节奏，像是一位钢琴师猛地按下一个重音键，抬起手再慢慢地放下犹如轻抚着键一抹而去地弹奏。这就是他主持节目魅力的所在。在节目中，当他把这个猜答案的活动告知大家，获奖者将得到8666元时，他特地把“8”字念得特别重，而余下的三个6，读得特别快、顺。让人们记住一个“发”，顺畅地“发”。这就是他的同类语言的魅力。有专家评论道：“李咏为节目注入的活力和个性的难以取代性是最大的优势。他不是靠英俊的外表来吸引观众，而是靠他的个人魅力来说话。”

李咏因这个节目而被大家所熟知。这个节目最初是周日的早晨 7 点 15 播出，因收视率的飙升，改为中午 11 点 15 播出。当时该节目被认为是全国娱乐节目的领头羊。2003 年，他又开始主持《非常 6+1》，这个娱乐节目同样获得了成功。在新设立的“15 年来最有价值的中国电视节目主持人”评选中仅次于赵忠祥，位列第二，成为央视两代主持人中“台标”似的人物。

3. 主持人个性化的报道风格与栏目

主持人是节目的门面和标志，一个富有个性化的节目主持人，不仅可以延伸节目内涵，增强节目的感染力，还可增强受众对节目及其本人的认可度。但是节目本身的定位又限制着主持人个性化的表达。一档新闻评论节目的主持与娱乐节目的主持是截然不同的。下面笔者谈论两位著名的节目主持人白岩松和李咏的个性化主持风格。

《新闻 1+1》与白岩松：《新闻 1+1》是中央电视台新闻频道一档“时事新闻评论直播节目”，每期节目从时事政策、公共话题、突发事件等大型选题中选取当天最新、最热、最快的新闻话题展开评论、分析。最初采用“1+1”即一位主持人和一位新闻评论员的双人谈话模式，后改为只由一位主持人主持，即“新闻+评论”模式。新闻评论节目要求主持人的素质较高，首先他必须接受过良好的教育，具有广博的知识与文化素养，具有新闻的洞察力，关注社会，关注舆论，通晓国内外的政策法规，了解整个社会的发展方向和人们的心理动向。他还必须具有良好的语言表达能力与逻辑思维判断能力。

白岩松科班出身，当过记者，有着新闻敏感的头脑和擅长发现问题、质疑问题，帮助受众找到解决问题的能力。在整个《新闻 1+1》的评论中，他始终都是一副紧锁眉头的表情，严肃认真，说话有条不紊，切中要害。他能从平凡的事情中理出深刻的问题。多家文章评价他的评论富有理性。电视新闻评论员型主持人需要这种理性，在融媒体时代，社会舆论广泛，只有理性的评论，切中新闻事件的热点、难点、重点，挖掘新闻背后的故事，启发人们思考，匡正社会不正之风，帮助人们认识社会问题的本质，这才是新闻评论魅力的所在。

而白岩松的评论正是“想观众所想，解观众所思”的样板。

2020年1月23日疫情严重的地区武汉开始封城，在1月27日的节目中他采访了中国疾控中心副主任冯子健，他问道：疫情何时能基本控制？是一个星期，是半个月？他预料到封城会引发百姓的忧虑，到底百姓要待在家里多久，因此就有了这个采访。3月18日，武汉疫情病例终于出现了0增长，这时人们就会怀疑以后出现的0是不是政治行为。白岩松在《新闻1+1》说道：“有人担心，为了确保0，会不会有些数字不那么真实？有些单位或机构会不会推卸责任？这种担心不过分，甚至可以变成一种监督。”“不谎报、不瞒报、科学防控才是真正的讲政治。”

针对疾病感染人的情况，他问：最开始时似乎觉得孩子是安全的，现在为什么孩子在增多？病毒在变化吗？这个问题问得好，因为在疫情开始时新闻媒体都说老年人是易感群体，怎么孩子也感染上这个疾病呢？原因在哪里呢？在这里他没有责怪管理者，也没有去讽刺挖苦相关人士，而是想到一个词“病毒”。这种理性的提问一下就化解了百姓的愤怒（你们不是说孩子是安全的吗?）白岩松就是这样，在采访中，在反映百姓的问题时，能够理性地看待问题，并能以一种沉稳的心态去提问，以尊重的且严肃的口吻说话。

有学者曾对《新闻1+1》做过统计，社会新闻占据了一半，凸显了节目的人文关怀。如医药问题、交通问题、最牛别墅、电梯问题，等等。白岩松能通过这个看似普遍的社会问题，以犀利的语言指向管理者、当权者，为人民说话。他（和董倩）说：“我们应该有很多监督，不光有党纪、审纪的监督，还有法律、舆论的监督，可是为什么最后只有群众的监督落到实际了呢？国土资源局自身的管控不是应该最严格吗？……权力的违规远远比一栋别墅带来的损失要大。”

白岩松语言不仅犀利，还冷幽默。针对郑州火车站西广场下面的闲置八年的四部自动扶梯，他问道：“安装花费就要数百万元的电梯，居然发挥不了作用，难道是每天的电钱没人出吗?”①。作为中华民族文化的象征、建筑艺术的

① 抖音:《新闻1+1》2019年12月15日。

瑰宝、文物保护重点中的重点的故宫，今日却显现了足有两吨多重的奔驰 SUV 在其中。这引起人们的公愤。白岩松追问道，故宫里面的广场上是“风可以进，雨可以进，游人也可以进，但汽车绝不可以进。”“那谁把它放进来的？是不是‘投案自首’一下”。①

白岩松就是这样富有智慧的一个人，通过幽默把自己的观点和态度进行了表达，希望管理者解决这个问题，并为他们指出了解决问题的方法。

白岩松主持风格的个性化，除了他本人的智慧使然以外，还有一个是他有一颗为人民服务的心。新闻是社会的良知，白岩松的报道始终以平民的利益为重，从民众角度出发，用大众的眼光去赏评新闻。他的谈吐，通俗、易懂，把新闻变得很有种引人入胜的感觉。他通过评论新闻的热点帮助受众，减少受众对信息认知的不确定性，帮助受众树立对新闻事件的尖锐看法。他的专家样的评论，学者样的反问，给人们留下了深刻的印象，也形成了他独到的风格。

《非常 6+1》与李咏：“梦想在你心中，机会在你手中！”这是 CCTV-经济频道综艺节目《非常 6+1》的主持人李咏在节目中喊出的响亮口号。李咏为广大受众所熟知是从《幸运 52》开始的，这是一档益智类节目，但看完之后让人们非常开心。后来《幸运 52》停播，改为了选秀节目《非常 6+1》。这个名称是指 6 天的培训加上 1 天的舞台演示。6 天是给普通的观众一个机会，一段经历，给他们灌输一些舞台表演的知识，从而把他们包装成舞台上的明星。这样一档完全没有明星出演的节目，对主持人来说是一个巨大的挑战。一是主持人要在仅仅六天的时间里教会这些业余演员在舞台上与之配合默契；二是主持人要协调、串接、鼓励这些业余演员发挥好自己的才艺，展示自己最棒的一面；三是主持人要现场临时接听外线电话，面对未知的受众适时地使用恰当的语言交流。而这一切，李咏都做到恰到好处。他在这个节目中主要起到一个串接、调动的作用。因此他的言谈举止都非常重要。

在这个节目里，他的主持特色表现在：激情与活力。一上场无论是舞台背

---

① 抖音：《新闻 1+1》2020 年 1 月 19 日。

景的烘托，还是自己走上舞台，他总是笑口常开，兴奋地报道这个节目的开始。他那展开的手臂、蹦跳着进入会场一下子就能把电视机前的观众调动起来，他的声音并非洪亮，但浑厚清楚，很有韵味。正如他自己说的："不管我长什么样，穿什么样，我都始终保持着热情真诚的态度。"①而每位幸运者得到奖品后的分享，主持人都会跟他一起分享。在与电话连线观众的互动细节里，李咏听到对方是自己后的惊讶与高兴时，李咏也会与之表示惊讶与高兴，做出的表情让坐在电视机前的观众都放声大笑。让人们真正感到了主持人与观众融为一体，主持人在节目中是在和观众一起玩、一起快乐，度过周末好时光。而对场上的尴尬局面，李咏也会自然地而化为和谐的一面。一次接电话的观众不知道李咏给她打电话，一连问了三遍，李咏的表情给观众的表情是搞笑而非生气的样子，很平和地说："我是《非常6+1》的主持人李咏。"

李咏主持节目的特点还在于亲切、真挚。在节目中，李咏遇到的观众什么年龄段的都有，小到几岁的观众。而面对如此小的观众，李咏会蹲下来与之说话、交流，并以自己平常的语气说话，并不会"呀声呀气"地学着小孩说话以此逗乐观众。李咏很真，本我，自我，绝不超我。当一位三岁半的小孩跳起舞并不十分到位与优秀时，李咏很真实地说："你就两个动作，让赵本山都看哭。"语气非常平缓，没有一点做作与严厉。通过他的点评自然地引出小孩子出生时的体重，小孩子能长到现在已经非常不容易了。在接到一位东北的观众电话连线时，观众并不知道李咏是谁，说话的语气非常硬："你是谁呀？你是谁呀？"，连问三次，李咏都能平心静气地回答："我是《非常6+1》的主持人李咏。"李咏的心非常开阔，能够容纳各种各样的人，而所有这一切是因为他有一种敬业的精神，一颗真挚热爱观众的心。

李咏的语言也很风趣幽默。一次一位幸运观众想要一台电脑，并通过电脑销售他的特产。李咏问："你们那儿有什么好特产啊？要在网络上要找销路？"幸运观众答到："桃子、梨子吧，都有的。"李咏说："桃子、梨子，'桃李'……'逃离'。"李咏灵活地用桃李的谐音"逃离"开玩笑，增加现场欢

① 《思维与智慧》，2010年10月。

乐的气氛。机敏、幽默，现场发挥，李咏将一个单调的问答对话搞得有声有色，全场互动，这就是李咏的魅力所在。

李咏的外在装饰也很具有个性，节目主持人中特别是娱乐节目主持人中还没有像他那样的打扮：上身类似西装的样子，脚穿皮鞋，内衣衬白色，留有稍长并带卷的发型。这种打扮让观众一下子就能记住他。无论是在《幸运52》还是《非常6+1》，李咏始终都是这样的打扮。在电视栏目竞争激烈的今天，主持人的包装是非常重要的。人们常说主持人是栏目的标签，是栏目的一部分，外在的包装不仅仅是增添抓人眼球的美丽，满足于观众的眼福，而更为重要的是打造出其栏目及主持人支配和主宰心灵的魅力。李咏对待着装上是下了苦心的，他曾说："栏目是轻松、娱乐的，但我绝不能随便，着装、打扮上，我一定要一流的、时尚的，要带些咄咄逼人之势，呈大台风范。我的服装都是著名厂家量身定做的，从领带到衬衣，甚至皮带。"①

从以上不同栏目可以看出，主持人的风格各不相同，但他们都赢得了受众的欢迎。因此具有个性化的主持人其在栏目中的地位以及自己的创造性的主持都可以使栏目生辉，而自己的主持风格都可以因栏目的定位不同使自己创造出自己的个性与风格。一位主持人要想在栏目中创造出自己的风采与个性需不断地研究栏目，研究栏目的受众，并结合自己的特点，让自己、让栏目同时留在受众的心里，从而创造出品牌栏目。

4. 主持人的个性化与品牌栏目的形成

融媒体时代，广播电视栏目多样化，新媒体促成栏目的多场景地的输出，造成栏目之间的竞争态势更加强烈。栏目主持人所面临的挑战也越发艰巨。现实呼唤主持人创出自己的个性，栏目的产生适应时代的步伐，适应受众的需求。主持人个性化是品牌栏目的基础，没有个性化的主持人，栏目很难受到观众的注意，观众对节目的黏合度也就不复存在。个性化的主持对品牌栏目的形成起到了不可替代的作用，而品牌栏目的风格也培养塑造了主持人的风格特点，两者相互促进，赢得受众，赢得市场，共同为广播电视媒体在激烈的、白

① 艾宁：《热烈、机敏、幽默——记〈幸运52〉主持人李咏》，《新闻与写作》2002年第3期。

热化的市场竞争中开辟新天地。时间较远一点的要数崔永元的《实话实说》，近的要数白岩松的《新闻 1+1》节目。他们这两个节目的主持人都有自己的个性化的主持。他们两位外在着装的共同特点是平民化、亲民化。这除了与他们主持的节目有关外，更主要与他们的亲民个性、平民个性有关。他们都做过新闻记者，记者的经历使得他们了解百姓的所思所想，懂得百姓看的是你的节目，你的节目要引人入胜。因此，我们看到的《新闻 1+1》对最新的新闻时事客观报道以及白岩松睿智、精辟的分析、犀利的语言见长，而崔永元更是语言幽默大师。崔永元拥有一句话就笑翻全场的本事："纳豆是一种食品，相信吃它能治心脑血管疾病的都是憨豆。"通过笑声实现活跃气氛、引导话题。人们称崔永元是那个时代的顶级段子手。幽默的语言没有人会抵制的，这是人类的共性，快乐的态度在所有人眼里是共同需要的。人们通过崔的幽默语言，舒畅了身心，同时在大笑之后，也收获理性的感悟。主持人的个性化要求传播内容凸显人文关怀。白岩松和崔永元的话题始终围绕百姓的生活，百姓担忧的事情。关于新冠肺炎疫情，从一开始《新闻 1+1》就追踪报道武汉的状况，时刻为百姓点评时事问题，给观众以正确的引导和讲解，并提出理性的问题，做出理性的分析。人文精神是由优秀文化孕育而成的内在于主体的、十分自觉的一种精神品格。有人文意识的主持人会一如既往地关注人的命运，关注人的生存状态，关注人与自然的关系。中国疫情得到缓解，《新闻 1+1》也报道韩国的疫情状况以及中韩的合作抗疫。人文关怀不仅停留在自己本国国内的百姓，也关注国外的疫情影响下的百姓。《实话实说》《新闻 1+1》都是在观众中口碑极佳，留下美好印象的栏目。

品牌栏目得益于富有个性化的主持人。而主持人也不能离开栏目的宗旨喧宾夺主，刻意地追求个性化。每个栏目都有其明确的编辑宗旨和形式。主持人根据栏目的定位，寻找与受众的利益、兴趣的切合点，制作出符合自己个性与栏目宗旨相一致的报道风格。总之，个性鲜明风格独特的广播电视节目主持人为品牌栏目增光添彩，是栏目的标志。

第三节　融媒体时代节目主持人职业素质的提升

融媒体时代，互联网技术、数字技术使得用户主体意识、交互意识增强，信息的传播也在各个媒体上传播迅速，传媒行业和观众对节目主持人的要求也越来越多。而作为以“个体”形式出现在大众面前的节目主持人，肩负着传播信息、引导舆论、传播正能量的大众传媒人，必须提升个人的政治素质、职业素质、人文素质，加强专业知识的积累、提升应变能力和语言表达能力。

1. 政治素质

主持人政治素质的提高对传媒行业来说是非常重要的。作为一名主持人一定要坚定“四个自信”即中国特色社会主义道路自信、理论自信、制度自信、文化自信。主持人代表的是政府部门，是党和政府、人民的喉舌，要遵从于中国共产党的舆论传播的方针和政策。在工作中，始终保持与中国共产党思想的一致性，不能够随心所欲和尽情发挥。要忠诚于党的新闻事业，坚持党性原则。媒体是政府部门与公众联系的重要渠道，主持人是连接媒体与受众的桥梁与纽带，主持人作为媒介人物，担当的媒介角色，要帮助受众通过电视广播等媒体了解国家最新的政策措施，进行舆论的正确引导和监督，传播社会主义核心价值观。在充分理解国家的大政方针政策下，为老百姓进行准确的解读，全心全意为人民服务。在2020年的新冠肺炎疫情下，面向公众及时传递党中央、国务院和地方政府防控工作部署，配合国家的防控措施，要准确地报道疫情，向百姓传播防护意识，普及新冠肺炎防控知识，多角度、全方位引导公众增强打赢疫情防控阻击战的信心。一个主持人没有政治素质，再好的语言表达都是空话，再好的外表都是做作。

2. 职业道德素质

作为新闻节目主持人，要有为人民、为社会、为国家服务的担当意识。新闻工作是一项重要的社会责任，要处处以人民、社会、国家的健康和谐发展为己任。要为人民发声、为社会发声、为国家发声，切实地服务社会。节目主持人要有职业道德素质，不传播谣言、不传递虚假信息，要勇于揭露社会中的腐败丑恶真相，为社会弘扬正能量。记者型新闻主持人要忠于新闻的本质，“坚持真理，实事求是”。对新闻事件，要敢于不断挖掘新闻事件背后的真相，公布于天下。对社会问题，要帮助百姓找到解决问题的办法。主持人是老百姓了解社会的最好渠道，官方的广播电视媒体在老百姓心目中有着特殊的地位和公信力。主持人做好这个纽带的作用，不仅仅是“上情下达，下情上达”，而要有着为百姓着想的心。《南京零距离》之所以成功，在于她的“三贴近”原则，主持人孟非报道新闻事件时，常常是融边说边聊、边议边评为一体，寓理于事，事理结合，让百姓看电视时从中有所感悟。属于公众人物的主持人，树立正确的人生观、世界观和价值观，积极弘扬社会道德模范，时刻记住自己的社会角色，严于律己，用社会崇尚的道德标准规范自己的实际行动，同时以自己的实际行动践行社会道德标准，关注老百姓的切身利益，传播社会主流价值观。

3. 人文修养

倡导人文精神，给受众以人文关怀，是传媒的责任，也是新闻节目主持人的责任。人文精神体现在尊重人的尊严和价值，以“人”为中心的传播。早在党的十七大就提出：“加强和改进思想政治工作，注重人文关怀和心理疏导。”新冠肺炎疫情需要及时准确地告知百姓，注意加强防范，做好百姓的心理疏导工作。没有百姓的配合，我们的抗击疫情的工作不会顺利地进行。每天及时的疫情状况报道就是最好的以“人”为中心的传播。而主持人在武汉现场的播报更体现人们战胜疫情的决心和力量。新闻主持人邀请医学专家的访谈，指导百姓的实际防范的操作都是主持人实践人文关怀的行动。白岩松曾说：“任何艺术拼到最后，拼的都是人格。”这里的人格就是在节目中充分体现人文关怀。我国著名的节目主持人赵忠祥、倪萍、敬一丹等都是力行人文关怀传播的典范。他们的真诚、善解人意，主持节目中总是充满着对人的命运、人的心理的关注与关爱。

自党的十八大以来，习主席反复强调要“讲好中国故事”。为“讲好中国故事”，新闻报道要“接地气”，主持人的报道要“三贴近”，报道要有人情味、人文关怀，要讲好人的故事。从新闻角度，“接地气”就是新闻报道要走基层，反映老百姓的愿望、利益和诉求，不能脱离群众生活的报道。

为表达人文关怀，节目主持人在各类节目中都要摆脱从实用主义、经验主义、功利主义的框架去思考问题，去营造出一种团结友爱、互助合作的友好氛围，让人们从节目中感觉到大家庭的温暖。《中国达人秀》节目有许多的“达人”在台上的表演非常出色，可是他们的经历令人心酸，他们生活的困苦与艰辛让人们感叹。一位小伙子在台上表演倒立吹口琴，这是一个非常难的表演。主持人问他：你为什么学这个表演？他说：我是为了我的两个上大学的弟弟。话音刚落立马博得在场观众的热烈掌声。这掌声就是对他的付出的赞赏，而主持人的提问就是引出表演背后的故事，引发人们对其故事的讴歌。在一次《中国达人秀》研讨会上，专家称赞在该选秀节目看到了中国人的主流价值观。“中国最棒的男人”姜仁瑞在舞台上，演绎自己发明创造的自动“孔雀开屏”舞。他自知发明的这个小装置并没有引起观众的共鸣，也没有得到评委的肯定，但他讲述自己做这个发明是让他赢得瘫痪八年的妻子一笑来缓解病情时，现场观众集体起立，为这位老人鼓掌，主持人建议评委重新表决，老人成功地晋级。然而故事并没有完，后续的报道中还讲述了这位表演者得到了一位按摩医师的免费帮助，帮她妻子康复治疗。这就是主持人主持节目的魅力。

4. 业务素质

主持人在学校学到了语言表达以及新闻报道的技巧，但毕业后，还需不断学习，丰富自己的专业知识。毕竟时代的发展要求人人都要不断地学习，主持人需要掌握新媒体不断推陈出新的媒介形态，如抖音、快手、Bilibili、博客、微博、微信等，熟练掌握多种信息技术手段，如文字、图像、影像、音频、网络、远程交互等应用，使得融采编播为一体的节目主持人，提高资讯的表现力和说服力。主持人还要善于运用新媒体来扩大自己的用户群以聚集人气，扩大自己的舆论引导作用，扩大节目的影响力，增强受众/用户对节目的黏合度、忠诚度，使自己及其节目在竞争中立于不败之地。

在各种网络的输出终端、自媒体的使用，主持人要提高对众说纷纭的舆论信息的识别、判断能力，做好受众、用户的信息“把关人”，正确地引导舆论。

网络时代，信息的快速传播，受众的思想活跃，直播与受众的互动加强，主持人要提高应变能力。特别在直播的过程中往往会出现一些意想不到的突发状况，如何应对，如何化尴尬为顺畅，这需要主持人现场随机应变。临场应变能力是一种极为重要的专业技能，需要良好的心理素质和活跃的思维能力。面对突发情况，主持人一定要保持镇定和从容的心态，避免较大的情绪波动，以免影响对于突发状况的判断和处理。在一次《中国达人秀》节目中，一位表演者不停地说，不停地表演。时间已到。怎么办？主持人很平静地让那位表演者持续地表演了一会儿，然后委婉地让他谢幕，缓和了表演现场。

应变能力的提高需要主持人通过自身经验的有效积累和观摩他人的主持方式学习。主持人储存的信息和经验越多，面对突发状况时就更加有把握进行临场发挥，在短时间内找到有效的应对措施。也会更加沉着地克服心理紧张障碍，把控现场的节奏，保证节目顺利进行。应变能力也需要语言的表达。如果主持人当时就说：时间到了，你该下去了，不要表演了。那会使现场非常难看，观众看了也不舒服。所以语言表达也是主持人牢牢掌握的基本功。语言的训练不仅仅是普通话达到一定的标准，而是怎样把话说得圆润、贴切，符合接受者的心理，从而把尴尬的情况解决。白岩松在一次与高校学生对话时，就表现得应对自如，不仅解决了问题，还表现了主持人的幽默与睿智。如：学生问：我看你有危机感，看起来冷冷的，这是什么？白答：我喜欢把每一天当作地球的末日来过。从中我们可以看到，语言表达能力是节目主持人应变能力最直接的体现，是成功主持节目的法宝。

语言表达能力是主持人文化素养的一个方面，提高语言组织能力，严密的逻辑思维能力，清晰准确的语言表达以及临场应变发挥能力，需要主持人在科班的学习之外，更要有大量的阅读和观摩学习，形成自己独到个性语言。美国著名的脱口秀节目主持人奥普·拉温弗瑞高中时期就曾在学校广播电台兼任播音员，实习锻炼自己的口才。毕业后她进入一所黑人大学——田纳西州州立大学专门学习演讲与语言艺术。之后，她有幸在电视台工作，经过一段时间的磨炼，1986 年她开播了以自己名字命名的节目《奥普拉脱口秀》节目，从此一路走红。语言表达能力固然有个人天赋在起作用，但后天的学习与培养、实践绝不可少。

语言表达要达到预期的效果，说话时要有“对象感”，主持人与受众的交流是一种变大众传播为人际传播，要把受众放在心里，关注他们，让对方有意识感，感觉有人在与“我”交流。无论是严肃的新闻评论节目还是热闹的综艺节目都是如此。主持人在与对象交流过程中，要充满真情，这种情感要发自内心，只有这样才能真正与交流对象之间形成对话。交流要以平等的视角，心平气和地说话，切不可有高高在上的气势，否则难以达到预期的传播效果。沈力老师曾说：“主持人应该将自己置身于观众之中，把观众看作是自己的至亲好友，尊重他们，热爱他们，拜他们为师，有事和他们商量，与他们平等相待，避免用居高临下或指令性的语言对观众讲话。”①

语言表达也要注意幽默，特别是谈话类节目和直播节目。幽默是一种智慧的闪现，是一门艺术，需要修炼。节目主持人的幽默一般不以外表的滑稽可笑取胜，崔永元、白岩松的幽默都不是就外在表现赢得受众的，他们追求的是审美心理的愉悦和发自内心的笑意。主持人语言应当俏皮，从俏皮中引发智慧即蕴蓄智趣，超越常规，制造幽默，优势通过语言的表达，趣说自己，侃侃而谈。如果能做到这一点，主持人与受众必将拉近距离，增进亲切感，获得成功的节目效果。

---

① 敬一丹：《沈力老师给同行留下了什么?》，https：//www. sohu. com/a/411205141_652404。

第十八章　国际传播节目主持人全景化概述

第一节　国际传播现状与节目主持人

国际传播是跨越国界的大众传播，是在各民族、各国家之间进行的传播活动。国际传播能力与国家的经济发展水平和科技水平有着密切的关系，而国际话语权也受国家传播实力的助推。

一、国际传播的技术态势

国际传播活动本是各国之间平等信息交流的传播活动，但是国际传播与一国的经济实力、科技的发展有着必然的联系。英美等西方国家经济实力雄厚，建立了超强的通讯社。美联社、路透社、法新社控制着全球的国际新闻报道。“世界上至少有 2/3 的消息来源于占世界人口 1/7 的发达国家。”① 早在 1976 年 7 月世界不结盟国家新闻部长会议就首次提出了建立“世界新闻新秩序”。即要改变世界新闻由北向南、由西向东的非均匀流向，建立合理的世界新闻流向。

凭借大众传播媒介进行的国际传播始终是发达国家依靠自己经济实力的传播。他们既是经济强国又是传媒大国。美国拥有一批世界最大的传媒公司，如美国在线——时代华纳、维亚康姆、新闻集团、迪士尼。其中美国在线是全球首屈一指的 ISC（Internet Service Center），互联网服务提供商。而美国在线与时代华纳旗下有广播电视、杂志、有线网络等。媒介帝国制作的媒体产品遍布世界各个角落，发达国家、发展中国家都有它的媒介产品的传播，它的价值观影

① 赵启正：《中国面临的国际舆论环境》，《世界知识》2004 年第 5 期。

响着人们的判断，而它对世界事务与国际政治的报道具有强大的影响力。美联社与合众国际社是老牌的通讯社，曾与英国路透社、法国法新社并称为西方四大通讯社。他们有着资深的新闻采集与报道的经验，且影响全球大众媒体。而《纽约时报》《华盛顿邮报》《华尔街日报》更是全球最具影响力的三家报纸，历史悠久，影响广泛。《纽约时报》已赢得 112 次普利策奖，超过任何其他新闻机构，它是人们研究美国政治舆论动向的信息源，也是各国政要、金融业人士必须关注的案头报。《纽约时报》在新冠肺炎疫情期间对特朗普防疫迟缓进行批评传播整个世界。《华盛顿邮报》是美国华盛顿最大、最老的报纸。20 世纪 70 年代初通过揭露水门事件和迫使理查德 · 尼克松总统辞职，《华盛顿邮报》获得了国际威望。《华尔街日报》侧重财经新闻的报道，它的报道足以影响每日的国际经济活动。董事长、总经理大都订阅此报。作为世界经济领头羊的美国，此报当然引起全世界的关注。

美国三大无线电视网——美国广播公司、哥伦比亚广播公司和全国广播公司是全球有着广泛影响力的媒体巨头。他们制作的电视新闻报道、电视剧、娱乐节目等早已进入千家万户。美国有线电视新闻网（CNN）24 小时的全天候电视新闻播报在国际上仍然是全球高级宾馆饭店和大多数国家家庭有线电视新闻的主要来源，是世界各国民众乃至政府首脑获知重大国际新闻事件的主要渠道。1980 年 6 月创办，通过卫星向有线电视网和卫星电视用户提供全天候的新闻节目，总部设在美国佐治亚州的亚特兰大。面对突发的新闻，CNN 国际新闻网都会做现场报道。全球超过 210 个国家及地区均转播 CNN 的新闻。

网络方面，目前全球互联网上访问量最大的 10 个网站中，美国就占据了 9 个。脸书占据榜首，其他如谷歌、雅虎、微软网络等。这些美国网站无时无刻不在传播着美国的价值观、美国文化，他们制造舆论，影响受众的观念及全球舆论。而英国的路透社、《泰晤士报》、BBC 也是在世界范围内具有影响力的媒体。法国的法新社、威望迪环球公司（全球超级媒体集团），德国的德意志新闻社、贝塔斯曼传媒公司、《图片报》《法兰克福汇报》《明镜》等都是世界著名的媒体，他们的网络发达，传播迅速，在全球具有一定的舆论影响力。

新媒体时代，以互联网和数字技术为代表的新媒体纷纷被世界各国加以运用，成为世界传播格局的一员。据学者研究，全球195个国家和地区的395家媒体在国际社交网络Twitter上开设账号。395个网络节点中处在一个紧密连接的全球传播网络中，网络之间相互连接、关注和交流，形成新媒体时代的全球传播格局。[①] Twitter是一家美国社交网络及微博客服务的网站，是全球互联网上访问量最大的十个网站之一。截至2019年第四季度，Twitter的月活跃用户达1.52亿 。Facebook也是美国的一个深受欢迎的社交网络服务网站，创始人马克·扎克伯格（Mark Zuckerberg），创立于2004年2月4日。2010年互联网流量监测机构Hitwise的数据显示Facebook的访问量在美国网站总访问量中所占比例为7.07%，位居美国第一。2011年4月20日，奥巴马总统在Facebook的硅谷加利福尼亚大街总部第一次亮相，他通过现场和Facebook网络直播与广大网友就诸多话题进行了讨论。军政要员与百姓一样非常喜欢用新媒体进行社交活动。美国总统特朗普就全球的疫情曾用推特发表讲话。推特、脸谱等已经成为各国政要与团体机构进行国际传播的重要工具。英国广播公司（BBC）抓住融媒体时机，不断升级改造，如今已经实现了全渠道（广播、电视、卫星电视网络、互联网）和全终端（PC、平板、手机、游戏平台）的全覆盖。

面对国外强大的媒体势力，我国也不断加快发展国际传播。2014年8月，中央就提出了传统媒体和新媒体融合发展的问题，并通过了一项决议《关于推动传统媒体和新兴媒体融合发展的指导意见》。该决议指出："坚持传统媒体和新兴媒体优势互补、一体发展，坚持先进技术为支撑、内容建设为根本，推动传统媒体和新兴媒体在内容、渠道、平台、经营、管理等方面的深度融合，着力打造一批形态多样、手段先进、具有竞争力的新型主流媒体，建成几家拥有强大实力和传播力、公信力、影响力的新型媒体集团，形成立体多样、融合发展的现代传播体系。"

新华社是我国的世界性现代通讯社。早在1944年9月1日，新华社开办了对国外英语广播。目前，新华社在世界各地有一百多个分社，使用英文、法文、西班牙文、俄文、阿拉伯文和葡萄牙文发稿。

---

① 相德宝、张文正：《新媒体时代全球媒体传播格局及其社交网络影响力研究》，《当代传播》2017年第4期。

而中国国际广播电台，在1941年12月3日开始对外广播，如今使用65种语言全天候向世界传播，是全球使用语种最多的国际传播机构。《中国日报》作为国家英文日报，创1981年。现已发展有报纸、网站、移动客户端、脸书、推特、微博、微信、电子报等十余种媒介平台，全媒体用户总数超过两亿，是国内外高端人士首选的中国英文媒体。中央广播电视总台推出国际卫星频道CCTV-4和CCTV-9。中国国际电视台（英文简称CGTN，中文别称中国环球电视网）是于2016年12月31日成立，其前身是2000年9月25日正式开播的中央电视台第九频道，呼号CCTV-9。目前该机构包括六个电视频道、三个海外分台、一个视频通讯社和新媒体集群，以丰富的内容和专业的品质为全球受众提供良好的服务。CGTN还开播了法语、西班牙语、俄语频道。2012年1月1日，非洲分台（CCTV Africa）（位于肯尼亚内罗毕）和北美分台（CCTV America）（位于美国华盛顿）开播。1992年10月1日，中央电视台中文国际频道（频道呼号：CCTV-4，简称：央视中文国际频道或央视四套）开播。它是以海外华人、华侨和中国港澳台为主要服务对象的专业频道。2007年1月1日，CCTV-4分频为亚洲版、欧洲版和美洲版。融媒体时代，中文国际频道按照“新闻+文化”的频道特色，全方位展示了当代中国的现状，满足了海外观众的多种需求。《人民日报》也于1985年7月1日增出海外版。

1986年，中国开启了互联网时代，网络信息技术已经深入中国社会生活的各个领域。目前，中国各大媒体均已使用互联网、新媒体传播信息。如中国国际广播电台、中央电视台对外广播、新华社、中国日报等对外新闻机构。

2010年1月1日中国第一个跨国新闻电视机构——中国新华新闻电视网（CNC，China Xinhua News NetworkCo. Ltd）中文台开播，7月1日英文台开播，它是新华社主办的面向全球的电视网，其电视节目信号覆盖了亚太、北美、欧洲、中东、非洲等地约200个国家和地区，并通过各国有线电视网、无线数字电视网、卫星入户网及IPTV网在80多个国家和地区落地。①

中国国际广播电台的“国际在线”网站（www. cri. cn）于1998年12月26

① https：//baike. baidu. com/.

日正式建立，现已发展成由43种文字、48种语言音频节目组成。据不完全统计，世界范围内链接“国际在线”各语种网站首页的网站数量已经达到近15000个。“国际在线”还开播了多语种网络电台 Inet Radio（www. inetradio. cn），多语种播客。

2007年4月和6月，CRI手机广播电视分别在中国联通和中国移动平台顺利上线。目前，中国国际广播电台已经拥有报纸、广播、电视、网络和新媒体传播手段，包含了从第一媒体到第五媒体的全部形态。

CGTN新媒体业务，运营了全球12大平台23个官方账号，其英文主账号成为脸书上第一大媒体账号，总粉丝数为7000万人，其各语种账号总粉丝数超过8800万。[①]在全球最大视频网站优兔平台运营的主账号全球点击量突破3亿次,视频观看总时长达3.7亿分钟，居国内主流媒体首位。[②]

2019年1月2日，《中国日报国际版》正式创刊，国际版网站、客户端及社交媒体账号等也同步启动，服务于63个国家和地区的高端读者。《中国日报》还上线了英文客户端，有微博、微信、微视频、脸书和推特等海外社交媒体平台。截至2019年8月，《中国日报》微博粉丝数超过4500万；微信订阅人数600万，客户端全球下载用户超过2000万，是我国唯一下载量过千万的英文新闻客户端；脸书账号粉丝数8000万，位居全球媒体账号粉丝数第二位；推特账号粉丝数400万。[③]

“借船出海”是中国国际传播能力提升的另一种形式，开办于2000年的中国网通过深度报道引起国外媒体的注意并以转载的方式传播中国声音。如：《走进中共中央对外联络部》被美国 NK Today、commienews 等国外媒体转载，《三年后，外国人眼中的四川》的系列报道被美国 Geography China、Serving History 等国外网站转载。中国网是中国外文出版发行事业局管理的国家重点新闻网站，由国务院新闻办公室领导。现有中、英、法、西、德、日、俄、阿、韩、世界语10个语种11个文版，访问用户覆盖全球200多个国家和地区。

① 《中国对外传播40年回顾》http：//media. people. com. cn/n1/2019/0418/c40628-31037081. html。

② http：//www. xinhuanet. com/zgjx/2017-11/23/c_136773282. htm.

③ https：//www. chinadaily. com. cn/static_c/gyzgrbwz. html.

2013年2月5日，中国网新浪官方微博正式开通。

中国内地地方对外广播，主要是一些经济比较发达活跃的地区，如上海、广州、深圳等。1986年，上海英语广播节目《Shanghai Calling》和日播电视英语新闻就开播了。1999年，开办国内首份地方英语日报《上海日报》。2008年1月1日，上海外语频道开播，目前它是我国唯一一家24小时播出的地方外语频道，通过IPTV和SMGBB宽频网络电视覆盖更大范围的受众，并加入了新浪微博。除此之外，还有纸质媒介的对外传播《上海日报》（Shanghai Daily）。广州、深圳及珠三角地区对外媒体主要是1997年的《广州英文早报》（Guangzhou Morning Post）和《深圳日报》（Shenzhen Daily）以及2006年的广州电视台英语频道。武汉、成都也有对外媒体。但是在地方媒体对外传播中做得最好的是上海。

目前，我国国际传播从中央到地方，从纸质、电子到融媒体形成了全方位的媒介格局。2016年12月随着CGTN成立，我国的国际传播已经形成了“1+6+N”模式。“1”指CGTN，“6”是六家央媒（《人民日报》、新华社、央视、国际台、《中国日报》、中新社），“N”是其他英文对外网站和有潜力发挥国际传播功能的平台和机构。

2019年，习主席在《加快推动媒体融合发展，构建全媒体传播格局》一文中指出：“我们要运用信息革命成果，加快构建融为一体、合而为一的全媒体传播格局。”自此，我国国际传播融合成了“三台合一”的全媒体阵容，即“中央电视台、中央人民广播电台、中国国际广播电台合一，对外统一呼号”，已整体性地汇入了建构世界传媒新秩序的洪流。

二、国际传播的舆论环境现状

目前，国际舆论环境还是由英、美、法德等西方国家所主导，尽管互联网使得更多的发展中国家有了发表自己观点的平台，但其影响力仍旧有限。法国法学家米歇尔·福柯在《话语的秩序》中最早提出了“话语即权力”的观点。话语权既是说话的权利也是说话的影响力。世界信息流向的不均衡造成发展中国家形象的歪曲以及话语权影响力的削弱。以2020年的新冠病毒的传播为例。

新冠病毒本是一个疾病，却在传播中被带上了政治的色彩。借疾病污名化中国，诋毁中国。以美国为首的发达国家带头要求中国赔偿，随后英、德、澳跟上，在国际舆论环境中对中国造成极为不利的影响。更有甚者，发展中国家的巴西，一位高官将新冠病毒源头同中国挂钩，在社交媒体上公然发表污蔑中国的言论，对中国进行污名化攻击。中国的紧邻印度也以疫情为由要求中国做出赔偿，对这些无端的攻击，中国外交部已经进行坚决的回应和反击。但是以美国为首的西方，国际话语权掌控在他们的手里，国际信息传播仍是“西强我弱”。

早在20世纪80年代末90年代初，邓小平就提出了“韬光养晦”的重要外交战略思想，目的是在国内积极发展经济，在国际上不要主动卷入矛盾，对待矛盾要很克制地使用力量。可是“韬光养晦”这个词一出来就被外国人误读了，认为我们是“卧薪尝胆”等待时机。长期担任“中国事务顾问”的美国人白邦瑞把这个成语翻译成“Hide one's capability and bide one's time”——意思是“隐藏力量，等待时机”。习近平主席在2013年提出了“一带一路”的发展愿景，旨在与“一带一路”沿线国家建立合作共赢的新型国际关系，开创21世纪国际与地区合作新模式。但却被美国误读为中国版的“马歇尔计划”(Marshall Plan)，认为中国是在周边地区扩展实力范围、增强影响力。并认为是对美国重返亚太战略和跨太平洋伙伴关系协议（TPP）的强有力的回击。而为“一带一路”建设，由中国主导的亚洲基础设施投资银行（AIIB）的建立，也被误读为对美国主导的世界银行的直接挑战。不仅仅是美国制造的舆论环境，而亚洲其他国家也有对中国“一带一路”的误读，认为是削弱其他国家的经济实力，扩大中国在亚洲的经济影响力。还有一些西方媒体和学者大肆渲染，把“一带一路”与军事力量发展挂钩，认为中国借助“一带一路”，在加速建设现代化海军，增强海军的实力，旨在建立海上霸权。中国的“一带一路”倡议建立陆路和海陆经济带，本是从中国历史的丝绸之路，在新世纪重启的经济之路和扩展的经济之路，是发展经济、谋求和平发展之路。中国并没有想过与谁对抗，也根本没有从海陆、陆路上扩充自己的势力，建立世界霸权的企图。

面对如此不利的国际舆论环境，节目主持人应在国际传媒舞台上发出自己的声音回击西方的敌视做法，还我以清白，维护国家形象。

三、掌握国际传播话语权，节目主持人应有时代担当

国际话语权是国家地位的重要组成部分，是一国软实力的重要体现。媒体是党和国家传播中国声音、表达中国立场、弘扬中国外交思想、树立中国美好形象、塑造国际话语权的前沿阵地。作为传媒代言人的节目主持人站在时代的前沿，应有时代的担当，积极发挥主持人的话语权，从传播者逐渐转变为影响者。为此，主持人应做到：

1. 配合外交，精准传播

新中国成立以来，我国在国际舞台上的话语权有了极大的提高。“和平共处五项原则”“求同存异”的外交思想早已在世界舞台上唱响。至今我国已与世界上 180 个国家建立了外交关系，搁置争议，谋求共同的经济发展。2013 年习主席提出了“一带一路”倡议，我国与“一带一路”沿线 60 多个国家谋求经济合作与发展，节目主持人在促进政策沟通、设施联通、贸易畅通、资金融通的同时，加强民心相通，向沿线各国宣传中国经济合作、共赢的意图。针对西方媒体对我国“一带一路”倡议的污蔑，从经济内涵、安全内涵和文化内涵三个维度做好对外宣传报道。毕竟“一带一路”是经济上的合作，需要安全作保证，文化做先导，让外国友人了解中国的政策方针，让外国友人了解中国文化的和谐思想。[①] 2012 年在党的十八大会议上，习主席就提出了“人类命运共同体”的概念，即旨在追求本国利益时兼顾他国合理关切，在谋求本国发展中促进各国共同发展。节目主持人在经济宣传报道方面，用“互惠共赢”理念粉碎西方世界对中国“一带一路”错误认知，告知国际社会中国的“一带一路”不是美国的“马歇尔计划”。美国的“马歇尔计划”是有着霸权思想的计划，旨在通过有附加条件的对欧援助，来抗衡苏联社会主义，巩固自己的霸权地位。中国的“一带一路”是与沿线国家的经济合作，共享共赢经济成果。亚洲基础设施投资银行的建立也不是对某些国家的金融的挑战与对抗，而是为“一带一路”国家经济发展合作提供专项资金，便于金融商贸的合作，便于“一带

① 刘兰、戴钢书：《“一带一路”的三重内涵和对外宣传的话语重点》，《电子科技大学学报（社会科学版）》2016 年 6 月。

一路”基础设施的建设。在安全方面，主持人在宣传报道上要打破西方媒体所宣传的“中国威胁论”，积极宣传“一带一路”的共赢共享理念，“一带一路”建设是促进本地区和各国的经济发展，是安全合作，不构成对第三国的经济威胁，更不是联合势力对抗某个国家的势力范围。中国“一带一路”倡议既体现中国与周边国家加强经贸合作的意愿，也展示中国试图通过周边外交新思维来改善与区域国家的政治互信。在文化方面，主持人的宣传报道在尊重沿线国家文化的基础上，宣传我们的和平发展观，宣传我们的和谐思想。古丝绸之路是一条商贸经济合作之路，同时也是一条文化交流之路 。通过“一带一路”的经济合作，了解彼此的文化，消除文化上的障碍，推动构建人类命运共同体。

新冠肺炎疫情在全世界流行，中国外交部多次针对美国污蔑中国的现象进行反击。对此，央视媒体《新闻联播》主持人也对美国国务卿蓬佩奥的言行反驳道：“蓬佩奥的所作所为，失信于美国人民，透支美国外交信誉，危害全球抗疫合作，成为美国巨大的耻辱与不幸。”[①]而中国环球电视网（CGTN）在其微信公众号平台发出了《真相放大镜/特朗普与其媒体盟友如何推动中国阴谋论》《中国到底有没有向世界发出警报?》《世卫组织的防疫建议谁听进去了?》等文章，通过提问揭穿美国对中国的不正当言论，维护了中国的国际形象。主持人旗帜鲜明地表达中国立场、中国态度，彰显了我大国的豪迈气质和正义力量。而各大媒体对外报道我国对外支持抗击疫情的行动，更显示了我大国负责任的气量和爱人助人的新风格。

2. 突发公共事件的及时报道，占领信息和舆论报道的制高点

突发公共事件的报道是国际媒体争夺的重要领域，凸显一国的传媒实力与话语权的争夺，它对影响国际舆论有着非常重要的作用，也是揭穿谣言的最有效的手段。

这次新冠肺炎疫情，央视新闻的及时报道有力地回击了美国为首的西方世界对我国疫情的污名化，向世界说明了中国在共产党的领导下，团结一心，抗击疫情，有效控制了疫情。中国的行动得到了世界卫生组织的称赞，也得到国

① 《罕见!〈新闻联播〉4天4次痛斥蓬佩奥!》，网易新闻频道 2020-05-01 03：34。

际顶尖医学期刊《柳叶刀》总编理查德·霍顿的赞许，也给世界其他国家做出了样板。突发公共事件的报道是西方媒体污名化中国形象最严重的领域，因此它是我国新闻媒体争夺国际话语权的突破口。主持人要抓住突发事件的热点、难点，不回避敏感点，针对国际社会上的反映及时回应、出击。

在全球化的今天，一国的重大新闻事件也是国际上受众关注的新闻事件。及时准确地报道突发公共事件，可以有效地赢取国际话语权，进而有效地赢得国际社会的关注与正确理解，产生积极的传播效果。节目主持人要充分认识到这一点，及时报道突发公共事件，做到从不同视角、各个层次进行报道，追踪事件报道，做好议程设置，不给外国媒体有可机之乘，先发制人，先声夺人，上上下下齐心协力，做好报道工作。主持人要把握好新媒体的应用，利用网络全方位地报道突发新闻事件，积极地引导国际舆论，揭露西方媒体的恶意报道，不让突发事件变成西方媒体政治化、妖魔化中国的途径。对于本国出现的突发事件，要有效地使本国媒体的报道成为全球的首发、首播，采用新闻消息的滚动播出、图片报道、现场连线的及时报道与相关的评说等报道方式。这次新冠肺炎疫情，美国有线电视新闻网（CNN）是一个戴着有色眼镜看待中国的媒体，它最初采用“武汉病毒”用语，到最后采用的“去武汉”的新冠肺炎用语为 Covid-19 的用语报道中国的疫情活动，这个转变至少让我们看到了我国媒体的力量以及凭良心报道的各国媒体的客观报道和去政治化的报道的力量。

一国能够在国际舞台上就突发新闻事件进行报道传播、表达观点进行评说，有利于营造良好的国际舆论环境，有利于维护国家利益，树立良好的国际形象；有助于赢得国际社会的了解与支持，对提升国际影响力具有重要意义。

3. 讲好中国故事，传播中国优秀文化，宣介中国核心价值观

目前，中国是世界第二大经济体。中国的快速发展让世界瞩目，也因此引起西方人的恐慌。因此，在国外就有“中国威胁论”“新帝国主义”的舆论，冷战思维充斥在西方社会的政客思想中、言论中。节目主持人理应把握好自己的舞台传播中国新闻、报道中国故事、传递中国价值观。中国是一个文化大国，历史积淀深厚，中国传统文化所崇尚的“和合”思想，至今都是当代中国社会所提倡并践行的准则和价值观。现今中国追求的是和谐发展，重视人与自然、人与人的和谐、群体与社会的和谐。中国在发展经济的同时注重合作，中国是世界之中国，中国发展进步离不开世界，世界和平繁荣也需要中国，中国发展经济注重与邻国、与“一带一路”沿线国家的友好合作而非侵占他国资源、欺凌他国人民。中国是一个开放、友善的国家，中国愿意与世界上其他国家共谋经济发展。中国是一个坚持“和平合作、开放包容、互学互鉴、互利互赢”理念的国家。①习主席在 2013 年提出了人类命运共同体的概念。如今，早已被写入联合国协议。“构建人类命运共同体”，源自中华文明天下为公、以“和”为贵的优良传统。

讲好中国故事，要善于运用好中国的历史与现实中的素材，并找到对象国的文化的相同性与差异性，有的放矢，引导对象国正确地了解和认识中国，认识中国的过去与现在；认识中国的和谐发展，特别是改革开放以来中国的变化，认识中国的政治制度，经济政策；认识中国人民的优秀品质，使得对象国人民以客观、全面、理性的视角看待和认识中国。

讲好中国故事，要宣介中国价值观，要让国际社会承认它的客观性、理解它的合理性、吸纳它的人类性。② 中国价值观包括中国优秀传统价值观，也包括社会主义核心价值观，还包括对世界共同价值的吸收和借鉴。在我国正处在大发展时期，国际社会各种价值观纷繁复杂，国际敌对势力始终没有放弃对我国实施西化、分化的战略企图，没有放弃对中国的抹黑与打压。宣介中国价值观，既有利于扩大中国价值观念的影响力，也有利于提高国家文化软实力。

讲好中国故事，主持人在传播中国文化的同时要善于讲述中国百姓的故事，传播中国人民团结友爱、互相帮助、团结奋进的精神。这次新冠肺炎疫情，中国人民遵从中央统一部署，抗击疫情，一方有难八方支援，显示了中国人民的伟大力量，显示了中国传统文化的真正底蕴。中央广播电视总台中文国际频道新闻评论节目《深度国际》以“人类共同的考验”开篇报道，展示了在武汉战“疫”中，中国军人、医护人员、快递小哥等的逆行大爱，中国人在

① 孙志男：《国内主流网站“一带一路”倡议传播研究》，《传媒观察》2018 年第 6 期。
② 《中国价值观念国际传播的三大目标》，《人民论坛》2017 年第 19 期。

大难面前的勇敢、坚韧、团结与智慧。《深度国际》很好地向全世界讲述了中国故事。

第二节　国际传播对节目主持人的要求

国际传播是跨国的传播，跨文化的传播，跨民族的传播。国际传播要求主持人具有政治素质、跨文化传播能力和受众意识。

1. 政治素质

国际传播本质上具有政治的属性。古希腊哲学家亚里士多德在其《政治学》中就提到：城邦的建立是政治社团。国际传播的政治性要求节目主持人要有较高的政治素质，其传播行为要为国家的利益服务，维护国家形象，促进各国人民对中国的了解和支持，为国家的经济行为等创造良好的舆论环境。美国之音、CNN（美国有线电视网）这些国际媒体貌似是为他国人民服务、提供咨询、提供教学，其实都是为美国政府利益工作。在我国突发公共卫生事件时，以美国为首的西方媒体大肆抹黑中国，从武汉封城到解封的一段时间里，对我国新冠肺炎疫情的报道，多半都是负面新闻。这些信息左右了国际受众的思维，扰乱了国际受众对我国民众齐心抗疫的正确理解，有损于我国在国际社会中的形象，不利于我国疫情中对国外疫情国家的支援与帮助。主持人应坚定捍卫自己国家的利益，塑造中国负责任的大国形象，澄清事实，有力回击。自新冠肺炎疫情发生以来，党中央亲自部署派遣医疗队奔赴武汉抗击疫情，显示了对本国及世界人民生命安全负责的精神，采取了严格防控措施。疫情控制之后，我国积极地向国外的疫情国家送去口罩等医疗物资，派医疗专家组奔赴疫情国家进行抗疫。凸显了在疫情面前，人类是相互依存的命运共同体；凸显了我国负责的大国形象。但是我国的支持却遭到一些被帮助国家的误解，西方社会对我国的刻板印象仍旧存在，主持人身负传播中国、让世界了解中国、让中国走进世界的重任。

国际传播是跨国传播，构建国家形象是影响国际关系的一个因素。因此，作为国际媒体喉舌的主持人，一定要树立国家主权意识，在传播中要坚定“四个自信”，即中国特色社会主义道路自信、理论自信、制度自信、文化自信。没有对中国特色社会主义道路自信，没有对中国特色社会主义理论体系的科学性、真理性的自信，没有对中国共产党领导的社会主义制度的自信，没有对中国特色社会主义文化先进性的自信，很容易在国际传播的舆论场、西方强大传播的影响下迷失方向，也就不能在国际传播中肩负起塑造国家形象、建构国家认同的历史重任。西方保守势力借助各种机会打压我国的发展，将中国建构为“他者”，即非西方的甚至“非我族类”的落后国家，他们不允许所谓的“异类”加入他们发达的行列，虽然中国与这些发达国家有着很深的经济贸易往来，但冷战思维的观念与零和博弈的思维都已根深蒂固在一些保守势力的身上。新冠肺炎疫情初期，美、英、法政府还发表言论赞赏中国的抗疫得力，令人赞叹。但等到他们国家的疫情暴发无法控制时，他们就联合开始“甩锅”中国，转移国内矛盾，诿过卸责。而甩锅的更深层用意是企图维护西方“自由民主”的金字招牌，怀疑社会主义制度的中国处理疫情如此有效，甚至要独立调查中国，定罪中国。在他们眼里，西方的自由民主制度更加优越，社会主义中国不可能比他们做得更好。

国际传播的政治性要求主持人要了解国际关系，了解一国的外交政策，在传播时才能做到精准传播。二战期间、冷战时期的国际传播，各国之间的传播都是为了攻克对象国的民众心理，瓦解对象国的民众的斗志，努力转变对象国的意识形态，希冀对象国演变成自己国家的民众，为自己的国家服务。为此国际传播的主持人一定要有坚定的政治立场、政治态度，有一颗爱国心，捍卫祖国的利益与尊严。在新冠疫情面前，我们要歌颂我国的医护工作者、歌颂社区的服务人员、歌颂快递小哥的临危不惧、勇于向前的忘我的精神，不让西方恶势力钻我们的空子、抓我们的把柄，不传播谣言。对“一带一路”的倡议，我们要大力宣传人类命运共同体的理念。构建人类命运共同体，是新时代中国特色社会主义思想的重要内容，也是中国国际战略和外交方针的重要目标。我们生活在同一个地球上，全世界人民为生存、为发展、为福祉而结成一种互利合作、休戚与共的相互关系。推动构建人类命运共同体，就要促进国际社会达成共识，增强各国的战略互信，反对霸权主义、强权政治、单边主义，解决人类面临的共同的问题。构建人类命运共同体，将建设一个持久和平、普遍安全、共同繁荣、开放包容、清洁美丽的新“世界”，造就一种新型国际关系和世界格局。

2. 跨文化传播能力

作为跨国传播的节目主持人必须具有跨文化传播的能力，这其中包括语言能力和文化知识的储备以及新媒体的使用。

（1）语言能力

国际传播以外国人为对象，必须以使用外国语言（文字）进行传播，要掌握对象国的语言才能很好地进行信息的传播。语言是传播的媒介，负载着文化。以英语为例。英语节目主持人要有过硬的英语表达能力，其语言的表达要准确、清晰、流利。语音、语调正确、音色纯正，语调要符合该国标准的语调，语流顺畅。在整个语言的表达中，句子的轻重缓急要把握住，掌握好重音和节奏，掌握发音过程中语流的变化，注意连读和语音的同化。节目主持人的发音基本功必须掌握而且要过硬。在传递信息时，不要因为发音问题而影响听者的理解。要掌握语言表达的技巧，对对象国的语言接受者要有所了解，以便语言的表达达到传播的效果。不仅仅是口语表达能力，书面表达也同样重要。融媒体时代，书面和口语表达都是不可或缺的。一位杰出的节目主持人既是播音员也是记者、评论家，更是一位出色的外交家。主持人要有丰富的词汇，要会灵活地使用修辞，注意语体的表达风格；要充分了解对象国语言的文化内涵，不至于在表达中产生误解。目前，中国国际广播电台使用 43 种语言向全球广播。每一种语言，特别是小语种几乎就对准一个对象国传播，各个国家由于历史文化不同，在语言的使用禁忌上，主持人要特别加以注意，语言文字的使用以及文字的象征意义都要了如指掌。要多读一些对象国的文学名著，积累丰富的词汇，掌握俚语、成语的表达，培养语感，加强语言运用的准确性。在向外国人介绍中国时，翻译的“信”“达”“雅”方面要注意，在忠于原文的基础上如何用地道的对象国语言把中国的文化介绍出去，特别是用对象国的习语、俚语以及源于传说中的典故等。并合理运用翻译技巧，确保其译文的流畅性与适应性，提升国际传播信息与读者之间的认同感，促进中国文化的对外传播与交流。同样对象国的信息传入中国国内，也不可缺少翻译问题上的“信”“达”“雅”原则。对外刊新闻的报道，语言上的措辞也需要斟酌，要考虑到读者对象的文化。

2013年习主席提出了“一带一路”的倡议，得到多国的响应。我国与“一带一路”许多个国家有着经济上的合作与贸易。而这些“一带一路”沿线的国家语言资源丰富，其官方语言达53种，加上少数民族语言，“一带一路”沿线国家共有约200种不同语言。因此，节目主持人特别需要掌握“一带一路”沿线国家的语言，便于沟通中国与这些国家的文化交往、经济合作、贸易往来。“一带一路”需要语言铺路，语言互通是“一带一路”互联互通的重要方面，是实现“五通”（政策沟通、设施联通、贸易畅通、资金融通、民心相通）的基础。而民心相通的核心是语言互通，提升个体语言能力是实现“一带一路”语言互通的重要途径。

（2）文化知识的积累

对一位国际传播节目主持人来说，具有丰富的中外文化知识，特别是历史文化知识是必不可少的。知识渊博，思想才博大精深，报道时思路才大开，才能旁征博引，讲解到位，见解新颖，说话才具有吸引力。主持人要具有对象国的制度文化、物质文化和精神文化方面的知识，一个文化群体中的所有成员具有的共同的认知结构、共同的社会规范、共有的社会组织都要了解。还有对文化的差异、民族风俗的差异、接受方式的差异等的了解。跨文化传播能力，要有对文化差异的敏感性和处理文化差异的灵活性。不同文化之间的差异阻碍了跨文化传播，这是常见的问题。主持人要事先有文化背景知识才能够在未来“尴尬”的场合，顺利化解。对一位英语节目主持人来说，遇到的文化尴尬会更多。英语是所有外语中的大语种，讲英语的人众多，面对融媒体时代的传播特点——即时性、互动性强，文化差异的客观存在，很容易造成文化干扰，造成文化理解的偏差与偏误，继而影响文化的交流。为此，主持人一定要多多了解各国文化，了解异国的文化背景，利用各国文化的趋同性排除文化干扰。

新闻业务和传播学方面的知识是一个业界工作者必须应有的。主持人不仅有口头表达的能力还要有写作能力。在新闻业务方面，要掌握新闻写作、新闻采访的技能，要懂得新闻写作的规律，不能自己想写什么就写什么，新闻写作要遵循新闻本身的特点。新闻采访也是一个非常高级的技能。这个采访不仅是在屏幕上现场采访报道，还有节目中的访谈节目都离不开新闻采访。在新闻业务中，新闻采访是一个非常重要的领域。没有采访，就无法挖掘到新闻，挖掘出被采访者的内心世界。

主持人还要掌握传播学方面的知识。新闻即传播，懂新闻的人，或者从事新闻工作的人，或者媒体人都需要掌握传播学知识和技能，要有交际能力。新媒体、自媒体的出现，大众传播转变成个人传播、人际传播，再从人际传播到大众传播，只有建立更多受众群，更多的用户，才可以保持受众对主持人的黏合度，才可能更好地引导舆论。

进入5G时代，网络与新媒体要求新闻从业者掌握新媒体技术，要会使用大众流行的快手、抖音、Bilibili、博客、微博、微信公众号、YouTube，以及国外媒体的脸书、推特等；从事新闻活动，与国际用户进行沟通，拓展传播渠道，胜任多终端、跨平台的国际传播工作。习近平总书记强调：“创新对外宣传方式，着力打造融通中外的新概念、新范畴、新表述，讲好中国故事。”谁能利用新媒体，比如短视频这一传播形式传播信息，赢取受众、用户的眼球，谁就能更好地拓展自己的传播能力。李子柒作为一个中国四川的普通女孩，以自己对中国传统文化知识的掌握与理解，以及对新媒体多个形式的掌握，赢得了中外用户、受众的广泛关注与支持、认可，很好地实践了讲好中国故事，传递好中国声音，实现中国文化的传播目标。知乎网对此评价：李子柒在海外的影响力，可以抵得上1000个CGTN（中国国际电视台）。中央电视台的评价如是：没有一个字夸中国好，但她讲好了中国文化，讲好了中国故事。①

3. 受众意识

传播的最终目的是要达到传播的效果。传播效果的产生要求主持人要有受众意识，要注意传播方式。“推进国际传播能力建设，讲好中国故事，展现真实、立体、全面的中国”是十九大报告中指出的。国际传播能力建设离不开对受众的研究，而提升对外传播的技巧，更需要报道时心中有受众意识，以此来调整传播技巧，以真实的、接地气的叙事打动受众。作为媒介人的主持人传播的对象是人，必须“攻”人，攻关他、她。必须从受众的角度出发，分析受众的心理需求和接受习惯，深入研究国内外受众的差异性，编辑采写符合受众心

---

① http：//www. jxedu. gov. cn/info/2417/146858. htm.

理接受能力的报道，展现中国文化的魅力，争取尽可能多地满足受众的需求。“讲好中国故事”不仅仅是一个传播方式的问题，还有一个选取传播内容的问题。传播内容的选取要在中国内情与受众之间找到切合点，传播的内容既要符合国情、世情，符合中国的传统与当今的世界观和价值观，又要符合受众的接受程度。卡尔·霍夫兰在研究受众心理过程中曾提出了“个人差异论”，他认为受众在心理和认知结构上存在差异，而这种差异是影响他们接触媒介、对媒介的黏合度以及对事情看法的关键。受众调查是了解受众的最好办法，而建立微信群，通过微博等自媒体也是了解受众的一个方法。习近平主席指出：“我们要把握国际传播领域移动化、社交化、可视化的趋势，在构建对外传播话语体系上下功夫，在乐于接受和易于理解上下功夫，让更多国外受众听得懂、听得进、听得明白，不断提升对外传播效果。”①

受众从地理上划分为：北美、南美、西欧、东欧、中东、非洲（东非、西非、南非、北非）、东南亚、南亚、西北亚。这些地理上的受众所接受的文化、价值观、生活方式、思维方式都是不一样的。从接触媒介的方式又可分为读者、听众、观众和网民。依据日常接受某一媒介内容的习惯和程度，可以分为基本受众和潜在受众。根据受众对信息的关注程度和内容范围，又分为一般受众和专门受众。这些受众的特点用布卢默的话说是“乌合之众”，即多、杂、散和匿。节目主持人在报道新闻和传播信息以及介绍中国时，都应意识到这些受众的特点。“一带一路”建设，沿线国家65个，各有各的特点，传媒人要做到精准传播，必须研究受众，研究受众所在的文化，做到传播有效。

另外，受众意识方面还应注意到东西方思维差异。西方人的思维，习惯于从个别到一般，从具体到抽象；而中国人正相反，中国人的思维习惯是从一般到个别，从抽象到具体。在对外报道时，主持人就要善于用对象国的语言和思维方式，按照对象国的受众特点以易于听懂、易于接受的方式传播中国故事。国内疫情期间，快递小哥为人民服务的故事登上了《纽约时报》，成为西方人理解中国故事的新闻报道，也是中国价值观传递的见证。

总之，由于世界各国所处的地理环境不同，以及历史文化、政治制度、生活习惯和思维方式等方面的差异，他们对新闻信息的需求千差万别，所要求的

---

① 习近平：《加快推动媒体融合发展 构建全媒体传播格局》，《求是》2019年第6期。

传播方式也在变化，国际传播节目主持人要充分了解受众偏好和需求，开展有针对性的报道，“一国一策”精准传播，做到知己知彼，实现对外的有效传播。

第三节　国际传播节目主持人提升的途径

人是国际传播中的重要因素，培养一批具有坚定政治立场、热爱祖国、懂得国际事务、融通中外的国际传播人才，是提升我国国际传播能力的必然要求。

国际传播节目主持人传播能力的提升，实际上是国际传播人才的培养问题。早在2009年，中宣部、教育部等部委在清华大学、中国人民大学、中国传媒大学、北京外国语大学和复旦大学五家高校开展试点，摸索出了一条“国情教育+融合新闻业务+外语+媒体实习”四大模块的人才培养模式。十年过去了，融媒体时代，传播形态的变化，国际局势的变化，中国大步走向世界，成为世界第二大经济体。中国在全球谋求国际话语权和国际软实力的实践迫切需要国际传播人才的支撑。随着我国国际地位的提高，经济活动的全方位展开，国际传播不仅仅是让中国了解世界，让世界了解中国，更重要是在国际事务中有话语权，有影响力。笔者认为国际传播主持人传播能力的提升需要站在时代的前沿，高瞻远瞩，基于国家发展战略，培养模式为：通识教育+专业基础知识+外语+媒介技术+媒体实习。

一、通识教育

通识教育被看作是素质教育的一种，在现代多元化的社会中，其目标是为受教育者提供通行于不同人群之间的知识和价值观。作为国际传播人才的国际传播节目主持人需要具有国际关系、外交史、国际政治方面的知识，还需要有中国制度史、中国社会主义理论的知识，需要进行国情研究和世情研究。具有了这样广博的知识，遇到重大的国际事务，能够清醒加以识别做出判断，坚定站稳中国的立场，表明中国的态度，积极地回应国际上的舆论，捍卫祖国的尊严。为更好地全球传播，国际传播人才还需了解欧洲历史、北美历史、非洲历史、东南亚历史、全球公共卫生与世界气候等。每一位国际传播节目主持人所面临的国际社会是丰富多彩的，而在现实中又是面对单一的国际某个社会进行传播，因此必须通晓这些国家的历史地理、风俗习惯、文化状况，在面临诸多国际社会问题时，能够像外交家一样有自己的外交见解，并能在国际事务中发挥自己的喉舌作用，展现自己的话语权，表明中国的态度，维护国家形象。

通识教育已是世界各大学普遍接受的国际化议题，我国教育界已经充分重视。它是素质教育最有效的实现方式之一。在通识教育中，始终贯彻“博学与精专相统一的个性化素质教育”，目的是要学习者能将不同的知识融会贯通，全面提高综合素质。

二、专业知识和技能

从事国际传播主持人工作需要新闻记者具有采、写、编、评、译、议、播的能力，即新闻传播务实能力，需要对外新闻主播的专业知识和技能。要掌握新闻消息、社论等写法，掌握新闻写作的技巧。要了解、掌握对外报道遵守的准则，对外报道的对象，对外报道者与受众的关系，对外报道哪些“可为”与“不可为”，对外报道的选材和结构，对外报道的文辞与表达，对外报道的采访与编译等。如果不去积极地掌握这些知识和技能，国际传播节目主持人很难完成国际传播的任务，更不用说高质量地完成它了。新媒体的出现，更需要国际传播人去学习媒体技术，实施传播的最大化和传播的有效性，结识更多的新媒体用户，沟通更多的受众。如今新旧媒体的融合，多样化的媒体形态已成为融媒体时代发展的主流。微博、微信、短视频等众多方式都成为融媒体下众多信息传播的平台。因此，主持人一定要抓住时机，不断学习，提升自己多样化的传播能力，使自身在融媒体环境下实现转型和升级。

从事国际传播主持人要掌握传播学方面的知识，懂得传播效果论，懂得大众传播、组织传播和人际传播的方式方法，灵活运用传播方法，传递信息，沟通思想。对外传播的对象除了不讲中国话的外国人，还有会讲中国话的华人。中央电视台第四频道是专门对全球华人的广播。对海外华人的广播，要注重民族感情方面、注重他们所需要的资讯方面的传播。除此之外，还应把营销学纳入专业知识的领域，传播也是营销，懂一点营销学的知识，在传播中就知道怎样“推销”自己，赢得传播效果，赢得受众。学界专家大多已得到共识，现代传媒人必须要具备传媒人的看家本领，除了文字传播能力、口语传播能力和视频传播能力，还需要全球化时代的数据处理能力和营销管理能力。

在职业道德方面。国际新闻报道同样遵循新闻记者的职业道德的准则，比如新闻的真实、准确、公正、及时性、人情味等；重大灾难的及时报道，人命灾难事情的关注与呼吁救助；遵循对象国事务报道的规则等。自 1978 年至 1984 年，联合国教科文组织就国际新闻职业道德原则的制定举行了多次会议，最后确定为：(1) 人民获得真实信息的权利；(2) 记者的奉献精神与客观真实；(3) 记者的社会责任；(4) 记者的职业操守；(5) 公共通道和参与；(6) 尊重隐私和人类尊严。新闻节目主持人同样要遵守国际新闻职业道德。

三、外语

著名语言哲学家维特根斯坦说：“我的语言的边界就是我的世界的边界。”要促进不同文化背景的人达成跨文化的理解与沟通，语言是首先需要跨越的障碍。目前我国对外广播的语言达到 65 种，其中外语广播达到 59 种。北京外国语大学的小语种数量是目前语言类高校中教授最多的。2013 年习主席提出“一带一路”倡议，我们与沿线国家的经济交往和文化交流越来越多。主持人要积极地掌握他们的标准语言，用对象国的语言与他们交往沟通。用他们的语言，写出来的新闻报道才能让他们看得懂，接受得了，从而消除表达沟通上的障碍。语言是思维的工具，用他们的语言、用他们的思维进行表达，才能增进亲近感。在语言教学中，要狠练语言基本功，听、说、读、写、译五种技能，要全面熟练掌握。发音要准确，书写要规范，翻译要准确。除了掌握小语种，英语也要掌握，网上信息大多是用英语表达和撰写的，英语这一国际性的语言，是任何一位国际传播者都不能忽视的。

四、媒介技术

21 世纪已经进入“互联网+”的年代，科技更新换代越来越快，国际传播节目主持人需要掌握计算机技术和网络技术，并用它进行新闻的采写、编辑与存储以及多媒体的运用，以此最大限度提高自己工作的时效性和准确性。新媒体的出现，更需要国际传播人去学习媒体技术，实施传播的最大化和传播的有效性，结识更多的新媒体用户，沟通更多的受众。

在媒介融合的大趋势下，国际传播节目主持人需要掌握跨媒介的整合传播能力，不仅能够通过传统主流媒体进行传播，同时也会运用微信、微博、脸书、推特、社交网站进行贴近受众、用户的接地气的交流。网络化、数字化改变了国际传播节目主持人过去单一的传播模式，传播渠道的扩大与分散，需要节目主持人兼顾不同传播平台的受众，适应他们的视听习惯。大屏幕和小屏幕的节目制作要符合受众的要求和媒介特质的要求，把新闻报道做到精准，服务到位。

五、媒体实习

媒体实习是国际传播节目主持人内化理论知识、实践所学内容、培养自己实际工作能力的重要途径。新闻工作是一个实践性很强的工作。它要求主持人深入实际、深入受众，了解所传播国家的真实的文化，亲临其境地体验他们的文化。跨国海外实习是一个不错的选择，虽然国际传播者可以在本国内的对外传媒机构进行新闻采写的实战，但仍需要在陌生环境和文化中锤炼自己的工作技能并获得在异国从事新闻报道的直接经验。在国内高校，已经有为国际传播人才海外实习的项目，这令人可喜。中国传媒大学国新班的学生曾参加中新社在美国分社为期三个月的实习，对那段实践经历，一位学生表示“最大的收获是开阔了眼界，加深了对新闻行业的认识”。而他们在参加中国记协举办的“三项学习教育”新闻夏令营时，真正感受到了重走延安革命道路，感悟革命斗争的历程。在走进农村基层活动中，亲历农民生活，与当地人同吃、同住、同劳动。

总而言之，国际传播节目主持人需要有国际化的视野，熟悉国际形势，了解其他国家和地区的文化，同时要有一颗为国服务的红心，讲好中国故事，向世界发出中国的声音。

后　记

作为高校教材《节目主持人概论》的修订再版，经过一段时间的运作终于完稿付梓了。

《概论》的合著再版具有特殊意义，恰逢我国节目主持人诞生40周年之际，也是作者陆锡初教授结伴主持人研究40年，又是和付京香副教授师生之间初次精诚合作的产物。在我80寿辰之际，看到本书的出版甚是欣慰。

《节目主持人概论》合著再版，可谓一波三折，在差点面临夭折的厄运下终于迎来了明媚的阳光，重获新生，令人喜悦。事情还得从2019年年末谈起。某天突然接到中国广播影视出版社编辑杨扬的电话，告之出版社决定再版喜讯，望作者帮忙尽快修订。我当即表示感谢，并坦承年事已高，精力不济。几天后又接电话告之，可否找个助手帮忙一同协助完成，我当即表示这是一个好主意。我已经退休多年，到哪里去寻觅这样的高级助手？为此纠结、烦恼。真是踏破铁鞋无觅处，得来全不费功夫。一次与我校外国语言文化学院的付京香副教授相遇，谈论到此事，她很感兴趣并乐意帮忙参与我的书的修订与撰写，令我惊喜不已，万分感激。付京香老师毕业于我校新闻学专业国际新闻学研究方向，毕业后一直在中国传媒大学从事教学工作，在工作中一直关注并潜心研究媒介传播研究、主持人研究并发表多篇文章。付老师的研究兴趣与我相同，我们一拍即合，开启了难忘的愉快合作，谱写了师生友谊的新篇章。

值此合著《节目主持人概论》出版之际，我特别要感谢付京香老师积极参与，鼎力相助，精诚合作。是她的真诚热情和倾力付出，成就了本书。一年来，经历了严寒酷暑，她总是伏案写作，不停地敲击键盘，她既要在网上授课，还要完成书稿，不辞辛劳，默默耕耘，终于结出硕果。确切地说，本书是两人通力协作的产物，来之不易，无不凝聚着深厚的师生情谊，至为珍贵。

感谢作者执教多年的江南影视艺术职业学院董事长、书记卢国忠的首肯和鼓励。“陆锡初教授在高校执教30多年，其教学与研究伴随着我国广播电视节目主持人的诞生、发展而引领潮流。陆锡初教授除了踏踏实实抓好教学外，还在领航教学和科研工作方面取得重要成就，被我院聘任为终身教授。”